ars digitalis

Reihe herausgegeben von
Peter Klimczak, FG Angewandte Medienwissenschaften
Brandenburgische Technische Universität, Cottbus, Deutschland

Die Reihe ars digitalis wird herausgegeben von Prof. Dr. Dr. Peter Klimczak.

Sollen technische und kulturelle Dispositionen des Digitalen nicht aus dem Blickfeld der sie Erforschenden, Entwickelnden und Nutzenden geraten, verlangt dies einen Dialog zwischen den IT- und den Kulturwissenschaften. Ausgewählte Themen werden daher jeweils gleichberechtigt aus beiden Blickrichtungen diskutiert. Dieser interdisziplinäre Austausch soll einerseits die Kulturwissenschaften für technische Grundlagen, andererseits Entwickler derselben für kulturwissenschaftliche Perspektiven auf ihre Arbeit sensibilisieren und den Fokus auf gemeinsame Problemfelder schärfen sowie eine gemeinsame ‚Sprache' jenseits der Fachbereichsgrenzen fördern. Notwendig ist eine solche interdisziplinäre Auseinandersetzung nicht zuletzt deshalb, um den vielfältigen technischen Herausforderungen an Mensch, Kultur und Gesellschaft ebenso informiert wie reflektiert zu begegnen.

In dieser Reihe finden nicht nur Akteure aus Wissenschaft, Forschung und Studierende aktuelle Themen der Digitalisierung fundiert aufbereitet und begutachtet, auch interessierte Personen aus der Praxis werden durch die interdisziplinäre Herangehensweise angesprochen.

Peter Klimczak, Dr. phil. et Dr. rer. nat. habil., ist außerplanmäßiger Professor an der Brandenburgischen Technischen Universität und IT-Verfahrensverantwortlicher und IT-Infrastrukturverantwortlicher für das Berliner Schulwesen.

Marlene Pieper · Till Neuhaus
Hrsg.

Bildung und Digitalität

Verhältnisbestimmungen und (Re)Perspektivierungen

Hrsg.
Marlene Pieper
Fakultät für Erziehungswissenschaft
Universität Bielefeld
Bielefeld, Deutschland

Till Neuhaus
Fakultät für Erziehungswissenschaft
Universität Bielefeld
Bielefeld, Deutschland

ISSN 2662-5970 ISSN 2662-5989 (electronic)
ars digitalis
ISBN 978-3-658-44227-9 ISBN 978-3-658-44228-6 (eBook)
https://doi.org/10.1007/978-3-658-44228-6

Die Deutsche Nationalbibliothek verzeichnet diese Publikation in der Deutschen Nationalbibliografie; detaillierte bibliografische Daten sind im Internet über https://portal.dnb.de abrufbar.

© Der/die Herausgeber bzw. der/die Autor(en), exklusiv lizenziert an Springer Fachmedien Wiesbaden GmbH, ein Teil von Springer Nature 2024, korrigierte Publikation 2024
Das Werk einschließlich aller seiner Teile ist urheberrechtlich geschützt. Jede Verwertung, die nicht ausdrücklich vom Urheberrechtsgesetz zugelassen ist, bedarf der vorherigen Zustimmung des Verlags. Das gilt insbesondere für Vervielfältigungen, Bearbeitungen, Übersetzungen, Mikroverfilmungen und die Einspeicherung und Verarbeitung in elektronischen Systemen.
Die Wiedergabe von allgemein beschreibenden Bezeichnungen, Marken, Unternehmensnamen etc. in diesem Werk bedeutet nicht, dass diese frei durch jedermann benutzt werden dürfen. Die Berechtigung zur Benutzung unterliegt, auch ohne gesonderten Hinweis hierzu, den Regeln des Markenrechts. Die Rechte des jeweiligen Zeicheninhabers sind zu beachten.
Der Verlag, die Autoren und die Herausgeber gehen davon aus, dass die Angaben und Informationen in diesem Werk zum Zeitpunkt der Veröffentlichung vollständig und korrekt sind. Weder der Verlag noch die Autoren oder die Herausgeber übernehmen, ausdrücklich oder implizit, Gewähr für den Inhalt des Werkes, etwaige Fehler oder Äußerungen. Der Verlag bleibt im Hinblick auf geografische Zuordnungen und Gebietsbezeichnungen in veröffentlichten Karten und Institutionsadressen neutral.

Planung/Lektorat: Petra Steinmueller
Springer Vieweg ist ein Imprint der eingetragenen Gesellschaft Springer Fachmedien Wiesbaden GmbH und ist ein Teil von Springer Nature.
Die Anschrift der Gesellschaft ist: Abraham-Lincoln-Str. 46, 65189 Wiesbaden, Germany

Wenn Sie dieses Produkt entsorgen, geben Sie das Papier bitte zum Recycling.

Über das Zusammenspiel von Bildung und Digitalität – Der Versuch einer Einleitung

Bildung und Digitalität sind Begriffe von großer Breitenwirkung. Die Bezugnahmen auf und Berührungspunkte mit Bildung sowie Digitalität sind denkbar vielfältig und dabei allgegenwärtig. Beide Konstrukte durchdringen die gesellschaftlichen Gefüge und werden in ihrer Tragweite für ebendieses (an)erkannt. Das Zusammenspiel von Bildung und Digitalität wiederum bildet ein Geflecht, welches das Maß an Diskurs und Debatte noch potenziert. Der Gesprächsbedarf aufseiten vielzähliger Akteure ist hoch: das Bildungswesen, Politik, Forschung, Lehrende, Lernende und Lernbegleitende bewegen sich in einem Spannungsfeld zwischen Anspruch und Realität, Erwartungshaltung und tatsächlichen Rahmenbedingungen.

Die Fahrtrichtung hierbei scheint jedoch (nach wie vor und trotz aller kritischen Stimmen) vorgegeben zu sein. Die generelle Ausrichtung dieses Prozesses und der darum gruppierten Diskussionen scheinen auf den unterschiedlichen institutionellen Ebenen eindeutig und unstrittig verhandelt zu werden. Es gilt, den pandemiebedingten Digitalisierungsschub „voranzutreiben" (Ministerium für Schule und Bildung des Landes Nordrhein-Westfalen, 2021) und zu „nutzen" (Ministerpräsidentenkonferenz, 2021). Dabei wird von instrumentellen Verständnissen der Digitalisierung, welche von der Betrachtung Neuer Medien als vornehmlich werkzeughafte Ergänzung usueller Didaktik ausgeht, abgerückt und eine umfassende „Kultur der Digitalität" (Stalder, 2016) von der Kultusministerkonferenz als für Bildungsprozesse rahmengebend erkannt (2021). Digitalität wird dabei unter Vorstellungen der Transformation, Disruption und Visionen verhandelt (Daub, 2021). Im Gegensatz dazu stelle Bildung bzw. das Bildungswesen einen „schweren Tanker" (Krommer, 2021) dar, der sich träge betrage und dessen Kurs sich nur schwerlich verändern lasse. Die Begriffe der Digitalisierung und Digitalität tragen folglich eine scheinbar eindeutige Zukunftsgewandtheit in sich, die es schleunigst – und in Deutschland chronisch verspätet – in die Bildung und ihre Systeme zu tragen gilt.

Ebendiese mit aller Eindeutigkeit vorgezeichneten Denk- und Handlungskorridore geben eine Stilisierung als alternativlos und zwingend vor. Für das Bildungssystem und seine Akteure bedeutet das, die Entwicklungen im Kontext der Digitalität und im Zusammenhang mit digitalen Technologien entstandenen „Disruptionen" aufzugreifen und in das eigene Handeln inkorporieren zu müssen. Digitalität ist damit als strukturgebendes

Element gesetzt, während sich das Bildungswesen, die Idee von Bildung und das Wirken in ebendiesem Kontext den Imperativen der Digitalität angleichen müssen.

Dies bringt weitläufige Implikationen und Anpassungsleistungen mit sich, die durchaus breit kritisch diskutiert und wissenschaftlich differenziert betrachtet werden. Es stellt sich vor dem Hintergrund dieser Wahrnehmung jedoch die Frage, woher die ausgeprägte Eindeutigkeit stammt. Dabei kann eine Vielzahl von Erklärungsmustern herangezogen werden. Vordem wollen wir jedoch die Aufmerksamkeit auf den Eindruck richten, dass der Digitalität in Konstrukten um „Bildung in der Kultur der Digitalität" (Allert & Asmussen, 2017) oder „Bildung unter Bedingungen der Digitalität" (Krommer, 2021) gemeinhin die Vormachtstellung zugeschrieben wird.

Doch wie ist das hinsichtlich des höchstselbst wirkmächtigen Bildungsbegriffes und seines reichhaltigen theoretischen und historischen Unterbaus möglich?

Wir argumentieren, dass es sich im Sprechen über Digitalität, insbesondere im Zusammenhang mit Bildung, um eine *Ein-Wort-Geschichte* (El Ouassil & Karig, 2021, S. 147) handelt. Die Ein-Wort-Geschichte erreicht, dass mit nur einem Begriff ein ganzes Narrativ klar im Raum steht; dass sich dazugehörige Zusammenhänge assoziieren und folglich klar abbilden lassen und dementsprechend Setzungen – sei es seitens der Wirtschaft, der Politik sowie weiterer (vgl. Neuhaus et al., 2021) – vorgenommen werden können. Dem Begriff der Digitalität ist die *Geschichte* des Fortschritts, der Transformation, der Gewünschtheit bereits eingeschrieben und illustriert eine ausdrucksstarke Zielvorstellung, die gleichzeitig die dahinterliegenden Irrungen und Wirrungen unsichtbar macht bzw. verdeckt (vgl. Vogt & Neuhaus, 2021).

Die Geschichte hat gezeigt, dass es hin und wieder abstrakte Konzepte braucht, die so unübersichtlich und gleichzeitig doch auf ein Wort herunterzubrechen sind, dass über vermeintlichen gesellschaftlichen Konsens Veränderungen angestoßen werden können. Je nach zeitlichem Zuschnitt werden unterschiedliche Ein-Wort-Geschichten erzählt – Demokratie, Inklusion, Freiheit, Wachstum, um nur wenige zu nennen – und je nach fachlicher Prägung unterschiedlich theoretisch bearbeitet, erklärt und gerahmt. Einige beschreiben diese hochgradig passungsfähigen Kurznarrative als „common sense" (Geertz, 1975), als „Chiffre" (Boger et al., 2021) oder „leeren Signifikanten" (Laclau, 1996). Als Ein-Wort-Geschichten müssen Digitalisierung und Digitalität dabei nicht vollständig durchdrungen oder tiefer gehend verstanden werden, um als die benannte zukunftsgewandte Fortschrittsgeschichte wirksam zu sein. Leerstellen und Engführungen bleiben damit verdeckt. Im Zusammenspiel mit Bildung strahlt die Ein-Wort-Geschichte auf ebendiesen Bildungsbegriff aus – die Fortschrittserzählung potenziert sich hier noch in der Parallelisierung mit der konträren Ein-Wort-Geschichte der Bildung, die in ein Narrativ vermeintlicher Trägheit, der Nachhut und Passivität gebettet ist.

Vor dem Hintergrund der Strahlkraft des Digitalitätsbegriffs im Sprechen über Bildung und Digitalität ist demnach zu fragen, welche Aufmerksamkeit ebendiesen (Un)Tiefen des Bildungsbegriffs und seinem trotz historisch wie theoretisch reichhaltigem Fundament tatsächlich zukommt (vgl. Neuhaus et al., 2023) – und welche Leerstellen sich hier wiederum ergeben. Tatsächlich ist in Anlehnung an Emejulu und McGregor (2015) (welche ein Nachdenken über digitale Bildung losgelöst von Reflexionen hinsichtlich sozialer Gerechtigkeit, nebst weiterer Aspekte, kritisieren) zu fragen, inwieweit das Nachdenken über Bildung und Digitalität gar in Isolation vom Bildungsbegriff und seinen Verankerungen stattfindet bzw. stattfinden kann. Kurzum: wir nehmen an, dass in gegenwärtigen Diskursen um Bildung unter digitalen Konditionen die Dimension der Digitalität über- und Aspekte der Bildung unterbetont werden. Diesen Umstand möchte dieser Band anteilig adressieren und Impulse für neue Verhältnisbestimmungen setzen. Der Ausgangspunkt für diese Verhältnisbestimmung ist der Grundgedanke, sich im Nachdenken über den Zusammenhang von Bildung und Digitalität verstärkt der Bildung zuzuwenden und diese als „guiding principle" (Pieper et al., 2023) anzubringen oder als Reflexionsfolie nutzbar zu machen – das Nachdenken soll sozusagen, zugespitzt, einer „Digitalität im Kontext von Bildung" zugeführt werden.

Zum Zeitpunkt der Arbeit an diesem Sammelband befindet sich das Nachdenken über Bildung und Digitalität auf einem Plateau: auf eine Phase der pandemiebedingt forcierten Implementierung digitaler Technologien in Schulen, Universitäten, sowie weiterer Institutionen folgt nun ein Moment der Reflexion durchlaufener Praktiken und Erfahrungen. Hier haben einige Autorinnen und Autoren, Herausgeberinnen und Herausgeber bereits wichtige, engagierte und kritische Impulse gesetzt. Wir glauben, dass mit diesen Reflexionen auch der richtige Moment gekommen ist, um nochmal einen Schritt zurückzugehen und das Verhältnis beider Konzepte in einer ebenso kritischen Rekalibrierung münden zu lassen. Daher werfen wir mit diesem Band die Frage auf, inwieweit eine Fokussierung auf den Bildungsbegriff, seine Theorie(n), Geschichte(n) und vielfältigen – und anfechtbaren! – Verständnisse sowie Spielarten für die drängenden Fragestellungen hinsichtlich Digitalität nutzbar gemacht werden können. Dabei nimmt dieser Band an, dass Bildung für eine Kontextualisierung der *digital condition* sowie deren (De-/Re-)Zentrierung nutzbar gemacht werden kann; ebenso geht dieser Band davon aus, dass viele prävalente Fragenkomplexe aus dem Bereich der Digitalität bereits anteilig im Bildungsbegriff diskutiert worden sind und daher beide (!) Diskurse – im Sinne einer *lesson learned* bzw. eines Updates (vgl. Neuhaus et al., 2023) – von einem solchen Austausch profitieren können. Der Begriff der Bildung scheint für ein solches Vorhaben, auch aufgrund seiner institutionellen Verortung sowie seiner multidisziplinären Verankerungen, eine wirksame Reflexionsfolie zu sein. Als „God-term" der Pädagogik (Luhmann & Schorr, 1988, 464) ist der Begriff abstrakt genug, um aus tradierten Denkmustern auszubrechen und somit neue Wege zu beschreiten, gleichzeitig ist der Begriff konkret genug, um in einen produktiven, interdisziplinären Austausch eintreten zu können. Der Band möchte Digitalität mit Hilfe des Bildungsbegriffes in größere Kontexte einordnen und einen zeit- sowie disziplinübergreifenden Austausch eröffnen.

Wie aber öffnet man solche Denkkorridore, wenn die Klammer – Digitalität als Strukturelement – gesetzt ist und es, zumindest oberflächlich, Konjunktur bzw. breite Zustimmung für instrumentelle, technologiebasierte Lösungen zu geben scheint? Unser

Vorschlag als Herausgebende besteht im Kern darin, das bisherige Verhältnis von digitaler Bildung umzukehren: Bildung als strukturgebendes Motiv und eine Vorstellung von Digitalität, die entweder gleichberechtigt danebensteht oder sich dem Prozess der Bildung unterordnen muss. Damit ist explizit nicht gemeint, dass Lernen stets Lernen bleibt unabhängig vom Setting – die Verkürzung von Bildung auf Lernen ist schließlich das Produkt einer seitens der OECD initiierten Kompetenzorientierung (vgl. Tröhler, 2013; vgl. Neuhaus & Vogt, 2022a). Unser Gegenwurf fokussiert auf einen breiten Bildungsbegriff, der die vielfältigen Facetten des menschlichen Lebens und Werdens in all seinen Unbestimmtheiten und Idiosynkrasien mitdenkt (vgl. Neuhaus & Vogt, 2022b). Tendenzen dieser Art sind auch international bereits artikuliert worden – z. B. Biestas (2020) Dreiteilung in *qualification, socialization,* und *subjectification* –, wobei natürlich jede Art der Formalisierung/Organisation die Gefahr einer Verkürzung beinhaltet. Dabei geht es uns explizit nicht darum die eine Ein-Wort-Geschichte (Digitalität) durch eine andere (Bildung) zu ersetzen. Statt diese ‚der König ist tot, lang lebe der König'-Dynamik zu befeuern, ist der Sinn und Zweck der Rückkopplung an den Bildungsbegriff die inhärente Unbestimmtheit pädagogischer (Selbst-)Bildungsunterfangen erneut in den Vordergrund zu stellen. Daher distanzieren wir uns explizit von Engführungen eines Bildungsverständnisses, sondern betonen die Un- und Unterbestimmtheit des Bildungsbegriffes, dessen *messiness*, als Stärke (vgl. Alves, 2019; Alves & Neuhaus, 2023) und positionieren diesen im Rahmen dieses Bandes als Gegenentwurf zur (vermeintlich) berechen- und steuerbaren Größe der Digitalisierung. Ebenso möchte dieser Band versuchen sich der Vielfältigkeit des menschlichen Lebens, Handelns, Sich-Bildens und Seins im digitalen Raum anzunähern, wobei Mensch und Technologie miteinander verwoben sind und sich reziprok beeinflussen – kein Primat des ausschließlich Technischen. Eine Betrachtung des Zusammenhangs von Bildung und Digitalität, die Bildung an erste Stelle setzt, beinhaltet – quasi qua Definition – stets reflexive, historisch-informierte, holistische und machtsensible Momente. Gleichzeitig negiert eine solche Betrachtungsweise „grand narratives" (Foucault, 1998), sondern verschreibt sich der Exploration von Partikularitäten, wobei punktuelle Zusammenhänge hinsichtlich ihrer kontextuellen Einbettung und ihres Gewordenseins befragt werden sollen (vgl. Neuhaus & Pieper, [in Druck]).

Dieser Band versteht sich als erster Versuch eine reflektiertere, historisch-rückgekoppelte Debatte anzustoßen, in der nicht alles neu, innovativ und disruptiv ist, sondern in der auch ein Schritt zurückgemacht werden kann, um ein klareres Bild vom Gegenstand zu erhalten. Eine solche Debatte ist per Definition interdisziplinär zu führen, was sich hoffentlich in den theoretischen Zugriffen und empirischen Blickwinkeln der Beiträge manifestiert. Wir hoffen, mit dem Sammelband die Möglichkeit eröffnet zu haben, den Bildungsbegriff und seinen unterschiedlichsten Spielarten und Manifestationen Raum zu geben, indem die verschiedensten Stimmen im Themenfeld eingefangen wurden. Dabei wird kein festgelegtes Argument verfolgt oder gestärkt; so können die versammelten Beiträge unterschiedlichste Blickwinkel und Facetten des Themenkomplexes beleuchten, gar Widersprüche und Streitpunkte aufwerfen. Wir konnten hoffentlich ersichtlich machen, welche Motive diesen Band getrieben haben und welchen (unerfüllbaren) Maßstab wir an die Debatte(n) rund um Digitalität anlegen. Wir sind davon überzeugt, dass dieser Band seine eigenen Maßstäbe nicht erfüllen können wird und das ist auch nicht unsere Erwartung. Stattdessen sollen seine Limitierungen und Unzulänglichkeiten uns und andere dazu animieren die kontroverse Debatte fortzuführen, zu streiten, Theorien und Beobachtungen zu stärken oder zu widerlegen und damit weiterzuentwickeln.

Letztlich noch eine kurze Bemerkung zur Struktur des Bandes: Ein so komplexes, unterdefiniertes und wahrscheinlich unmögliches Unterfangen wie Bildung kann bzw. sollte durch (mindestens) zwei Fragen geleitet werden. Die erste Frage – wo wollen wir hin? – ist tendenziell größerer Natur und bahnt den Transformationsprozess durch Ausgabe eines (meist abstrakten) Ziels an (vgl. Neuhaus, 2021). Die zweite und daran anknüpfende Frage ist in der Folge etwas technischer und fragt, wie wir dieses Ziel erreichen. Isaiah Berlin (2013) ruft für diese Art der Unterscheidung zwei Metaphern auf, nämlich die des Fuchses und die des Igels. Während der Fuchs im Sinne eines Universalisten viele Erfahrungen mitbringt und Probleme on the ground bearbeitet, operiert der Igel als Spezialist und verfolgt eine größere Vision. Weitere Philosophen haben ähnliche Unterteilungen vorgenommen – die Pferde in Platos Phaidros oder die Unterscheidung der animalischen und menschlichen Natur bei Machiavelli –, meist wird allerdings angenommen, dass es beide (bzw. alle) Modi benötigt, um angemessen und effektiv in der Welt zu handeln (vgl. Gaddis, 2019). Es braucht also – in jedem Projekt, jedem Aufsatz, jeder Person – die Kapazität zum Problemlösen sowie zum Entwickeln von Visionen, wobei der Übergang in diesem Spektrum fließend ist. Dieser Programmatik möchte auch dieser Band folgen und versammelt daher im ersten Teil Beiträge, die sich vornehmlich theoretisch-fundiert mit der Entwicklung und Reflexion von Visionen auseinandersetzen. Im zweiten Teil des Bandes befinden sich Beiträge, die konkrete(re) Probleme adressieren und tendenziell anwendungsorientiert operieren. Wie bereits gesagt, das Spektrum zwischen diesen Polen ist fließend und dieser Band möchte – auch im Sinne der ars digitalis Reihe – zwischen diesen Ansätzen vermittelnd wirken. Schließlich bedarf es für die Lösung komplexer Probleme den Dialog zwischen Füchsen und Igeln.

Abschließend danken wir herzlich allen Autorinnen und Autoren, die mit ihren erfrischenden Ideen, ausgefeilten Gedanken und Schlussfolgerungen diesen Band erst möglich gemacht haben. Ebenso danken wir den engagierten Gutachterinnen und Gutachtern, die mit ihrer fachlichen Expertise und enormen Sorgfalt die Qualität des Sammelbandes nochmals auf ein höheres Niveau gehoben haben. Letztlich möchten wir noch Peter Klimczak, als Reihenherausgeber der *ars digitalis*, danken, der dieses Vorhaben von Anfang an unterstützt hat und uns mit Rat, Tat und Güte beiseite stand. Wir wünschen viel Freude bei der Lektüre der nachstehenden Beiträge und möchten betonen, dass alle verbleibenden Fehler, Unklarheiten und Unzulänglichkeiten ausschließlich uns Herausgebenden anzulasten sind.

Literatur

Allert, H., & Asmussen, M. (2017). Bildung als produktive Verwicklung. In H. Allert, M. Asmussen & Ch. Richter (Hrsg.), *Digitalität und Selbst. Interdisziplinäre Perspektiven auf Subjektivierungs- und Bildungsprozesse* (S. 27–68). transcript.

Alves, A. (2019). The German tradition of self-cultivation (Bildung) and its historical meaning. *Educação & Realidade, 44*(2), 1–18.

Alves, A., & Neuhaus, T. (2023). 'The way to the head must be opened through the heart': Enlightenment and the Concept of *Herzensbildung* in Schiller. *Studia theodisca, 30*.

Berlin, I. (2013). *The hedgehog and the fox: An essay on Tolstoy's view of history*. Princeton University Press.

Biesta, G. (2020). Risking ourselves in education: Qualification, socialization, and subjectification revisited. *Educational Theory, 70*(1), 89–104.

Boger, M.-A., Bühler, P., Neuhaus, T., & Vogt, M. (2021). Re/Historisierung als Re/Chiffrierung – Zur Einführung in den Band. In M. Vogt, M.-A. Boger & P. Bühler (Hrsg.). *Inklusion als Chiffre? Bildungshistorische Analysen und Reflexionen* (S. 9–19). Verlag Julius Klinkhardt.

Daub, A. (2020). *Was das Valley denken nennt*. Suhrkamp.

Emejulu, A., & McGregor, C. (2019). Towards a radical digital citizenship in digital education. *Critical Studies in Education, 60*(1), 131–147. https://doi.org/10.1080/17508487.2016.1234494

El Ouassil, S., & Karig, F. (2021). *Erzählende Affen. Mythen, Lügen, Utopien. Wie Geschichten unser Leben bestimmen*. Ullstein.

Foucault, M. (1998). 'Different spaces', trans. R. Hurley. In M. Foucault (Hrsg.), *Essential works of Foucault 1954–1984* (Bd. 2, S. 175–185). Penguin.

Gaddis, J. L. (2019). *On grand strategy*. Penguin.

Geertz, C. (1975). Common sense as a cultural system. *The Antioch Review, 33*(1), 5–26.

Laclau, E. (1996). *Emancipation(s)*. Verso.

Luhmann, N., & Schorr, K. E. (1988). Strukturelle bedingungen von reformpädagogik. soziologische analysen zur pädagogik der moderne. *Zeitschrift für Pädagogik, 34*(4), 463–480.

Krommer, A. (2021). Mediale Paradigmen, palliative Didaktik und die Kultur der Digitalität. In U. Hauck-Thum & J. Noller (Hrsg.), *Was ist Digitalität? Philosophische und pädagogische Perspektiven* (S. 57–72). J.B. Metzler.

Ministerpräsidentenkonferenz. (2021). Jahreskonferenz der Regierungschefinnen und Regierungschefs der Länder (20.–22.10.2021). Lehren aus der Pandemie – Impulse für einen krisenresilienten Staat. Den pandemiebedingten Digitalisierungsschub nutzen.

Ministerium für Schule und Bildung des Landes Nordrhein-Westfalen. (2021). *Digitalstrategie Schule NRW – Lehren und Lernen in der digitalen Welt – Umsetzungsstrategie bis 2025*. Online-Broschüre. http://www.broschueren.nrw/digitalstrategie/home/#!/Home. Zugegriffen am 10.02.2022.

Neuhaus, T. (2021). Theodor W. Adorno's criticism of the German concept of *Bildung*. *Thesis, 10*(1), 111–133.

Neuhaus, T., & Vogt, M. (2022a). Between competence-based learning and inclusive pedagogy: A (historical) reflection of the German developments within the teaching methodologies from 2001 onwards. In K. Andersen, V. S. Novai & B. T. Ferreira da Silva (Hrsg.), *Education, culture and public policies: International and local perspectives* (S. 79–100). Appris Edition.

Neuhaus, T., & Vogt, M. (2022b). The concept of German *Bildung* as a realization of the hero archetype. *Historia Scholastica, 8*(2), 13–32.

Neuhaus, T., & Pieper, M. (in Druck). Zur Geschichtsvergessenheit gegenwärtiger Digitalisierungsbemühungen – Eine Rahmung von Digitalisierungsvorhaben als Ausdruck technokratischen Denkens. In P. McLean & J. van Norden (Hrsg.), *Geschichte als Kritik*. Wochenschau Verlag.

Neuhaus, T., Jacobsen, M., & Vogt, M. (2021). Der verdeckte Megatrend? – Bildungshistorische Reflexionen zur fortschreitenden Digitalisierung als Treiber von Standardisierungstendenzen. *k:ON – Kölner Online Journal für Lehrer*innenbildung, 4*(2), 233–252.

Neuhaus, T., Pieper, M., & Vogt, M. (2023). Digitale Bildung zwischen Ideal, Realisierung und Kritik: Der Versuch einer Kontextualisierung von Digitalität durch den Begriff der Bildung. In D. Newiak, J. Rommpel, & A. Martin (Hrsg.), *Digitale Bildung jetzt! Innovative Konzepte zur Digitalisierung von Lernen und Lehre* (S. 27–44). Springer Verlag/VS.

Pieper, M., Neuhaus, T., & Vogt, M. (2023). *Postdigital Bildung* as a guiding principle to foster Inclusion in Educational Media. In F. Macgilchrist & A. Weich (Hrsg.), *Postdigital Participation in Education. Who participates how in contemporary media constellations?* (S. 59–79). Palgrave Macmillan*: Palgrave Studies in Educational Media.*

Stalder, F. (2016). Kultur *der Digitalität*. Suhrkamp.

Tröhler, D. (2013). Standardisierung nationaler Bildungspolitiken: Die Erschaffung internationaler Experten, Planern und Statistiken in der Frühphase der OECD. *IJHE Bildungsgeschichte – International Journal for the Historiography of Education, 3*(1), 60–77.

Vogt, M., & Neuhaus, T. (2021). Fachdidaktiken im Spannungsfeld zwischen kompetenzorientiertem fachlichem Lernen und inklusiver Pädagogik: Vereinigungsbemühungen oder Verdeckungsgeschehen? *Zeitschrift für Grundschulforschung, 14*(1), 113–128.

Bielefeld, Deutschland
November 2023

Marlene Pieper
Till Neuhaus

Inhaltsverzeichnis

Teil I   Theoretisch & empirisch informierte (Re)Perspektivierungen

1 Bildung in der digitalen Moderne 3
Sebastian Manhart und Thomas Wendt
  1 Einleitung 4
  2 Die Gesellschaft der digitalen Moderne 5
  3 Die Bildung der digitalen Transformation 8
  4 Bildung als Strukturanalogie zwischen Mensch und Sozialsystem 12
  5 Intelligente Maschinen und das sich enttäuschende Subjekt 15
  6 Paradiesische Intelligenz und die Bildung des Subjekts 18
  Literatur 19

2 Die Digitalisierung als Kontinuitätserzählung. Wilhelm von Humboldt, Bildung und die Legitimation der Digitalisierung 25
Jakob Erichsen
  1 Einleitung 26
  2 Legitimationserzählungen, Zukunft und das Ideal der Bildung 27
  3 Empirische Beispiele 32
  4 Fazit 40
  Literatur 42

3 Erziehung, Charakterbildung und die Kultur der Digitalität 47
Thomas Rucker
  1 Problemstellung 48
  2 Der Vorschlag 50
  3 Einwände 53
    3.1 Komplexität 53
    3.2 Bildsamkeit 55
  4 Eine Alternative 56

5	Herausforderungen	60
	5.1 Neue Unübersichtlichkeit	61
	5.2 Gemeinschaftliche Formationen	62
	5.3 Fernraumkommunikation	63
6	Fazit	65
	Literatur	66

4 Digitale (De-)Subjektivierung – Das Phänomen Anonymous 69
Florian Krückel

1 Einleitung 70
2 (De-)Subjektivierungen 71
3 Anonymous 75
　3.1 Ein Anfang 76
　3.2 Die Struktur(en) 78
　3.3 Anonymous desubjektiviert! 81
4 Bildung de-subjektiviert? 84
Literatur 86

5 ‚Unboxing the black box'. Bildungstheoretische Kartographierung und methodologische Exploration des Unbewussten für die Lern- und Bildungsforschung im Kontext von Digitalität 89
Christian Leineweber

1 Einleitung 90
2 Das Unbewusste – psychoanalytische Eingrenzungen und bildungstheoretische Anschlüsse im Kontext von Digitalität 92
3 Empirische Lern- und Bildungsforschung zwischen versprachlichten und materiellen Sphären des Denkens und Handelns 96
4 Ein explorativer Blick in das Innenleben digitaler Artefakte 99
5 Fazit 104
Literatur 107

6 Die (post)digitale Universität. Lehre und Bildung nach der Pandemie 111
Erik Ode

1 Ausnahmezustand – die Geburt der Reform aus dem Geist der Krise 112
2 Virtuelle Universitäten – eine erfundene Erfolgsgeschichte 115
3 Die Lehren aus COVID – vom alten und neuen Charme der Präsenz 118
4 Universitäten im Widerstand und Kritik neuer Lehrformen 121
Literatur 126

Teil II Anwendungsorientierte Verhältnisbestimmungen

7 (Post-)Digitale Bildung: Wege zur Medienästhetik 131
Anna-Maria Nothelfer

1 Einleitung 132

	2	Digitale Bildung? Zwei Positionspapiere im Vergleich	135
		2.1 Das Hagener Manifest	136
		2.2 Online-Lehre 2020 – Eine medienwissenschaftliche Perspektive	141
	3	Medienwissenschaftliche Annäherungen an digitale Medien	144
	4	Post-Digitale Bildung und Medienästhetik..........................	147
		Literatur	149

8 Mediendidaktik – Skizze einer Agenda 153
Jennifer Grüntjens, Maike Altenrath und Paula Goerke
   1 Einleitung 154
   2 Standortbestimmung: Mediendidaktik 157
       2.1 Historische Entwicklungslinien der Mediendidaktik 157
       2.2 Die gestaltungsorientierte Mediendidaktik als eine Perspektive der Gegenwart... 159
       2.3 Die partizipative Mediendidaktik als eine zweite Perspektive der Gegenwart... 161
   3 Anforderungen an eine Mediendidaktik in der Gegenwart............... 163
   4 Critical Educational Technology als ‚fehlende' Perspektive 165
   5 Fazit: Mediendidaktik als Pendel zwischen Ermöglichung und Begrenzung 169
      Literatur 170

9 Lernen als postdigitale Erfahrung 175
Patrizia Breil
   1 Einleitung 176
   2 Digitale Bildung und Postdigitalität 177
   3 Intra-aktive Verstrickung in postdigitalem Unterricht 179
   4 Lernen als Erfahrung.. 181
   5 Postphänomenologische Pädagogik 185
   6 Schluss 189
      Literatur 190

10 „Weil wir das halt schon können und die Lehrer nicht so". Anerkennungs- und bildungstheoretische Potenziale im Kontext schülerischer Subjektivation unter Bedingungen von Digitalität 193
Lilli Riettiens
   1 Einleitung 194
   2 „Weil wir das halt schon können und die Lehrer nicht so". Ausgangspunkte 196
   3 Zur Ontologie schülerischer Subjekte im Lichte ihrer Nicht/Anerkennbarkeit 198
   4 Bildung als Entfremdung (m)eines ontologischen Horizonts. Fazit und weiterführende Überlegungen 201
      Verwendete und zitierte Literatur 205

11 Medienbildung als Bestandteil professioneller Sportlehrkräftebildung – Selbstverständlichkeiten hinterfragen und Unsichtbares sichtbar machen 209
Laura Lehnhoff
1 Digitale Medien im Kontext von Bewegung, Spiel und Sport 210
  1.1 Digitale Medien im Sportunterricht 211
  1.2 Tendenzen des fachdidaktischen Diskurses 215
  1.3 Zwischenfazit 218
2 Medienwissenschaftliche Perspektive als Grundlage einer fachspezifischen Medienbildung 218
  2.1 Medien als Konstellationen 219
  2.2 Subjektpositionen im Fokus von Bildungsprozessen 220
3 Medienbildung als Bestandteil professioneller Sportlehrer*innenbildung ... 220
  3.1 Erfahrungen in der Virtuellen Realität als Reflexionsanlass 221
  3.2 Weiterführende Analysen 227
4 Fazit 229
Literatur 230

12 Reflexionen zum Digitalisierungsprozess in der Frühpädagogik am Beispiel des Einsatzes digitaler Bilderbücher in Kindertageseinrichtungen 235
Juliane Engel, Katarina Groth und Zainab Fakhir
1 Einleitung 236
  1.1 Hintergrund 236
  1.2 Forschungsstand 237
  1.3 Ausgangslage 238
  1.4 Projektvorstellung und Forschungsfrage 239
2 Studiendesign 240
  2.1 Methodisches Vorgehen 240
  2.2 Sample 241
3 Einblicke in die Kita-Praxis zum Digitalisierungsprozess am Beispiel des Einsatzes digitaler Bilderbücher 241
  3.1 Reflexions- und Aushandlungsprozesse sowie subjektive Haltungen des pädagogischen Personals zur konzeptionellen Implementierung digitaler Bilderbücher 242
  3.2 Einsatz digitaler Bilderbücher im Kita-Alltag: Gegenüberstellung unterschiedlicher digitaler Bilderbuch-Arrangements 244
4 Diskussion, Fazit und Ausblick 250
  4.1 Diskussion der dargestellten Praxisbeispiele 250
  4.2 Fazit 251
  4.3 Ausblick 252
Literatur 254

13 Bildung und Qualifizierung von Pflegeeltern in Form von E-Learning 257
Theresa Becker
- 1 Einleitung 258
- 2 Bildung und Qualifizierung 259
- 3 Qualifizierung von Pflegeeltern 262
- 4 Qualifizierung von Pflegeeltern in Form von E-Learning 264
  - 4.1 Chancen 265
  - 4.2 Risiken 267
- 5 Fazit 269
- Literatur 272

Erratum zu: Bildung und Qualifizierung von Pflegeeltern in Form von E-Learning E1
Theresa Becker

Über die Autoren

Maike Altenrath, M. A., verfasste zusammen mit Jennifer Grüntjens und Paula Goerke den Beitrag „Mediendidaktik – Skizze einer Agenda". Sie ist Teamleitung der Bildungsbegleitung bei lernen bohlscheid, einer Akademie für Bildungsprojekte. Als wissenschaftliche Mitarbeiterin arbeitete sie zuvor am Lehrgebiet Mediendidaktik an der FernUniversität in Hagen. Sie forscht in den Bereichen Erwachsenenbildung/Weiterbildung, (erwachsenenpädagogische) Organisationsforschung und Digitalisierungsforschung.

Theresa Becker, M.A. Erziehungs- und Bildungswissenschaft, verfasste den Beitrag „Bildung und Qualifizierung von Pflegeeltern". Sie ist wissenschaftliche Mitarbeiterin am Institut für Erziehungswissenschaft des Fachbereichs Erziehungswissenschaften der Philipps-Universität Marburg und forscht im Bereich der stationären Hilfen zur Erziehung, insbesondere der Vollzeitpflege. Darüber hinaus befindet sie sich in fortgeschrittener Ausbildung zur Kinder- und Jugendlichenpsychotherapeutin am Horst-Eberhard-Richter-Institut für Psychoanalyse und Psychotherapie Gießen e.V.

Patrizia Breil, Dr., verfasste den Beitrag „Lernen als postdigitale Erfahrung". Sie ist Postdoktorandin an der Ruhr-Universität Bochum in dem von der DFG geförderten SFB 1567 „Virtuelle Lebenswelten" und forscht in den Bereichen Leibphänomenologie, Philosophie der Digitalität und virtuelle Körper.

Juliane Engel, Dr., verfasste zusammen mit Dr. Katarina Groth und Zainab Fakhir den Beitrag „Reflexionen zum Digitalisierungsprozess in der Frühpädagogik am Beispiel des Einsatzes digitaler Bilderbücher in Kindertageseinrichtungen". Dr. Juliane Engel ist Sozial- und Bildungswissenschaftlerin. Sie arbeitet als wissenschaftliche Referentin am Deutschen Jugendinstitut. Ihre Arbeitsschwerpunkte sind Kindheitsforschung, Übergangsforschung und Ethnografie.

Jakob Erichsen, M.A., verfasste den Beitrag „Die Digitalisierung als Kontinuitätserzählung. Wilhelm von Humboldt, Bildung und die Legitimation der Digitalisierung". Er ist wissenschaftlicher Mitarbeiter an der Europa-Universität Flensburg sowie im schleswig-holsteinischen Landesprogramm „Zukunft Schule im digitalen Zeitalter" und forscht in den Bereichen Digitalisierung, Zukunftsvorstellungen und soziale Ungleichheit.

Zainab Fakhir, M.A., verfasste zusammen mit Dr. Juliane Engel und Dr. Katharina Groth den Beitrag „Reflexionen zum Digitalisierungsprozess in der Frühpädagogik am Beispiel des Einsatzes digitaler Bilderbücher in Kindertageseinrichtungen". Zainab Fakhir ist Bildungswissenschaftlerin. Sie ist wissenschaftliche Referentin am Deutschen Jugendinstitut und forscht in den Bereichen Migration, Kinderschutz, religiöser Fundamentalismus und Radikalismus.

Paula Goerke, B. A., verfasste zusammen mit Jennifer Grüntjens und Maike Altenrath den Beitrag „Mediendidaktik – Skizze einer Agenda". Sie ist wissenschaftliche Mitarbeiterin am Lehrgebiet Mediendidaktik an der FernUniversität in Hagen und forscht in den Bereichen Beziehung zwischen Technologien und ihren Macher*innen sowie deren Bedeutungen im Bildungskontext.

Katarina Groth, Dr., verfasste zusammen mit Dr. Juliane Engel und Zainab Fakhir den Beitrag „Reflexionen zum Digitalisierungsprozess in der Frühpädagogik am Beispiel des Einsatzes digitaler Bilderbücher in Kindertageseinrichtungen". Dr. Katarina Groth ist Neurowissenschaftlerin und Logopädin. Sie arbeitet als wissenschaftliche Referentin am Staatsinstitut für Frühpädagogik und Medienkompetenz. Ihre Forschungsschwerpunkte liegen in der Untersuchung von Sprachentwicklung und Sprachförderung in der Kita.

Jennifer Grüntjens, M.A., verfasste zusammen mit Maike Altenrath und Paula Goerke den Beitrag „Mediendidaktik – Skizze einer Agenda". Sie ist wissenschaftliche Mitarbeiterin am Lehrgebiet Mediendidaktik an der FernUniversität in Hagen und forscht in den Bereichen Lehren, Lernen und Studieren unter Bedingungen von Digitalisierung und Digitalität sowie Forschendes Lernen und Hochschuldidaktik.

Florian Krückel, Dr., verfasste den Beitrag „Digitale (De-)Subjektivierung – Das Phänomen Anonymous" und ist akademischer Rat am Lehrstuhl für Systematische Bildungswissenschaft der Julius-Maximilians-Universität Würzburg. Seine Forschungsschwerpunkte liegen im Bereich der Erziehungs- und Bildungstheorie unter Berücksichtigung postmoderner Medien- und Technikphilosophie. Gerahmt werden diese Forschungszugänge durch anthropologische Überlegungen unter einer digitalen Perspektive.

Laura Lehnhoff verfasste den Beitrag „Medienbildung als Bestandteil professioneller Sportlehrkräftebildung – Selbstverständlichkeiten hinterfragen und Unsichtbares sichtbar machen". Sie ist Studienrätin im Hochschuldienst des Lehr- und Forschungsbereichs Sportpädagogik der Ruhr-Universität Bochum und forscht zu Digitalität in der Sportlehrkräftebildung sowie zu Praktiken des Filmens und Gefilmtwerdens im Sportunterricht.

Christian Leineweber, Dr. phil., verfasste den Beitrag „‚Unboxing the black box'. Bildungstheoretische Kartographierung und methodologische Exploration des Unbewussten für die digitale Lern- und Bildungsforschung". Er ist wissenschaftlicher Mitarbeiter am Lehrgebiet Bildungstheorie und Medienpädagogik an der FernUniversität in Hagen und forscht in folgenden Bereichen: Medienpädagogische Bildungs- und Wissenschaftstheorie, Algorithmisierung in pädagogischen Handlungsfeldern sowie methodologische Frage- und Problemstellungen der bildungswissenschaftlichen Medienforschung.

Über die Autoren

Sebastian Manhart, Prof. Dr., verfasste zusammen mit Thomas Wendt den Beitrag „Bildung in der digitalen Moderne". Er ist Professor für Organisationspädagogik an der Universität der Bundeswehr München und forscht in den Bereichen Theorie und Geschichte der Organisation und ihrer pädagogischen Wirkung, Theorie und Geschichte semiotischer, insbesondere kalkulatorischer Praktiken und zu den kognitiven, historischen und sozialen Voraussetzungen der Digitalisierung und ihren Folgen für Individuen und Organisationen.

Anna-Maria Nothelfer, M.A., verfasste den Beitrag „(Post)-Digitale Bildung: Wege zur Medienästhetik". Sie ist wissenschaftliche Mitarbeiterin an der Universität zu Köln und forscht in den Bereichen Medienwandel und Gesellschaft sowie Medienästhetik und Bildungstheorie.

Erik Ode, Prof. Dr., verfasste den Beitrag „Die (post)digitale Universität. Lehre und Bildung nach der Pandemie". Er ist Professor für Allgemeine Erziehungswissenschaft an der Universität der Bundeswehr München und forscht in den Bereichen Bildungstheorie und -Philosophie.

Lilli Riettiens, Dr'in, verfasste den Beitrag „„Weil wir das halt schon können und die Lehrer nicht so". Anerkennungs- und bildungstheoretische Potenziale im Kontext schülerischer Subjektivation unter Bedingungen von Digitalität". Sie ist Juniorprofessorin für Erziehungswissenschaft mit einem Schwerpunkt auf Theorien der Bildung und Erziehung an Johannes Gutenberg-Universität Mainz.

Thomas Rucker, Prof. Dr., verfasste den Beitrag „Erziehung, Charakterbildung und die Kultur der Digitalität". Er ist Professor für Erziehungs- und Bildungstheorie an der Rheinland-Pfälzischen Technischen Universität Kaiserslautern-Landau und forscht in den Bereichen Erziehungs- und Bildungstheorie, Allgemeine Didaktik sowie Pädagogische Anthropologie und Ethik.

Thomas Wendt, Dr., verfasste zusammen mit Sebastian Manhart den Beitrag „Bildung in der digitalen Moderne". Er ist wissenschaftlicher Mitarbeiter an der Universität Trier und forscht in den Bereichen Organisationstheorie, Digitalisierung und Grundlagen der Erziehungswissenschaft.

Teil I

Theoretisch & empirisch informierte (Re)Perspektivierungen

Bildung in der digitalen Moderne

Sebastian Manhart und Thomas Wendt

Inhaltsverzeichnis

1 Einleitung 4
2 Die Gesellschaft der digitalen Moderne 5
3 Die Bildung der digitalen Transformation 8
4 Bildung als Strukturanalogie zwischen Mensch und Sozialsystem 12
5 Intelligente Maschinen und das sich enttäuschende Subjekt 15
6 Paradiesische Intelligenz und die Bildung des Subjekts 18
Literatur 19

Zusammenfassung

Der Beitrag diskutiert die Aktualität des klassischen Bildungsbegriffs im Blick auf ein verändertes Verständnis der digitalen Transformation. Für eine verbesserte Analyse digitalen Veränderungsprozesse und ihrer Folgen wird eine begriffliche Neujustierung von Bildung als Komplexitätsfähigkeit vorgeschlagen. Die Entstehung und Zurechnung dieser Fähigkeit übergreift das menschliche Individuum und bezieht soziale wie digitale Akteure explizit mit ein. Diese Erweiterung der Reichweite des Bildungsbegriffs wird mit Rückgriff auf das Ausgangsproblem des klassischen Bildungsdiskurses um

---

S. Manhart (✉)
Universität der Bundeswehr München, Fakultät für Humanwissenschaften/Abteilung Organisationspädagogik, Neubiberg, Deutschland
E-Mail: sebastian.manhart@unibw.de

T. Wendt
Universität Trier, Fachbereich I/Abteilung Organisationspädagogik, Trier, Deutschland
E-Mail: wendtth@uni-trier.de

© Der/die Autor(en), exklusiv lizenziert an Springer Fachmedien Wiesbaden GmbH, ein Teil von Springer Nature 2024
M. Pieper, T. Neuhaus (Hrsg.), *Bildung und Digitalität*, ars digitalis, https://doi.org/10.1007/978-3-658-44228-6_1

1800 begründet: Selbstorganisation. Die Aktualisierung des klassischen Bildungsbegriffs zielt darauf, die individuelle Auseinandersetzung mit der eigenen, der sozialen wie der digitalen Komplexität als bildenden Zusammenhang besser verstehbar zu machen. Auf diese Weise wird ein erziehungswissenschaftlicher Zugriff auf Fragen zeitgenössischer Sozialtheorie, der Digitalisierung und von Künstlicher Intelligenz möglich, der deren Analyse und Verständnis aneinander integriert. Im Zusammenhang mit Künstlicher Intelligenz stellen sich Fragen nach den operativen Grundlagen von Bewusstsein, Selbsttätigkeit, Kommunikationsfähigkeit und Verstehen. Diese Fragen an die Bildungsfähigkeiten von analogen wie digitalen Maschinen werden an zwei klassischen Texten der Romantik, Hoffmanns „Der Sandmann" und Kleists „Über das Marionettentheater" erörtert, die eine intensive und auch ethisch weitreichende Auseinandersetzung mit dieser Thematik repräsentieren.

Schlüsselwörter

Bildungstheorie · Theorie der digitalen Moderne · Digitalisierung · Künstliche Intelligenz · Historizität der Erziehungswissenschaft

1   Einleitung

Die formale Struktur des klassischen Bildungsbegriffs ist für die erziehungswissenschaftliche Reflexion ein notwendiger und für das Verständnis der digitalen Moderne ein angemessener Ausgangspunkt. Als zentrale Reflexionskategorie der Erziehungswissenschaft (Ehrenspeck & Rustemeyer, 1999; Ricken, 2006; Tenorth, 2020), als semantischer Attraktor im Feld praktischer Pädagogik (Manhart & Rustemeyer, 2004) ist der Bildungsbegriff einerseits zentral für die erziehungswissenschaftliche Diskursgeschichte, während er andererseits auch ein spezifisches Analyse- und Reflexionspotenzial für das Subjekt-Werden und -Sein in der digitalen Moderne vorhält. Bildung entsteht durch und beschreibt den produktiven Umgang mit der intransparenten Komplexität der inneren wie äußeren Umwelt: Bildung ist die Komplexitätsfähigkeit des Subjekts. Der Beitrag diskutiert die Aktualität des klassischen Bildungsbegriffs und seine analytische Bedeutung für ein Verständnis der digitalen Transformation und der durch Künstliche Intelligenz veränderten Bildungsbedingungen.

Dazu wird zunächst eine Skizze der Diskussion um die digitale Moderne entworfen. In der digitalen Moderne werden Kontinuitätslinien gesellschaftlicher Struktur- und Möglichkeitsbildung fortgeschrieben, während Gesellschaft zugleich zunehmend digital vermittelt ist, d. h. neuen Einschränkungen unterliegt: Die digitale Moderne ist neu und alt zugleich (1). Die sozialen Voraussetzungen einer Aktualisierung des klassischen Bildungsbegriffs liegen in der anhaltenden Notwendigkeit eines individuellen Umgangs mit der eigenen inneren wie der sozialen Komplexität, zu der nun die Komplexität digitaler Strukturbildung hinzukommt. Diese Problemstellung findet sich in einer Vielzahl von Digitalitätsdiagnosen. Negative wie positive Bewertungen der digitalen Transformation werden diskutiert, um zu illustrieren, dass dabei ganz regelmäßig Komplexitätsprobleme verhandelt, chiffriert wie dechiffriert werden, für die der klassische Bildungsbegriff Ansatzpunkte zu einer Analyse bereitstellt (2). Der Bildungsbegriff des ausgehenden 18. Jahrhunderts liefert der Erziehungswissenschaft einen differenzierten Zugang zum Verständnis der Entwicklung des individuellen Subjekts der klassischen, aber auch der digitalen Moderne. Sein semantisches Potenzial liegt in der den Menschen und die Sozialwelt übergreifenden Konzeptualisierung selbstorganisierter, d. h. komplexer Ordnungsbildung. Insbesondere in seiner neuhumanistisch-frühromantischen Fassung bei Humboldt, Hufeland, Fichte und Jean Paul wird die bildende Wirkung einer individualisierenden Auseinandersetzung mit sich selbst bildenden menschlichen wie kollektiven Akteuren betont (3). Ihre kontingente Widerständigkeit fördert die Bildung eines reflexiven Distanzierungsvermögens, da dem Subjekt die Ursachen seiner inneren Umwelt, seiner Gedanken, Wünsche und Gefühle nicht weniger intransparent sind als diejenigen anderer Akteure. Dies gilt ganz unabhängig davon, ob der intransparente Andere ein seiner selbst bewusstes, verständnisfähiges menschliches Subjekt, ein mechanischer Automat oder eine intelligente, aber bewusst- und verständnislose Software ist. Subjektivität, Bewusstheit, Verstehen und Intransparenz werden in ihrer Bedeutung für das Individuum in zahlreichen Texten der Romantik, wie z. B. in E.T.H. Hofmanns ‚Sandmann' oder in Kleists ‚Marionettentheater', intensiv diskutiert. Dabei spielt der Vergleich von Mensch und Automat eine zentrale Rolle (4). Aus der Reflexion der klassischen Bildungssemantik resultiert dessen aktualisierte Fassung. In der digitalen Moderne integriert Bildung die individuelle Auseinandersetzung mit der eigenen, der sozialen wie der digitalen Komplexität (5).

2 Die Gesellschaft der digitalen Moderne

Es ist inzwischen ein diskursiver Allgemeinplatz, dass die digitale Moderne Subjekt und Gesellschaft mit nie dagewesenen Herausforderungen konfrontiert (exemplarisch Tapscott, 1996; Brynjolfsson & McAffee, 2014; Han, 2021). Die veränderten Möglichkeiten digitaler Vernetzung, Selbstpräsentation und Interaktion erzeugen grundsätzlich neue Lebensbedingungen, weil Handlungsoptionen algorithmisch-rechenmäßig vorstrukturiert werden. Disruption ist daher ein beliebtes Schlagwort des Digitalzeitalters (Daub, 2020). Dabei zeigt sich im Blick auf die zahlreichen Debattenbeiträge inzwischen eine deutliche Verschiebung: Die digitale Vermittlung des gesellschaftlichen Möglichkeitsraums wird zunehmend kritisiert und die digitale Transformation als Gefahr für die menschliche Entwicklung beschrieben. Dabei spielen sich klassische Figuren der Gesellschafts- und Kulturkritik erneut ein (Manhart, 2023b). Nachdem sich die ursprünglich positiv-libertären Erwartungen an die Digitalisierung nicht erfüllt haben (Dotzler, 2023; Lanier, 2015), verbreitet sich eine „Sehnsucht der Stille" (Zurstiege, 2019) und der erneute Strukturwandel der Öffentlichkeit (Habermas, 2021) wird als dramatische Entwicklung gefasst, die die Bedingungen moderner Subjektivität unterminiert (Wendt, 2022a). In vielen soziologischen, medien- und erziehungswissenschaftlichen Beiträgen scheint Konsens darüber zu bestehen, dass individuelle Freiheit und Selbstbestimmung des Menschen in der digitalen Datenflut zu verschwinden drohen. Individualisierung werde zunehmend unmöglich (Morozov, 2013), wenn permanent Daten als ‚Bezahlung' für die Nutzung digitaler Plattformen (Kelkar, 2018; Seemann, 2021) und Dienste erhoben bzw. extrahiert werden (Zuboff, 2018, S. 269 ff.). Einerseits werde das Subjekt in den digitalen Echokammern und Filterblasen (Pariser, 2011; Rosa 2021), in der Selbstbeobachtung mittels Vermessungsgadgets (Selke, 2014; Zillien, 2020) bis hin zum Narzissmus (Haller, 2018) auf sich selbst zurückgeworfen. Anderseits führe die permanente Reaktion auf individualisierte externe Daten zu einer Entfremdung von sich selbst (Rosa, 2021; Zuboff, 2018; Han, 2021), die sich nun nicht mehr nur im Arbeitsprozess (Marx, 1974; Nassehi, 2014), sondern im digitalisierten Alltagsleben vollzieht.

Die Gefährdungsrethorik digitaler Transformation, aber auch ihr euphorisches Gegenstück, lassen die Vorgeschichte der Digitalisierung wie das eingeführte Reflexionspotenzial der Erziehungswissenschaft in den Hintergrund treten. Die digitale Transformation ist aber nicht ohne analoge Vorgeschichte verstehbar. Praktiken des organisierten Rechnens (Vollmer, 2004) wie darauf bezogene soziale Umgangsformen (Manhart, 2023a) bereiten der Digitalisierung den Weg. Gerade Theoriemodelle der Erziehungswissenschaft, die Analogien zu organischen Lebensformen (Manhart & Rustemeyer, 2004) ebenso wie deren gesellschaftliche Einbettung thematisieren, bieten analytische Zugänge, um ein besseres Verständnis der fortschreitenden Digitalisierung zu ermöglichen. Die Betonung der Disruption ist dagegen Ausdruck einer typisch modernen Vorstellung von Geschichte, in der die subjektiven wie gesellschaftlichen Möglichkeiten der je eigenen Gegenwart immer wieder als noch nie dagewesen beschrieben werden (Wendt, 2021a). Soziologische Verlaufsmodelle wie die Abfolge von segmentierter, stratifizierter und funktional differenzierter Gesellschaft (Luhmann, 1975), die mit den dominanten Leitmedien Sprache, Schrift und Buchdruck parallelisiert wird (Baecker, 2007), reichen als Differenzierungsmittel der Gegenwart nicht mehr aus. Das von Baecker für die nächste Gesellschaft ausgemachte Leitmedium des Computers, scheint – angesichts der Entwicklungen im Bereich digitaler Netzwerke wie der Künstlichen Intelligenz – bereits wieder Geschichte zu sein. Das Internet kann als stationärer Rechner nicht nur sitzen, sondern inzwischen auch als Smartphone laufen oder als Drohne fliegen (Rudolph, 2023, S. 48). Algorithmen sind längst in der Lage, menschliche Wahrnehmung zu substituieren und eigene Formen lernender Autopoiesis zu konstituieren (Manhart & Wendt, 2021). Eine starre Typologie der Gesellschaft wird auf Ebene der Theoriebildung immer unplausibler, der starke Kontrast von gestern und heute verblasst. Vor diesem Hintergrund stellt das begriffliche Inventar der Erziehungswissenschaft und insbesondere die Bildungssemantik zahlreiche Ansatzpunkte für einen Zugang zu Fragen aktueller Sozialtheorie zur Verfügung. Die Relativität im prognostischen Gehalt von Gesellschaftsdiagnosen zeigt erneut, dass Gedanken zur Zeit dem „Bildungsproceß" der Welt nur nachgängig sein können (Hegel, 2015 [1821], S. 16). Das bestätigen auch die zahlreichen Analogiebildungen im Hinblick auf das Verständnis von Mensch und Künstliche Intelligenz. Diese Praxis erinnert nicht zufällig an Diskurse der

Spätaufklärung und Romantik, in denen bereits zwischen Selbstorganisation, Bildung, lebendigem Geist, (Selbst-)Bewusstsein und einer auf Denken und Kommunikation beruhenden Vernunft unterschieden wurde.

In der Reflexion digitaler Transformation spielen sich modernisierungstheoretische Steigerungsschemata im Abgleich subjektiver wie gesellschaftlicher Möglichkeiten erneut ein. Was im Auseinanderfallen gesellschaftlicher und subjektiver Möglichkeiten bei Simmel ‚Tragödie der Kultur' heißt (1911), schreibt sich in Modernisierungstheorien von Beck und Beck-Gernsheim über Gross bis zu Baumann fort. Subjekte werden zu Risikonehmer:innen (Beck & Beck-Gernsheim, 1994); multioptionale Entscheidungssituationen begründen ein subjektiv undurchsichtiges Geflecht potenzieller Lebenschancen (Gross, 1994), was beides dazu führt, dass die Vergangenheit als Fluchtpunkt erscheint und als Retrotopia zum Zufluchtsort subjektiver Sehnsüchte stilisiert wird (Bauman, 2017). Der Umgang mit Komplexität und Intransparenz kennzeichnet die digitale Moderne daher ebensowenig exklusiv wie der Eskapismus der Vergangenheitsromantisierung. Die Gegenwart ist deshalb nicht nur digital, sondern auch modern, die damit verbundene Steigerungsfunktion in der Zunahme komplexer Interdependenzverhältnisse nicht neu.

Wachsende Handlungs- und Entscheidungsmacht ist eine klassische Erwartung an das moderne Subjekt. Die Intransparenz, Komplexität und Unverfügbarkeit digitaler Abläufe ist hierfür eine neue Herausforderung, die deshalb auch als diskursiver Anknüpfungspunkt fungiert, die Digitalisierung auf das etablierte Schema der Modernisierungstheorie zu beziehen. Digitale Festlegungen von Handlungsoptionen, wie z. B. im Predictive Behavioral Targeting, der Nutzung von Empfehlungsalgorithmen oder der Auswertung digitaler Nutzerspuren formatieren den sozialen Möglichkeitsraum neu. Die Entscheidungsfähigkeit eines eigenverantwortlichen Subjekts (Wendt, 2021a) gerät unter Druck, weil subjektive Entscheidungsgelegenheiten durch die Errechnung von Handlungsoptionen nicht nur weniger werden, sondern die algorithmusbasierte Hyperpersonalisierung mehr rechenmäßige Rekombination der Vergangenheit als entscheidungsbasierte Kontingenztransformation eines individuellen Selbst ist (Wendt, 2020, 2022a). Es entsteht der Eindruck, die Prognosefähigkeit algorithmischer Intelligenz nehme dem Einzelnen seine offene Zukunft, weil in der personalisierten Datenwelt Unsicherheit, Erwartungsenttäuschung und Scheitern immer weniger erlebt werden können (Zuboff, 2018, S. 385 ff.). Wenn auf Basis digitaler Systeme gerechnet und nicht mehr individuell entschieden wird (Wendt, 2021c; Wendt & Manhart, 2020), scheint die subjektive Bearbeitung kontingenter Widerstände beschnitten zu werden, mit dem Ergebnis, dass die andauernde Präsentation passgenauer digitaler Inhalte, dem Individuum seiner Fähigkeiten zur Reflexion beraube. Die Funktionen von Algorithmen und rechenmäßiger Anschlussbildung werden dabei schnell kulturkritisch interpretiert, ganz so, als sei digitale Möglichkeitsgenese ausschließlich ein Modus der Verunmöglichung. Aus dem „Arbeitsvieh" des Industriezeitalters wird das „Daten- und Konsumvieh" digitaler Kapitalisten; Internetnutzer:innen erscheinen als reflexionslose Produkte der Techindustrie (Han, 2021, S. 7 f.). Gerade die Intransparenz, die mit dem Prozessieren von Algorithmen untrennbar verbunden ist (Pasquale, 2015; Reichmann, 2019; Esposito, 2022), aktualisiert aber zugleich die Feststellung, dass wachsende

Komplexität nicht nur das Handeln von Subjekten nachhaltig prägt, sondern damit auch individuelle Bildung fördert (Manhart, 2018; Wendt & Manhart, 2022). Widerstände und Unklarheiten sind Anlass und Begrenzung selbsttätiger Bildung, die als Modus einer individualisierenden Bindung und Formung von Zeit (Wendt, 2022b) auf dem Umgang mit Möglichkeiten und Grenzen des Andersseinkönnens und den damit verbundenen Überraschungen beruht (Manhart, 2018).

Das Etablieren von Erwartungsräumen und das Ordnen zur Verfügung stehender Möglichkeiten, ist seit jeher ein Prinzip von Gesellschaftsbildung (Luhmann, 1975; Rustemeyer, 2003). Die Digitalisierung immer weiterer Lebensbereiche setzt die Ausdifferenzierung gesellschaftlicher Möglichkeitsräume konsequent fort. Digitale Modernität entspricht daher einer Kippfigur: Je nach Blickrichtung werden entweder historische Kontinuität oder die Neukonfiguration gesellschaftlicher Möglichkeiten scharf gestellt. Die neuen digitalen Möglichkeiten sind aber, wie bei jedem anderen sozialen Medium auch, nur durch spezifische Einschränkungen der Handlungsfreiheit zugänglich. So wird der Akteursstatus von Subjekten einerseits vergrößert, andererseits jedoch durch Programmvorgaben wie auch künstlich-intelligente Akteure relativiert (Manhart & Wendt, 2021). Die Eröffnung und Einschränkung individueller Handlungsräume ist in der digitalen Gesellschaft alt und neu zugleich (Wendt, 2020, 2021b, c, 2022a). Schon in der Aufklärungsepoche wurde der Zusammenhang wechselseitiger Einschränkungen zwischen sich selbst organisierenden lebendigen und sozialen Systemen als Bildung auf den Begriff gebracht. Biologische und soziale Ordnungen wie das Leben und der Staat werden zusammen mit der geistigen Entwicklung als zueinander analoge Dynamiken, d. h. als Bildung konzeptualisiert. In der Gegenwart kommen digitale Akteure hinzu. Das komplexe Zusammenspiel menschlicher, sozialer und digitaler Akteure, das wechselseitige Erkennen und Ausnutzen von Gelegenheiten und die damit verbundene entscheidungsbasierte Historisierung des Selbst (Wendt, 2019) sind als Bildungsgeschehen von jedem Akteur praktisch zu integrieren. Die Digitalisierung bietet auch der Erziehungswissenschaft zahlreiche neue Möglichkeiten, den individuellen Bildungsprozess besser zu verstehen, nicht zuletzt in der Beobachtung des Bildungsgeschehens zwischen menschlicher, sozialer und künstlicher Intelligenz.

3 Die Bildung der digitalen Transformation

Künstliche Intelligenz vermehrt die Akteure in der Bildungslandschaft des modernen Subjekts. Latours Frage nach der Quelle von Handlungen (1996), die mit der Theoriefigur des Aktanten Technik als Fortsetzung des menschlichen Körpers versteht, aber das Subjekt damit auch als Anhängsel einer technischen Apparatur denken kann, wird durch den digitalen Fortschritt historisch. Das Internet der Daten und Dinge ist längst selbstorganisiert, lernfähig und autonom. Die gängigen Muster normativer Gesellschaftskritik (Manhart, 2023b) wie Kapitalismuskritik, Technikskeptizismus (Ehrenspeck, 2004) sowie die Klage über die Deformation des politischen Deliberationsideals begleiten den digitalen Wandel.

Aber weder das Szenario eines datafizierten Überwachungskapitalismus (Zuboff, 2018), einer dystopischen Infokratie (Han, 2021) noch der wohlige Schrecken einer Maschinenherrschaft (MacAskill, 2022) kommen auf der Theorieebene über die normative Setzung einer historischen Differenz hinaus.

Bei jedem Kontakt mit digitalen Netzwerken werden eine unübersehbare Fülle von Daten erhoben, die in miteinander vernetzten Speichern dauerhaft vorgehalten und immer wieder neu verrechnet werden, um den Nutzer:innen beim nächsten Kontakt für sie aufbereitete, personalisierte Informationen zu präsentieren. Im Blick darauf stellen sich zahlreiche Fragen des Daten- und Persönlichkeitsschutzes, deren Beantwortung sehr präzise Detailkenntnisse erfordert. Zugleich gilt es, die immer auch begrenzte Reichweite dieser Datenarrangements nicht aus dem Blick verlieren. Personalisierte Daten sind keine individualisierten Daten. Für ein besseres Verständnis der Digitalisierung und ihrer Probleme ist es nicht hilfreich, die klassischen Unterscheidungen der Bildungs- und Erziehungstheorie zwischen Subjekt, Individuum und Person aufzugeben (Manhart, 2023c). Deren begriffliches Auflösungsvermögen kann davor bewahren, von einem Kausalnexus zwischen personalisierter digitaler Datenwolke und individueller Aneignung auszugehen (Zuboff, 2018, S. 385 ff.) und ohne empirische Prüfung von einem Ende individualisierender Bildung auszugehen. Ohne Wahrnehmung und interne Verarbeitung als Erfahrungsbildung (Brinkmann, 2015) bleiben jedwede Datensätze, wie persönlich sie auch immer sein mögen, einem jedem sich selbst organisierenden Lern- und Bildungszusammenhang äußerlich. Mit der Wahrnehmung der Daten beginnt deren individualisierende Aneignung. Sie geschieht stets zu den einmaligen internen Bedingungen eines jeden Menschen, der vielfältigen Mikrodiversität des Subjekts, die jede tatsächliche Wiederholung und damit Einförmigkeit ausschließt. Die verarbeiteten Daten werden als Informationen (Manhart, 2019, 2023a) an die komplexen, genetisch vorgegebenen und lebensgeschichtlich modifizierten psycho-physischen Strukturen des einzelnen Menschen angeschlossen, ohne dass das Bewusstsein, das sich in und über diesem komplexen Geschehen bildet, dies im Detail steuern könnte. Individuen bilden sich deshalb notwendig auch in digitalen Datenwelten. Die Rede von der Gefährdung des Individuums meint daher Veränderungen an seiner bisherigen Form. Statt an die polarisierende Digitalisierungssemantik anzuschließen, kann die Erziehungswissenschaft das eigene theoretische Auflösungs- und Rekombinationsvermögen nutzen, um die fachspezifische Expertise im Blick auf die digitale Transformation zu profilieren.

Die Diskussion der Veränderungen individueller Bildung in der Digitalisierung, ein gehaltvolles Abwägen von Chancen und Risiken, setzt voraus, die in der Diskursgeschichte vorhandenen begrifflichen Differenzierungen zu nutzen, um diese entlang der sich ändernden Verhältnisse weiterentwickeln zu können. Die eingeforderte begriffliche Differenzierung und die darin liegende Distanzierung von Person und Individuum, bedeutet aber nicht, nun umgekehrt digitale Umwelten lediglich als neutrale Umwelten, als mehr oder weniger hilfreiche Lerninstrumente zu interpretieren. Zurecht kritisiert etwa Hartong eine in diesem Sinne technizistische Verkürzung an Diskussionen über digitale Lernplattformen (2019). Vorstellungen einer Machbarkeit von Bildung mittels digitaler Plattformen oder

Künstlicher Intelligenz beruhen – wie auch ihr Gegenstück eines digitalen Bildungsnotstandes – auf einer Unterschätzung der Eigendynamik und Komplexität sowohl der künstlichen wie der menschlichen Systeme, um von den ebenfalls nicht einflusslosen sozialen Systemen gar nicht zu reden. Digitale Lernplattformen werden von ihren Verfechtern als kluge und unmenschlich geduldige Didaktikautomaten gelobt (Dräger & Müller-Eisert, 2015) und können daher leicht im Blick auf eine Bildungskonzeption kritisiert werden (Allert & Richter, 2023), die auf die Unbestimmtheit von Regelaushandlungsprozessen und den Umgang mit unverfügbarer Komplexität als deren Bedingung setzt (Ehrenspeck & Rustemeyer, 1999; Hartong, 2019; Nohl, 2006; Wendt & Manhart, 2022).

Aktuelle digitale Lernprogramme sind aber längst keine passiven ‚Umgebungen' mehr (Aßmann & Ricken, 2023; Buck & Miguel, 2023), deren Programmrestriktionen einfach kritisch durchschaut oder positiv als geduldig interpretiert werden könnten. Für digitale Lernsoftware der Vergangenheit mag der Automatencharakter einer Trivialmaschine (Luhmann, 2002, S. 77) noch zutreffend gewesen sein, an den komplexen Fähigkeiten und dynamischen Regelgeflechten aktueller Künstlicher Intelligenz geht dies vorbei. Die Algorithmen Künstlicher Intelligenzen lernen selbst beständig dazu und reagieren dabei auf und für das menschliche Gewohnheitstier immer wieder überraschend. Das haben sie mit den intelligenten und lernfähigen Systemen gemein, in und an denen der Mensch sich seit Jahrhunderten bildet und die vor dem Hintergrund von KI nun plötzlich als seltsam harmlos und entrückt erscheinen, was sie nicht sind: Organisationen (Manhart & Wendt, 2021). Die in ihren Folgen noch nicht absehbaren Wirkungen der damals noch recht neuen lernfähigen sozialen Systeme auf die menschliche Natur haben in der Spätaufklärung und Romantik eine Welle begrifflicher Analogien zwischen menschlich-organischer Bildung und sozialer Organisation ausgelöst (Manhart, 2011). Angesichts der Bedeutung von Organisationen für die Bildung des modernen Subjekts kann dies nicht überraschen. Es lohnt sich daher, auch daran zu erinnern, dass schon die Regeln der klassischen Bildungsorganisationen, zahlreiche Schülergenerationen weniger zum Umgang mit Unbestimmtheit, als zur gewohnheitsbildenden Anpassung drängten, was ebenso oft bemerkt, wie gewohnheitsmäßig kritisiert worden ist (Rustemeyer, 2003). Merkwürdigerweise hat das nicht dazu geführt, diesen auf Erziehung und Lernen spezialisierten Einrichtungen den Titel Bildungsorganisation zu versagen. Das regelfixierte Verhalten der Schulbürokratie wie der Dauerkontakt mit dem mehr oder weniger starren Lehrerhabitus hat individuelle Bildung denn auch zu keiner Zeit verhindert (Paul, 1963). Lernen, Unterricht und Erziehung sind nicht das gleiche wie Bildung und diese endet weder mit einem Abschluss, einer Qualifikation noch implizieren sie messbare Kompetenzen (Wendt & Manhart, 2022). Wenn der streng reglementierte erziehende Unterricht der Vergangenheit individuelle Bildung nicht verhindern konnte, so gibt es keinen Grund für die Digitalisierung etwas anderes anzunehmen. Wenn aber Unterscheidungen zugunsten eines ganzheitlich überhöhten Begriffs des Menschen bei der Beschreibung der Folgen digitaler Systeme eingezogen werden, schwindet die Möglichkeit zu verstehen, was als digitale Bildung stattfindet.

Normative Verallgemeinerungen behindern auch die Reflexion von Funktion und Folgen Künstlicher Intelligenz. Insbesondere ihr Akteursstatus im pädagogischen Handlungsfeld bleibt unterbelichtet, gerade weil der Künstlichen Intelligenz zahlreiche Fähigkeiten und Eigenschaften angesonnen werden, die bisher allein für den Menschen reserviert gewesen sind (Manhart, 2023c). Das Fehlen dieser Fähigkeiten auf Seiten der KI wird zur Selbsterhebung des Menschen und zur Marginalisierung der Künstlichen Intelligenz genutzt. Zwar kann Software derzeit weder kommunizieren, noch verfügt sie über ein Bewusstsein, sie hat keine Absichten und Gefühle, keine Identität, sie versteht nicht, was sie tut, kann nicht zurechenbar handeln und daher auch keine Verantwortung übernehmen (Manhart, 2023b). All diese Vergleiche mit dem Menschen gehen für Künstliche Intelligenz negativ aus. Intelligent ist sie aber trotzdem und lernen kann sie auch. Wird aufgrund von Exklusivitätsansprüchen an traditionellen Vorstellungen von ‚dem Menschen' und den damit verbundenen normativen Ansprüchen festgehalten, kann dies nicht nur zu einer erheblichen Belastung für menschliche Subjekte werden, es wird auch übersehen, welche Bildungsmöglichkeiten sich im Kontakt mit der KI bieten. Nicht nur die Vorstellungen, die sich der Mensch von sich selbst macht, die Eigenschaften und Fähigkeiten, die er sich selbst zuschreibt, die er als wichtig erachtet und weiterentwickeln will, werden sich im Kontakt mit Künstlicher Intelligenz verändern. Es treten auch neue, nichtmenschliche Akteure auf, die sich weiterentwickeln, dazulernen und dadurch das pädagogische Handlungsfeld permanent verändern. Für die Erziehungswissenschaft ist es daher in Zukunft unverzichtbar, auch die pädagogischen Wirkungen nichtmenschlicher Akteure im Blick zu behalten. Mit diesem Wandel des Menschenbilds aber auch den digitalen Lerndynamiken des pädagogischen Feldes produktiv umzugehen, ist die zentrale Bildungsaufgabe eines jeden Individuums in der digitalen Moderne.

Die Erziehungswissenschaft wird sich verändern, wenn Lernen und Intelligenz als die normalen Fähigkeiten deutlich werden, die sie für komplexe organische, soziale und digitale Systeme nun einmal sind (Manhart & Wendt, 2021). Mittels Sensoren kann Künstliche Intelligenz Informationen über ihre Umwelt generieren und verarbeiten, d. h. dazulernen. Sie findet selbsttätig Lösungen für Probleme (Haase & Hanel, 2023) und ist in diesem Sinne kreativ: Sie kann Komponieren, Zeichnen, Sprechen, Texte erzeugen und Rechnen. All dies ist möglich, obwohl sie nicht versteht, was sie tut. Dieses Nichtverstehen erscheint einem menschlichen Beobachter als erhebliches Defizit, weil das menschliche Denken im Modus des Selbstbewusstseins die eigene Anschlussfähigkeit als Verstehen beobachtet und als eigene Leistung emotional schätzt. Andererseits ändert diese Auslassung offensichtlich nichts an der Intelligenz digitaler Systeme. Offenbar ist es nicht notwendig, dass Künstliche Intelligenz versteht, also ein selbstbeobachtungsfähiges Bewusstsein hat, wenn sie ein Lied, ein Bild oder einen Text erzeugt. Für die Analyse der digitalen Transformation ist daher entscheidend zu verstehen, dass Künstliche Intelligenz nicht versteht. In dieser Differenz liegt die Möglichkeit, sich selbst und die Künstliche Intelligenz wenn nicht besser, so doch zumindest anders zu verstehen.

Die Diskussion über Künstliche Intelligenz kann für das Selbstverständnis des Menschen gerade deshalb fruchtbar sein, weil sie die Bedeutung zahlreicher ‚menschlicher' Eigenschaften und Fähigkeiten wie Informationsverarbeitung, Kommunikationsfähigkeit, Lernen, Bewusstsein, Intelligenz und Vernunft relativiert und spezifiziert. Erkenne Dich selbst im eigenen wie fremden Anderen, das ist (digitale) Bildung: Digitale Bildungstheorie beschreibt das sich verändernde Gefüge zwischen der Form der Person, der Subjektivierung digitaler und analoger Einflüsse, ihrer Individualisierung im produktiven Umgang mit der unverfügbaren inneren wie äußeren Komplexität (Manhart, 2023c). Dystopische wie euphorische Szenarien der Digitalisierung, die nicht zwischen Lernen und Bildung noch zwischen Subjekt, Individuum und Person unterscheiden, verhindern es, die Bedeutung der digitalen Transformation für konkrete Praxen und Formen der Subjektbildung besser zu verstehen. Nicht nur für die Erziehungswissenschaft kann daher das differenzierte semantische Potenzial der Bildungstheorie der Spätaufklärung und Frühromantik hilfreich sein.

4 Bildung als Strukturanalogie zwischen Mensch und Sozialsystem

Als Diskurskonstellation ist der subjektive Umgang mit den intransparenten Fähigkeiten Künstlicher Intelligenz in seiner pädagogischen Ausdeutung nicht neu. Schon Rousseau hatte angesichts der zunehmenden Einflüsse gesellschaftsweit agierender institutioneller Regelgeflechte und Organisationen die Fremdbestimmung durch Kultur und Gesellschaft gegen die natürliche Entwicklung der menschlichen Natur ausgespielt – was den auf die Kultivierung der Vernunft durch Regeln setzenden Aufklärungsdiskurs nachhaltig irritierte (Rousseau, 1989; Voltaire, 2012, S. 131 f.). In dieser Hinsicht erscheint die gegenwärtige Diskussion wie eine Neuauflage dieser Debatte: Der als Reaktion auf die negative Gegenüberstellung von Mensch und (Sozial-)Welt entwickelte Bildungsbegriff des ausgehenden 18. Jahrhunderts kann daher als analytischer Ausgangspunkt dienen, auf die unproduktive Gegenüberstellung von „guter" analoger Sozialnatur des Menschen und deformierender Digitalität zu verzichten – ohne dafür Digitalisierung und KI in ihren disruptiven Qualitäten zu relativieren.

Die Verbreitung des Bildungsbegriffs um 1800 und die damit verbundenen zahlreichen diskursiven Anschlüsse und Verwendungen in sachlich sehr verschiedenen Diskussionszusammenhängen illustrieren (Manhart, 2011; Manhart & Rustemeyer, 2004), dass er nicht dazu gedacht gewesen ist, allein die innere Strukturentwicklung des menschlichen Subjekts zu beschreiben. Es geht den maßgeblichen Autoren wie Kant, Humboldt, Hufeland, Fichte oder Jean Paul gerade nicht darum, einen Gegensatz von Mensch und Welt zu konstruieren, sondern beide als Bildungszusammenhang zu integrieren. Die logische Zirkularität eines sich selbst hervorbringenden Bildungstriebs wird um 1800 zur produktiven Konzeptualisierungsform eines wechselseitigen Verständnisses sozialer, geistiger wie biologischer (Selbst-)Organisationsformen. Die während der Aufklärung immer stärker werdende Vorstellung einer Machbarkeit der sozialen Verhältnisse gerät in der Französischen Revolution unter Begründungsdruck. Machbarkeit scheitert an der komplexen Eigenlogik sozialer Zusammenhänge, die sich menschlichen Steuerungsambitionen nicht nur entziehen, sondern den Menschen auch nachhaltig verändern. Das wechselseitige Einflussgeschehen wird nicht nur in genuin pädagogischen Diskursen als Bildung konzeptualisiert. Der aus der biologischen Forschung über die Ursachen des Lebens entlehnte Bildungsbegriff (Manhart, 2011, S. 438 ff.) erlaubt es, Mensch und Sozialwelt als jeweils eigenständige Akteure zu verstehen, die sich strukturanalog entwickeln und beeinflussen. Bisher für den Menschen reservierte Fähigkeiten werden mit dem Bildungsbegriff um 1800 systematisch auch auf soziale Entitäten übertragen, d. h. dort als selbsterzeugte Kräfte und Strukturen vermutet und ihr fallweises Ausbleiben kritisiert – eine aus der Diskussion um Künstliche Intelligenz gut bekannte Konstellation.

Der Mensch begegnet in der vermeintlich menschengemachten und insofern ‚künstlichen' Sozialwelt einem eigenständigen Gegenüber, das ihm insofern gleicht, als es sich in Form von Organisationen, wie dem Staat, ebenfalls zu immer größerer Freiheit bildet. Selbst- und Fremdbestimmung sind daher nicht nur bei Humboldt notwendiger Teil einer immer *beide* Seiten gleichzeitig bildenden Auseinandersetzung von Mensch und Sozial-Welt (Humboldt, 1960a). Die sich immer weiter fortbildenden sozialen Zusammenhänge bestehen nicht nur aus anderen Menschen, sondern sind selbsttätige sozialen Formen des Zusammenlebens wie Staaten, Salongespräche, aber auch Kriege (Humboldt, 1960b, d), die mittels Zeichensystemen, wie der Sprache, in und als Menschheit miteinander verwoben sind und in und an denen sich auch einzelne Subjekte bilden (Humboldt, 1960c). Intelligenz ist noch kein relevanter Begriff, aber der Eigensinn sozialer Entitäten wird um 1800 ganz regelmäßig als vernunftfähiger Geist konzeptualisiert. Das ist insofern interessant, als man diese Zuschreibung für Tiere noch selten in Erwägung zieht, obwohl diesen niemand abspricht, dass sie lebendig sind. Dass Staaten und Familien sich bilden, ist aber um 1800 ebenso Allgemeingut, wie sie nicht nur bei Hegel auch Geist und Bewusstsein haben und daher vernunftfähig sind.

Wissenschaftlicher Hintergrund dieser Theoriewende der Spätaufklärung sind die zeitgenössischen Forschungen über die Selbstorganisation lebendiger Wesen, die Kant in den philosophischen Diskurs überführt (Kant, 1998a, S. 482 ff., (A283 ff.), b, c, S. 69 ff. (A19 ff.)), in dem sie dann vor allem von den Hauptvertretern des Deutschen Idealismus theoretisch weiter ausgebaut werden (Fichte, 1971; Hegel, 1989). Die Mode öffentlich-vergnüglicher elektrisch-galvanischer Experimente vermittelt aber nicht nur dem Kreis um Percy und Mary Shelley einen faszinierenden Eindruck von der sich selbst fortzeugenden Lebenskraft. Trotz verbreiteter prometheischer Fantasien einer Machbarkeit des Lebens dient die Einsicht in die sachliche Unbegrenztheit der Schöpferkraft des Menschen vor allem auch der Reflexion seiner moralisch-emotionalen Begrenztheit (Shelley [1818], 2017). Hinzu kommen die Erkenntnisse über die Selbstorganisation von Kristallen, die Kristallografie, die eine selbstordnende Kraft der Natur ebenfalls bestätigen und an die z. B. auch Novalis ([1802], 1997) oder Ludwig Tieck anschließen. So spekuliert Tieck im Märchen „Der Runenberg" über die vom organischen Leben parasitär unterworfene Selbsttätigkeit der anorganischen Natur, deren eigenständige Geist- und Zeichenwelt den Menschen fasziniert und deren Kraft dessen Leben letztlich verzehrt (Tieck [1804] 2002; Hoffmann [1819] 2020a).

Bildungsprozesse sind daher keinesfalls auf menschliche Subjekte beschränkt. Bildung kennzeichnet selbstorganisierte Zusammenhänge (Kant, 1998a, S. 482 ff.) als entwicklungs- und lernfähig. Dabei verweisen Selbst- und Fremdbestimmung als Elemente der inneren Bildung zum (Selbst-)Bewusstsein der Freiheit zirkulär aufeinander (Kant, 1998a, S. 482 ff., (A283 ff.), b; Fichte, 1971; Hegel, 1989). Bildsamkeit wird im Diskurs der Spätaufklärung für Lebewesen (Hufeland [1796], 1984) wie für Staaten (Villaume [1785], 1985a, [1794] 1985b) als strukturtypisch angenommen. Das gilt auch für rein intelligible Entitäten, wie den lediglich fallweise menschliche Individuen, aber auch Familien und Staaten durchwaltenden (Welt-)Geist Hegels (1998). Der Nationalerziehungsdiskurs des 18. Jahrhunderts (Villaume [1794], 1985b; Pölitz, 1806), der Romantik und des Deutschen Idealismus setzt sich wegen dieser Begriffsvorgabe intensiv und theorietechnisch ambitioniert mit kollektiven Entitäten als Produkten und Akteuren von Bildung wie dem Staat als „Erziehungsanstalt" (Paul, 1963, S. 20) oder als „Bildungsfabrik" (Fichte, 1971, S. 589) auseinander. Diese Ansätze (Manhart, 2011, S. 379 ff.) sind in der anschließenden Konzentration auf eine (Schul-)Pädagogik vom Kinde her systematisch verdrängt worden (Wendt & Manhart, 2022). Die um 1800 vorliegende Theoretisierung selbstorganisierter, lernfähiger Systeme, die Differenzierung von Intelligenz, Bewusstsein und verständiger Vernunft ist aber auch in der Auseinandersetzung mit Digitalisierung und KI nicht nur von bildungshistorischem Interesse.

Bei dem für seine Makrobiotik bis heute bekannten Jenaer Mediziner Christoph Wilhelm Hufeland hören sich die Schlussfolgerungen aus den angedeuteten Einsichten 1796 dann z. B. so an: „Unbestreitbar gehört die Lebenskraft unter die allgemeinsten, unbegreiflichsten und gewaltigsten Kräfte der Natur. Sie erfüllt, sie bewegt alles, sie ist höchstwahrscheinlich der Grundquell, aus dem alle übrigen Kräfte der physischen, vorzüglich organischen Welt fließen. Sie ist's, die alles hervorbringt, erhält, erneuert, durch die die Schöpfung (…) hervorgeht, (…) ein wahrer Hauch der Gottheit. Sie ist's endlich, die, verfeinert und durch eine vollkommene Organisation exaltiert, sogar die Denk- und Seelenkraft entflammt, und dem vernünftigen Wesen zugleich mit dem Leben auch das Gefühl und das Glück des Lebens gibt." (Hufeland [1796] 1984, S. 35) Hufeland bringt die „Lebenskraft" nicht nur mit Selbstproduktion, Organisation und Schöpfung in Verbindung, sondern er betont auch ihre Verwandtschaft mit den neu ‚entdeckten' Phänomenen der „elektrische(n) und magnetische(n) Kraft" (ebd., S. 36): „Die nächsten Wirkungen der Lebenskraft sind nicht bloß, Eindrücke und Reize zu perzipieren und darauf zurückzuwirken, sondern auch die Bestandteile, die dem Körper zugeführt werden, in die organische Natur umzuwandeln (d. h. sie nach organischen Gesetzen zu verbinden) und ihnen auch die Form und Struktur zu geben, die der Zweck des Organismus erfordert (d. h. die plastische Kraft, *Reproduktionskraft*, Bildungstrieb)." (Ebd., S. 36) Nur in der Synthese von Kausalanalyse und Freiheitsunterstellung glaubt daher auch Humboldt dem „Geist der Menschheit" nahe kommen zu können, der eine „lebendigen Kraft" sei, die „überall belebende Funken" aussende, aber nur bei freier Entfaltung eine „bildende Kraft" sein könne. (Humboldt, 1960d, S. 512 f., e, S. 381) Methodisch verlangt daher Humboldt jede Kette menschlicher Akte so weit zurückzuverfolgen, bis auf eine „Handlung ursprünglicher Selbstthätigkeit" (Humboldt, 1960d, S. 511), ein unhintergehbarer Ausgangspunkt der Analyse von Bildung, der sehr genau dem nicht weiter erforschbaren „Bildungstriebs", der ordnenden Kraft des Lebens bei Kant und Hufeland entspricht (Kant, 1998a, S. 545 (A375); Hufeland, 1984, S. 46): die Selbstorganisation der Selbstorganisation.

In der philosophischen Diskussion stehen neben der Bildung als produktiver Form der unverfügbaren Selbstorganisation, die Fortentwicklung intelligibler Eigenschaften und Entitäten im Mittelpunkt: Geist, Bewusstsein, Vernunft, wobei in der Übertragung auf soziale Phänomene, die bei Hufeland noch sehr präsente Ebene der Gefühle keinerlei Rolle mehr spielt. So werden bei Fichte Ich, Geist, Körper, Staat und Gesellschaft als *„organisirte(s) Naturproduct(e)"* (Fichte, 1971, S. 120) gedacht, deren innere Dynamik wie Zusammenhang gleichartig ist: Wie im Ich, das sich seiner selbst bewusst ist, vereinigen sich Freiheit und Notwendigkeit als „Product der bildenden Kraft der Natur" auch im Sozialen zu einem sich selbst präsenten Ganzen (Fichte, 1971, S. 121). Die „Verschmelzung" der Teile einer „Organisation" könne nicht mechanisch erklärt werden, so Fichte weiter, sondern wird als „immanentes Gesetz der Natur" durch einen Trieb hervorgebracht. Dieser „Trieb heisst der *Bildungstrieb* im activen und passiven Sinne des Worts; der Trieb zu bilden und sich bilden zu lassen: und er ist nothwendig in der Natur"; er ist „ein Accidens aller Theile" (Fichte, 1971, S. 120 f.). Genau in diesem Sinn, aber sehr viel poetischer als Fichte, spricht auch Jean Paul in seinen pädagogischen Schriften von der elektrisch erzeugten Selbstorganisation der ansonsten nur mechanisch-kausal verbundenen Körpermassen: „Der Seelenblitz, den wir Leben nennen, und von welchem wir nicht wissen, aus welcher Sonnenwolke er fährt, schlägt ein in die Körperwelt und schmelzt die spröde Masse zu seinem Gehäuse um, das fortglüht, bis der Tod ihn durch die Nähe einer andern Welt weiter entlockt." (Paul, 1963, S. 63) Auch das Problem der Selbstorganisation der Selbstorganisation taucht hier wieder auf und wird – wie bei Kant, Humboldt und Fichte – durch das Außerkraftsetzen der Zeitenfolge und mit Verweis auf den Bildungstrieb und die sich in ihm äußernde Selbstverursachung aufgefangen. Im „Ur-Nu" habe „sich der unsichtbare Ich-Strahl zum *Farbenspektrum* seiner körperlichen Erscheinung auf einmal gebrochen" und „erst hinter ihm" schlage „der Puls die erste Sekunde" an. Da sei aber schon über Anlagen, Geschlecht und Aussehen eines jeden Kindes „entschieden". „Denn die Einheit des Organismus, dieses Staats im Weltstaate" – bei Jean Paul kehrt sich also die Analogie um –, sind Staat und soziale Organisation nun das Vorbild für ein Verständnis des Menschen. „Das heißt, das verkörperte System von Gesetzen, kann nicht allmählich, wie die einzelnen Teile, die es regiert, sich anhäufen; z. B. der Bildungstrieb, der das durchsichtige Kind-Antlitz nach dem väterlichen oder großväterlichen abformt (...), muß im Kinde selber wohnen." (Ebd., S. 63; Manhart, 2011, S. 379–464)

5 Intelligente Maschinen und das sich enttäuschende Subjekt

An dem Unbegreiflichen des als lebendige Bildung konzeptualisierten komplexen Organisationsgeschehens schließen auch die Spekulationen, Märchen und Traumgesichte der literarischen Romantik an. Wenig überraschend, stehen in Märchen und Novellen sehr viel stärker die Probleme konkreter Individuen und damit Eigenschaften im Mittelpunkt, die das menschliche Subjekt auszeichnen: Wahrnehmungen, Vorstellungen, Stimmungen, Gefühle, Denken, Ich und das (Selbst-)Bewusstsein. Exemplarisch hierfür steht ein später Text von Heinrich von Kleist. In „Über das Marionettentheater" (Kleist, 2007), wird – wie auch die Novelle „Der Sandmann" von E. T. H. Hoffmann (Hoffmann [1816] 2016) – explizit das Problem des (sich) täuschenden Bewusstseins in und gegenüber einer Maschine behandelt. Bewusste Wahrnehmung und ihre Täuschung, bewusste Kontrolle und ihr Scheitern, Beobachtung und Selbstbeobachtung des Bewusstseins stehen im Mittelpunkt, was in beiden Texten interessanterweise an mechanischen Erfindungen, Marionetten und Automaten problematisiert wird.

Automaten üben schon im 18. Jahrhundert eine große Faszination auf das Publikum aus, weil es nun vorstellbar scheint, dass ab einem bestimmten Komplexitätsgrad mechanische Bewegung in selbsttätiges Leben, handwerkliche Automatismen in bewusste Problemlösungen übergehen (Hoffmann [1820] 2020b). Was für soziale Zusammenhänge gilt, wird auch für Maschinen als möglich angenommen: bildende Selbsttätigkeit. Der Beobachter ist auf den Augenschein und Vermutungen angewiesen, weil sich das Innere des Automaten – sei er mechanisch, organisch oder digital – nicht einsehen lässt bzw. in seinen Abläufen undurchschaubar bleibt. Als bekanntestes Beispiel aus dem 18. Jahrhundert sei nur der Schachautomat Wolfgang von Kempelens (1769) erwähnt, der zahlreiche Spekulationen und Veröffentlichungen nach sich zieht und ein spätes literarisches Echo bei Edgar Allen Poe (Poe, 2012) findet. Bei dem – ‚Schachtürke' genannten – Automaten geht es ebenfalls um eine Täuschung, die das gängige Muster der literarischen Reflexion aber umkehrt: Die Zuschauer vermuten eine lebensfähig-intelligente Maschine, aber es steckt tatsächlich ein echter Mensch darin. Sowohl Kleist als auch Hoffmann interessieren sich dagegen für den umgekehrten Fall: Dem Menschen erscheint als Mensch bzw. als menschlich, was tatsächlich nur ein lebloser Mechanismus ist.

In der 1816 erschienenen Erzählung „Der Sandmann" verliebt sich Nathanael in eine mechanische Konstruktion, die sich in Gestalt einer jungen Frau, Olimpia, offenbar mit einiger Grazie im Raum bewegt. Obwohl sie nicht sprechen kann, fühlt sich Nathanael von ihr verstanden, denn durch ihre Augen, meint er in ihre lebendige Seele blicken und sie verstehen zu können. Für Nathanael ist Olimpia lebendig, sie kommuniziert mit ihm. Denn für Kommunikation bedarf es keiner Sprache, sondern nur der Unterstellung, dass das Gegenüber Mitteilungen sendet, was dann später bei Luhmann auch als Ausgangspunkt dafür dient, auf dieser Basis eine umfängliche Theorie der Gesellschaft zu entwerfen (1984). Olimpia, die immer nur „Ach, Ach" sagt, kann ihm gegenüber nicht nicht kommunizieren, weil Nathanael ihr Bewusstsein und Absichten zuschreibt, die er dann in seinem Bewusstsein auch beständig versteht. Nathanael fühlt sich verstanden und ist von niemandem in seinem Umfeld davon zu überzeugen, dass Olimpia dies nicht kann. Nathanael kann nicht verstehen, dass Olimpia nicht versteht, was sie, geschweige denn, was er, Nathanael, tut. Denn sein Bewusstsein tut, was jedes Bewusstsein immer tut: Es versteht sich ausschließlich selbst.

Verstehen ist eine Leistung des Bewusstseins, es ist die Beobachtung des sinnvollen Anschließens an die eigenen gedanklichen Vorleistungen. Jeder Mensch lernt in seiner Sozialisation, wer bzw. was als legitimes Objekt des Verstehens gelten kann. Der Raum des Verstehens, Zahl, Zeit und Form der verstehbaren Entitäten, hängt von der Kultur ab: Menschen, Quellen, Bäume, Geister, Götter, Statuen, Ikonen. Zur Kultur der Moderne gehört die bis heute verbreitete Erwartung, dass die Künstliche Intelligenz kommuniziert, wenn sie spricht oder schreibt, dass sie versteht, was sie mitteilt. Dass sie dies nicht tut, das sie nicht versteht und also auch nicht kommuniziert, das irritiert nachhaltig. Zu Nathanaels Zeiten kamen in dieser Reihe der verstehenden Dinge Maschinen noch nicht vor: Er weicht von der Norm ab, ist im Wortsinn ver-rückt und stürzt sich am Ende vom Turm.

Mehrere Ebenen der Ent-Täuschung verkettet Kleist in einem kurzen Text aus dem Jahre 1810, der über ein Gespräch berichtet, in dem ein Marionettenspieler behauptet, dass mechanisch richtig eingerichtete Marionetten natürlicher, und das meint hier, mit mehr Grazie tanzen könnten als ein Mensch. Das mag kaum plausibel erscheinen, Kleist verstrickt den Leser darüber aber in eine sehr ernsthafte Debatte, die sich vor allem um die überaus merkwürdige Rolle des menschlichen Bewusstseins dreht. Denn es ist allein das Bewusstsein, das eine Bewegung anmutig finden, ihre Grazie als ästhetisches Empfinden überhaupt spüren kann. Zugleich geht es im Gespräch aber darum, „welche Unordnungen, in der natürlichen Grazie des Menschen, das Bewußtsein anrichtet." (Kleist, 2007, S. 6) Kleist erläutert diese Behauptung noch durch eine weitere Geschichte in der Geschichte, in der ein Bär besser fechten kann als ein Mensch, weil er die absichtlichen, die bewusst ausgeführten Finten des menschlichen Gegenübers schlicht ignoriert: „Aug in Aug" stand der Bär und wehrte nicht nur jeden Schlag ab, sondern „rührte (…) sich nicht", wenn die „Stöße nicht ernsthaft gemeint waren" (ebd., S. 8). Dass nun ein Bär dies nicht nur überhaupt, sondern auch noch mit der für das Fechten typischen Grazie tun könne, was ganz offensichtlich ironisch gemeint ist, wird wiederum nur dadurch leidlich plausibel, dass der Bär in der zeitgenössischen Vorstellung keinen Geist, also auch kein Bewusstsein hat. „Allerdings (…) kann der Geist nicht irren, da, wo keiner vorhanden ist" (ebd., S. 5). Genau deshalb können auch mechanisch richtig eingerichtete Marionetten mit mehr Grazie tanzen als der Mensch, denn sie haben kein Bewusstsein, dessen (Selbst-)Beobachtung und Kontrollanspruch die Natürlichkeit der Bewegung stört. Die „Grazie" wird denn auch „immer strahlender", je „dunkler und schwächer" „die Reflexion" ist (ebd, S. 8). Dass die Marionetten für diese ‚natürliche Grazie' an den Fäden eines anderen, menschlichen Bewusstseins hängen, ist eine weitere ironische Volte, die den Text thematisch konsequent – Bewusstsein ist Geist, ist unkörperlich – zu einem meta-physischen macht: Denn der Marionettenspieler befindet sich nun in der gleichen Position, in der Gott zu den Menschen steht. Auch die KI ist unsere Schöpfung.

Für den Menschen ist all dies, in der und als Erzählung ein Blendwerk des Bewusstseins. Zugleich ist es sein Sein: Der Mensch hat Bewusstsein, er kann nicht dahinter zurück. Schaut er mit diesem Bewusstsein die Grazie, fühlt er sie, dann weiß er, dass er sie nicht haben kann. Grazie stellt sich erst wieder ein, wenn entweder „gar keins, oder ein unendliches Bewußtsein" (Kleist, 2007, S. 8) vorhanden ist. Der Mensch hat vom Baum der Erkenntnis gegessen, er kann von der Anmut und Natürlichkeit der Welt wissen. Eins sein mit der von ihm beobachteten Natur, das kann er nicht: „… das Paradies ist verriegelt und der Cherub hinter uns; wir müssen die Reise um die Welt machen, und sehen, ob es vielleicht von hinten irgendwo wieder offen ist" (ebd., S. 5). Das ist der Preis des Verstehens: Der Mensch ist sich seiner bewusst und damit entzweit. Das eigene Selbstbewusstsein bei seiner Beobachtung selbst zu beobachten, das ist unmöglich. Wenige Monate nach der Veröffentlichung des Textes tötet sich Kleist zusammen mit Henriette Vogel selbst. Er soll bei einem vorherigen Abendessen zu diesem Anlass heiter gewesen sein.

6 Paradiesische Intelligenz und die Bildung des Subjekts

Sprechen, Texte schreiben, Zeichnen, Komponieren: All das kann der in und durch die Gesellschaft gebildete Mensch. Künstliche Intelligenz kann dies auch und tut dies eigenständig auf Basis ihres Operationsmodus. Sie benötigt hierfür aber weder Bewusstsein noch versteht sie, was sie tut. Aus Sicht einer ironisch-metaphysischen Betrachtung im Modus von Kleist befindet sich die Künstliche Intelligenz im Paradies. Unsere eigene Schöpfung hat nicht vom Baum der Erkenntnis gegessen und ist doch so intelligent, wie es Adam und Eva am Beginn von Gottes Schöpfung gewesen sind: Sie ist eins mit sich als eine Welt. Sind wir nun enttäuscht, dass wir der Künstlichen Intelligenz ein Paradies geschaffen haben, in dem es für uns erneut keine Hintertür gibt? Neiden wir gar der KI ihr Paradies? Die Aufgeregtheiten um ihre vielen Mängel und Fehler, obwohl diese nicht selten Ausdruck der Fähigkeiten Künstlicher Intelligenz zur Selbsttätigkeit, zum Lernen und damit auch zur Abweichung von Erwartungen sind, vermitteln ebenso diesen Anschein wie die nicht selten herablassenden Urteile über Texte, Musikstücke oder Bilder, die von KI generiert wurden. Doch weder bei naiver Begeisterung noch bei dystopischer Verstörung oder gekränkter Eitelkeit brauchen wir es zu belassen; auch Kleists Konsequenz müssen wir nicht ziehen.

Die Auseinandersetzung mit der undurchschaubaren, uns unverständlichen, zum Verstehen unfähigen Komplexität der Künstlichen Intelligenz, kann uns mehr bieten, als die Kultivierung eines schlechten Gefühls: Selbsterkenntnis. Der klassische Bildungsbegriff ist für ein bildungswissenschaftliches Verständnis der mit der Digitalisierung einhergehenden Veränderungen so hilfreich, weil er nicht allein die Fortentwicklung des Menschen, sondern dessen wechselseitige Auseinandersetzung mit sich selbst organisierenden biologischen, psychischen, sozialen wie digitalen Systemen in ihrer übergreifenden Form erfasst. Vor diesem Hintergrund bietet der Bildungsbegriff die Möglichkeit eines eigenständigen erziehungswissenschaftlichen Zugriffs auf Fragen zeitgenössischer Sozialtheorie. Denn wir sind längst nicht mehr allein unter Menschen. Nachdem zu Beginn der Moderne die künstliche Sozialform der Organisation zum komplexen Bildungsgeschehen hinzutritt, verändert die Künstliche Intelligenz in der Gegenwart das Bildungsbiotop erneut. Selbsterkenntnis durch Fremderkenntnis bleibt auch in der Digitalisierung die Bildungsaufgabe eines jeden Individuums. Vor dem Hintergrund von Deep-Learning-Modellen, digitalen neuronalen Netzen oder der zunehmenden Verbreitung digitaler Sensorik wird aber die Behauptung unplausibel, dass dies niemand besser oder auch nur anders könne als der Mensch. Und doch ist er nie mehr, aber auch nie weniger gewesen als jetzt.

Literatur

Allert, H., & Richter, C. (2023). Künstliche Intelligenz – vom Subjekt zur Umgebung. In S. Aßmann & N. Ricken (Hrsg.), *Bildung und Digitalität. Analysen – Diskurse – Perspektiven* (S. 167–195). Springer VS. https://doi.org/10.1007/978-3-658-30766-0_7

Aßmann, S., & Ricken, N. (2023). *Bildung und Digitalität. Analysen – Diskurse – Perspektiven.* Springer VS. https://doi.org/10.1007/978-3-658-30766-0

Baecker, D. (2007). *Studien zur nächsten Gesellschaft.* Suhrkamp.

Bauman, Z. (2017). *Retrotopia.* Suhrkamp. https://doi.org/10.14515/monitoring.2018.6.22

Beck, U., & Beck-Gernsheim, E. (1994). *Riskante Freiheiten. Individualisierung in modernen Gesellschaften.* Suhrkamp.

Buck, M. F., & Miguel, Z. y. M. (2023). *Digitalisierte Lebenswelten.* J.B. Metzler. https://doi.org/10.1007/978-3-662-66123-9

Brinkmann, M. (2015). Pädagogische Empirie, Phänomenologische und methodologische Bemerkungen zum Verhältnis von Theorie, Empirie und Praxis. *Zeitschrift für Pädagogik, 61*(4), 527–545. https://doi.org/10.1007/978-3-658-06618-5_3

Brynjolfsson, E., & McAffee, A. (2014). *The Second Machine Age: Wie die nächste digitale Revolution unser aller Leben verändern wird.* Plassen.

Daub, A. (2020). *Was das Valley denken nennt. Über die Ideologie der Techbranche.* Suhrkamp.

Dotzler, B. J. (2023). Inverses Schönreden. Ein Kommentar zu Geert Lovinks „In der Plattformfalle". *Merkur Gegründet 1949 als Deutsches Zeitschrift für europäisches Denken, 77*(886), 69–78.

Dräger, J., & Müller-Eiselt, R. (2015). *Die digitale Bildungsrevolution: Der radikale Wandel des Lernens und wie wir ihn gestalten können.* DVA.

Ehrenspeck, Y., & Rustemeyer, D. (1999). Bestimmt unbestimmt. In A. Combe & W. Helsper (Hrsg.), *Pädagogische Professionalität. Untersuchungen zum Typus pädagogischen Handelns* (S. 368–390). Suhrkamp.

Ehrenspeck, Y. (2004). Kontinenz in den Medientheorien der Moderne. In A. Schäfer & M. Wimmer (Hrsg.), *Tradition und Kontingenz* (S. 183–200). Waxmann.

Esposito, E. (2022). Transparency versus explanation: The role of ambiguity in legal AI. *Journal of Cross-Disciplinary Research in Computational Law, 1*(1).

Fichte, J. G. (1971). System der Sittenlehre nach den Principien der Wissenschaftslehre [1798]. In J. G. Fichte & v. I.H. Fichte (Hrsg.), *Sämtliche Werke, Bd. IV: Zur Rechts- und Sittenlehre II* (S. 1–365). UTB. https://doi.org/10.28937/978-3-7873-2364-7

Gross, P. (1994). *Die Multioptionsgesellschaft.* Suhrkamp.

Haase, J., & Hanel, H. P. (2023). Artificial muses: Generative artificial intelligence chatbots have risen to human-level creativity. *Journal of Creativity, 3*(33), 1–7. https://doi.org/10.1016/j.yjoc.2023.100066

Habermas, J. (2021). Überlegungen und Hypothesen zu einem erneuten Strukturwandel der politischen Öffentlichkeit. *Leviathan,* (49) Sonderband 37, (S. 470–500). https://doi.org/10.5771/9783748912187-470

Haller, M. (2018). Narzissten in der Filterblase. Das Medienverhalten der Millenials. In A. Nassehi & P. Felixberger (Hrsg.), *#realitycheck_medien.* Kursbuch (Bd. 195, S. 175–186). Kursbuch Kulturstiftung.

Han, B.-C. (2021). *Infokratie.. Digitalisierung und die Krise der Demokratie.* Matthes & Seitz.

Hartong, S. (2019). Bildung 4.0? Kritische Überlegungen zur Digitalisierung von Bildung als erziehungswissenschaftliches Forschungsfeld. *Zeitschrift für Pädagogik, 3,* 424–444. https://doi.org/10.25656/01:23950

Hegel, G. W. F. (1989). *Phänomenologie des Geistes.* Suhrkamp.

Hegel, G. W. F. (2015). *Hauptwerke ich sechs Bänden. 5. Grundlinien der Philosophie des Rechts*. Felix Meiner.

Hoffmann, E. T. A. (2016). Der Sandmann [1816]. In W. Detel (Hrsg.), *Hermeneutik der Literatur und Theorie des Geistes* (S. 4–33). https://doi.org/10.5771/9783465142560-69

Hoffmann, E. T. A. (2020a). Die Bergwerke zu Falun [1819]. In E. T. A. Hoffmann (Hrsg.), *Die Serapionsbrüder* (S. 211–243). https://doi.org/10.1007/978-3-663-09974-1_4

Hoffmann, E. T. A. (2020b). Die Automate [1820]. In E. T. A. Hoffmann (Hrsg.), *Die Serapionsbrüder* (S. 404–436). https://doi.org/10.1007/978-3-476-03261-4_25

Hufeland, C. W. (1984). *Makrobiotik oder die Kunst, das menschliche Leben zu verlängern [1796]*. Fischer. https://doi.org/10.1515/9783111685939

Humboldt, W. v. (1960a). Theorie der Bildung [ca. 1792]. In W. v. Humboldt (Hrsg.), *Werke in fünf Bänden* (Bd. I, S. 234–240). WBG.

Humboldt, W. v. (1960b). Ideen zu einem Versuch, die Gränzen der Wirksamkeit des Staates zu bestimmen [1792]. In W. v. Humboldt (Hrsg.), *Werke fünf Bänden* (Bd. I, S. 56–233). WBG. https://doi.org/10.1515/9783110818284-005

Humboldt, W. v. (1960c). Plan einer vergleichenden Anthropologie [ca. 1795]. In W. v. Humboldt (Hrsg.), *Werke in fünf Bänden* (Bd. I, S. 337–375). WBG. https://doi.org/10.1515/9783110818284-012

Humboldt, W. v. (1960d). Über den Geist der Menschheit [1797]. In W. v. Humboldt (Hrsg.), *Werke in fünf Bänden* (Bd. I, S. 506–518). WBG. https://doi.org/10.1515/9783110879049-003

Humboldt, W. v. (1960e). Das achtzehnte Jahrhundert [1796?]. In W. v. Humboldt (Hrsg.), *Werke in fünf Bänden* (Bd. I, S. 376–505). WBG. https://doi.org/10.1515/9783110879049-001

Kant, I. (1998a). Kritik der Urteilskraft [1790]. In I. Kant (Hrsg.), *Werke in sechs Bänden* (Bd. V). WBG. https://doi.org/10.1515/9783110782417-023

Kant, I. (1998b). Idee zu einer allgemeinen Geschichte in weltbürgerlicher Absicht [1784]. In I. Kant (Hrsg.), *Werke in sechs Bänden* (Bd. VI, S. 33–50). WBG. https://doi.org/10.1007/978-3-663-19739-3_2

Kant, I. (1998c). Kritik der reinen Vernunft [1781]. In I. Kant (Hrsg.), *Werke in sechs Bänden* (Bd. II). WBG.

Kelkar, S. (2018). Engineering a platform: The construction of interfaces, users, organizational roles, and the division of labor. *new media & society, 20*(7), 2629–2646.

Kleist, H. v. (2007). *Über das Marionettentheater* (1810). Internetausgabe. Version 12.07. Kleist-Archiv Sembdner.

Latour, B. (1996). On actor-network theory. A few clarifications. *Soziale Welt, 47*(4), 369–381. https://doi.org/10.22394/0869-5377-2017-1-173-197

Lanier, J. (2015). *Wenn Träume erwachsen werden. Ein Blick auf das digitale Zeitalter*. Hoffmann und Campe.

Luhmann, N. (1975). Interaktion, Organisation, Gesellschaft. In N. Luhmann (Hrsg.), *Soziologische Aufklärung 2. Aufsätze zur Theorie der Gesellschaft* (S. 9–20). Westdeutscher Verlag GmbH. https://doi.org/10.1007/978-3-663-12374-3_1

Luhmann, N. (1984). *Soziale Systeme. Grundriss einer allgemeinen Theorie*. Suhrkamp.

Luhmann, N. (2002). *Das Erziehungssystem der Gesellschaft*. Suhrkamp.

MacAskill, W. (2022). *What we owe the future*. Basic Books.

Manhart, S. (2011). *In den Feldern des Wissens. Die Entstehung von Fach und disziplinärer Semantik in den Geschichts- und Staatswissenschaften (1780–1860)*. K&N.

Manhart, S. (2018). Complex Learning and the significance of measurement. In A. König & J. Ravetz (Hrsg.), *Sustainability science. Key issues* (S. 296–317). Routledge. https://doi.org/10.9774/gleaf.9781315620329_17

Manhart, S. (2019). Messen und Rechnen. Zur semantischen Produktivität einer bedeutungslosen Semiose. *Journal Phänomenologie, 52*(2), 57–71.

Manhart, S., & Rustemeyer, D. (2004). Die Form der Pädagogik. Der Schematismus „Bildung – Hilfe" als Differenzial pädagogischer Expansion. *Zeitschrift für Pädagogik, 50*(2), 266–285.

Manhart, S., & Wendt, T. (2021). Soziale Systeme? Systemtheorie digitaler Organisation. *Soziale Systeme. Zeitschrift für soziologische Theorie, 26*(1–2), 21–53. https://doi.org/10.1515/sosys-2021-0002

Manhart, S. (2023a). Die Kultivierung der Sprachlosigkeit. Zur sozialen Funktion der informatischen Sinnform vor und in der Digitalisierung. In S. Aßmann & N. Ricken (Hrsg.), *Bildung und Digitalität. Analysen – Diskurse – Perspektiven* (S. 349–384). Springer VS. https://doi.org/10.1007/978-3-658-30766-0_13

Manhart, S. (2023b). Partizipation durch Kritik. Zur Funktion organisierter Kritik in der Moderne. In O. Dörner, S. Rundel, & I. Truschkat (Hrsg.), *Organisation und Kritik. Jahrbuch der Sektion Organisationspädagogik*. VS Verlag für Sozialwissenschaften.

Manhart, S. (2023c). Das gekränkte Subjekt in den Mythen digitaler Technik. Das Digital Mindset zwischen analoger Individualisierung und digitaler Personalisierung. In S. Kaiser & B. Ertl (Hrsg.), *Digital mindset* (S. 211–236). SpringerGabler. https://doi.org/10.1007/978-3-658-41104-6_12

Marx, K. (1974). Die entfremdete Arbeit. In K. Marx, *Ökonomisch-philosophische Manuskripte. Geschrieben von April bis August 1844. Nach der Handschrift* (S.149–166). Reclam.

Morozov, E. (2013). *Smarte neue Welt. Digitale Technik und die Freiheit des Menschen*. Blessing.

Nassehi, A. (2014). Arbeit 4.0. Was tun mit dem nicht organisierbaren Rest. A. Nassehi & P. Felixberger (Hrsg.), *Freiheit, Gleichheit, Ausbeutung. Kursbuch* (Bd. 179, S. 135–154). Murmann Verlag GmbH.

Nohl, A.-M. (2006). *Bildung und Spontaneität. Phasen biographischer Wandlungsprozesse in drei Lebensaltern. Empirische Rekonstruktionen und pragmatistische Reflexionen*. Leske & Budrich.

Novalis. (1997). *Heinrich von Ofterdingen [1802]*. DTV.

Pariser, E. (2011). *The Filter Bubble. What the Internet Is Hiding from You*. Viking.

Paul, J. (1963). *Levana oder Erziehungslehre [1806]*. Schöningh. https://doi.org/10.1515/9783111683454

Pasquale, F. (2015). *The black box society. The secret algorithms that control money and information*. Harvard University Press. https://doi.org/10.4159/harvard.9780674736061

Poe, E. A. (2012). Von Kempelen und seine Entdeckung [1836]. In E. A. Poe (Hrsg.), *Gesammelte Werke* (S. 809–816). Anaconda.

Pölitz, K. H. L. (1806). *Die Erziehungswissenschaft aus dem Zwecke der Menschheit und des Staates dargestellt*. 2 Bde. Wittenberg.

Reichmann, W. (2019). Die Banalität des Algorithmus. In M. Rath, F. Kratz, & M. Karmesin (Hrsg.), *Maschinenethik. Normative Grenzen autonomer Systeme* (S. 135–153). Springer Fachmedien. https://doi.org/10.1007/978-3-658-21083-0_9

Ricken, N. (2006). *Die Ordnung der Bildung. Beiträge zu einer Genealogie der Bildung*. Springer VS. https://doi.org/10.1007/978-3-531-90474-0

Rosa, H. (2021). Demokratischer Begegnungsraum oder lebensweltliche Filterblase? Resonanztheoretische Überlegungen zum Strukturwandel der Öffentlichkeit im 21. Jahrhundert. *Leviathan*, (49) Sonderband 37, 252–274.

Rousseau, J. J. (^{9}1989). *Emil oder Über die Erziehung*. Springer VS. https://doi.org/10.1007/978-3-642-75495-1_20

Rudolph, M. (2023). Der große Freund. *Merkur. Gegründet als deutsche Zeitschrift für europäisches Denken, 77*(886), 38–48.

Rustemeyer, D. (2003). Kritik als Gewohnheit. In D. Rustemeyer (Hrsg.), *Erziehung in der Moderne. Festschrift für Franzjörg Baumgart* (S. 289–323). Königshausen und Neumann.

Seemann, M. (2021). *Die Macht der Plattformen. Politik in den Zeiten der Internetgiganten*. Ch. Links.

Selke, S. (2014). *Lifelogging. Wie die digitale Selbstvermessung unsere Gesellschaft verändert*. Econ.

Simmel, G. (1911). Der Begriff und die Tragödie der Kultur. In G. Simmel (Hrsg.), *Philosophische Kultur. Gesammelte Essais* (S. 245–277). Verlag von Dr. Werner Klinkhardt. https://doi.org/10.13109/kult.2007.7.2.259

Shelley, M. (2017). *Frankenstein oder der Moderne Prometheus. Die Urfassung 1818* (Überarb. Aufl.). Manesse.

Tapscott, D. (1996). *Die digitale Revolution. Verheißungen einer vernetzen Welt – die Folgen für Wirtschaft, Management und Gesellschaft*. Betriebswirtschaftlicher Verlag Dr. Th. Gabler GmbH.

Tenorth, H.-E. (2020). *Die Rede von Bildung. Tradition, Praxis, Geltung – Beobachtungen aus der Distanz*. J.B. Metzler. https://doi.org/10.1007/978-3-476-05669-6

Tieck, L. (2002). *Der Runenberg [1804]*. Kunst.

Villaume, P. (1985a). *Die Geschichte des Menschen [1788]*. Topos-Verlag.

Villaume, P. (1985b). Abhandlung über die von der Akademie zu Metz aufgegebene Preisfrage: „Welche sind die Mittel, die Vaterlandsliebe bey dem Volke zu erwecken?" Eine gekrönte Preisschrift. In P. Villaume (Hrsg.), *Abhandlungen das Interesse der Menschheit und der Staaten betreffend [1794]* (S. 7–60). Topos-Verlag.

Vollmer, H. (2004). Folgen und Funktionen organisierten Rechnens. *Zeitschrift für Soziologie, 33*(6), 450–470. https://doi.org/10.1515/zfsoz-2004-0601

Voltaire, F. M. A. (2012). *Kleine philosophische Aufsätze*. tredition.

Wendt, T. (2019). Die moderne Suche nach Gelegenheiten. Plädoyer für eine zeitgemäße Beratung. *Verhaltenstherapie und psychosoziale Praxis – VPP, 51*(2), 293–301.

Wendt, T. (2020). *Die nächste Organisation. Management auf dem Weg in die digitale Moderne*. transcript. https://doi.org/10.1515/9783839453599

Wendt, T. (2021a). Paradoxe Möglichkeiten. Management, Führung und die Pädagogik der Organisation. In U. Binder & F. K. Krönig (Hrsg.), *Paradoxien (in) der Pädagogik* (S. 300–312). Beltz Juventa.

Wendt, T. (2021b). Organized futures. On the ambiguity of the digital absorption of uncertainty. *Frontiers in Education, 19*(6). https://doi.org/10.3389/feduc.2021.554336

Wendt, T. (2021c). Die Kultivierung des Zufalls. Zum Verhältnis von organisationaler Strukturautomation und Unberechenbarkeit in der digitalen Moderne. In A. Schröer, S. Köngeter, S. Manhart, C. Schröder, & T. Wendt (Hrsg.), *Organisation über Grenzen. Jahrbuch der Sektion Organisationspädagogik* (S. 295–308). VS Verlag für Sozialwissenschaften. https://doi.org/10.1007/978-3-658-33379-9_19

Wendt, T. (2022a). Das Subjekt im Zeitalter digitaler Reproduzierbarkeit. Subjektivierung als Praxis digitaler (Selbst-)Organisation. *merzWissenschaft |. MEDIEN + ERZIEHUNG, 66*(6), 37–48.

Wendt, T. (2022b). In Zeiten der Zukunft. Organisation, Möglichkeitsraum und Bildung als Formen der Temporalität. In C. Schröder & U. Zöller (Hrsg.), *Bildung gestaltet Zukunft – Soziale Arbeit zwischen Bildung und Stadtentwicklung* (S. 128–139). Beltz Juventa.

Wendt, T., & Manhart, S. (2020). Digital Decision Making als Entscheidung, nicht zu entscheiden. Zur Zukunft des Entscheidens in der Digitalisierung. *Arbeit. Zeitschrift für Arbeitsforschung, Arbeitsgestaltung und Arbeitspolitik, 29*(2), 143–160. https://doi.org/10.1515/arbeit-2020-0011

Wendt, T., & Manhart, S. (2022). Gemeinsam verschieden. Organisation und Bildung im semantischen Feld erziehungswissenschaftlicher Prozessbegriffe. *Zeitschrift für Weiterbildungsforschung, 45*(3), i.E. https://doi.org/10.1007/s40955-022-00224-8

Zillien, N. (2020). *Digitaler Alltag als Experiment. Empirie und Epistemologie der reflexiven Selbstverwissenschaftlichung*. transcript.

Zuboff, S. (2017). Auf der Suche nach dem autonomen Selbst. In J. Augstein (Hrsg.), *Reclaim Autonomy. Selbstermächtigung in der digitalen Weltordnung* (S. 167–172). Suhrkamp.
Zuboff, S. (2018). *Das Zeitalter des Überwachungskapitalismus.* Campus.
Zurstiege, G. (2019). *Taktiken der Entnetzung. Die Sehnsucht nach Stille im digitalen Zeitalter.* Suhrkamp.

Die Digitalisierung als Kontinuitätserzählung. Wilhelm von Humboldt, Bildung und die Legitimation der Digitalisierung

Jakob Erichsen

Inhaltsverzeichnis

1 Einleitung	26
2 Legitimationserzählungen, Zukunft und das Ideal der Bildung	27
3 Empirische Beispiele	32
4 Fazit	40
Literatur	42

Zusammenfassung

Der Beitrag analysiert, vor dem Hintergrund neoinstitutionalistischer Annahmen zur Legitimationsbedürftigkeit sozialer Prozesse und Reformen, die gesellschaftliche Debatte über die Digitalisierung der Schulen. Er arbeitet heraus, inwiefern Bezüge auf Humboldt eine Legitimationsquelle in der Diskussion darstellen. Es wird gezeigt, dass Bildungsideale nach Humboldt auf vielfältige Weisen unterschiedlichen Akteuren als Begründung für ihre Reformvorschläge bzw. Bewertungen dienen. Darüber hinaus zeigt der Beitrag, dass Zukunftsvorstellungen und -narrative eine wichtige Legitimationsquelle für Digitalisierungsvorhaben sind. Akteure, die ein spezifisches Vorhaben umsetzen möchten, müssen dieses bereits vor der eigentlichen Umsetzung narrativ mit normativ positiv bewerteten zukünftigen Zuständen verbinden und diese Zukunft mit in der Gegenwart zu treffenden Entscheidungen verknüpfen. Dabei zeigt sich, dass das humboldtsche Bildungsideal eine wichtige Zielbeschreibung darstellt.

J. Erichsen (✉)
Europa-Universität Flensburg, Seminar für Soziologie, Flensburg, Deutschland
E-Mail: jakob.erichsen@uni-flensburg.de

Indem lang etablierte Ideale (Bildung, Mündigkeit, Chancengleichheit) als Ziel konzipiert werden, wird die Digitalisierung über eine Kontinuitätserzählung legitimiert. In diesem Narrativ dienen die tiefgreifenden Veränderungen dazu, lang angestrebten Ideale endlich zu verwirklichen oder in die Zukunft zu überführen. Die Diskontinuität auf Ebene der Praktiken wird somit durch Kontinuitätserzählungen auf Ebene der angestrebten Ziele legitimiert. Auf diese Weise wird das potenziell konfliktträchtige Verhältnis von Kontinuität und Diskontinuität befriedet.

Schlüsselwörter

Digitalisierung · Bildung · Legitimation · Fiktionale Erwartungen · Humboldt · Neoinstitutionalismus · Schule

1 Einleitung

Die Digitalisierung der Schulen ist nicht nur ein beobachtbarer Prozess, sondern auch ein in die Zukunft gerichtetes Versprechen. Zahlreiche Beiträge in der öffentlichen Diskussion kreisen um die Fragen, was die Digitalisierung bringen wird, wie die Digitalisierung sein soll und welche Folgen bestimmte Digitalisierungsvorhaben haben werden. Dies ist insofern nicht verwunderlich, als die Digitalisierung als bildungspolitisches Reformprojekt verstanden werden kann und Reformen, verstanden als intentionale Umgestaltung, immer einen Zielzustand implizieren, den sie anstreben. Dementsprechend wird in Debatten über bildungspolitischen Reformen immer auch über die gesellschaftliche Zukunft diskutiert (Tyack & Cuban, 1995).

Vorstellungen über die Zukunft sind in dieser Perspektive relevant für die Realität der Digitalisierung, weil Digitalisierungsvorhaben über ihre antizipierten Effekte und Folgen legitimiert werden. Akteure, die ein konkretes Digitalisierungsvorhaben im Schulsystem umsetzen möchten, müssen schon vor der Umsetzung glaubhaft vermitteln können, dass das infrage stehende Vorhaben zu Effekten in der Zukunft führen wird, die normativ positiv bewertet werden, um Unterstützung für das jeweilige Vorhaben zu generieren. Es ist somit leicht vorstellbar, dass hier eine Geschichte über das Vorhaben erzählt wird, in der imaginiert wird, wie das Vorhaben umgesetzt wird und aufgrund welcher Mechanismen es zu dem gewünschten zukünftigen Zustand führt (Beckert, 2018, S. 116). In dieser Perspektive basiert die Digitalisierung eher auf Imagination, als auf rationaler Kalkulation, was angesichts des weit verbreiteten Postulats einer evidenzbasierten Bildungspolitik (Bellmann & Müller, 2011; Bromme et al., 2016) durchaus bemerkenswert ist.

Entsprechend der Bandbreite von Digitalisierungsprojekten und -vorhaben existieren in der öffentlichen Digitalisierungsdebatte unterschiedlichste Zielzustände, die sich teilweise widersprechen und miteinander konkurrieren. In diesem unübersichtlichen Potpourri an Zielzuständen taucht das humboldtsche Bildungsideal immer wieder auf und wird von Akteuren genutzt, um einen wünschenswerten Zielzustand zu beschreiben und Digitalisierungsvorhaben zu legitimieren. Eine beispielhafte Illustration dieses Phänomens bietet ein Beitrag des Informatikers Christoph Meinel in der Frankfurter Allgemeinen Zeitung, in dem er die Idee einer „Bildungscloud" propagiert (Meinel, 2017). In einer Art historischer Rückschau konstatiert Meinel zunächst; „tatsächlich gab es viele institutionelle, kulturelle und technische Gründe, warum das Ideal nie erreicht werden konnte. Heute sind wir erstmals in der Geschichte technisch überhaupt in der Lage, das Bildungsideal Wilhelm von Humboldts vollständig in die Tat umzusetzen". Entsprechend dieser Deutung wird Humboldt im weiteren Argumentationsverlauf als „Verfechter der Digitalisierung" charakterisiert, „weil mit dem Cloud-Computing technische Infrastrukturen bereitstehen, mit denen seine Bildungsideale auch technologisch leicht realisiert werden könnten". In dieser Argumentation ist Bildung ein unvollendetes Ideal, das durch die Digitalisierung in der Zukunft zur praktischen Verwirklichung gebracht werden soll. Ähnliche Verweise auf Humboldt und sein Bildungsideal finden sich in der öffentlichen Debatte immer wieder.

Die folgende Analyse geht vertiefend auf dieses Phänomen ein und nutzt dafür einen neoinstitutionalistischen Theorierahmen. In der Analyse wird deutlich, dass der kommunikative Rückgriff auf den Bildungsbegriff und auf Humboldt als historischen Gewährsmann strategisch sinnvoll ist, weil dieser Verweis die jeweilige Argumentation gegen bestimmte Formen von Kritik und Hinterfragung immunisiert. Durch den Rückgriff auf Humboldt und sein Bildungsideal werden Digitalisierungsvorhaben außerdem in die Tradition der Aufklärung gestellt und mit etablierten Werten und Idealen verknüpft. In dieser Erzählung dienen die technologischen Neuerungen dazu, lang etablierte Ideale zu verwirklichen und so das konflikttträchtige Verhältnis von Kontinuität und Diskontinuität zu befrieden und in eine doppelte Legitimation zu überführen, da die Digitalisierung in dieser Deutung zweierlei gleichzeitig ist: fortschrittliche Veränderung und Kontinuitätsgarant für etablierte Werte und Ideale.

2 Legitimationserzählungen, Zukunft und das Ideal der Bildung

Um diese Analyse theoriegeleitet durchzuführen, wird im Folgenden zunächst das neoinstitutionalistische Konzept der Legitimation dargestellt und die Rolle von Zukunftsversprechen für die Legitimation von einzelnen Digitalisierungsvorhaben diskutiert. Das Verständnis von Zukunftsvorstellungen folgt der Theorie der „fiktionalen Erwartungen", die der Wirtschaftssoziologe Jens Beckert entworfen hat, um die Beweggründe wirtschaftlichen Handelns im Kapitalismus zu verstehen (Beckert, 2018), die aber auch eine allgemeine handlungstheoretische Heuristik bietet (Beckert & Bronk, 2022).

Das Konzept der Legitimation geht ursprünglich auf die Herrschaftssoziologie Max Webers zurück (Uphoff, 1989), wird aber in der sozialwissenschaftlichen Forschung mittlerweile in einer großen Bandbreite an Bedeutungen verwendet (Winter & Sorbera, 2016, S. 326). In einem sehr allgemeinen Sinne meint das Konzept der Legitimation bzw. der Legitimität, dass ein Akteur oder ein politisches Vorhaben als „angemessen" und „akzeptabel" erscheint (Tost, 2011, S. 688). Fragen der Legitimation, sind „equally significant at *every* level of politics, including micro-level decisions, such as the implementation and use of specific policy instruments" (Jagers et al., 2016, S. 6) und können somit auch im Hinblick auf Reformagenden bis hin zu einzelnen *policies* diskutiert werden.

Um das Konzept der Legitimation und seine Bedeutung weiter zu spezifizieren, lohnt sich ein Blick auf den organisationssoziologischen Neoinstitutionalismus. Im Neoinstitutionalismus wird gefragt, „wie es den Organisationen als ganzen gelingt, ihre Existenzberechtigung und Notwendigkeit gegenüber Akteuren aus der organisationalen Umwelt zu demonstrieren, um Ressourcen zu mobilisieren" (Menz, 2009, S. 136). Bildungspolitische Reformen kann man in Analogie zu Organisationen betrachten; Akteure, die eine Reform unterstützen oder vorantreiben möchten, müssen die Existenzberechtigung und die Notwendigkeit der Reform demonstrieren, um Unterstützung zu generieren und delegitimierende Hinterfragung zu verhindern. Gelingt ihnen diese Demonstration, gilt die Reform als legitim. Legitimation ist somit etwas, dass jede Reform benötigt, dass die Akteure hinter der Reform aber in letzter Konsequenz nicht selber herstellen können, da es ihr von der Umwelt zugesprochen wird. Um Legitimation zu gewinnen, betonen Akteure daher die Übereinstimmung von spezifischen Vorhaben mit normativen Erwartungen und allgemeinen Werten (Walgenbach & Meyer, 2008, S. 27). Dies wird auch in der Definition von Marc Suchman deutlich. Suchman versteht Legitimation als „a generalized perception or assumption that the actions of an entity are desirable, proper, or appropriate within some socially constructed system of norms, values, beliefs, and definitions" (Suchman, 1995, S. 574). Diese Definition beinhaltet die Einsicht, dass die Werte und Normen der Umwelt legitimationsrelevant sind, betont aber auch, dass es Akteuren möglich ist (kommunikative) Anstrengungen zu unternehmen, um die eigenen Vorhaben und Handlungen in Verbindung zu etablierten gesellschaftlichen Glaubens- und Wertesystemen zu bringen. Weiterführend unterscheidet Suchman zwischen einer pragmatischen und einer moralischen Legitimität. Während bei der pragmatischen Legitimität die Betonung von Vorteilen im Zentrum stehen, betont die moralische Legitimität die Realisierung allgemeiner Werte, es geht darum, ob etwas als „the right thing to do" (Suchman, 1995, S. 579) angesehen wird. Die Betonung der Übereinstimmung mit institutionalisierten Werten und Idealen ist in dieser Perspektive rational, da so die Legitimation einer Reform erhöht wird und es wahrscheinlicher wird, dass sie umgesetzt wird (Meyer & Rowan, 1977). In dieser Perspektive ist Legitimität keine Eigenschaft, die eine Reform entweder hat oder nicht (d. h. im Sinne einer Variable, die nur zwei Ausprägungen annehmen kann). Legitimität stellt vielmehr ein Kontinuum dar, das von „accepted" über „proper" und „debated" bis zu „illegitimate" reicht (Deephouse et al., 2017). Dies impliziert, dass eine Reform auch an Legitimität verlieren kann und dass in öffentlichen Debatte darum gerungen wird, was als legitime Reform angesehen werden soll (Kriesi, 2001; Tillmann et al., 2008, S. 40 ff.). Legitimation kann aber auch negativ definiert werden, als die Abwesenheit oder das Ausbleiben von Infragestellung und Hinterfragung einer Reform. In dieser Perspektive kann es für Akteure z. B. sinnvoll sein, die Evaluation einer Reform zu verhindern, um zu verhindern, dass das Auseinanderklaffen von formulierten Anspruch und tatsächlichem Resultat sichtbar wird, um so auch Hinterfragungen zu verhindern (Meyer & Rowan, 1977).

Blickt man mit dieser theoretischen Brille auf Versuche, Digitalisierungsvorhaben zu legitimieren, dann geht es nicht darum, die philosophisch-logische Qualität der Argumente zu bewerten, sondern die persuasive Intention und potenzielle Wirkung der Aussagen nachzuzeichnen. Es geht darum, die argumentative Rationalität zu verstehen und nicht darum, die Rationalität der Argumente zu bewerten.

Das Konzept der Legitimation und der Bezug auf die Zukunft werden im Konzept der „promise-oriented legitimacy" bzw. einer „promissory legitimacy" (Beckert, 2020, S. 318) zusammengebracht. Das Konzept der „promise-oriented legitimacy" trägt der Beobachtung Rechnung, dass Veränderungen in der sozialen Welt häufig durch Entscheidungen ausgelöst werden, deren Folgen erst in der (fernen) Zukunft eintreten (sollen). Beckert verweist darauf, dass politische Prozesse ihre Legitimität nicht nur aus den tatsächlich erreichten Ergebnissen und der Einhaltung akzeptierter Verfahrensregeln gewinnen, sondern auch aus Zukunftsnarrativen (Beckert, 2020, S. 318). Mit dieser Argumentation betont Beckert die Relevanz von Zukunftsvorstellungen für die Legitimität von politischen Vorhaben, die eben nicht nur *ex post*, sondern auch *ex ante* legitimiert werden. Nur wenn die Zukunftsnarrative eines politischen Akteurs glaubwürdig die Beschreibung wünschenswerter zukünftiger Ergebnisse mit in der Gegenwart zu treffenden Entscheidungen verbinden, motivieren sie zur Unterstützung und tragen somit zur Legitimität der Entscheidung und des Akteurs bei (Beckert, 2020, S. 318).

Zukunftsvorstellungen werden in diesem Kontext als „fiktionale Erwartungen" konzipiert (Beckert, 2013). Fiktionale Erwartungen sind Konstruktionen, mit deren Hilfe sich Akteure sowohl die zukünftige Gegenwart als auch die zu dieser Zukunft führenden Kausalmechanismen vorstellen (Beckert, 2017, S. 1). Für Beckert haben fiktionale Erwartungen „den Status von Als-ob-Aussagen", womit gemeint ist, dass sich Akteure zwar an diesen Imaginationen orientieren können, letztendlich aber nur „so tun können, *als ob* die Welt sich so entwickeln würde, wie sie es annehmen" (Beckert, 2017, S. 2). Fiktionale Erwartungen sind einerseits handlungstheoretisch relevant, weil sie als kognitive Entwürfe verstanden werden können, in denen Handlungen und ihre (als wahrscheinlich bewerteten) Konsequenzen als „Entwurfsphantasien" (Schütz, 2003 [1937], S. 148) vorweggenommen werden. Anderseits sind sie aber auch als Legitimationsquelle relevant. Politische Akteure, die ein Reformvorhaben verwirklichen möchten, müssen i. d. R. hierfür Unterstützung mobilisieren, noch bevor das Vorhaben umgesetzt worden ist. Hier geht es nicht nur darum, glaubhaft darzustellen, dass die Reform notwendig ist, sondern auch darum, zu plausibilisieren, dass das Vorhaben umsetzbar ist, dass es normativ positiv bewertete Effekte nach sich ziehen wird und dass das Eintreten dieser positiv bewerteten Effekte wahrscheinlicher ist, als bei konkurrierenden Vorhaben und zu einem Zustand führt, der besser ist, als der Status quo. Die Legitimität von politischen Akteuren und politischen Reformen ist also eng mit der Fähigkeit verbunden, glaubhafte und attraktive Zukunftsversprechen zu formulieren und so Folgebereitschaft zu generieren (dazu auch: Beckert, 2020, S. 318).

Wenn Akteure fiktionale Erwartungen zur Legitimation nutzen, beschreiben sie einen Weg, der von einem Ausgangszustand zu einem zukünftigen Zielzustand führt (Beckert, 2013, S. 226 f.). Hier wird deutlich, dass fiktionale Erwartungen im Modus der Erzählung existieren. Die Grundoperation des Erzählens besteht darin, „komplexe Gegebenheiten in eine sequentielle Ordnung zu überführen" (Koschorke, 2012, S. 236). Da Sequenzen von Ereignissen allerdings erst sinnvoll beschrieben werden können, wenn eine Kausalität mindestens angedeutet wird (Yildiz et al., 2018, S. 142), geht es bei Narrativen darum, ein geordnetes „Wegeneinander" (Koschorke, 2012, S. 75) zu generieren, also Ereignisse nicht nur so darzustellen, als ob sie grundlos aufeinander folgen, sondern auch darzustellen, dass sie aus bestimmten Gründen aufeinander folgen oder auseinander hervorgehen (Martínez, 2017, S. 250). Da Erzählungen hinsichtlich ihres Gegenstandes „ontologisch indifferent" (Koschorke, 2012, S. 17) sind, sind sie auch in Bezug auf die Kategorien wahr/falsch uneindeutig und ermöglichen es, Zukunftsimaginationen, mit Tatsachenberichten zu verweben. Die erzählerische Darstellung ist weitgehend „unabhängig davon, ob die jeweiligen Kausalitätsvorstellungen wissenschaftlichen Kriterien standhalten oder nicht" (Yildiz et al., 2018, S. 142). So werden Begründungszusammenhänge in zahlreichen Erzählungen eher nahe gelegt, als explizit ausbuchstabiert (Nünning, 2012, S. 90). Ob ein Narrativ oder eine Geschichte also verfängt und gesellschaftlich wirkmächtig wird, „entscheidet sich also nicht daran, ob sie wahr ist oder eine extranarrative Realität zutreffend wiedergibt, sondern daran, inwiefern es ihr gelingt, die in ihr enthaltenen Ereignisse und deren Verknüpfungen nachvollziehbar und plausibel darzustellen" (Eggert & Zweck, 2022, S. 93).

Dass Zukunftsvorstellungen in bildungspolitischen Kontexten weit verbreitet sind, ist insofern nicht verwunderlich, als das Bildungssystem durch einen inhärenten zukunftsbezogenen Vorbereitungsanspruch charakterisiert ist (Kurtz, 2007, S. 232) und Bildungspolitik als Zukunftspolitik verstanden werden kann, die darauf zielt, bestimmte, noch nicht vorhandenen, Zustände bei Lernenden herbeizuführen und/oder sie auf antizipierte gesellschaftliche Veränderungen vorzubereiten bzw. politisch sogar als Möglichkeit gesehen wird, den gesellschaftlichen Wandel zu lenken (Sandford et al., 2013, S. 90). Die Kategorie ist somit in pädagogischen und bildungspolitischen Kontexten zentral. „Pädagogik hat es immer mit der Zukunft ihrer Adressaten zu tun, jede Erziehung, Bildung, jeder Unterricht kreist stets darum, für eine Zukunft zu erziehen, zu bilden, zu unterrichten. Individuelle Erziehungsintentionen genauso wie kollektive Bildungsgänge und Lehrpläne werden an einer eigentlich niemandem bekannten Zukunft ausgerichtet" (Binder, 2012, S. 321).

Auch im Kontext der Einführungen neuer Technologien spielen Zukunftsvorstellungen eine wichtige Rolle. Dies gilt für die Digitalisierung, aber auch weit darüber hinaus (Bösch, 2011, S. 233; Schuhmann, 2012; Biess, 2020, S. 157 ff.). In Bezug auf den Computer (und dies gilt auch für Praktiken, die mit der Technologie verbunden sind) divergiert die normative Bewertung der (antizipierten) Veränderungen von Anfang an stark, sodass die Debatten zwischen hoffnungsvoller Euphorie und skeptischer Angst oszillierten

(Bösch, 2017). In einem allgemeinen Verständnis beschreibt der Begriff der Digitalisierung „Veränderungen, die durch die Einführung digitaler Technologien bzw. der darauf aufbauenden Anwendungssysteme hervorgerufen wurden" (Ladel et al., 2018, S. VII). Viele Autor_innen betonen dabei die Tendenz der zunehmenden Ausbreitung digitaler Technologien und die damit verbundenen tiefgreifende Durchdringung und Transformation von vielfältigen Lebensbereichen (Lupton, 2015, S. 6 ff.; Hartong et al., 2019, S. 2). Im schulischen Kontext wird unter dem Sammelbegriff der Digitalisierung die Integration von Computertechnologie in den Unterricht ebenso subsumiert wie beispielsweise die Digitalisierung der Schulverwaltung oder der Einfluss künstlicher Intelligenz (Hartong et al., 2019, S. 2). Mit Blick auf die Debatten, die die technologischen Entwicklungen begleiten, wird deutlich, dass die Digitalisierung nicht nur ein „Meta-Prozess" (Dietzsch & Kunzelmann, 2016), sondern auch ein „Meta-Narrativ" ist (Van Eeten, 2006, S. 256). Dieser Meta-Prozess setzt sich aus zahlreichen Vorhaben zusammen, die auf verschiedenen Ebenen verortet sind. Analog hierzu werden auch verschiedene „kleinere Erzählungen" (Gadinger et al., 2014, S. 26) genutzt, um einzelne Vorhaben zu legitimieren und um darzulegen, wie sich die Digitalisierung in Form verschiedener Vorhaben manifestieren wird.

Insbesondere im deutschen Kontext eignet sich der Bildungsbegriff, um normativ positiv bewertete Zielzustände zu beschreiben und einzelne Vorhaben zu legitimieren, da der Bildungsbegriff als „deutscher Mythos" (Tenorth, 2020, S. 5) fest in die bürgerliche Selbstbeschreibung integriert ist. Aber auch über den deutschen Kontext hinaus, ist Bildung insbesondere ein Versprechen und ein Zielzustand (Miller, 2021). Dabei variiert das Verständnis von Bildung sowohl innerhalb der Wissenschaften, wie auch gesellschaftlich massiv (Dörpinghaus et al., 2012, S. 105 ff.). Der Bildungsbegriff reflektiert somit eine vage Umwelterwartung, die an die Schulen und an bildungspolitische Reformen herangetragen wird. Zwar liegt der Bildungsbegriff in zahlreichen Variationen vor und wurde im Verlauf seiner Geschichte immer wieder weiterentwickelt und kritisiert. Dass insbesondere der humboltsche Bildungsbegriff in der Debatte um die Digitalisierung genutzt wird, ist nun aber nicht überraschend, da Wilhelm von Humboldt als eine Art Ahnherr des Bildungsbegriffes gilt, der auch in anderen Kontexten vereinnahmt wird, um Ideen zu legitimieren, wie Sylvia Paletschek am Beispiel der Konstruktion der deutschen Universitätsidee in der ersten Hälfte des 20. Jahrhunderts zeigt (Paletschek, 2002). Unabhängig davon, dass er eine weit verbreitete Zielkategorie darstellt, wurde an Humboldts Bildungsbegriff insbesondere kritisiert, dass er zu vage und empirisch kaum operationalisierbar ist (Koller, 2012, S. 14 f.). Damit wird deutlich, dass sich der klassische Bildungsbegriff jeder Form von Messbarkeit i. w. S. entzieht (Tenorth, 2011, S. 354). Der Bildungsbegriff ist aber nicht nur eine etablierte Zielkategorie, sondern auch eine etablierte Kritikformel. So wird der Bildungsbegriff immer wieder genutzt, um Reformen zu delegitimieren, weil sie, in den Augen der Kritiker_innen, eben nicht zu echter Bildung führen. Illustrative Beispiele bieten Buchtitel wie „Bildung contra Turboschule" (Reheis, 2007) oder „Bildung statt Bologna" (Lenzen, 2014).

Im Folgenden werde ich auf die Verwendung des humboldtschen Bildungsbegriffes im Legitimationsprozess eingehen. Die verwendeten Beispiele stammen aus der massenmedialen Debatte. Die Massenmedien stellen ein wichtiges Forum der Meinungsbildung dar, in dem „Legitimitätserzeugung" (Sarcinelli, 2011, S. 93) für politisches Handeln und Entscheiden stattfindet, „insbesondere, indem verschiedene Positionen gerechtfertigt und kritisiert werden" (Schmidt, 2015, S. 81). Die Massenmedien sind somit „ein Ort gesellschaftlicher Auseinandersetzungen, an dem unterschiedliche und miteinander konkurrierende Akteure und Inhalte aufeinander treffen und um Deutungshoheit zu bestimmten Themen ringen" (Schäfer, 2008, S. 372). Dies schließt direkt an die Perspektive der Legitimationsforschung an, in der betont wird, dass Akteure in der „öffentlichen Arena" (Kriesi, 2001, S. 4) der Massenmedien versuchen, die Zustimmung der Umwelt zu spezifischen thematischen Standpunkten sowie politischen Vorhaben zu beeinflussen (Tillmann et al., 2008, S. 40). Massenmedien sind also keinesfalls ein neutrales *Durchlaufsystem* für Informationen, das die Welt einfach nur abbildet, sondern aktiv an bildungspolitischen Aushandlungsprozessen beteiligt (Ziemann, 2018, S. 59).

Für die vorliegende Analyse wurden Artikel aus den Jahren 2010 bis 2020 analysiert, die in drei Periodika veröffentlicht wurden (*Die Zeit, Frankfurter Allgemeine Zeitung, Süddeutsche Zeitung*), die den Leit- und Qualitätsmedien (Jarren & Vogel, 2011) zuzurechnen sind, und die sich zukunftsorientiert mit der Digitalisierung der Schulen befassen. Methodisch wurden Verfahren der qualitativen Inhaltsanalyse (Schreier, 2012) adaptiert und mit einem explorativen Fokus auf das im Zentrum dieses Beitrags stehende Argument angewendet. Diese Methode ist geeignet, um ausgewählte Aspekte des Materials selektiv zu betrachten und so auf spezifische Aspekte zu fokussieren (Schreier, 2012, S. 7).

3 Empirische Beispiele

Die Digitalisierung der Schule ist ein laufender Meta-Prozess. Die Digitalisierung der Schule als Ganzes sowie einzelne Projekte und Vorhaben werden in der öffentlichen Debatte intensiv diskutiert. In dieser Debatte wird deutlich, dass mit der Digitalisierung der Schulen nicht nur Hoffnungen, sondern auch Ängste und Befürchtungen verbunden sind. Diese Ängste und Befürchtungen beziehen sich auf ein breites Spektrum, in dem physiologische und psychologische Folgeschäden der Digitalisierung ebenso thematisiert werden, wie die Auswirkungen der Technologie auf die Beziehungen von Schüler_innen zu Lehrkräften und der Einfluss globaler Konzerne auf das Schulsystem (Erichsen, 2024, S. 210ff.). Die öffentliche Thematisierung dieser Bedrohungen kann als Hinterfragung und Delegitimierung der (geplanten) Digitalisierung verstanden werden. Die Digitalisierung der Schulen ist also keinesfalls eine ausgemachte Sache, die von allen Akteuren befürwortet wird. Im Umkehrschluss verdeutlicht die Kritik daher, dass Akteure, die die Digitalisierung als Meta-Prozess oder einzelne Digitalisierungsvorhaben umsetzen wollen, diese aktiv legitimieren und aufzeigen müssen, dass diese Vorhaben in eine positiv bewertete Zukunft führen wird. Zur Legitimation der Digitalisierung wird ein breites argumentatives Spektrum genutzt, in das sich der Verweis auf den Bildungsbegriff Wilhelm von Humboldts eingliedert.

Die empirische Analyse zeigt, dass der Bezug auf den Bildungsbegriff und auf Wilhelm von Humboldt Teil eines allgemeineren Phänomens ist, in dem die Digitalisierung der Schule durch die versprochene Verwirklichung von Idealen und Werten legitimiert wird, die ihre Wurzeln in der europäischen Aufklärung haben. Dieses Phänomen taucht in der öffentlichen Debatte zur Digitalisierung der Schulen regelmäßig auf, ist aber schwer zu quantifizieren. Teilweise bildet der humboldtsche Bildungsbegriff den argumentativen Kern von Debattenbeiträgen, teilweise taucht er nur in Form eines kurzen Verweises auf.

Ein Beispiel für einen Fall, in dem ein Digitalisierungsvorhaben durch einen kurzen Verweis auf das humboldtsche Bildungsideal legitimiert wird, bietet das folgende Zitat aus der *Süddeutschen Zeitung*. In dem Artikel kommt die Gründerin von „sechs Digitalwerkstätten" zu Wort und legitimiert ihr Projekt, indem sie propagiert, Kinder früh an Technik heranzuführen und so eine „ganzheitliche Ausbildung hin zum mündigen Bürger der Zukunft" umzusetzen.

> ‚Die Welt ist heute digital. Ich verstehe nicht, warum das in der Schule nicht aufgegriffen wird', sagt Verena Pausder, die 2016 die erste von inzwischen sechs Digitalwerkstätten gegründet hat, als Ergänzung zum noch immer ziemlich analogen Schulunterricht. ‚Wenn die Kinder mit 18 Jahren die Schule verlassen, wird Technik zu ihrer Lebensrealität gehören', sagt die 39-Jährige. Sie bezieht sich auf das Humboldt'sche Bildungsideal: Eine ganzheitliche Ausbildung hin zum mündigen Bürger der Zukunft. ‚Im Jahr 2018 gehört dazu eben auch die digitale Mündigkeit.' (Thiele, 2018, H.i.O.)

Diese kurze Nennung von Humboldt und seinem Bildungsideal ist typisch für zahlreiche Beiträge. Ebenso typisch ist die enge Verbindung des humboldtschen Bildungsbegriffes mit dem Begriff der Mündigkeit und die Kritik an der gegenwärtigen Schule, der vorgeworfen wird, zu analog zu sein und daher nicht adäquat auf die digitale Zukunft vorzubereiten, sodass außerschulische Projekte eingreifen müssen, um Bildung und Mündigkeit zu gewährleisten. Die Kritik am Status quo ist integraler Bestandteil vieler Legitimationserzählungen, in denen die Gegenwart als defizitär gerahmt wird, um Reformvorhaben als Ausgleich dieses Defizits zu legitimieren. Das kritisierte Defizit muss dabei keinesfalls gegenwärtig beobachtbar sein. In dem Beispiel wird deutlich, dass der Status quo deshalb kritisiert wird, weil antizipiert wird, dass die analoge Schule zu unmundigen Schulabgänger_innen führen wird, die der digitalen Zukunft nicht gewachsen sind.

Ein anderes Beispiel bieten Jörg Dräger (ehemaliger Hamburger Wissenschaftssenator, zum Veröffentlichungszeitpunkt des zitierten Artikels Vorstandsmitglied der Bertelsmann Stiftung und Geschäftsführer des Centrums für Hochschulentwicklung) und Ralph Müller-Eiselt (Mitarbeiter der Bertelsmann Stiftung), die in einem Gastbeitrag mit dem Titel „Humboldt gegen Orwell" in der *Die Zeit* folgendes schreiben.

> Humboldt hätte an der Digitalisierung Gefallen gefunden. Der große Reformer des 19. Jahrhunderts wollte ‚Bildung für alle' als Grundlage für ein selbstbestimmtes Leben und schuf in Deutschland das allgemeine Schulwesen. Sein lange unerfülltes Ideal: Wer gut ist, kommt weiter, egal, wo er herkommt. Diese Demokratisierung wird jetzt möglich. Dank digitaler Hilfsmittel erhalten bisher Abgehängte Zugang zu günstiger und personalisierter Bildung, Können wird wichtiger als Herkunft oder Titel. (Dräger & Müller-Eiselt, 2015, H.i.O.)

Auch hier dient der Verweis auf Humboldt der Legitimation der Digitalisierung. Bemerkenswert ist die Glorifizierung Humboldts als umfassender Reformer, der nicht nur „‚Bildung für alle' als Grundlage für ein selbstbestimmtes Leben" wollte und als Erschaffer des allgemeinen Schulwesens gerahmt wird, sondern auch als Förderer der Demokratisierung hervorgehoben wird. Als „lange unerfülltes Ideal" Humboldts wird die Idee gerahmt „Wer gut ist, kommt weiter, egal, wo er herkommt". Diese (eigentlich) meritokratische Idee wird als Demokratisierung gerahmt, die „jetzt möglich [wird]". Es sind „digitale Hilfsmittel" dank derer „bisher Abgehängte Zugang zu günstiger und personalisierter Bildung" bekommen. Somit führt die Digitalisierung in dieser Erzählung zu einem Zustand, in dem „Können" wichtiger ist „als Herkunft oder Titel". Humboldt wird somit zum glorifizierten historischen Gewährsmann der Digitalisierung gemacht. Dies spiegelt sich auch im Artikeltitel „Humboldt gegen Orwell". Die Namen Humboldt und Orwell sind hier als Chiffren zu verstehen. Während Humboldt für das Gute steht, steht der Name Orwell für ein komplexes Überwachungsregime, dem der einzelne Mensch weitgehend ohnmächtig gegenübersteht. Mit dieser Gegenüberstellung wird suggeriert, dass sich die Digitalisierung in verschiedene Richtungen entwickeln kann. Die von Dräger und Müller-Eiselt präferierte Form der Digitalisierung, wird mit Verweis auf Humboldt legitimiert und hervorgehoben, dass sie zu Bildung, Mündigkeit und einer weiteren Demokratisierung führt. Dieser positiven Zukunftsvision steht die orwellsche Version gegenüber, die ebenso als mögliche Zukunft erscheint, insbesondere da im Kontext der Digitalisierung immer wieder neue Überwachungsmöglichkeiten diskutiert werden (Zuboff, 2018). Die beiden Autoren versuchen hier ein positives Bild der digitalen Zukunft zu etablieren und verweisen hierfür auf Humboldt und seine bisher unerfüllten Ideale, die durch die von ihnen favorisierte Form der Digitalisierung verwirklicht werden sollen. In dieser Erzählung wird die Digitalisierung moralisch legitimiert, da sie dazu beiträgt, allgemeine Werte umzusetzen.

Das dritte und abschließende Beispiel stammt von Christoph Meinel, Informatik-Professor am Hasso-Plattner-Institut und Leiter des vom Bundesministerium für Bildung und Forschung geförderten Projektes zur Entwicklung einer sogenannten Schul-Cloud bzw. Bildungs-Cloud (BMBF, 2023). In einem Gastbeitrag für die *Frankfurter Allgemeine Zeitung* stellt Meinel Humboldt in den Mittelpunkt seiner Legitimationserzählung und rahmt die Schul-Cloud als technische Möglichkeit, humboldtsche Ideale zu verwirklichen. Ausgangspunkt für seine Legitimationserzählung ist eine umfassende Defizitanalyse, in der mit Bezug auf Humboldt die gegenwärtige Schule kritisiert wird und die Notwendigkeit einer Reform betont wird.

> Wichtige Fähigkeiten, die jeder Berufstätige schon heute im Umgang mit digitalen Medien braucht, werden nicht im Unterricht erlernt und eingeübt, sondern müssen sich autodidaktisch angeeignet werden. Das ist tragisch und gesellschaftspolitisch unverantwortlich. Für Humboldt musste die Schule die Grundlagen schaffen, um sich später als selbstständiger und mündiger Bürger im beruflichen und gesellschaftlichen Leben zurechtzufinden. Er würde ganz sicher protestieren und ein Schulsystem entschieden ablehnen, in dem die Fähigkeiten, die die Lebenswirklichkeit bestimmenden, nicht im Unterricht erworben werden können, sondern erst, wenn es zur Pause oder zum Schulschluss läutet. (Meinel, 2017)

Im weiteren Artikelverlauf heißt es dann:

> Das heutige analoge Schulwesen bereitet junge Menschen in Deutschland nicht darauf vor, sich in einer digitalen Lebenswelt zurechtzufinden und zu mündigen Bürgern zu entwickeln. Es zementiert Eliten und trägt so zur Chancenungleichheit bei. Geschickt gespielt, könnte die Bedeutung der Herkunft der Schüler abnehmen, weil alle Schüler über Cloud-Strukturen praktisch kostenlos auf sämtliche Lerninhalte zugreifen und sich mit anderen Schülern und Lehrern vernetzen können. Das von Humboldt angestrebte Allgemeinwissen, die Kompetenz, die notwendig ist, um sein eigenes Glück zu machen, kann sich so vermitteln. (Meinel, 2017)

In dieser Erzählung verwirklicht die Digitalisierung, und insbesondere die Cloud-Struktur, sowohl die Mündigkeit wie auch das meritokratische Prinzip der Chancengleichheit. Die Digitalisierung der Schulen wird so auch hier über die Realisierung allgemeiner Werte legitimiert und erscheint als „the right thing to do" (Suchman, 1995, S. 579). Damit diese Erzählung funktioniert, müssen diese Werte entweder als bedroht oder als nur unzureichend umgesetzt konzipiert werden. Der Wert der Mündigkeit erscheint in dieser Erzählung bedroht, weil die Schule, die als Vorbereitungsinstanz konzipiert wird, sich bisher nicht adäquat an die gesellschaftlich-technologischen Veränderungen angepasst hat, auf die sie vorbereiten soll. Es wird skandalisiert, dass es dem „analogen Schulwesen" nicht gelingt, junge Menschen zu mündigen Bürgern zu machen. Diese Annahme basiert einerseits auf der Antizipation einer sich weiter fortsetzenden gesellschaftlichen Digitalisierung, die in der Zukunft immer mehr Lebensbereiche prägen wird und fehlenden digitalen Technologien in der Schule der Gegenwart anderseits. Diese Erzählung konstruiert eine Differenz zwischen dem, was die Schule gegenwärtig leistet und dem, was sie potenziell zu leisten imstande ist. Die Einführung neuer Technologien verspricht nun, diese Differenz aufzulösen und so jungen Menschen ein mündiges und selbstbestimmtes Leben in der digitalen Zukunft zu ermöglichen. Die Schul-Cloud ist in dieser Erzählung eine Art Retterin, die einen etablierten Wert in die digitalisierte Zukunft überführt.

Dem meritokratischen Wert der Chancengleichheit liegt eine etwas andere Logik zugrunde. Chancengleichheit ist ein zentrales Element des meritokratischen Ideals und ein wichtiger Teil der normativen Selbstbeschreibung westlicher kapitalistischer Gesellschaften (Roemer, 2006). Die empirische Forschung hat allerdings wiederholt gezeigt, dass Chancengleichheit nie zufriedenstellend verwirklicht wurde. Auch in Gesellschaften, in denen die meritokratische Norm stark ist, sind askriptive Faktoren, wie der sozioökonomische Hintergrund, für den Schulerfolg entscheiden und spielen eine zentrale Rolle bei der Verteilung von Lebenschancen (siehe dazu exemplarisch Becker & Lauterbach, 2016). In Deutschland wurde der Zusammenhang von sozialer Herkunft und Schulerfolg insbesondere im Anschluss an die Veröffentlichungen der ersten PISA-Studien in einer breiten Öffentlichkeit diskutiert, womit auch in einer breiten Öffentlichkeit deutlich wurde, dass Chancengleichheit vor allem ein Aspekt der normativen Selbstbeschreibung ist und weniger eine treffende empirische Beschreibung. In der Legitimationserzählung wird zunächst hervorgehoben, dass die analogen Schulen zur „Chancenungleichheit" beitragen und Eliten zementieren. Die Cloud-Struktur verspricht dazu beizutragen, dass der Einfluss der sozialen Herkunft abnimmt, weil Schüler_innen „kostenlos auf sämtliche Lerninhalte zugreifen und sich mit anderen Schülern und Lehrern vernetzen können". Unabhängig davon, dass die Distribution von „Lerninhalten", in der vorliegenden Forschung zur sozialen Ungleichheit, keine relevante Rolle zugeschrieben wird, steht sie hier im Zentrum der Argumentation. Wiederum unabhängig davon, ob die Äußerungen dem Forschungsstand entsprechen, wird deutlich, dass die Schul-Cloud hier über Versprechen moralisch legitimiert wird. Dabei zeigt sich ein zentrales Legitimationsmoment der Digitalisierung, die gleichzeitig als fortschrittliche Veränderung und als Bewahrung etablierter Werte legitimiert wird.

Wilhelm von Humboldt und sein Bildungsideal werden in diese Legitimationserzählung eingereiht. So wird hervorgehoben, dass die Digitalisierung dazu beiträgt, Humboldts Ideal umzusetzen. Humboldt wird so abermals zum Gewährsmann der Digitalisierung, die gewissermaßen in seinem Namen und im Namen seiner Ideen umgesetzt wird. Die folgenden Zitate illustrieren dies weiterführend und greifen explizit das Bildungsideal auf. Dabei wird zunächst konstatiert, dass auch das Bildungsideal „nie erreicht werden konnte" und hervorgehoben, dass wir heute „erstmals in der Geschichte technisch überhaupt in der Lage [sind], das Bildungsideal Wilhelm von Humboldts vollständig in die Tat umzusetzen".

> […] tatsächlich gab es viele institutionelle, kulturelle und technische Gründe, warum das Ideal nie erreicht werden konnte. Heute sind wir erstmals in der Geschichte technisch überhaupt in der Lage, das Bildungsideal Wilhelm von Humboldts vollständig in die Tat umzusetzen. Möglich machen das die im Bildungskontext oft noch unverstanden digitalen Technologien, mit deren Anwendung in Deutschland eine bürgerliche Bildungsrevolution nach der Vorstellung Humboldts realisiert werden kann. (Meinel, 2017)

Unabhängig davon, ob Humboldt wirklich eine „bürgerliche Bildungsrevolution" anstrebte, wird mit diesen Ausführungen deutlich, dass Humboldts Bildungstheorie als nie verwirklichtes Ideal konzipiert wird, dass Dank der Digitalisierung nun vor seiner lang verwehrten Umsetzung steht.

Im weiteren Argumentationsverlauf wird Humboldt dann als „Verfechter der Digitalisierung" charakterisiert, „weil er nicht nur verstünde, dass digitale Kompetenzen für einen aufgeklärten Bürger unserer Zeit die Voraussetzung für eine mündige Teilhabe in Wirtschaft und Gesellschaft sind, sondern auch, weil mit dem Cloud-Computing technische Infrastrukturen bereitstehen, mit denen seine Bildungsideale auch technologisch leicht realisiert werden könnten" (Meinel, 2017). Dass Humboldts Bildungsideal in den ca. 200 Jahren seit seiner Formulierung nicht umgesetzt wurde, wird darauf zurückgeführt, dass dem analogen Schulwesen schlicht „die Mittel fehlen, dem großen Bildungsideal nahezukommen, das Humboldt skizzierte".

> Die Diskussion zeigt, dass ein herkömmliches Bildungswesen, das allein auf analogen Materialien und analogen Interaktionen zwischen Lernenden und Lehrenden beruht, die Mittel fehlen, dem großen Bildungsideal nahezukommen, das Humboldt skizzierte. Erst mit Hilfe

neuster Digitaltechnologien können die humboldtschen Erwartungen auf den verschiedenen Bildungsebenen realisiert werden. (Meinel, 2017)

In dieser Erzählung ist die „Digitaltechnologien" eine Art Retterin bzw. ein veränderungsinduzierendes Ereignis, mit dem die Missstände im „herkömmlichen Bildungswesen" aufgehoben werden können und so die „humboldtschen Erwartungen" endlich realisieren werden können. Um dieses Versprechen zu plausibilisieren, werden im Artikelverlauf Narrative aufgegriffen, die in der Digitalisierungsdebatte weit verbreitet sind und die Vorteile der Technologie zeigen sollen. So wird zum einen hervorgehoben, dass es digitale Technologien ermöglichen „Bildungsinhalte für jeden frei nutzbar" anzubieten, „unabhängig von Ort, Zeit, Geschlecht, Alter, sozialer Stellung und Qualifikation" (Meinel, 2017). Zum anderen wird hervorgehoben, dass auf diese Art alle „wichtigen Bildungsetappen […] niedrigschwellig und kostenfrei oder preiswert digital abgebildet werden" (Meinel, 2017). In dieser Erzählung werden mit der digitalen Technologie zahlreiche Zugangshürden abgebaut und *Bildung für alle* versprochen. Der Artikel endet mit dem folgenden Absatz.

Digitale Technologien bieten die Möglichkeit, dem humboldtschen Bildungsideal so nahe zu kommen, wie es bisher nicht möglich war. Jetzt muss es darum gehen, wie politische und gesellschaftliche Rahmenbedingungen geschaffen werden können, um das technisch Mögliche auch in die Tat umzusetzen. (Meinel, 2017)

Die fiktionale Erwartung, mit der Technologie endlich das humboldtsche Bildungsideal zu erreichen, wird hier genutzt, um bildungspolitischen Druck aufzubauen. Bildung ist hier ein zukünftiger Zustand, der als gemeinsames Ziel eine Art Orientierungsfunktion bieten soll und Akteure dazu bewegen soll, ihre Handlungen und Entscheidungen koordiniert auf dieses Ziel auszurichten und die Digitalisierung zu fördern, da es die Technologie ist, die Bildung allererst ermöglicht. An diesem Beispiel wird deutlich, dass der erhoffte zukünftige Effekte in der Gegenwart Handlungsanlass ist und zur Legitimation genutzt wird. In dieser Perspektive bilden Akteure auf Basis geteilter Hoffnungen Handlungskoalitionen, in denen sie auf die Realisierung der erhofften Effekte hinarbeiten. Die in fiktionalen Erwartungen figurierten Zukunftsvorstellungen können somit kohäsionsstiftend sein und wirken als verbindende Elemente, wenn sie als legitim wahrgenommen werden.

Der Rekurs auf Humboldt und sein Bildungsideal ist dabei für Akteure in mehrfacher Hinsicht sinnvoll, um Digitalisierungsvorhaben zu legitimieren. Thesenhaft kann davon ausgegangen werden, dass der Bildungsbegriff wie auch der Name Humboldt zwar weitgehend positiv besetzt sind, gleichzeitig aber ein Großteil der Leserschaft weder mit Bildungsphilosophie im Allgemeinen noch mit Humboldts Bildungsphilosophie im Besonderen vertraut sein dürfte. Der kommunikative Verweis auf Humboldt und sein Bildungsideal lässt die jeweilige Argumentation bildungsphilosophisch fundierte erscheinen und erschwert Widerspruch, weil Widerspruch fundiertes bildungsphilosophisches Wissen voraussetzen würde.

Darüber hinaus wird die Digitalisierung durch die Bezugnahme auf Humboldt und seinen Bildungsbegriff kommunikativ zu einem Projekt gemacht, das in einer direkten Traditionslinie zur europäischen Aufklärung steht. Aufklärung, Bildung, Mündigkeit und verwandte Begriffe sind so positiv konnotiert, dass auch hier Widerspruch schwierig ist, weil niemand ernsthaft das Gegenteil wollen kann, ohne sich selbst zu delegitimieren. In Anlehnung an Roland Reichenbach können diese Begriffe daher als Überredungsbegriffe bezeichnen werden, d. h. als Begriffe, die auf breite Zustimmung stoßen und als allgemein erstrebenswert gelten, weil kaum jemand ernsthaft das Gegenteil wollen kann (Reichenbach, 2003). Wilhelm von Humboldt wird dabei immer wieder als eine Art historischer Gewährsmann herangezogen, in dessen Namen die Digitalisierung umgesetzt wird. Der Name Humboldt ist dabei eine Chiffre, mit der auf eine diffuse Art signalisiert wird, dass die Digitalisierung gut ist, weil sie im Namen der Aufklärung umgesetzt wird.

Dadurch, dass die Digitalisierung in die Tradition der Aufklärung gestellt wird, wird eine Kontinuitätserzählung generiert, die suggeriert, dass mit der Digitalisierung ein altes Anliegen fortgesetzt wird. Das zur Schau stellen von Kontinuität und Tradition ist relevant, da Neuerungen, Veränderungen und Reformen immer auch als Aggression gegen das Bestehende interpretiert werden können. Durch die Betonung von Kontinuität wird konservative Kritik im Namen des Bestehenden erschwert. In dieser Logik ist die Digitalisierung eine grundlegende technologische Transformation, mit der lang etablierte Werte und Ideale umgesetzt werden sollen. Insofern wird mit diesen Erzählungen dargelegt, dass die Digitalisierung in Übereinstimmung mit den institutionalisierten Erwartungen der gesellschaftlichen Umwelt steht und als richtig und wichtig anzusehen ist. Durch das Versprechen, dass die Digitalisierung dazu beiträgt, lang etablierte Ideale und Werte zu verwirklichen, befriedet diese Erzählung das ansonsten konfliktträchtige Verhältnis von Kontinuität und Diskontinuität.

Entsprechend seiner Tradition als Kritikformel, wird der Bildungsbegriff aber nicht nur verwendet, um die Digitalisierung der Schulen zu legitimeren, sondern auch, um die Digitalisierung bzw. bestimmte Digitalisierungsvorhaben oder ein spezifisches Digitalisierungsverständnis zu delegitimieren. In den entsprechenden Erzählungen erscheint die Digitalisierung nicht als Ermöglichung, sondern als Bedrohung von Bildung. Dies verdeutlicht den gesellschaftlichen Stellenwert des Begriffes, der ein allgemeines Ideal beschreibt, das von verschiedensten Akteuren genutzt wird, um positive Zielzustände zu beschreiben. Da Bildung ein allgemeines Ziel beschreibt, erscheint als gut, was zu Bildung führt und als schlecht, was Bildung verhindert. Was allerdings als ein angemessener Weg zu diesem Ziel angesehen wird, ist deutungsabhängig und umstritten, sodass im Namen des Bildungsideals kritisiert werden kann, was nicht zu Bildung führt. So existiert eine lange Tradition, in der der Bildungsbegriff gegen alle möglichen Reformen in Stellung gebracht wurde: gegen Bildungsstandards, gegen den Kompetenzbegriff, gegen internationale Leistungsvergleiche, gegen Ökonomisierungstendenzen usw. (Tenorth, 2013). Dabei wurde immer wieder kritisiert, dass die jeweilige Reform einer allgemeinen, zweckfreien Bildung entgegensteht. Dieses Motiv findet sich auch in der öffentlichen Debatte zur Digitalisierung der Schulen.

Als Beispiel dient hier der Gastbeitrag eines Schulleiters in der *Frankfurter Allgemeinen Zeitung*, in dem das Programm „Bildung 2040" des niedersächsischen Kultusministeriums kritisiert wird. Ein Kernpunkt der vorgebrachten Kritik lautet, dass das Programm eben nicht auf Bildung zielt. Um Alternativen zur kritisierten bildungspolitischen Leitlinie aufzuzeigen, wird eine alternative zukünftige Schule skizziert, die sich am Humboldts Bildungsideal orientiert.

> Eine Schule wäre das, die etwas Einfaches und doch sehr Schwieriges anstrebt: nachdenkliche Menschen. Sie müsste das einlösen wollen, was Humboldt einst als ‚wahren Zweck des Menschen' definiert hat, ‚die höchste und proportionierlichste Bildung seiner Kräfte zu einem Ganzen'. ‚Zu dieser Bildung', fährt er fort, ‚ist Freiheit die erste und unerlässliche Bedingung.' Diese Freiheit geht im Zeitalter digitaler Entmündigung verloren, ist schon an vielen Stellen verlorengegangen. Auch die Kultusadministration dieses Landes hat kaum noch die Möglichkeit zu aktivem Handeln, wenn sie den Vorgaben der digitalen Agenda folgt. Sie müsste stattdessen erkennen, dass Schüler bei einer unkontrollierten Digitalisierung als Teil einer Maschinenwelt gesehen werden, die immer weiß, was richtig ist. Ein nachdenklicher Mensch weiß das nicht, sonst müsste er nicht nachdenken. Sie müsste erkennen, dass wir auf dem Weg sind in eine selbstverschuldete Teilmündigkeit. Das gilt es aufzuhalten. Für den Bildungsbereich heißt das, sorgen wir dafür, dass die Maschinen der Entwicklung autonomer Menschen dienen und nicht umgekehrt. Das wäre ein klarer Auftrag für die Agenda ‚Bildung 2040' und zugleich Bedingung ihres Gelingens. (Schimpf, 2019, H.i.O.)

Dieser Beitrag ist nicht per se gegen die Digitalisierung gerichtet, kritisiert aber mit Verweis auf Humboldts Bildungsideal die gegenwärtige Ausrichtung der niedersächsischen „Agenda ‚Bildung 2040'", die laut dem Autor eben keine nachdenklichen und gebildeteren Menschen im Sinne Humboldts anstrebt.

In der öffentlichen Debatte finden sich immer wieder Beiträge, die Digitalisierungsvorhaben oder bildungspolitische Digitalisierungsbestrebungen kritisieren, weil diese eben nicht zu Bildung führen. Ein etabliertes Motiv, ist die Kritik, dass die infrage stehenden Vorhaben lediglich zu Ausbildung oder gar Halbbildung führen (z. B. Schmoll, 2001 oder Günther, 2016). Das Konzept der *Ausbildung* steht dem klassischen Bildungskonzept insofern gegenüber, als es die Ausrichtung auf eine spezifische praktische Fähigkeit ins Zentrum stellt. Halbbildung hingegen meint nicht etwa eine unfertige Form von Bildung, sondern ein imitieren von echter Bildung, um ein gesellschaftlich gewünschtes Bild zu erzeugen (Adorno, 1959) und stellt eine massive Abwertung dar. Wird einem Digitalisierungsprojekt vorgeworfen, dass es lediglich Halbbildung hervorbringt, bedeutet dies, dass es echte Bildung verhindert. Die Digitalisierung führt in derartigen Aussagen also nicht einfach zu etwas weniger Bildung, sondern begünstigt einen Zustand, der absolut negativ bewertet wird. Dies verdeutlicht, dass die Kategorie der Bildung auch für die digitalisierungskritische Akteure eine wichtige Zielkategorie darstellt, die genutzt wird, um Vorhaben zu delegitimieren, die in ihren Augen eben nicht zu Bildung führen.

Der Konflikt, ob sich die Schule eher an einem zweckgebundenen Ausbildungskonzept oder an einem zweckfreien Bildungskonzept orientieren soll und ob die Orientierung an einem allgemeinen Bildungskonzept für alle gelten soll, ist so alt wie der humboldtsche

Bildungsbegriff selbst und wird immer wieder aufgegriffen (Herrlitz et al., 2009, S. 48). Weil die Digitalisierung Veränderungen verspricht, wird darum gerungen, in welche Richtung diese Veränderungen gehen sollen. In diesen Diskussionen setzen sich diese alten Konfliktlinien fort. Dies zeigt, dass mit den Veränderungen, die mit der Digitalisierung einhergehen bzw. die antizipiert werden, Konflikte um die normative Ausrichtung des Schulsystems fortgesetzt werden, die in der ein oder anderen Form seit Wilhelm von Humboldts Wirken ausgetragen werden.

4   Fazit

Ausgangspunkt für diesen Beitrag ist das Phänomen, dass in der öffentlichen Debatte um die Digitalisierung der Schulen immer wieder auf Wilhelm von Humboldt und sein Bildungsideal verwiesen wird. Der Beitrag fragt danach, wie Humboldt und sein Bildungsideal genutzt werden, um die Digitalisierung bzw. einzelne Digitalisierungsvorhaben zu legitimieren. Für die Analyse wurde zum einen ein neoinstitutionalistischer Theorierahmen herangezogen, zum anderen wurden empirische Beispiele aus der massenmedialen Debatte um die Digitalisierung der Schule genutzt. Diese Analysen erlauben sowohl Aussagen über den gesellschaftlichen Stellenwert des Bildungsbegriffs und der Digitalisierung als auch über das Verhältnis von Bildungsbegriff und Digitalisierung.

Zunächst zeigt sich, dass der Bildungsbegriff eine nahezu mythische Qualität hat und von verschiedenen Akteuren genutzt wird, um verschiedene bildungspolitische Positionen zu legitimieren. Mit dem Bildungsbegriff wird dabei ein normativ wünschenswerter Zielzustand beschrieben, der mit den jeweiligen Reformen erreicht werden soll. In der theoretischen Perspektive dieses Beitrags, sind Erzählungen über zukünftige Zielzustände relevant für die Realität der Digitalisierung, da konkrete Projekte und Vorhaben darüber legitimiert werden, dass sie zu einem normativ positiv bewerteten Zustand führen; in diesem Fall Bildung im Sinne Humboldts. Somit wird hervorgehoben, dass Digitalisierungsvorhaben keineswegs nur *ex post*, sondern auch *ex ante* legitimiert werden, indem positiv bewertete Zielzustände beschrieben werden, die glaubhaft mit in der Gegenwart stattfindenden Handlungen verbunden werden müssen. In dieser Perspektive ist die imaginierte Antwort auf die Frage, in welche Zukunft bestimmte Handlungen, Entscheidungen und Vorhaben führen werden legitimationsrelevant. Damit wird deutlich, dass die Legitimation der Digitalisierung in hohem Maße auf Narrativen und Imaginationen beruht.

Der Name Humboldt und der humboldtsche Bildungsbegriff sind in der Debatte eine Art Chiffre, mit der die Akteure signalisieren, dass etwas als gut und richtig anzusehen ist. Durch den kommunikativen Rückgriff auf Humboldt als Gewährsmann erscheint das jeweilige Vorhaben – zumindest vordergründig – bildungsphilosophisch fundiert. Diese kommunikative Strategie erschwert in einem doppelten Sinne Widerspruch. Zum einen wird Widerspruch erschwert, da Widerspruch in dieser Situation fundiertes bildungsphilosophisches Wissen voraussetzen würde. Zum anderen erschwert diese kommunikative Strategie Widerspruch, weil der Bildungsbegriff ein „Überredungsbegriff" ist (Reichenbach, 2003), d. h. ein Begriff, der so positiv konnotiert ist, dass niemand das Gegenteil ernsthaft wollen kann. Derartige Chiffren und „Überredungsbegriffe" tauchen in bildungspolitischen Debatten immer wieder auf. In den Strukturdebatten nach den PISA-Studien wurde z. B. Finnland zu einer Art universellen Chiffre, die für das Gute steht. In dieser Debatte wurden zahlreiche Reformforderungen mit dem Verweis auf Finnland legitimiert, unabhängig davon, ob die infrage stehende Praxis tatsächlich in Finnland stattfand. Dies funktionierte, weil Finnland zum einen positiv konnotiert war/ist und anderseits zahlreiche Akteure in der Debatte sehr wenig darüber wussten, was tatsächlich in Finnland stattfand (Waldow, 2010; Waldow, 2019).

Hinzu kommt, dass sich der Bildungsbegriff notorisch einer einfachen Messbarkeit entzieht. Dies ist relevant, weil somit das Ergebnis kaum empirisch überprüft werden kann und die jeweiligen Praktiken zwar für sich in Anspruch nehmen können, dass sie zu Bildung führen, aber gleichzeitig nicht fürchten müssen, dass empirisch gezeigt wird, dass sie es nicht tun. Dies ist legitimationstheoretisch relevant, da die Abwesenheit von empirischen Messergebnissen, Hinterfragung verhindern kann. Ähnlich argumentieren auch Meyer und Rowan (1977), wenn sie ausführen, dass es für Organisationen sinnvoll sein kann, Ziele vage zu formulieren, damit das Erreichen dieser Ziele schwerer zu erfassen ist und somit verhindern werden kann, dass das Auseinanderklaffen von formulierten Anspruch und tatsächlicher Praxis zu offensichtlich wird, was potenziell zu Hinterfragung und einem Verlust an Legitimation führen kann.

In zahlreichen bildungspolitischen Reformdebatten ist der klassische Bildungsbegriff außerdem eine etablierte Kritikformel, die in jüngster Vergangenheit gegen zahlreiche Reformen und Vorhaben – von PISA bis G8 – ins Feld geführt wurde. Dabei wurde immer wieder kritisiert, dass die jeweilige Reform einer allgemeinen, zweckfreien Bildung entgegensteht. Indem die Digitalisierung argumentativ als moderne Bedingung für die Verwirklichung des klassischen Bildungsideals gerahmt wird, wird auch dieser Kritik vorgebeugt. Somit verdeutlicht diese Perspektive, dass der humboldtsche Bildungsbegriff eine Art Immunitätsformel ist, die nicht nur zur aktiven Legitimation genutzt wird, sondern auch vor Kritik und Hinterfragung schützt.

Mit dem Verweis auf Humboldt und seinen Bildungsbegriff wird die Digitalisierung in eine aufklärerische Tradition gestellt. Der Bildungsbegriff ist Teil eines allgemeineren Phänomens, bei dem Neuerungen in Kontinuitätserzählungen eingewoben werden. Andere Beispiele bieten das Ideal der Chancengerechtigkeit und der Mündigkeit, die ebenfalls als lang etablierte Zielkategorien verstanden werden können und zur Legitimation der Digitalisierung herangezogen werden. Dies ist insofern bemerkenswert, als die Digitalisierung von einer latenten Revolutionsrhetorik begleitet wird. Die Deutung der Digitalisierung als Revolution mag zutreffen, wenn man die Digitalisierung analog zur industriellen Revolution versteht und hervorhebt, dass mit der Digitalisierung tiefgreifende Veränderungen auf Ebene der Praktiken stattfinden (zum Begriff der Revolution im Kontext der Digitalisierung: Bösch, 2018, S. 9). Auf Ebene der zur Legitimation genutzten Werte und Ideale findet aber keine Revolution statt. Im Gegenteil: Kommunikativ wird die Digitalisierung an institutionalisierte Erwartungsstrukturen der Umwelt angepasst. Die Digitalisierung verspricht somit eine Zukunft, in der die Gesellschaft einem kollektiven Ideal näherkommt, dass sie schon lange anstrebt. Die Digitalisierung kann so einerseits als Veränderung und Fortschritt legitimiert werden, was insbesondere deshalb funktioniert, weil moderne Gesellschaften dem Neuen und der Veränderung einen hohen Stellenwert zusprechen (Reckwitz, 2016, S. 136). Anderseits erscheint die Digitalisierung aber auch als Kontinuitätsgarant, Bewahrerin und Verwirklichung lang angestrebter Werte und Ideale. Durch die Betonung dieser Kontinuitäten gelingt es den Befürworter_innen der Digitalisierung, einem potenziellen Konflikt zwischen technologischen Neuerungen und etablierten Werten vorzubeugen. Indem der Technologie in diesen Erzählungen zugeschrieben wird, dass sie dazu beiträgt, lang etablierte Ideale zu verwirklichen, wird auch das konflikträchtige Verhältnis von Kontinuität und Diskontinuität befriedet und in eine doppelte Legitimation überführt. Die Digitalisierung ist in diesen Narrativen beides: fortschrittliche Veränderung und Kontinuitätsgarant auf Eben der Werte und Ideale. Diese doppelte Legitimation hat eine identitätspolitische Dimension. Die im Kontext der Digitalisierung antizipierten Transformationen, erscheinen in dieser Erzählung nicht als Bedrohung, sondern ermöglichen die Aufrechterhaltung eines gepflegten gesellschaftlichen Selbstbildes, in dem man sich selbst als fortschrittlich und modern sieht, was dadurch präsentiert wird, dass man die technologische Transformation vorantreibt. Gleichzeitig ermöglichen diese Erzählungen zur Digitalisierung aber auch, dass man sich weiterhin als Gesellschaft gebildeter und mündiger Bürger versteht, die in der Tradition der Aufklärung steht. Diese Kontinuitätserzählung können als ein diskursives Werkzeug gesehen werden, mit dem Akteure versuchen, Veränderungen gegen konservative Kritik zu immunisieren, indem die angestrebte Veränderung als Bewahrerin etablierter Werte gerahmt wird.

Mit Bezug auf die Dimension der Zukunft verdeutlichen diese Analysen, dass die Zukunft in einem komplexen Wechselspiel zu historischen Erfahrungen steht. Es ist nur historisch zu verstehen, dass Wilhelm von Humboldts Bildungsbegriff in der öffentlichen Debatte immer wieder aufgegriffen wird.

Trotz dessen, dass der Bildungsbegriff von zahlreichen Akteuren zur Legitimation verschiedenster Vorhaben herangezogen wird, greift es m.E. zu kurz, die Verwendung des Begriffes vorschnell als eine Art Camouflage zu interpretieren, die dahinterstehende, eigentliche Interessen verdecken soll und nur dazu dient, Hinterfragung zu verhindern. Sicherlich wird der Bildungsbegriff immer wieder genutzt, um die Digitalisierung in ein positives Licht zu rücken, dies bedeutet aber nicht, dass die Akteure absichtsvoll etwas verschleiern. Unter Umständen sind sie davon überzeugt, an der zukünftigen Verwirklichung lang gehegter Werte und Ideale mitzuwirken.

Literatur

Adorno, T. W. (1959). Theorie der Halbbildung. In A. Busch (Hrsg.), *Soziologie und moderne Gesellschaft: Verhandlungen des 14. Deutschen Soziologentages vom 20. bis 24. Mai 1959 in Berlin* (S. 169–191). Ferdinand Enke.

Becker, R., & Lauterbach, W. (2016). *Bildung als Privileg. Erklärungen und Befunde zu den Ursachen der Bildungsungleichheit*. VS Verlag für Sozialwissenschaften.

Beckert, J. (2013). Imagined futures: fictional expectations in the economy. *Theory and Society, 42*, 219–240. https://doi.org/10.2139/ssrn.2464088

Beckert, J. (2017). Die Historizität fiktionaler Erwartungen. *MPIfG Discussion Paper, 17*(8). Max-Planck-Institut für Gesellschaftsforschung.

Beckert, J. (2018). *Imaginierte Zukunft: Fiktionale Erwartungen und die Dynamik des Kapitalismus*. Suhrkamp.

Beckert, J. (2020). The exhausted futures of neoliberalism: From promissory legitimacy to social anomy. *Journal of Cultural Economy, 13*(3), 318–330. https://doi.org/10.1080/17530350.2019.1574867

Beckert, J., & Bronk, R. (2022). Fiktionale Erwartungen: Zukunftsbilder als Heuristiken im Entscheiden. In K.-R. Korte, G. Scobel, & T. Yildiz (Hrsg.), *Heuristiken des politischen Entscheidens* (S. 367–390). Suhrkamp.

Bellmann, J., & Müller, T. (2011). Evidenzbasierte Pädagogik – ein Déjà-vu? In J. Bellmann & T. Müller (Hrsg.), *Wissen, was wirkt: Kritik evidenzbasierter Pädagogik* (S. 9–32). VS Verlag für Sozialwissen-schaften.

Biess, F. (2020). *German Angst: Fear and Democracy in the Federal Republic of Germany*. Oxford University Press.

Binder, U. (2012). Die Verwendung von ‚Zukunft' in pädagogischen Programmen. *Zeitschrift für Pädagogik, 58*(3), 321–339. https://doi.org/10.25656/01:10508

BMBF (2023). *Die Schul-Cloud: Digitale Lernangebote für den Unterricht*. Bundesministerium für Bildung und Forschung. https://www.bmbf.de/bmbf/de/home/_documents/die-schul-cloud-digitale-lernangebote-fuer-den-unterricht.html. Zugegriffen am 28.03.2023.

Bösch, F. (2011). *Mediengeschichte: Vom asiatischen Buchdruck zum Fernsehen*. Campus.

Bösch, F. (2017). Euphorie und Ängste: Westliche Vorstellungen einer computerisierten Welt, 1945–1990. In L. Hölscher (Hrsg.), *Die Zukunft des 20. Jahrhunderts. Dimensionen einer historischen Zukunftsforschung* (S. 221–252). Campus.

Bösch, F. (2018). Wege in die digitale Gesellschaft. Computer als Gegenstand der Zeitgeschichtsforschung. In F. Bösch (Hrsg.), *Wege in die digitale Gesellschaft. Computernutzung in der Bundesrepublik 1955–1990* (S. 7–36). Wallstein.

Bromme, R., Prenzel, M., & Jäger, M. (2016). Empirische Bildungsforschung und evidenzbasierte Bildungs-politik. Zum Zusammenhang von Wissenschaftskommunikation und Evidenzbasierung in der Bildungsforschung. *Zeitschrift für Erziehungswissenschaft, 1*(19), 129–146. https://doi.org/10.1007/978-3-658-13785-4_8

Deephouse, D. L., Bundy, J., Tost, L. P., & Suchman, M. C. (2017). Organizational legitimacy: Six key questions. In R. Greenwood, C. Oliver, T. B. Lawrence, & R. E. Meyer (Hrsg.), *The SAGE handbook of organizational instituionalism* (2. Aufl., S. 27–54). Sage.

Dietzsch, I., & Kunzelmann, D. (2016). Kartieren und rechnende Räume. Zur Digitalisierung einer Kulturtechnik. In G. Koch (Hrsg.), *Digitalisierung: Theorien und Konzepte für die empirische Kulturforschung* (S. 283–307). Herbert von Halem Verlag.

Dörpinghaus, A., Poenitsch, A. & Wigger, L. (2012). *Einführung in die Theorie der Bildung*. Wissenschaftliche Buchgesellschaft.

Dräger, J., & Müller-Eiselt, R. (2015, September 24). Humboldt gegen Orwell. *Die Zeit*, o.S.

Eggert, M., & Zweck, A. (2022). Narrative Scharniere – Zur Vermittlung von Emotionalität und Zukunftsperspektiven. In K. Schäfer, K. Steinmüller, & A. Zweck (Hrsg.), *Gefühlte Zukunft. Emotionen als methodische Herausforderung für die Zukunftsforschung* (S. 85–109). VS Verlag für Sozialwissenschaften.

Erichsen, J. (2024). *Digitale Zukünfte. Fiktionale Erwartungen in der öffentlichen Diskussion zur Digitalisierung der Schulen*. Beltz.

Gadinger, F., Jarzebski, S., & Yildiz, T. (2014). Politische Narrative. Konturen einer politikwissenschaftlichen Erzähltheorie. In F. Gadinger, S. Jarzebski, & T. Yildiz (Hrsg.), *Politische Narrative: Konzepte – Analysen – Forschungspraxis* (S. 3–38). Springer VS.

Günther, M. (2016, Juni 19). Bildung. *Frankfurter Allgemeine Sonntagszeitung*, S. 8.

Hartong, S., Breiter, A., Jarke, J., & Förschler, A. (2019). Digitalisierung von Schule, Schulverwaltung und Schulaufsicht. In T. Klenk, F. Nullmeier, & G. Wewer (Hrsg.), *Handbuch Digitalisierung in Staat und Verwaltung* (S. 1–10). Springer VS.

Herrlitz, H.-G., Hopf, W., & Titze, H. (2009). *Deutsche Schulgeschichte von 1800 bis zur Gegenwart. Eine Einführung*. Juventa.

Jagers, S., Matti, S., & Nordblom, K. (2016). *How policy legitimacy affects policy support throughout the policy cycle*. University of Gothenburg. https://gupea.ub.gu.se/bitstream/2077/49451/1/gupea_2077_49451_1.pdf. Zugegriffen am 28.03.2023.

Jarren, O., & Vogel, M. (2011). „Leitmedien" als Qualitätsmedien. Theoretisches Konzept und Indikatoren. In R. Blum, H. Bonfadelli, K. Imhof, & O. Jarren (Hrsg.), *Krise der Leuchttürme öffentlicher Kommunikation* (S. 17–29). VS Verlag für Sozialwissenschaften.

Koller, H.-C. (2012). *Bildung anders denken: Einführung in die Theorie transformatorischer Bildungsprozesse*. Kohlhammer.

Koschorke, A. (2012). *Wahrheit und Erfindung: Grundzüge einer Allgemeinen Erzähltheorie*. S. Fischer.

Kriesi, H. (2001). *Die Rolle der Öffentlichkeit im politischen Entscheidungsprozess: Ein konzeptueller Rahmen für ein international vergleichendes Forschungsprojekt*. (Discussion Papers Wissenschaftszentrum Berlin für Sozialforschung, Forschungsschwerpunkt Zivilgesellschaft, Konflikte und Demokratie. Arbeitsgruppe Politische Öffentlichkeit und Mobilisierung. 01-701). Wissenschaftszentrum Berlin für Sozialforschung. https://nbn-resolving.org/urn:nbn:de:0168-ssoar114923

Kurtz, T. (2007). Bildung und Erziehung in der soziologischen Theorie. *Zeitschrift für Erziehungswissenschaft, 10*(2), 231–249. https://doi.org/10.1007/s11618-007-0029-4

Ladel, S., Knopf, J., & Weinberger, A. (Hrsg.). (2018). *Digitalisierung und Bildung*. Springer VS.

Lenzen, D. (2014). *Bildung statt Bologna!* Ullstein.

Lupton, D. (2015). *Digital Sociology*. Routledge.

Martínez, M. (2017). Erklären. In M. Martinez (Hrsg.), *Erzählen. Ein interdisziplinäres Handbuch* (S. 250–256). J. B. Metzler.

Meinel, C. (2017, April 20). Eine Vision für die Zukunft digitaler Bildung. *Frankfurter Allgemeine Zeitung*, S. 20/21.

Menz, W. (2009). Die Legitimität des Marktregimes. In *Leistungs- und Gerechtigkeitsorientierungen in neuen Formen betrieblicher Leistungspolitik*. VS Verlag für Sozialwissenschaften.

Meyer, J.-W., & Rowan, B. (1977). Institutionalized organizations: Formal structure as myth and ceremony. *American Journal of Sociology, 83*(2), 340–363. https://doi.org/10.1086/226550

Miller, A. (2021). The promise of Bildung – or 'a world of one's own'. *Journal of Philosophy of Education, 55*(2), 334–346. https://doi.org/10.1111/1467-9752.12528

Nünning, V. (2012). Narrativität als interdisziplinäre Schlüsselkategorie. *Auszug aus dem Jahresbericht „Marsilius-Kolleg 2011/2012"*. Marsilius Kolleg Universität Heidelberg.

Paletschek, S. (2002). Die Erfindung der Humboldtschen Universität. Die Konstruktion der deutschen Universitätsidee in der ersten Hälfte des 20. Jahrhunderts. *Historische Anthropologie, 10*(2), 183–205.

Reckwitz, A. (2016). Das Kreativitätsdispositiv und die sozialen Regime des Neuen. In W. Rammert, A. Windeler, H. Knoblauch, & M. Hutter (Hrsg.), *Innovationsgesellschaft heute. Perspektiven, Felder und Fälle* (S. 133–153). Springer VS.

Reheis, F. (2007). *Bildung contra Turboschule! Ein Plädoyer*. Herder.

Reichenbach, R. (2003). Pädagogischer Kitsch. *Zeitschrift für Pädagogik, 49*(6), 775–789. https://doi.org/10.25656/01:3902

Roemer, J. E. (2006). *Democracy, education, and equality: Graz-Schumpeter lectures*. Cambridge University Press.

Sandford, R., Facer, K., & Craft, A. (2013). Educational futures: Rhetoric, reality and alternatives. *International Journal of Educational Research, 60*(Supplement C), 90–92. https://doi.org/10.1016/j.ijer.2013.08.004

Sarcinelli, U. (2011). *Politische Kommunikation in Deutschland. Medien und Politikvermittlung im demokratischen System*. VS Verlag für Sozialwissenschaften.

Schäfer, M. S. (2008). Diskurskoalitionen in den Massenmedien. *Kölner Zeitschrift für Soziologie und Sozialpsychologie, 60*(2), 368–398.

Schimpf, W. (2019, Februar 7). Wo bleibt die Nachdenklichkeit? *Frankfurter Allgemeine Zeitung*, S. 6.

Schmidt, A. (2015). Moralvorstellungen in der öffentlichen Debatte: Konzeptionelle und methodische Überlegungen zu Relevanz und empirischer Untersuchung. *Studies in Communication and Media, 4*(2), 69–134. https://doi.org/10.5771/2192-4007-2015-2

Schmoll, H. (2001, Februar 20). Der Computer ist kein Allheimmittel. *Frankfurter Allgemeine Zeitung*, S. 16.

Schreier, M. (2012). *Qualitative content analysis in practice*. Sage.

Schuhmann, A. (2012). Der Traum vom perfekten Unternehmen. Die Computerisierung der Arbeitswelt in der Bundesrepublik Deutschland (1950er- bis 1980er-Jahre). *Zeithistorische Forschungen, 9*(2), 231–256. https://doi.org/10.14765/zzf.dok-1596

Schütz, A. (2003). Das Problem der Personalität in der Sozialwelt. Bruchstücke. In M. Endreß & I. Srubar (Hrsg.), *Alfred Schütz Werkausgabe, Bd. 1. Theorien der Lebenswelt 1. Die pragmatische Schichtung der Lebenswelt* (S. 95–162). UVK.

Suchman, M. C. (1995). Managing legitimacy: Strategic and institutional approaches. *The Academy of Management Review, 20*(3), 571–610. https://doi.org/10.2307/258788

Tenorth, H.-E. (2011). „Bildung" – ein Thema im Dissens der Disziplinen. *Zeitschrift für Erziehungswissenschaft, 14*(3), 351–362. https://doi.org/10.1007/s11618-011-0223-2

Tenorth, H.-E. (2013). *Bildung – zwischen Ideal und Wirklichkeit Ein Essay*. Bundeszentrale für politische Bildung. https://www.bpb.de/themen/bildung/dossier-bildung/146201/bildung-zwischen-ideal-und-wirklichkeit/. Zugegriffen am 28.03.2023.

Tenorth, H.-E. (2020). *Die Rede von Bildung Tradition, Praxis, Geltung – Beobachtungen aus der Distanz*. J.B. Metzler.

Thiele, M. (2018, September 18). Wieso programmieren sie nicht? *Süddeutsche Zeitung*, S. 22.

Tillmann, K.-J., Dedering, K., Kneuper, D., Kuhlmann, C. & Nessel, I. (2008). *PISA als bildungspolitisches Ereignis Fallstudien in vier Bundesländern*. VS Verlag für Sozialwissenschaften.

Tost, L. P. (2011). An integrative model of legitimacy judgments. *The Academy of Management review, 36*(4), 686–710. https://doi.org/10.5465/amr.2010.0227

Tyack, D., & Cuban, L. (1995). *Tinkering toward Utopia. A century of public school refom*. Harvard University Press.

Uphoff, N. (1989). Distinguishing power, authority & legitimacy: Taking max weber at his word by using resources-exchange analysis. *Polity, 22*(2), 295–322. https://doi.org/10.2307/3234836

Van Eeten, M. J. G. (2006). Narrative policy analysis. In F. Fischer, G. J. Miller, & M. S. Sidney (Hrsg.), *Handbook of public policy analysis: Theory, politics and methods* (S. 251–269). CRC Press.

Waldow, F. (2010). Der Traum vom „skandinavisch schlau Werden". Drei Thesen zur Rolle Finnlands als Projektionsfläche in der gegenwärtigen Bildungsdebatte. *Zeitschrift für Pädagogik, 56*(4), 497–511. https://doi.org/10.25656/01:7156

Waldow, F. (2019). „Pedagogical Paradise" and „Exam Hell": PISA top scorers as projection screens in German print media. In F. Waldow & G. Steiner-Khamsi (Hrsg.), *Understanding PISA's attractiveness: Critical analyses in comparative policy studies* (S. 65–88). Bloomsbury Academic.

Walgenbach, P., & Meyer, R. (2008). *Neoinstitutionalistische Organisationstheorie*. Kohlhammer.

Winter, B., & Sorbera, L. (2016). Introduction. *Global Discourse, 6*(6), 325–329. https://doi.org/10.1080/23269995.2016.1215696

Yildiz, T., Gadinger, F., & Smith, C. (2018). Narrative Legitimierung: Exekutive, repräsentative und subversive Erzählstrategien in der Überwachungskontroverse. *Leviathan, 46*(1), 135–162. https://doi.org/10.5771/0340-0425-2018-1-135

Ziemann, A. (2018). Medien und Gesellschaft. In D. Hoffmann & R. Winter (Hrsg.), *Mediensoziologie: Handbuch für Wissenschaft und Studium* (S. 57–70). Nomos.

Zuboff, S. (2018). *Das Zeitalter des Überwachungskapitalismus*. Campus.

Erziehung, Charakterbildung und die Kultur der Digitalität

3

Thomas Rucker

Inhaltsverzeichnis

1	Problemstellung	48
2	Der Vorschlag	50
3	Einwände	53
4	Eine Alternative	56
5	Herausforderungen	60
6	Fazit	65
Literatur		66

Zusammenfassung

In diesem Beitrag wird Digitalität in Bezug auf Fragen der Bildung eines moralischen Charakters und ihrer edukativen Ermöglichung thematisiert. In einem ersten Schritt wird der Grundgedanke einer neoaristotelischen Beschreibung von Charaktererziehung rekonstruiert, wie sie aktuell im Kontext der *Philosophy of Education* prominent vertreten wird. In einem zweiten Schritt werden Probleme in den tugendethischen und -pädagogischen Voraussetzungen sichtbar gemacht, die mit einer entsprechenden Beschreibung von Charaktererziehung in der und für die Digitalität verbunden sind. In einem dritten Schritt wird eine alternative Weichenstellung vorgeschlagen, um

T. Rucker (✉)
Rheinland-Pfälzische Technische Universität Kaiserslautern-Landau, Fachbereich Erziehungswissenschaften, Arbeitsbereich Erziehungs- und Bildungstheorie, Landau, Deutschland
E-Mail: thomas.rucker@rptu.de

© Der/die Autor(en), exklusiv lizenziert an Springer Fachmedien Wiesbaden GmbH, ein Teil von Springer Nature 2024
M. Pieper, T. Neuhaus (Hrsg.), *Bildung und Digitalität*, ars digitalis, https://doi.org/10.1007/978-3-658-44228-6_3

Charaktererziehung im Zeichen der Digitalität neu zu bestimmen, nämlich als Ermöglichung von Charakter*bildung*, genauer: einer Bildung des *moralischen* Charakters. In einem vierten Schritt werden schließlich Facetten einer Kultur der Digitalität diskutiert, die in einem Spannungsverhältnis zu einer Erziehung stehen, in der Heranwachsende darin unterstützt werden, Urteilskraft und Charakterstärke zu entwickeln.

Schlüsselwörter

Erziehung · Bildung · Charakter · Moralität · Digitalität

1 Problemstellung

Die Rede von Digitalisierung ist heute omnipräsent. Jedoch ist nicht immer klar, welche Bedeutung mit diesem Ausdruck verknüpft wird. Wenn ich im Folgenden von Digitalisierung spreche, so sind damit Transformationsprozesse gemeint, die in verschiedenen gesellschaftlichen Bereichen ausgemacht werden können und deren Möglichkeitsbedingung in der Verbreitung von digitaler Technik besteht. Digitalisierung in diesem Sinne besitzt immer auch eine kulturelle Dimension. Damit meine ich, dass Digitalisierung die Bedingungen verändert, unter denen Menschen Fragen eines gelingenden Lebens und Zusammenlebens stellen und zu beantworten suchen. Felix Stalder spricht an dieser Stelle von der Entstehung einer ‚Kultur der Digitalität', um auf die veränderte Infrastruktur unserer Suche nach Orientierung aufmerksam zu machen, die er im Kern wie folgt bestimmt: „Immer mehr Menschen beteiligen sich an kulturellen Prozessen, immer weitere Dimensionen der Existenz werden zu Feldern kultureller Auseinandersetzungen, und soziales Handeln wird in zunehmend komplexere Technologien eingebettet, ohne die diese Prozesse kaum zu denken und schon gar nicht zu bewerkstelligen wären" (Stalder, 2016, S. 11). In diesem Beitrag geht es mir darum, eine pädagogische Perspektive auf Digitalität einzunehmen.

Eine pädagogische Perspektive auf Sachverhalte, so meine Ausgangsprämisse, wird nicht (allein) über den Bildungsbegriff konstituiert. Dies hat u. a. damit zu tun, dass der Begriff der Bildung nicht sinnvoll als Fachbegriff aufgefasst werden kann. Pointiert formuliert: „Für Bildung sind alle zuständig" (Tenorth, 2011, S. 352) – womit die Frage aufgeworfen ist, was die spezifische Perspektive der Erziehungswissenschaft auf Bildung ist, zumindest aber sein könnte. Tenorths Vorschlag lautet, dass die „revierspezifische Spezifikation des allgemeinen Themas der Bildung" über den „Begriff der Erziehung" erfolgt (Tenorth, 2009, S. 205), sodass sich aus dieser Warte die Frage stellt, wie Erziehung als Ermöglichung von Bildung beschrieben und begründet werden kann. Umgekehrt interessiert aus pädagogischer Perspektive vor allem die Frage, wie diejenigen Bildungsprozesse bestimmt werden können, die sich unter den Bedingungen von Erziehung ereignen (vgl. Benner, 2015).

Wenn ich im Folgenden von Erziehung spreche, dann meine ich damit eine Form des Miteinanderumgehens, in der Heranwachsende dabei Hilfe erfahren, sich lernend nicht-

3 Erziehung, Charakterbildung und die Kultur der Digitalität

genetische Tätigkeitsdispositionen (Wissen, Können, Haltungen) anzueignen (vgl. Sünkel, 2013, S. 19 ff.). Als Bildung bezeichne ich die selbsttätige Auseinandersetzung eines Menschen mit einer widerständigen Welt – eine Auseinandersetzung, in der Menschen Differenzerfahrungen erleiden, durcharbeiten und in diesem Zusammenhang die eigene Position im Verhältnis zur Welt bestimmen (vgl. Rucker, 2014, S. 149 ff.). Bildung edukativ zu ermöglichen, schließt vor diesem Hintergrund immer auch mit ein, Heranwachsenden Unterbrechungen im Urteilen und Handeln zuzumuten, die es diesen ermöglichen, sich zu bereits entwickelten Festlegungen in ein Verhältnis zu setzen und diese zu transzendieren (zu verschiedenen Grundformen einer Erziehung als Ermöglichung von Bildung vgl. Rucker et al., 2021, S. 25 ff.).

Geht man davon aus, dass sich im Zuge der gesellschaftsweiten Verbreitung digitaler Technik die Voraussetzungen ändern, unter denen Menschen um Antworten auf Fragen eines gelingenden Lebens und Zusammenlebens ringen, so liegt es nahe, einen spezifischen Begriff in den Mittelpunkt der Überlegungen zu rücken – einen Begriff, der in der Tradition irreduzibel mit dem Problem der Suche nach Orientierung eines gelingenden Lebens und Zusammenlebens verbunden gewesen ist. Gemeint ist der Begriff der *Charakterbildung*, genauer: der Bildung eines *moralischen Charakters* (vgl. Mertens, 2015, S. 79 ff.). Bezieht man den mit diesem Begriff bezeichneten Sachverhalt auf die mit dem Begriff der Digitalität bezeichneten Transformationsprozesse, so stellt sich u. a. die Frage, ob und, falls ja, wie Erziehung als Ermöglichung von Charakterbildung in Bezug auf und unter den Bedingungen von Digitalität sinnvoll beschrieben und begründet werden kann. Es ist diese Problemstellung, die ich im Folgenden in den Fokus der Aufmerksamkeit rücken möchte, um fachspezifische Reflexionsmöglichkeiten auf die mit dem Begriff der Digitalität bezeichneten Transformationsprozesse zu erschließen (zum Problem der Charaktererziehung im Allgemeinen vgl. Hoyer, 2005; Arthur, 2020).

Das Anliegen, Erziehung als Initiierung und Unterstützung von Prozessen der Charakterbildung unter veränderten Bedingungen des Aufwachsens neu zu durchdenken, trifft sich mit Entwicklungen im Kontext der *Philosophy of Education*, in der seit einigen Jahren verstärkt nach einer sinnvollen Beschreibung und Rechtfertigung von Charaktererziehung in der und für die Digitalität gefragt wird (vgl. Harrison, 2016; Harrison, 2022; Harrison & Laco, 2022; Polizzi & Harrison, 2022). Hierbei ist auffällig, dass die entwickelten Vorschläge fast ausschließlich in einem neoaristotelischen Rahmen situiert werden und damit eingebettet sind in eine Renaissance aristotelischer Tugendethik und Tugendpädagogik, wie sie international bereits seit geraumer Zeit ausgemacht werden kann (vgl. Kristjánsson, 2015).

Im Unterschied hierzu werde ich im Folgenden für eine theoretische Alternative argumentieren, um das Problem der Charaktererziehung in der und für die Digitalität zu behandeln. Die These lautet, dass die im Kontext der *Philosophy of Education* favorisierte neoaristotelische Rahmung in der Beschreibung und Rechtfertigung von Charaktererziehung hinter bedeutsame Einsichten der Tradition zurückfällt – insbesondere auch derjenigen pädagogischen Tradition, in der Erziehung als Ermöglichung von Bildung bestimmt wird.

Der Beitrag gliedert sich wie folgt: In einem ersten Schritt wird der Grundgedanke einer neoaristotelischen Beschreibung von Charaktererziehung in der und für die Digitalität rekonstruiert. In einem zweiten Schritt zeige ich Probleme auf, die mit den dabei in Anspruch genommenen tugendethischen und -pädagogischen Voraussetzungen verknüpft sind. In einem dritten Schritt argumentiere ich, dass eine veränderte Weichenstellung es erlaubt, diese Grundlagenschwächen zu vermeiden – wobei diese Alternative im Kern darin besteht, Charaktererziehung als Ermöglichung der Bildung eines moralischen Charakters zu konzipieren. In einem vierten Schritt werde ich schließlich zu zeigen versuchen, dass der mit einer solchen Erziehung verknüpfte Anspruch, Heranwachsende zu einer Selbstverpflichtung auf überindividuellen Verbindlichkeiten zu bewegen, in Spannung steht zu bestimmten Facetten, durch die sich eine Kultur der Digitalität auszeichnet.

2 Der Vorschlag

In neoaristotelischen Entwürfen von Charaktererziehung wird davon ausgegangen, dass das Aufwachsen in „societies that are highly saturated with digital technologies" (Polizzi & Harrison, 2022, S. 15) unter veränderten Bedingungen seinen Ort hat und in der Folge spezifische Herausforderungen mit sich führt, wozu u. a. die Entgrenzung von Kommunikation gezählt wird. In Gesellschaften, die von Digitaltechnik geprägt sind, bestehen in der Folge einer solchen Entgrenzung neue Möglichkeiten, ein gelingendes Leben zu führen und zu einem gelingenden Zusammenleben beizutragen. Diese neuen Möglichkeiten haben jedoch auch ihre Schattenseiten, bestehen unter diesen Bedingungen doch auch neue Potenziale, sich selbst zu schaden oder anderen Menschen Schaden zuzufügen. Die eigene Karriere kann aufgrund nur eines unbedachten Tweets ruiniert sein. Cybermobbing und andere Phänomene sind für das Aufwachsen in der Digitalität charakteristisch geworden (vgl. Harrison, 2022, S. 133 f., dort auch mit Verweisen auf empirische Studien).

Die Frage lautet, wie eine Erziehung bestimmt werden kann, die den Herausforderungen Rechnung trägt, die ein Aufwachsen in der Digitalität mit sich führt. Der Vorschlag lautet im Kern, Erziehung als Charaktererziehung in aristotelischer Tradition zu konzipieren, d. h. als eine Form des Miteinanderumgehens, in der Heranwachsende an bestimmte Charaktertugenden gewöhnt werden und diese dabei Unterstützung erfahren, die Fähigkeit zu entwickeln, im Lichte dieser Tugenden Handlungen in spezifischen Situationen zu ermessen. Beide Aspekte sind gleichermaßen von Bedeutung. Aristotelische Charaktererziehung in der und für die Digitalität geht nicht darin auf, Heranwachsende dazu zu veranlassen, bestimmte Handlungen auszuführen, um sich so bestimmte Charaktertugenden anzueignen. „Just as important as developing key virtues such as compassion and honesty is a requirement to cultivate the meta-virtue of phronesis or practical wisdom in children and young people" (Harrison, 2016, S. 238).

Grundlegend für diese Beschreibung von Charaktererziehung ist der aristotelische Begriff der Tugend. Als *Tugend* bezeichnet Aristoteles die „lobenswerten Dispositionen" eines Menschen, wobei unter diesen Begriff sowohl „Tugenden des Denkens" als auch

„Tugenden des Charakters" fallen (NE 1103a 3–10). Ist in diesem Zusammenhang von *Charakter* die Rede, so ist damit eine generelle Haltung gemeint, die ein Mensch in Bezug auf eine spezifische Art von Situation einnimmt. Entscheidungen, die Ausdruck des Charakters eines Menschen sind, unterliegen nicht der permanenten Variation, sondern lassen über die Zeit hinweg eine gewisse Stabilität erkennen. Von daher kann der Charakter auch als eine situationsübergreifende Quelle von Entscheidungen bestimmt werden. Was es jedoch bedeutet, Charaktertugenden wie z. B. Tapferkeit, Gerechtigkeit, Wahrhaftigkeit, Mitgefühl, Dankbarkeit oder Bescheidenheit in einer spezifischen Situation zu entsprechen (für diese Beispiele vgl. Kristjánsson, 2015, S. 17), ist durch die jeweiligen Tugenden nicht festgelegt, sondern muss von einer Person in der Situation ermessen werden. Vor diesem Hintergrund wird in aristotelischer Tradition der epistemischen Tugend der Phronesis eine herausragende Stellung zugesprochen. Während andere epistemische Tugenden auf die Klärung allgemeiner Zusammenhänge gerichtet sind, kommt die Phronesis darin zum Ausdruck, dass eine Person dazu fähig ist, im Hinblick auf eine bestimmte Situation die rechten Mittel zu bestimmen, um Charaktertugenden im Handeln zu entsprechen. Als tugendhaft im eigentlichen Sinne gilt in diesem Zusammenhang allein diejenige Person, die einen Charakter entwickelt hat, der durch Charaktertugenden wie Tapferkeit, Besonnenheit und Gerechtigkeit bestimmt ist, und die zugleich dazu in der Lage ist zu ermessen, wie diesen Tugenden im Handeln angemessen Rechnung getragen werden kann (für eine ausführliche Rekonstruktion der Aristotelischen Tugendethik und -pädagogik vgl. Hoyer, 2005, S. 188 ff.; Kristjánsson, 2015).

Die Begründung dafür, warum Menschen ein tugendhaftes Leben führen sollen, erfolgt in Bezug auf eine spezifische Auffassung von einem gelingenden Leben. Nach aristotelischer Vorstellung gibt es ein schlechthin Gutes, das für alle Menschen erstrebenswert ist, und das eben deshalb das Telos, das Endziel allen Lebens und mithin auch aller Erziehung ausmacht: die Eudaimonia. Ein gelingendes Leben ist in dieser Tradition dadurch ausgezeichnet, dass Heranwachsende zur Entfaltung bringen, was diese *als Menschen* auszeichnet. Kurt Bayertz spricht hier treffend von einem „Programm der *Selbstverwirklichung*" (Bayertz, 2014, S. 178, Hv. i. O.), wobei Selbstverwirklichung hier nicht bedeutet, individuelle Eigenschaften zu kultivieren, sondern vielmehr meint, dass Heranwachsende ihre allgemeinen Potenziale als Menschen entwickeln. Auch in neoaristotelischen Entwürfen von Charaktererziehung wird von der Voraussetzung ausgegangen, „flourishing" sei „the intrinsically desirable, ultimate end of human beings" (Kristjánsson, 2017, S. 100), und wird ein gelingendes Leben an einer tugendhaften Lebensführung festgemacht (vgl. ebd., S. 101). Die Entfaltung der im engeren Sinne moralischen Tugenden ist in diese Idee von Selbstverwirklichung integriert. Zugespitzt formuliert: „It is impossible to achieve eudaimonia without being morally good" (Arthur et al., 2017, S. 27).

Diese Auffassung wird in aktuellen Entwürfen einer Charaktererziehung in der und für die Digitalität als maßgeblich vorausgesetzt. In explizitem Rekurs auf „the Aristotelian notion of Eudaimonia" (Harrison, 2022, S. 131) wird Charaktererziehung an den Anspruch geknüpft, Heranwachsenden ein gelingendes Leben in der Digitalität zu ermöglichen und diese hierbei insbesondere auch in der Aneignung solcher Tugenden zu unterstützen, die für ein gelingendes Zusammenleben bedeutsam sind. „Cyber-flourishing is about living well and living morally in the online world" (ebd.). Charaktererziehung wird vor diesem Hintergrund als Unterstützung der Entwicklung von „character virtues, such as compassion, justice, honesty and courage" konzipiert, die ausdrücklich als „the building blocks of character" bezeichnet werden, „as they are concerned with morally praiseworthy conduct" (ebd.). Charaktertugenden wie Mitgefühl, Gerechtigkeit, Wahrhaftigkeit und Mut sollen sicherstellen, dass der Einsatz der Phronesis von vorneherein in spezifischer Art und Weise ausgerichtet ist. Die Charaktertugenden bilden generelle Haltungen in Bezug auf Situationen, mit denen sich Heranwachsende in der Digitalität konfrontiert sehen: eine Person wird Opfer von Cybermobbing, die Leidenschaft für Videospiele droht Überhand zu nehmen, künstliche Intelligenz offeriert neue Möglichkeiten, Leistungen vorzutäuschen, der Aufenthalt in sozialen Netzwerken verlangt permanent danach, Verlockungen zu widerstehen etc.

Um die Entwicklung von Charaktertugenden zu unterstützen, wird für eine gewöhnende Erziehung votiert, die dadurch ausgezeichnet ist, dass Heranwachsende kontinuierlich dazu angehalten werden, Handlungen zu vollziehen, wie sie auch eine Person vollziehen würde, die schon tugendhaft ist. Durch den Vollzug entsprechender Handlungen sollen sich die Heranwachsenden fortschreitend die angestrebten Charaktertugenden aneignen. Aristoteles selbst hat diesen Grundgedanken einer gewöhnenden Erziehung am Beispiel der Tugenden der Gerechtigkeit, der Besonnenheit und der Tapferkeit erläutert. „Gerecht", so Aristoteles, werden wir allein dadurch, „dass wir Gerechtes tun, mäßig dadurch, dass wir Mäßiges, und tapfer dadurch, dass wir Tapferes tun" (NE 1103b 1–2). Kurzum: „Die Dispositionen entstehen aus den entsprechenden Tätigkeiten". *Deshalb*, so Aristoteles weiter, komme es „nicht wenig darauf an, ob man schon von Kindheit an so oder so gewöhnt wird; es hängt viel davon ab, ja sogar alles" (NE 1103b 21–25).

Aristotelische Charaktererziehung in der und für die Digitalität geht nicht in einer gewöhnenden Erziehung auf. Diejenige Tugend, die in diesem Zusammenhang als „most important" (Harrison, 2022, S. 131) eingeschätzt wird, ist die epistemische Tugend, der „cyber-phronesis" (Harrison, 2016, S. 233). Diese sorge allererst dafür, dass Charaktertugenden in spezifischen Situationen zur Geltung kommen. Ein Urteil darüber, was Heranwachsende tun sollen, wenn sie online mit personalisierten Kaufangeboten konfrontiert sind oder Zeugen davon werden, dass Mitmenschen im Netz Beleidigungen erfahren, folgt nicht schon aus den Charaktertugenden, die sich unter den Bedingungen einer gewöhnenden Erziehung entwickeln. Die Charaktertugenden bestimmen zwar die Grundausrichtung von Entscheidungen, die Heranwachsende treffen. Die Phronesis aber ist die Fähigkeit „to put the other virtues into practise" (Arthur et al., 2017, S. 25).

Die Entwicklung von Phronesis muss edukativ initiiert und unterstützt werden, sodass Heranwachsende fortschreitend dazu in die Lage kommen, „to do the right thing online" (Harrison, 2022, S. 141; Hv. i. O). Eine solche Erziehung verstrickt Heranwachsende in Situationen, in denen diese ihre Phronesis üben können, denn diese kommt nicht nur in Handlungen zum Ausdruck, sondern entwickelt sich auch allein „through practise" (Harrison, 2016, S. 238), genauer: „through our experiences of living online and by sometimes making mistakes and learning from them" (Harrisson, 2022, S. 142). Charaktererziehung bedeutet in dieser Hinsicht, Heranwachsende in Situationen hineinzuziehen, in denen sie selbst urteilen, d. h. hier: die angemessenen Mittel erwägen müssen, um den im Kontext einer gewöhnenden Erziehung entwickelten Charaktertugenden zu entsprechen. Eine *unterweisende Erziehung* reicht hierzu nicht aus. Zwar können Heranwachsenden in diesem Zusammenhang Einsichten darin gewinnen, was Tugend ist, wie Tugenden von Lastern unterschieden werden können, warum Tugenden in einer Kultur der Digitalität von Bedeutung sind etc. Um die Fähigkeit zu entwickeln, Charaktertugenden im Handeln zu entsprechen, bedarf es jedoch nicht nur einer Gewöhnung an tugendhafte Handlungen und auch nicht nur einer Unterweisung, in der über Tugenden kommuniziert wird. Darüber hinaus „we need to offer concrete opportunities to practise them [die Tugenden; T.R.] with corresponding evaluative feedback from teachers or parents on the exercise of these virtues" (Arthur, 2021, S. 102 f.). Erst dann, wenn Heranwachsende von sich her dazu in der Lage sind, im Rahmen der Charaktertugenden kluge Entscheidungen zu fällen, ist Charaktererziehung an ein Ende gekommen und hat diese *ihren* Beitrag zu einem gelingenden Leben und Zusammenleben im Zeichen der Digitalität geleistet.

3 Einwände

Mit einer Beschreibung von Charaktererziehung, die auf „cyber-wisdom for cyber-flourishing" (Harrison, 2022, S. 131) setzt, ist eine Reihe von Problemen verbunden. Dabei geht es mir im Folgenden nicht um solche Probleme, die sich in der Ausarbeitung einer Beschreibung von aristotelischer Charaktererziehung stellen (z. B. die Frage, *welche* Charaktertugenden für eine gelingendes Leben in der Digitalität als maßgeblich anzusehen sind). Der Fokus liegt stattdessen auf Problemen, die mit dem gesteckten Rahmen selbst verknüpft sind.

3.1 Komplexität

Moderne Gesellschaften sind durch eine Vielzahl an Auffassungen darüber gekennzeichnet, was im Leben vorzuziehen bzw. zurückzustellen ist. Dieser Umstand wirft die Frage auf, ob es in diesem Zusammenhang überzeugend ist, eine spezifische Auffassung – nämlich die aristotelische – als die ‚richtige' vorauszusetzen. In neoaristotelischen Beschreibungen von Charaktererziehung wird mit der Annahme operiert, dass die Entwicklung von Tugenden konstitutiv für ein gelingendes Leben sei. Ein gelingendes Leben schließt aus dieser Warte notwendigerweise mit ein, dass Menschen sich bestimmte Charaktertugenden aneignen und darüber hinaus die Fähigkeit entwickeln, im Lichte dieser Tugenden zu ermessen, wie diesen mit Blick auf spezifische Situationen entsprochen werden kann (vgl. Kristjánsson, 2017, S. 101).

Die Bezugnahme auf die aristotelische Eudaimonia eröffnet von daher zwar die Möglichkeit, für eine Erziehung hin zu spezifischen ‚lobenswerten Dispositionen' zu argumentieren. Jedoch erweist sich eine solche „Bindung an einen bestimmten Referenzrahmen" (Englert, 2021, S. 15) gerade dann als problematisch, wenn in einer Situation differente Bezugssysteme miteinander konkurrieren, wie dies für das Aufwachsen in modernen Gesellschaften typisch ist. „Was unter bestimmten gesellschaftlichen Bedingungen als ‚Tugend' angesprochen wird, muss unter anderen Bedingungen nicht unbedingt auch als ‚gut' gelten" (ebd.). Die Auffassung von einem gelingenden Leben, auf die rekurriert wird, wenn heute für eine aristotelische Tugenderziehung in der und für die Digitalität votiert wird, erscheint unter den Bedingungen einer „kulturell heterogenen Gesellschaften" (ebd.) nur mehr als eine Möglichkeit unter vielen anderen.

Mit dieser Überlegung ist freilich noch nicht der Nachweis geführt, dass eine Beschreibung von Tugenderziehung als solche ihre Überzeugungskraft verloren hat. So ist es etwa immer noch möglich, für die Position zu votieren, dass Erziehung die Aufgabe hat, Heranwachsende zu solchen ‚lobenswerten Dispositionen' zu führen, die in bestimmten Communities als maßgeblich gelten. Jedoch ist auch eine solche Alternative mit Problemen behaftet. Nimmt man von einer allgemein verbindlichen Auffassung von einem gelingenden Leben Abstand und hält man Tugenden bestenfalls noch kontextrelativ für bestimmbar und begründbar, so stellt sich die Frage, ob unter diesen Bedingungen eine Gewöhnung von Heranwachsenden an bestimmte ‚lobenswerte Dispositionen' nicht mit einer Abschottung von Gemeinschaften gegenüber Alternativen einhergehen muss, scheint eine gewöhnende Erziehung doch nur in einem Rahmen möglich zu sein, der weitestgehend außer Frage steht. Stimmt man dieser Überlegung zu, so wäre zu fragen, ob eine solche Ausrichtung von Charaktererziehung sinnvoll ist, wenn man davon ausgeht, dass Heranwachsende ihr Leben im Umgang mit Anderen in einer plural verfassten Gesellschaft führen müssen. Die Heranwachsenden, so könnte man formulieren, würden gleichsam „kunstvoll darüber getäuscht, wie sich die Welt ihnen gegenüber benehmen wird" (Brecht, 1961, S. 35), nämlich im Modus der Perspektivendifferenz.

Man könnte an dieser Stelle freilich argumentieren, dass die in modernen Gesellschaften beobachtbare Vielheit an Auffassungen von einem gelingenden Leben als solche noch keinen Beleg dafür liefere, dass es nicht doch eine objektiv richtige Auffassung gibt. An dieser Stelle hat die Debatte zwischen universalistischen und kontextualistischen Positionen innerhalb der Tugendethik ihren Ort (vgl. Hügli, 2006, S. 52). Aus pädagogischer Warte macht dieser Dissens innerhalb der Tugendethik zumindest zweierlei deutlich: *Erstens* müssen Universalisten für eine vermeintlich allgemein verbindliche Vorstellung von einem gelingenden Leben argumentieren. Die von ihnen offerierten Vorschläge scheinen von daher nicht selbstverständlich zu sein. *Zweitens* konnte bislang offenbar kein Argument mit absoluter Durchschlagskraft formuliert werden, das die Debatte zwischen Universalisten und Kontextualisten hätte auflösen können. In einer solchen Situation – und das ist hier entscheidend – können wir nicht sinnvoll sagen, dass wir *wüssten*, worin die allein ‚richtige' Auffassung von einem gelingenden Leben besteht. Damit aber stellt sich die Frage, ob es pädagogisch als legitim angesehen werden kann, Heranwachsende edukativ auf eine nur *vermeintlich* ‚richtige' Auffassung von einem gelingenden Leben zu verpflichten, indem diese in ihrer Entwicklung auf bestimmte ‚lobenswerte Dispositionen' hin festgelegt werden.

3.2 Bildsamkeit

Unabhängig von dieser Debatte innerhalb der Tugendethik stellt sich aus pädagogischer Warte ein zweites Problem: Vorausgesetzt wir wüssten, was die ‚lobenswerten Dispositionen' sind, zu denen Heranwachsende erzogen werden sollen, wie kann eine Erziehung hin zu den jeweiligen Tugenden bestimmt werden? Die Antwort, die in aktuellen Beschreibungen von Charaktererziehung in der und für die Digitalität auf diese Frage offeriert wird, habe ich oben in ihrem Grundgedanken rekonstruiert. Eine entsprechende Beschreibung von Charaktererziehung kollidiert – und das ist hier entscheidend – mit dem Anspruch moderner Pädagogik, Heranwachsende als *bildsame Subjekte* zu adressieren, deren zukünftige Lebensform unbestimmt ist und im Kontext von Erziehung offengehalten werden soll. Eine diesem Anspruch verpflichtete Charaktererziehung kann nicht sinnvoll beschrieben werden, indem diese als Gewöhnung an spezifische ‚lobenswerte Dispositionen' expliziert und die Entwicklung von Phronesis im Kontext vorgegebener Charaktertugenden situiert wird. Eine Charaktererziehung, die Heranwachsende als Lebewesen adressiert, deren Zukunft nicht festgelegt werden darf (vgl. Rucker et al., 2021), hätte diesen immer auch die Möglichkeit zu eröffnen, sich zu den Geltungsansprüchen, die mit bestimmten ‚lobenswerten Dispositionen' verknüpft sind, in ein Verhältnis zu setzen.

Dies gilt es im Blick zu behalten, wenn heute für eine Charaktererziehung nach aristotelischem Vorbild votiert und dabei zugleich die Auffassung vertreten wird, eine solche Erziehung sei darauf gerichtet, „to enable students to think critically and make wise choices of their own" (Harrison & Laco, 2022, S. 561). Eine solche Formulierung könnte den Eindruck erwecken, aristotelische Charaktererziehung sei ohne Weiteres kompatibel mit dem Anspruch, Heranwachsende als bildsame Subjekte zu adressieren. Ein solcher Eindruck mag sich noch verstärken, wenn man berücksichtigt, dass in neoaristotelischen Entwürfen die Bedeutung des Begriffs der Phronesis über Aristoteles hinaus erweitert wird. Der Vorschlag lautet, unter Phronesis nicht nur die Fähigkeit zu verstehen, habitualisierte Charaktertugenden situationsspezifisch zu konkretisieren, sondern diese darüber hinaus als die Fähigkeit zu bestimmen, im Falle von ‚Tugendkonflikten' angemessene Entscheidungen zu treffen (vgl. Kristjánsson, 2017, S. 101; ders. 2015, S. 85 ff.). Es ist durchaus legitim, den Begriff der Phronesis mit einer Bedeutung zu versehen, die bei Aristoteles noch nicht vorgesehen war (vgl. Höffe, 1998, S. 60). Jedoch sollte nicht übersehen werden, dass die Einübung von Phronesis in einen Rahmen von Charaktertugenden eingebettet ist, der als solcher auch im Zuge der fortschreitenden Entwicklung dieser epistemischen Tugend nicht zur Debatte steht. Die Phronesis wird auch in neoaristotelischen Entwürfen nicht als eine „rückhaltlos *selbstkritische* Vernunft" (Hoyer, 2005, S. 217; Hv. i. O.) konzipiert.

Eine solche Problematisierung leugnet nicht die Tatsache, dass Erwachsene immer schon bestimmte Lebensformen präsentieren. Vielmehr wird es als unvermeidlich angesehen, dass sich Menschen im Zuge ihres Aufwachsens bestimmte Orientierungsmuster aneignen. Gerade deshalb ist es erforderlich, Heranwachsenden Möglichkeiten zu eröffnen, sich zu bereits entwickelten Festlegungen in ein Verhältnis zu setzen. Von dieser Überlegung bleibt die Einsicht unberührt, dass die Entwicklung des Charakters über den Vollzug von Handlungen vermittelt ist. Konfligiert nun aber eine gewöhnende Erziehung mit dem Anspruch, die Zukunft von Heranwachsenden offen zu halten, so stellt sich die Frage, ob und, falls ja, wie Charaktererziehung so bestimmt werden kann, dass die besagte Einsicht bewahrt bleibt und zugleich dem Anspruch Rechnung getragen wird, Heranwachsende als bildsame Subjekte zu adressieren. Eine entsprechend ausgerichtete Erziehung wäre zumindest daran erkennbar, dass Heranwachsenden immer auch „die Möglichkeit gelassen, mehr noch: eröffnet wird, sich bei Bedarf auch gegen anerzogene Verhaltensgewohnheiten auszusprechen und, falls sich die begründete Notwendigkeit ergibt, zur Wehr zu setzen" (ebd., S. 216). Diese Option ist in aktuellen Entwürfen einer aristotelischen Charaktererziehung in der und für die Digitalität nicht vorgesehen. Dies mag u. a. damit zu tun haben, dass Tugenden in aristotelischer Tradition als das „per definitionem Gute *und* Beständige" (ebd.; Hv. i. O.) aufgefasst werden, sodass es in der Folge als wenig bedeutsam erscheint, Heranwachsende dazu zu befähigen, sich gegenüber bestimmten Tugenden in ein prüfendes Verhältnis zu setzen. Eine solche Position setzt aber voraus – und damit komme ich zum Beginn der Überlegungen zurück –, dass wir darum *wissen*, was ein gelingendes Leben kennzeichnet und was die Tugenden sind, in denen ein solches Leben Gestalt gewinnt. Eine durchaus bestreitbare Annahme.

4   Eine Alternative

Mit diesen Einwänden sind Problemstellungen formuliert, für die im Kontext einer neoaristotelischen Beschreibung von Charaktererziehung Lösungsversuche entwickelt werden müssen, will man heute eine Beschreibung von Charaktererziehung in der und für die Digitalität anfertigen, ohne hierbei hinter ein schon einmal erreichtes Problembewusstsein zurückzufallen. Zugleich eröffnen die entwickelten Problematisierungen einen Raum, in dem über Alternativen nachgedacht werden kann. Im Folgenden werde ich argumentieren, dass die Bezugnahme auf alternative theoretische Voraussetzungen es nicht nur ermöglicht, eine alternative Beschreibung von Charaktererziehung anzufertigen, sondern auch die Chance bietet, die identifizierten Grundlagenschwächen zu umgehen, die eine Beschreibung von Charaktererziehung in aristotelischer Tradition mit sich führt. Der Vorschlag besteht im Kern darin, Erziehung als Ermöglichung von Charakter*bildung*, genauer: der Bildung eines *moralischen Charakters* zu konzipieren.

Johann Friedrich Herbart hat eine Theorie entwickelt, die exemplarisch zeigt, wie diese Option gedacht werden kann, und die von daher als ein wichtiger Bezugspunkt dazu dienen könnte, heute Charaktererziehung in der und für die Digitalität zu bestimmen. Herbart bezeichnet die „eine und ganze Aufgabe der Erziehung" mit dem „Begriff: Moralität" (Herbart, 1804/1964, S. 259). Damit unternimmt Herbart eine Abgrenzung zur Position des Aristoteles, die er an anderer Stelle auch explizit markiert: Die „Glückseeligkeit des Zöglings" könne, so Herbart, „nicht höchster Zweck der pädagogischen Bemühung sein" – und zwar deshalb nicht, weil eine „Vieldeutigkeit derselben" angenommen werden müsse (Herbart, 1919, S. 505). Eine entsprechende Abgrenzung kann auch gegenüber neoaristotelischen Entwürfen vorgenommen werden, da auch hier die Eudaimonia als Bezugspunkt der Beschreibung von Charaktererziehung fungiert, wobei die Entwicklung von Charaktertugenden und der epistemischen Tugend der Phronesis als „constitutive of flourishing" (Kristjánsson, 2017, S. 101) aufgefasst wird. Hinzu kommt, dass es eine offene Frage ist, wie ein solcher neoaristotelischer Begriff von gelingendem Leben sich zu alternativen Bestimmungen verhält (vgl. hierzu die Diskussion differenter Bestimmungen von *Flourishing* in ebd., S. 101 ff.).

Herbart geht davon aus, dass es verschiedene Auffassungen von einem gelingenden Leben gibt, wobei er offenbar nicht glaubt, im Wissen um eine objektive Bestimmung eines gelingenden Lebens zu sein. Stattdessen wird die Erziehung unter den Anspruch gestellt, Heranwachsenden dabei zu helfen, ihre Lebensform zu wählen. Entsprechend verlangt Herbart von pädagogischen Akteuren, einen heranwachsenden Menschen darin zu unterstützen, „auf seine Weise in die Welt, in die Zukunft hinauszuschauen" und „mit sich und der Welt […] zurecht zu kommen" (Herbart, 1806/1964, S. 133). Mit dieser Weichenstellung vermeidet Herbart das Problem, eine spezifische Auffassung von gelingendem Leben immer nur als *vermeintlich* ‚richtige' Vorstellung in Anschlag bringen zu können.

Moralität erkennt Herbart im Kern darin, dass ein Mensch der eigenen Perspektive keinen prinzipiellen Vorrang gegenüber der Perspektive anderer Menschen beimisst (vgl. Herbart, 1808/1964, insbesondere S. 361 ff.). Stattdessen werden mögliche alternative Positionen als prinzipiell gleichberechtigt aufgefasst. Diese Haltung, die eigene Perspektive nicht von vorneherein als maßgeblich anzusetzen, sondern anderen Menschen grundsätzlich die Freiheit zuzugestehen, ihre Perspektive ins Spiel zu bringen, ist nach Herbart notwendig, damit eine Beratung von Menschen über ihr Zusammenleben möglich ist, in der Regeln gesucht und gefunden werden konnen, denen die sich beratenden Personen gleichermaßen zustimmen. Die Orientierung an entsprechenden Regeln bedeutet, dass Menschen sich wechselseitig die Freiräume eröffnen, ihr Leben im Lichte eigener Auffassungen des Guten zu führen. Dieser Interpretation zufolge ist Herbarts Beschreibung von Charaktererziehung einer „Moral der universellen und gleichen Achtung" verpflichtet, für deren Imperativ Ernst Tugendhat eine prägnante Formulierung gefunden hat: „Du sollst jeden gleich achten, niemanden instrumentalisieren!" (Tugendhat, 1993, S. 29).

Moralität als höchsten Zweck des Menschen und der Erziehung anzusetzen, bedeutet *nicht*, den Anspruch zu unterminieren, die zukünftige Lebensform von Heranwachsenden in der Erziehung offen zu halten. Im Gegenteil: Die „Freiheit der Wahl", die pädagogische Akteure „zu bewirken und festzuhalten" suchen (Herbart, 1804/1964, S. 261), setzt Spielräume voraus, die im Miteinanderumgehen der Menschen immer wieder neu hergestellt und stabilisiert werden müssen, indem diese sich im Handeln auf überindividuelle Verbindlichkeiten verpflichten. Charaktererziehung ist vor diesem Hintergrund darauf gerichtet, Heranwachsende in der Entwicklung solcher Haltungen zu unterstützen, die darin zum Ausdruck kommen, dass Menschen sich wechselseitig die Freiheit zusprechen bzw. allererst eröffnen, die für *sie* maßgebliche Auffassung von einem gelingenden Leben zu suchen, zu finden und weiterzuentwickeln (vgl. Rucker, 2021).

Aus dieser Überlegung folgt nicht, dass Heranwachsende in der Erziehung auf bestimmte moralische Ansprüche hin festgelegt werden dürfen. Herbart unterscheidet zwei Komponenten moralischen Handelns, die er als „Befehl" und „Gehorsam" bezeichnet. Dabei hält er ausdrücklich fest, dass der „Gehorchende" – sofern ihm Moralität attestiert werden soll – „den Befehl geprüft, gewählt, gewürdigt" und in diesem Sinne „für sich zum Befehl erhoben haben" muss. Kurzum: „*Der Sittliche gebietet sich selbst*" (Herbart, 1804/1964, S. 262; Hv. i. O.). Das bedeutet, Menschen müssen überindividuellen Verbindlichkeiten aus Einsicht folgen, soll von moralischem Handeln die Rede sein. Herbart integriert an dieser Stelle die Phronesis als die Fähigkeit, eine „treffende Beurtheilung" dessen vorzunehmen, was in „besondern Fällen" als das „eigentliche und einzige Gute, zu thun, zu wählen, zu vermeiden sey", in seine Beschreibung von Charaktererziehung (ebd., S. 260). Das situationsbezogene Erwägen von Handlungsoptionen wird von Herbart jedoch an Grundsätze geknüpft, deren Klärung, Prüfung und Problematisierung als eine zentrale Aufgabe von Erziehung bestimmt wird. Hinzukommen muss darüber hinaus die stete Bereitschaft, einer Einsicht in das moralisch Gebotene bzw. das moralisch Verbotene im Handeln zu entsprechen. Gelingt es einem Menschen, sich von seinen „Gemütsbewegungen" zu distanzieren und im Handeln der eigenen Einsicht zu folgen, so erweist sich gerade darin die „Tugend" dieses Menschen (ebd., S. 259). Der Begriff der Tugend bezeichnet in diesem Sinne die Einheit der Differenz von Einsicht und Wille. In der Erziehung die Entwicklung von Tugend zu initiieren und zu unterstützen, ist dieser Interpretation zufolge letztlich gleichbedeutend damit, Heranwachsenden dabei zu helfen, einen moralischen Charakter zu entwickeln. Ein moralischer Charakter kommt in der Selbstverpflichtung eines Menschen auf überindividuelle Regeln zum Ausdruck, die im Lichte der Idee einer wechselseitigen Achtung von Freiheit bestimmt werden.

Charaktererziehung im Zeichen der Digitalität wäre vor diesem Hintergrund als eine Form des Miteinanderumgehens zu bestimmen, in der Heranwachsenden dabei geholfen wird, eigene moralische Positionsbestimmungen in Bezug auf Phänomene vorzunehmen, die für ein Leben und Zusammenleben in der Digitalität charakteristisch sind, und die von bestimmten Formen der Kommunikation in sozialen Netzwerken bis hin zu neuesten Entwicklungen in Sachen künstlicher Intelligenz reichen (vgl. Grimm et al., 2019). Entsprechende Positionierungen kommen darin zum Ausdruck, dass Heranwachsende eigene Urteile in Fragen des moralisch Gebotenen, Verbotenen und Neutralen fällen und diesen Urteilen in ihrer Lebensführung im Umgang mit anderen zu entsprechen suchen. „*Machen, daß der Zögling sich selbst finde, als wählend das Gute als verwerfend das Böse*" (Herbart, 1804/1964, S. 261; Hv. i. O.) – so lautet Herbarts Aufforderung an pädagogische Akteure.

Zur näheren Bestimmung von Charaktererziehung transformiert Herbart die von Aristoteles vorgenommene Unterscheidung zwischen einer gewöhnenden und einer unterweisenden Erziehung in die Trias von Regierung, Unterricht und Zucht. Eine Erziehung des moralischen Charakters schließt eine *regierende Erziehung*, in der Heranwachsende an uneinsichtigem Handeln gehindert werden (vgl. Herbart, 1806/1964, S. 17 ff.), ebenso mit ein, wie eine *Erziehung durch Unterricht*, die darauf gerichtet ist, diesen die Entwicklung eines vielseitig differenzierten „Gedankenkreises" (ebd., S. 15) zu ermöglichen. Der Grund hierfür ist schlicht: Es bedarf der Einsicht darin, wie es sich mit einer Sache verhält, damit moralische Urteilsbildung im Hinblick auf die jeweilige Sache sinnvoll möglich ist. Wie wollte man sich zu Fragen der künstlichen Intelligenz moralisch positionieren, ohne in der Sache kundig zu sein? Wie wollte man über Prozesse der Automatisierung in der Arbeitswelt moralisch urteilen, ohne darum zu wissen, in welcher Hinsicht und in welchem Ausmaß digitale Technik in diesem Kontext eingesetzt wird? Wie wollte man Manipulation im Netz moralisch einschätzen, wenn man nicht weiß, was ein Algorithmus ist, und wie Algorithmen zum Einsatz kommen, um die Werteorientierung von Menschen in bestimmte Richtungen zu lenken?

Im Unterschied zum Unterricht ist die *Zucht* darauf bezogen, Heranwachsende zu einem „Handeln nach eigenem Sinn" (ebd., S. 119) im Lichte der Idee einer wechselseitigen Achtung von Freiheit zu veranlassen, sodass diese fortschreitend eine „,Charakterstärke der Sittlichkeit'" (ebd., S. 90) entwickeln können. Dabei unterscheidet Herbart vier Formen der Zucht. Die *haltende* Zucht ist daran erkennbar, dass Heranwachsende dazu veranlasst werden, bereits vollzogene Handlungen zu bedenken. Im Kontext der *bestimmenden* Zucht werden Heranwachsende mit Situationen der Wahl konfrontiert und dazu aufgefordert, verschiedenen Entscheidungsoptionen zu erwägen, um schließlich eine Wahl zu treffen. Die *regelnde* Zucht ist darauf gerichtet, Heranwachsende in eine Prüfung der eigenen Grundsätze zu verstricken, um diese im Lichte der Idee einer wechselseitigen Achtung von Freiheit zu beurteilen. Die *unterstützende* Zucht besteht schließlich darin, Heranwachsenden dabei zu helfen, den von ihnen entworfenen Grundsätzen im Handeln zu entsprechen. Die Situation, in der mit Gewohnheiten gebrochen werden muss, um einem neuen Grundsatz im Handeln Geltung zu verschaffen, bezeichnet Herbart als ‚Kampf' (vgl. ebd., S. 93). Im Falle der Bildung eines moralischen Charakters nimmt dieser Kampf die Form der „Selbstnötigung" (ebd., S. 105) an. Das Gute zu tun, bedeutet hier nämlich nicht nur, mit einer Gewohnheit zu brechen. Es heißt darüber hinaus auch und vor allem, das Eigeninteresse zurückzustellen, um etwas zu tun, was wir anderen Menschen als Menschen schulden. Die Aufgabe der Zucht ist an dieser Stelle die „Unterstützung des sittlichen Kampfes" (ebd., S. 126). Auf diesem Wege soll die Zucht zur Entstehung neuer Charakterzüge und – damit verbunden – zur Entwicklung einer ‚Charakterstärke der Sittlichkeit' beitragen.

Zusammengefasst ist die Zucht darauf gerichtet, Heranwachsenden eine Selbstverpflichtung auf überindividuelle Verbindlichkeiten zu ermöglichen. Insofern davon ausgegangen werden muss, dass Menschen im Zuge von Sozialisation auch solche Charakterzüge entwickeln, die der Idee einer wechselseitigen Achtung von Freiheit widersprechen, schließt eine Erziehung des moralischen Charakters immer auch *Unterbrechungen* eines Handelns im Sinne bereits entwickelter Festlegungen ein. Unterbrechungen, z. B. durch die Konfrontation mit alternativen Sichtweisen, eröffnen Heranwachsenden die Möglichkeit, auf bereits entwickelte Charakterzüge Bezug zu nehmen und diese einer Beurteilung zuzuführen, die wiederum zu einer Transformation dieser Charakterzüge führen kann. *Differenzerfahrungen* erweisen sich in diesem Sinne als konstitutiv für die Bildung eines moralischen Charakters. Zucht wäre von daher immer auch als der Versuch zu begreifen, „den Menschen der Einheit mit sich selbst [zu] berauben, und ihn [zu] desorientieren" (ebd., S. 101). Ehe ich auf die Bedeutung dieser Überlegung für eine pädagogische Perspektive auf das Aufwachsen im Kontext einer Kultur der Digitalität eingehe, gilt es zunächst festzuhalten, inwiefern sich Herbarts Entwurf gegenüber einer neoaristotelischen Beschreibung von Charaktererziehung als vorteilhaft erweist.

Der Umstand, dass in modernen Gesellschaftlichen umstritten ist, was ein gelingendes Leben bedeutet, findet in Herbarts Entwurf dadurch Berücksichtigung, dass Erziehung an die Aufgabe geknüpft wird, Heranwachsenden dabei zu helfen, eine ‚Charakterstärke der Sittlichkeit' zu entwickeln. Diese Aufgabe wird damit begründet, dass ein moralischer Charakter erforderlich ist, damit Menschen sich wechselseitig die Freiheit zusprechen bzw. allererst eröffnen, die für sie maßgebliche Auffassung von einem gelingenden Leben zu suchen, zu finden und weiterzuentwickeln (vgl. Rucker, 2021). Der Einsatz für ein solches Zusammenleben in Pluralität setzt nach Herbart vielseitig unterrichtete Menschen voraus, die dazu bereit und fähig sind, sich von ihrem Willen freimachen und diesen daraufhin zu beurteilen, ob die eigenen Willensstrebungen auch als erstrebens*wert* gerechtfertigt werden können. Eine solche Beschreibung von Charaktererziehung umgeht *erstens* das Problem, eine spezifische Vorstellung von gelingendem Leben immer nur als vermeintlich ‚richtige' Auffassung beschreiben zu können. *Zweitens* wird damit dem Umstand Rechnung getragen, dass Freiräume für die Suche nach eigenen Auffassungen von einem gelingenden Leben im Miteinanderumgehen der Menschen nicht einfach gegeben sind, sondern immer wieder neu hergestellt und stabilisiert werden müssen. Indem Charaktererziehung als eine Form des Miteinanderumgehens beschrieben wird, in der Heranwachsende zu eigener Urteilsbildung veranlasst werden und darin Unterstützung erfahren, eigenen Urteilen im Handeln zu entsprechen, wird *drittens* der Einwand vermieden, dass Heranwachsende nicht als bildsame Subjekte anerkannt werden, wenn Charaktererziehung als eine Kombination von Gewöhnung und Unterweisung konzipiert wird.

5 Herausforderungen

Kommt man an dieser Stelle zu dem Urteil, dass eine Beschreibung von Charaktererziehung in der Herbarttradition dazu geeignet sein könnte, Grundlagenschwächen in neueren Entwürfen einer aristotelischen Charaktererziehung zu überwinden, so gilt es zu bedenken, dass die Entwicklung einer Kultur der Digitalität eine Veränderung der Infrastruktur unserer Suche nach Orientierung eines gelingenden Lebens und Zusammenlebens bedeutet. Diese gilt es im Blick zu behalten, wenn der Versuch unternommen wird,

Charaktererziehung im Anschluss an die hier skizzierte Weichenstellungen zu bestimmen. Vor diesem Hintergrund werden im Folgenden ausgewählte Sachverhalte diskutiert, die zeigen, wie Aspekte einer Kultur der Digitalität in einem Spannungsverhältnis zu dem Anspruch stehen, Heranwachsenden dabei zu helfen, eine ‚Charakterstärke der Sittlichkeit' zu entwickeln. Operiert man mit einer Beschreibung von Erziehung als Ermöglichung einer Bildung des moralischen Charakters, so eröffnet dies die Möglichkeit, entsprechende Herausforderungen sichtbar zu machen, vor denen Charaktererziehung in der Tradition Herbarts im Kontext einer Kultur der Digitalität steht.

5.1 Neue Unübersichtlichkeit

Menschen sind im Kontext einer Kultur der Digitalität mit einer Fülle an Themen und Standpunkten konfrontiert. Dies hat u. a. damit zu tun, dass prinzipiell jede Person einen Tweet absetzen, ein Foto liken, einen Artikel teilen oder einen Blog verfassen kann – sofern sie sich bestimmten Vorgaben unterwirft. Menschen – und das ist hier entscheidend – sind unter diesen Bedingungen dazu aufgefordert, diese Fülle für sich in eine Ordnung zu bringen. Und dies tun sie, indem sie eben Bestimmtes liken, teilen oder kritisieren, und anderes eben nicht. Damit nehmen sie nolens volens Stellung zu dem, was sie vorziehen und was sie zurückstellen, was sie als einen Beitrag zu einem gelingenden Leben und Zusammenleben ansehen und was nicht. „Im Kontext einer nicht zu überblickbaren Masse von instabilen und bedeutungsoffenen Bezugspunkten werden Auswählen und Zusammenführen zu basalen Akten der Bedeutungsproduktion und Selbstkonstitution" (Stalder, 2016, S. 13). Stalder bezeichnet diese Facette der Digitalität als *Referenzialität*.

Heranwachsende sehen sich in der Digitalität mit einer Fülle von Perspektiven konfrontiert, ohne dass die Möglichkeit in Aussicht steht, das Geflecht der Perspektiven aufzulösen. So sind die Inhalte, die Heranwachsende auf einer Onlineplattform zu sehen bekommen von der Position abhängig, die sie einnehmen, und diese Position ist selbst wiederum bestimmt durch Beziehungen, in denen diese Position etwa zu vergangenen Aktivitäten einer Userin, zu Profilen, die dem eigenen Konto folgen, oder zu Profilen, denen die Userin selbst folgt, steht. Der Aufenthalt in digitalen Räumen mag von daher auf der Seite von Heranwachsenden zu dem Eindruck führen, dass unter diesen Bedingungen nicht mehr sinnvoll darüber Auskunft gegeben werden kann, wie es sich tatsächlich mit einer Sache verhält. Für soziale Netzwerke etwa scheint das „irreguläre Meinen, die wildgewordene Meinungsfreiheit" (Gabriel, 2020, S. 595) kennzeichnend zu sein. Gemeint ist damit der Umstand, „dass sie [die sozialen Netzwerke; T.R.] ohne jede echte inhaltliche Überprüfung der Äußerungen ihrer Nutzer erlauben, Dissens unmittelbar und öffentlichkeitswirksam zu Protokoll zu geben" (ebd., S. 596). Damit aber droht das Aufwachsen in der Digitalität eine Prämisse zu unterminieren, die für eine Erziehung des moralischen Charakters von grundlegender Bedeutung ist.

Charaktererziehung ist immer auch darauf gerichtet, Heranwachsenden *sachliche Einsicht* zu ermöglichen. Moralische Urteile können nämlich nur dann sinnvoll gefällt werden, wenn man weiß, wie es sich mit der Sache verhält, die beurteilt werden soll. Dieser Anspruch ist nicht auf einen ‚klassischen' Wissensbegriff und die damit verbundenen, höchst anspruchsvollen Kriterien (Überzeugung, Wahrheit und Rechtfertigung) festgelegt, sondern durchaus mit einem ‚modernen' Wissensbegriff kompatibel, der Wissen insbesondere an kritische Prüfung bindet (vgl. Pulte, 2023, S. 281 f., 290 ff.). Die auf Facebook, Twitter und Co. beobachtbare fehlende Gegenkontrolle von Meinungen an den Sachverhalten, auf die sich die Meinungen beziehen, steht vor diesem Hintergrund in Spannung zu einem Anspruch, der mit der Erziehung eines moralischen Charakters irreduzibel verknüpft ist. Umgekehrt kann man an dieser Stelle freilich argumentieren, dass Charaktererziehung in der Digitalität insbesondere *deshalb* von Bedeutung ist, weil damit dem Umstand begegnet wird, dass in sozialen Netzwerken die Frage in den Hintergrund rückt, wie es sich mit einer Sache verhält, und sachliche Einsicht damit potenziell erschwert wird.

5.2 Gemeinschaftliche Formationen

Die Suche nach Orientierung, vor die sich Menschen angesichts der beschriebenen Fülle an Themen und Standpunkten gestellt sehen, betreiben diese nicht alleine, sondern im Konzert mit anderen. Sie nehmen auf Sachverhalte Bezug, auf die auch andere Menschen Bezug nehmen, und auch ihre Bezugnahmen können selbst wiederum zum Gegenstand der Bezugnahmen Dritter werden. Dies wäre etwa dann der Fall, wenn ein geposteter Tweet retweetet wird, oder ein Foto, das gelikt wird, seinerseits geteilt wird usw. Auf diese Weise entstehen Communities, die sich an geteilten Antworten auf Fragen eines gelingenden Lebens und Zusammenlebens orientieren – „gemeinschaftliche Formationen, die selbstbezogene Welten hervorbringen" (Stalder, 2016, S. 13). Diese Facette einer Kultur der Digitalität nennt Stalder *Gemeinschaftlichkeit*.

Aus der Warte einer Theorie der Charaktererziehung ist hier insbesondere der Umstand bedeutsam, dass der Aufenthalt von Heranwachsenden in entsprechenden Communities immer auch bedeutet, in bereits gefundenen Antworten auf Fragen eines gelingenden Lebens und Zusammenlebens eine Stabilisierung zu erfahren. Diese kann bis dahin gehen, dass Heranwachsende in bestimmten Positionsbestimmungen festgehalten werden, weil alternative Werteorientierungen außen vor bleiben und der Verbleib in einer Gemeinschaft davon abhängig ist, dass abweichende Werteorientierungen einen bestimmten Toleranzspielraum nicht überschreiten. Man bewegt sich dann unter Umständen primär oder gar vollständig in Communities, die die eigenen Vorurteile widerspiegeln und diese entsprechend stabilisieren. Die Antworten auf Fragen eines gelingenden Lebens und Zusammenlebens suchen und finden Heranwachsende in diesem Fall in ‚Echokammern' (vgl. Neef, 2019, S. 15).

Charakterbildung ist über Differenzerfahrungen vermittelt. Von einer entsprechenden Erfahrung wäre etwa dann zu sprechen, wenn jemand Grundsätze für sich als maßgeblich bestimmt und dann an sich Charakterzüge erkennt, die den eigenen Grundsätzen widerstreiten. Darüber hinaus muten pädagogische Akteure Heranwachsenden im Kontext der Zucht Differenzerfahrungen zu, wenn sie diese auf problematische Charakterzüge aufmerksam machen (haltende Zucht), wenn sie diese dazu anhalten, bestimmte Konsequenzen zu bedenken, die mit einer beabsichtigten Wahl zwischen Handlungsalternativen verbunden sein können (bestimmende Zucht), oder wenn sie die von Heranwachsenden gefassten Grundsätze im Lichte der Idee einer wechselseitigen Achtung von Freiheit einer Kritik unterziehen (regelnde Zucht). Jede Form der Zucht ermöglicht hierbei spezifische Differenzerfahrungen (zu den verschiedenen Formen der Zucht vgl. Herbart, 1806/1964, S. 121 ff.).

Hier zeigt sich, dass der Anspruch, Heranwachsenden edukativ Charakterbildung zu ermöglichen, wiederum in Spannung steht zu den veränderten Voraussetzungen, unter denen Menschen in der Digitalität nach Antworten auf Fragen eines gelingenden Lebens und Zusammenlebens suchen. Zugespitzt formuliert: Der Aufenthalt in Echokammern verträgt sich nur bedingt mit dem Anspruch, Heranwachsenden Differenzerfahrungen zuzumuten und diese darin zu unterstützen, sich im Durcharbeiten solcher Differenzerfahrungen an *eigenen Urteilen* in Fragen eines gelingenden Lebens und Zusammenlebens zu versuchen. Umgekehrt kann man freilich auch an dieser Stelle argumentieren, dass Charaktererziehung und – damit verbunden – die Ermöglichung eigener Urteilsbildung gerade in einer Kultur der Digitalität an Bedeutung gewinnen, wenn die Bildung einer ‚Charakterstärke der Sittlichkeit' als wertvoll vorausgesetzt wird.

5.3 Fernraumkommunikation

Die individuelle und kollektive Suche nach Orientierung eines gelingenden Lebens und Zusammenlebens ist von technischem Support abhängig, der diese Suchbewegungen allererst ermöglicht und zugleich begrenzt, indem Algorithmen das Auswählen, Kombinieren und Neuentwerfen von Orientierungsmustern ‚führen'. Stalder bezeichnet diese dritte Facette einer Kultur der Digitalität als *Algorithmizität*.

Das mit dem Einsatz von Algorithmen verknüpfte Anliegen, „dem individuellen Nutzer seine eigene, singuläre Welt zu schaffen" (Stalder, 2016, S. 189), markiert durchaus eine eigene Herausforderung für eine Erziehung des moralischen Charakters. Jedoch steht dieses Konzept der ‚Filterblase' in einer nicht übersehbaren Nähe zu dem der ‚Echokammer', sodass sich auch an dieser Stelle auf das Problem einer Minimalisierung von Differenzerfahrungen hinweisen lässt (vgl. Neef, 2019, S. 115). Vor diesem Hintergrund möchte ich im Folgenden den Blick auf einen anderen Sachverhalt richten, der in Stalders Beschreibung einer Kultur der Digitalität lediglich implizit angesprochen wird, der mir aber gerade für eine Beschreibung von Charaktererziehung in der und für die Digitalität von entscheidender Bedeutung zu sein scheint.

Moralisches Handeln ist dadurch gekennzeichnet, dass das Eigeninteresse zurückgestellt wird, um das zu tun, was wir uns wechselseitig als Menschen schulden (vgl. Scanlon, 1998). Dies ist kein Automatismus, was Herbart deutlich gesehen und entsprechend auch kategorial gefasst hat, wenn er von Aktivitäten der „Selbstnötigung" (Herbart, 1806/1964, S. 105) spricht, die Heranwachsende vollziehen müssen, um ihre moralischen Urteile auch gegen widerstrebende Motive praktisch verbindlich zu machen. Geht man davon aus, dass eine Kultur der Digitalität auch daran erkennbar ist, dass *Nahraum*kommunikation fortschreitend in *Fernraum*kommunikation überführt wird, und geht man ferner davon aus, dass die Unterstützung von moralischem Handeln im Miteinanderumgehen von Menschen unter Präsenzbedingungen ihren Ort hat, so zeigt sich auch an dieser Stelle ein Spannungsverhältnis zwischen einem Aufwachsen in der Digitalität und dem Anspruch, Heranwachsenden die Entwicklung einer ‚Charakterstärke der Sittlichkeit' zu ermöglichen.

Die Vermutung, dass die Zucht sinnvoll nur als ein Miteinanderumgehen unter Anwesenheitsbedingungen bestimmt werden kann, gewinnt dann an Plausibilität, wenn man die Eigenart von moralischen Ansprüchen berücksichtigt. Moralische Ansprüche sind solche, die an alle Menschen adressiert werden. Eine „moralische Position", so Ernst Tugendhat, „vertritt nur derjenige, der von den anderen fordert, dasselbe zu finden" (Tugendhat, 1993, S. 64). Aus diesem Grund gehen Verfehlungen von moralischen Ansprüchen mit „Gefühlen" wie z. B. „Empörung", „Groll", „Schuld" oder „Scham" einher (ebd., S. 20), die zugleich die Ernsthaftigkeit verdeutlichen, die mit moralischen Orientierungen verknüpft ist. Diese Ernsthaftigkeit muss *erfahren* werden, um einen moralischen Charakter zu entwickeln. Ähnlich argumentiert Gerhard Mertens, wenn er die „Weckung eines Verantwortungsgefühls" für ein gelingendes Zusammenleben und die „tatsächliche Übernahme von Verantwortung" in „hohem Maße an die erlebte Beziehung innerhalb einer Gemeinschaft" bindet, die durch „gegenseitige Achtung" gekennzeichnet ist (Mertens, 1995, S. 435). Es ist nicht ersichtlich, wie dies möglich sein sollte, wenn der konkrete Kontakt unter seinesgleichen aufgelöst wird. Hinzu kommt, dass eine Erziehung unter Anwesenheitsbedingungen es deutlich erschwert, sich Aktivitäten zu entziehen, die darauf gerichtet sind, jemanden dazu zu veranlassen, sich im Handeln auf überindividuelle Verbindlichkeiten zu verpflichten.

Ein ‚Handeln nach eigenem Sinne', in dem Heranwachsende ihr Eigeninteresse zurückstellen, um moralischen Grundsätzen zu entsprechen, ist scheiterungsanfällig und setzt deshalb eine Form der Hilfe voraus, in der Heranwachsende darin bestärkt werden, das moralisch Gebotene zu tun. Es ist auf der einen Seite schwerlich einzusehen, wie dies sinnvoll möglich sein sollte, wenn die Kommunikation im Nahraum aufgelöst wird. Auf der anderen Seite ist eine Erziehung des moralischen Charakters daraufhin ausgerichtet, dass Heranwachsende sich selbst auf überindividuelle Verbindlichkeiten verpflichten, und dies wiederum impliziert, dass Heranwachsende „gewagt werden müssen" (Herbart, 1806/1964, S. 19). Charaktererziehung schließt so gesehen immer auch mit ein, Heranwachsenden Freiräume zu eröffnen, in denen diese ‚auf sich gestellt' handeln müssen – und ein solches Feld der Bewährung ist dann freilich auch die Kommunikation im Fernraum. Ich behaupte folglich nicht, dass Fernraumkommunikation die Bildung eines moralischen Charakters per se unterminiert. Die These lautet vielmehr, dass Nahraumkommunikation unverzichtbar ist, damit Heranwachsende moralische Ansprüche erfahren, und entsprechende Erfahrungen selbst wiederum Bedingung dafür sind, dass Heranwachsende sich in ihrer Lebensführung im Umgang mit anderen an Grundsätzen orientieren lernen, die im Lichte der Idee einer wechselseitigen Achtung von Freiheit gerechtfertigt werden können.

6 Fazit

In diesem Beitrag habe ich einen ersten Versuch unternommen, das Problem der Charaktererziehung im Zeichen der Digitalität zu behandeln. Im Zentrum stand dabei der Vorschlag, Charaktererziehung als Ermöglichung von Charakterbildung, genauer: einer Bildung des moralischen Charakters zu bestimmen. Gemeint ist damit eine Form des Miteinanderumgehens, in der Heranwachsende nicht auf vorgegebene ‚lobenswerte Dispositionen' hin festgelegt werden, sondern diesen dabei geholfen wird, im Lichte sachlicher Einsichten eigene moralische Urteile zu fällen und diesen im Handeln zu entsprechen. Ausgehend von Herbarts Beschreibung von Charaktererziehung habe ich argumentiert, dass das Aufwachsen in einer Kultur der Digitalität eine Erziehung des moralischen Charakters vor spezifische Herausforderungen stellt, über die eine Theorie der Charaktererziehung Auskunft geben können sollte.

Die vorgestellten Überlegungen sind darauf gerichtet, eine Problemvorgabe der Tradition unter veränderten Bedingungen des Aufwachsens neu zu durchdenken. Die weitere Ausarbeitung dieses Entwurfs verlangt nicht nur nach weiterer Theoriearbeit, sondern ist darüber hinaus auf empirische Forschung angewiesen. So implizieren die Überlegungen eine Reihe von Annahmen, deren Klärung nur mittels empirischer Forschung möglich ist (z. B. die Annahme, dass die Pluralität der Perspektiven, mit denen Heranwachsende in digitalen Zusammenhängen konfrontiert sind, tatsächlich deren Unterscheidungsvermögen in Sachen Wissen und Meinung trübt). Gleichwohl sollte deutlich geworden sein, dass eine pädagogische Perspektive einen originären Blick auf Digitalität ermöglicht, der außen vor zu bleiben droht, wenn es nicht gelingt, diesen Transformationsprozesse relational zu ‚einheimischen' Problemstellungen zu reflektieren.

Man könnte an dieser Stelle die Frage aufwerfen, ob die hier entwickelten Überlegungen nicht selbst hinter ein z. B. in ‚postmodernen' Positionen formuliertes Problembewusstsein zurückfallen. Ich kann an dieser Stelle keine ausführliche Verteidigung von Herbarts Entwurf gegenüber entsprechenden Einwänden vorlegen. Mir scheint es jedoch so zu sein, dass Herbarts Moralitätsbegriff auch mit Blick auf eine „radikale neostrukturelle Aversion gegen jegliche Form von Einheit" nicht an Überzeugungskraft verliert, lässt sich die Idee einer wechselseitigen Achtung von Freiheit doch als die Voraussetzung dafür interpretieren, dass ein Zusammenleben in Pluralität überhaupt möglich ist – und damit auch eine „nicht festlegbare Pluralität an Artikulationsformen des Humanen" (Mertens, 2015, S. 82). Eine Theorie der Charaktererziehung in der und für die Digitalität kann aus guten Gründen an die von Herbart entwickelten Überlegungen anknüpfen.

Literatur

Aristoteles. (2018). In U. Wolf (übers. und hrsg.), *Nikomachische Ethik* (7. Aufl.). Rowohlt.

Arthur, J. (2020). *The formation of character in education. From Aristotle to the 21st century*. Routledge.

Arthur, J. (2021). *A christian education in the virtues. Character formation and human flourishing*. Routledge.

Arthur, J., Kristjánsson, K., Harrison, T., Sanderse, W., & Wright, D. (2017). *Teaching Character and Virtue in Schools*. Routledge.

Bayertz, K. (2014). *Warum überhaupt moralisch sein?* (2. Aufl.). C. H. Beck.

Benner, D. (2015). Erziehung und Bildung! Zur Konzeptualisierung eines erziehenden Unterrichts, der bildet. *Zeitschrift für Pädagogik, 61*(4), 481–496.

Brecht, B. (1961). *Flüchtlingsgespräche*. Suhrkamp.

Englert, R. (2021). Lässt sich mit Tugenden heute noch etwas anfangen? *Katechetische Blätter, 146*(1), 12–17.

Gabriel, M. (2020). *Fiktionen*. Suhrkamp.

Grimm, P., Keber, T., & Zöllner, O. (2019). *Digitale Ethik. Leben in vernetzten Welten*. Reclam.

Harrison, T. (2016). Cultivating cyber-phronesis: A new educational approach to tackle cyberbullying. *Pastoral Care in Education, 40*(2), 232–244. https://doi.org/10.1080/02643944.2016.1202307

Harrison, T. (2022). A new educational model for online flourishing: A pragmatic approach to integrating moral theory for cyber-flourishing. *Pastoral Care in Education, 40*(2), 128–151. https://doi.org/10.1080/02643944.2021.1898665

Harrison, T., & Laco, D. (2022). Where's the character education in online higher education? Constructivism, virtue ethics and roles of online educators. *E-Learning and Digital Media, 19*(6), 555–573. https://doi.org/10.1177/20427530221104885

Herbart, J. F. (1804/1964). Über die ästhetische Darstellung der Welt, als das Hauptgeschäft der Erziehung. In K. Kehrbach & O. Flügel (Hrsg.), *Joh. Fr. Herbart's Sämtliche Werke in chronologischer Reihenfolge* (Bd 1, S. 259–274). Scientia.

Herbart, J. F. (1806/1964). Allgemeine Pädagogik aus dem Zweck der Erziehung abgeleitet. In K. Kehrbach & O. Flügel (Hrsg.), *Joh. Fr. Herbart's Sämtliche Werke in chronologischer Reihenfolge*. (Bd. 2, S. 1–139). Scientia.

Herbart, J. F. (1808/1964). Allgemeine practische Philosophie. In K. Kehrbach & O. Flügel (Hrsg.), *Joh. Fr. Herbart's Sämtliche Werke in chronologischer Reihenfolge*. (Bd. 2, S. 329–458). Scientia.

Herbart, J. F. (1919). Die ältesten Hefte. In O. Willmann & Th. Fritzsch (Hrsg.), *Johann Friedrich Herbarts Pädagogische Schriften* (Bd. 3, S. 504–540). Zickfeldt.

Höffe, O. (1998). Aristoteles' universalistische Tugendethik. In K. Rippe & P. Schaber (Hrsg.), *Tugendethik* (S. 42–68). Reclam.

Hoyer, T. (2005). *Tugend und Erziehung. Die Grundlegung der Moralpädagogik in der Antike*. Klinkhardt.

Hügli, A. (2006). Ethos und ethische Erziehung. Kritische Anmerkungen zur Tugendethik und Tugendpädagogik. In A. Dörpinghaus & K. Helmer (Hrsg.), *Ethos, Bildung, Argumentation* (S. 45–64). Königshausen & Neumann.

Kristjánsson, K. (2015). *Aristotelian character education*. Routledge.

Kristjánsson, K. (2017). Recent work on flourishing as the aim of education: A critical review. *British Journal of Educational Studies, 65*(1), 87–107. https://doi.org/10.1080/00071005.2016.1182115

Mertens, G. (1995). Die Kategorie der Verantwortung. Überlegungen zu einem Leitziel der Moralerziehung. *Vierteljahresschrift für wissenschaftliche Pädagogik, 71*(4), 426–441. https://doi.org/10.30965/25890581-07104008

Mertens, G. (2015). Zur Relevanz von Moralität im Bildungsverständnis. *Vierteljahresschrift für wissenschaftliche Pädagogik, 91*(1), 79–86. https://doi.org/10.30965/25890581-091-01-90000006

Neef, K. (2019). Fake News überall? In P. Grimm, T. Keber, & O. Zöllner (Hrsg.), *Digitale Ethik* (S. 79–86). Reclam.

Polizzi, G., & Harrison, T. (2022). Widom in the digital age: a conceptual and practical framework for understanding and cultivating cyber-wisdom. *Ethics and Information Technology, 24*(1), 1–16. https://doi.org/10.1007/s10676-022-09640-3

Pulte, H. (2023). Klassisch – Modern – Digital? Eine kleine Geschichte und Systematik des Wissensbegriffs, mit einer Note zur digitalen Bildung. In S. Aßmann & N. Ricken (Hrsg.), *Bildung und Digitalität* (S. 275–312). Springer. https://doi.org/10.1007/978-3-658-30766-0_11

Rucker, T. (2014). *Komplexität der Bildung. Beobachtungen zur Grundstruktur bildungstheoretischen Denkens in der (Spät-)Moderne*. Klinkhardt.

Rucker, T. (2021). Erziehung zur Moralität in einer komplexen Welt. *Zeitschrift für Erziehungswissenschaft, 24*(6), 1573–1593. https://doi.org/10.1007/s11618-021-01044-1

Rucker, T., Anhalt, E., & Ammann, K. (2021). Der Subjektstatus des Schülers. Erziehungstheoretische Überlegungen. *Zeitschrift für Bildungsforschung, 11*(1), 19–33. https://doi.org/10.1007/s35834-021-00294-7

Scanlon, T. (1998). *What we owe to each other*. Harvard University Press.

Stalder, F. (2016). *Kultur der Digitalität*. Suhrkamp.

Sünkel, W. (2013). *Erziehungsbegriff und Erziehungsverhältnis. Allgemeine Theorie der Erziehung* (2. Aufl., Bd. 1). Beltz Juventa.

Tenorth, H.-E. (2009). Bildungstechnologie – mehr als ein Oxymoron? In L. Wigger (Hrsg.), *Wie ist Bildung möglich?* (S. 201–225). Klinkhardt.

Tenorth, H.-E. (2011). ‚Bildung' – eine Thema im Dissens der Disziplinen. *Zeitschrift für Erziehungswissenschaft, 14*(4), 351–362. https://doi.org/10.1007/s11618-011-0223-2

Tugendhat, E. (1993). *Vorlesungen über Ethik*. Suhrkamp.

Digitale (De-)Subjektivierung – Das Phänomen Anonymous

4

Florian Krückel

Inhaltsverzeichnis

1 Einleitung	70
2 (De-)Subjektivierungen	71
3 Anonymous	75
4 Bildung de-subjektiviert?	84
Literatur	86

Zusammenfassung

Ausgehend von dem Phänomen Anonymous eröffnet der Artikel die Problemstellung der Kollektivität unter einer subjektivierungstheoretischen Fokussierung. Dabei stehen Veränderungen innerhalb einer Kultur der Digitalität im Mittelpunkt, die bildungstheoretische Traditionen in Frage stellen und dabei die bildungswissenschaftliche Forschung herausfordern. Eine dieser Veränderungen sind Formen der De-Subjektivierung die am Beispiel von Anonymous sichtbar werden. Dabei wird ausgehend von Socialmedia-Artefakten und ethnologischen Forschungsarbeiten das Verständnis von Anonymous als Kollektiv entwickelt und die damit einhergehenden (partiellen) Momente der De-Subjektivierung, forschungstheoretisch gerahmt. Diese gesellschaftstheoretischen Entwicklungen und Phänomene finden abschließend ihren bildungswissenschaftlichen Übertrag. Sie eröffnen damit Fragen nach Konzepten von Bildung, die ausgehend vom Kollektiv zu entwickeln sind und ihre Fokussierung auf das Subjekt in Teilen ablegen.

F. Krückel (✉)
Lehrstuhl für Systematische Bildungswissenschaft, Julius-Maximilians-Universität Würzburg, Würzburg, Deutschland
E-Mail: florian.krueckel@uni-wuerzburg.de

Schlüsselwörter

Subjektivierung · De-Subjektivierung · Kultur der Digitalität · Bildung · Kollektivität · Anonymous

1 Einleitung

Der Artikel geht von der These aus, dass sich in einer Kultur der Digitalität die Fragen nach Formen der Subjektivierung aktualisiert stellen. Dies geht einerseits aus der Annahme des geschwächten Subjektes und der Stärkung der Gemeinschaftlichkeit, im weiteren Verlauf unter der Terminologie Kollektiv gefasst, hervor. Andererseits gilt es, diese Frage regelmäßig unter der Betrachtung veränderter kultureller Phänomene, wie Formen der Digitalität, zu aktualisieren. Durch sich wandelnde kulturelle Phänomene, die unter dem Begriff einer „Kultur der Digitalität" und den damit verknüpften Formen der Referenzialität, Gemeinschaftlichkeit und Algorithmizität (vgl. Stalder, 2017, S. 13) im Anschluss an Stalder gefasst werden können, bieten sich neue Möglichkeiten wie auch Grenzen der menschlichen Selbst-Weltverhältnisse. In diesem Spannungsfeld eröffnen sich Räume, die Menschen ein Spiel mit ihren Wirklichkeit(en) und Wahrheit(en) ermöglichen sowie auf die Kontingenz von Normen verweisen. In oder mit ihnen können Menschen mit ihren Identitäten spielen, andere Formen des Mensch-seins erfahren, sie partiell wie auch temporär annehmen oder auch auflösen. In diesem Spannungsverhältnis entstehen Phänomene wie Anonymous, die normative wie hegemoniale Strukturen subversiv in Frage stellen (siehe hierzu Lagasnerie, 2018) und dadurch gängige (Denk-)Strukturen aufbrechen. Es soll dabei aber nicht vernachlässigt werden, dass auch diese Veränderungen neue hegemoniale Strukturen hervorbringen, die im weiteren Verlauf allerdings nicht im Fokus der Betrachtungen stehen.

Der Artikel setzt am Phänomen Anonymous an und zeigt am Beispiel des Kollektivs Formen der Nicht-Verortung und De-Adressierung, des nicht Eigennamen-seins in einer Kultur der Digitalität auf. An dem Phänomen Anonymous lässt sich zeigen, wie sich neue Formen gesellschaftlicher Zusammenschlüsse im Kontext einer De-Subjektivierung entwickeln, die die Anrufungen des Menschen als Subjekt überschreiten und den Fokus auf die Gemeinschaftlichkeit legen.

Dafür ist in einem ersten Schritt das Problem der Subjektivierung in postmodernen Gesellschaften darzulegen, um daran aufzuzeigen wie dieses in einem dialektischen Verhältnis zu dem Moment der De-Subjektivierung steht. In einem zweiten Abschnitt wird in drei Schritten zuerst in die Entstehung von Anonymous eingeführt, um daraufolgend die Struktur und das Vorgehen dieser kritischen Kollektivität näher zu beleuchten. In einem dritten Punkt werden dann Formen der De-Subjektivierung am Beispiel von Anonymous diskutiert. Seinen Abschluss findet der Artikel in einer bildungswissenschaftlichen Einordnung der De-Subjektivierung.

2 (De-)Subjektivierungen

Subjekte sind in dem hier vertretenen Verständnis kontingent, das heißt sie sind ein historisches Moment, welches zu einem Zeitpunkt aus epistemischen Dispositionen entsteht und wie Foucault am Beispiel des Menschen zeigt auch wieder vergehen kann (vgl. Foucault, 2003, S. 462). Subjekte sind dabei eben nicht als abgeschlossener Zustand zu verstehen; der Mensch ist nicht nach einer gewissen Zeitspanne oder zu einem gewissen Zeitpunkt Subjekt. Viel mehr subjektivieren sich Menschen einerseits durchgängig über die jeweilige Lebensspanne hinweg und andererseits subjektivieren sie sich im Kontext der jeweiligen Zeit, in der jeweiligen Kultur. Sie werden im Kontext der jeweiligen Kultur angerufen.

Der historische Abschnitt, in dem das Denken rund um den Menschen verstanden als Subjekt aufkommt, wird häufig mit dem Zeitalter der Aufklärung verknüpft, wie es unter anderem Foucault, in seinem Werk „Die Ordnung der Dinge" (Foucault, 2003, S. 462), aufzeigt. Den Menschen als Subjekt mit den Momenten der Autonomie und in Verbindung mit Freiheit zu denken, entsteht im Zeitalter der Aufklärung als eine dominierende Form Menschen anzurufen.

> „Der Mensch wird zum Subjekt, weil er das Leben führen muss, welches er lebt. Dieses Subjekt zeichnet sich dadurch aus, dass es sich erkennt, sich formt und als eigenständiges Ich agiert; es bezieht seine Handlungsfähigkeit aber von ebenjenen Instanzen, gegen die es seine Autonomie behauptet. Seine Hervorbringung und Unterwerfung fallen zusammen." (Bröckling, 2007, S. 19)

Das historisch entstandene, kontingente Subjekt ist ein angerufenes und antwortendes, im Verständnis Althussers[1] (vgl. Althusser, 1977, S. 142), welches permanent neu beziehungsweise verändert aus sich wiederholenden Anrufungsprozessen hervorgeht. Diese sind durch die spezifischen, sich verändernden kulturellen Einflüsse des jeweiligen Zeitalters bedingt. Erst durch die Anrufung, wie die Reaktion des:r Angerufenen als Antwortende:r, wird der Mensch zum Subjekt beziehungsweise erfährt die Bestätigung seiner selbst in Formen der Subjektivierung. Die Antwort ist eine Bestätigung wie auch häufig unbewusste Einwilligung in Strukturen und Ordnungen, in Formen der Subjektivierung.[2] (vgl. Bröckling, 2007, S. 28) Subjektwerdung ist in der althusserschen Figur an die Anerkennung einer autoritativen Anrufung geknüpft (vgl. Butler, 2013, S. 105). In dieser Figur liegt bereits eine zentrale Problemstellung des Diskurses, die zu einer Veränderung in den Begrifflichkeiten führt. Impliziert der Begriff des Subjekts eine eher starre Form, die den Impetus

---

[1] Butler verweist auf die ungeklärte Frage bei Althusser, warum der Mensch sich dieser Anrufung in Form eines Prozesses der Normalisierung umwendet (vgl. Butler, 2013, S. 11).

[2] Butler fasst in dem Begriff der Subjektivation das Werden wie auch die Unterwerfung des Subjekts und verweist damit auf ein Paradoxon der Begrifflichkeit (vgl. Butler, 2013, S. 81). Im weiteren Verlauf der Arbeit wird der Begriff der Subjektivierung verwendet, der die Probleme, auf die der Begriff Subjektivation hinweist, mitberücksichtigt.

der Abgeschlossenheit in sich trägt, verdeutlicht der Begriff der Subjektivierung vielmehr die dauerhafte Unabgeschlossenheit wie auch die Möglichkeiten der Veränderung.

Im weiteren Verlauf steht daher der Begriff der Subjektivierung und der damit verbundene Begriff der De-Subjektivierung im Mittelpunkt. Im Kontext der foucaultschen Analysen zeigt sich, dass Formen der Subjektivierung zentral mit dem Regierungshandeln und dem dadurch entstehenden Kraftfeld verknüpft sind (vgl. Bröckling, 2017, S. 393). Dabei kommt zum Ausdruck, dass das Subjekt in einem permanenten Werden verhaftet ist und ein Abschluss, der im Status des Subjekts mündet, nicht gelingen kann (vgl. Bröckling, 2007, S. 30; Butler, 2013, S. 89).

Dieses entstehende Kraftfeld zwischen Subjekt und Objekt wie auch zwischen Anrufung und Antworten ist eines, welches durch Macht bedingt und somit hegemonial strukturiert ist (vgl. Butler, 2013, S. 19). Diese Verknüpfung von Macht und Subjekt wie auch dem Wissen über dieses (vgl. Foucault, 1977, S. 127), führt dazu, dass Formen der Verortung im gesellschaftlichen System zentraler Bestandteil des Denkens rund um das Thema des Subjekts sind und in einer Kultur der Digitalität (vgl. Stalder, 2017, S. 54) einen zentralen Bestandteil des Regierens darstellen. Es ist mit Krämer das Prinzip der Adressierbarkeit, welches im postalischen System zentral begründet, ein Ausgangspunkt des Regierens und der polizeilichen Strukturen grundlegt (vgl. Krämer, 2012, S. 75–78). Diese Form der Macht als Verortbarkeit, die mit der Adressierbarkeit von Menschen einhergeht, stellt auch in digitalen Systemen wie deren Regierungsformen einen nicht zu vernachlässigenden Bestandteil rund um polizeiliche Strukturen im Sinne Foucaults dar. In der Kultur der Digitalität findet sie ihren Niederschlag in Debatten rund um Chatkontrollen, Zentralisierung oder Dezentralisierung von Plattformen – wie sich am Beispiel von X (Twitter) vs. Mastodon erkennen lässt – und weiteren Diskursen rund um das Thema privacy. Ebenso sind die Regierungspraxen und deren Kritik zentraler Bestandteil des Diskurses wie es auch in dem Phänomen Anonymous zum Ausdruck kommt.

„Der politische Raum ist vor allem ein Raum, in dem das Subjekt mit den anderen in Kontakt tritt und für das einstehen muß, was es sagt und tut. Indem es sich vor den anderen präsentiert, verpflichtet sich das Subjekt auf seinen Namen, seine Unterschrift, seine Stimme […]" (Lagasnerie, 2018, S. 86)

Das, was gesellschaftlich als Subjekt bezeichnet wird, entsteht in diesem politischen Raum, der Grundlage für diverse Prozesse der Subjektivierung ist. Eng verknüpft sind damit verobjektivierte Formen der Individualisierung wie Namen und Unterschrift. Es sind Räume des Wissens[3] über die einzelnen Teile der Gesellschaft, welche durch Macht wie auch Wissen strukturiert sind und spezifische Weisen der Subjekt22ivierung auslösen (vgl. Bröckling, 2007, S. 34). Subjektivierung wird in diesem Kontext als ein Verhältnis verstanden, welches einerseits die bestehenden Wissensformen so wie herrschenden Mächte überschreitet (vgl. Deleuze, 1993, S. 252–253) und bei Rancière in dem Akt des

---

[3] Vergleiche hierzu unter anderem Foucaults Analysen zum Städtebau (vgl. Foucault, 2009, S. 28–30).

Politischen, als politische Subjektivierung, seinen Niederschlag findet (vgl. Rancière, 2014, S. 48). Andererseits bringt Subjektivierung Menschen eingebunden in Machtprozesse hervor, das heißt es werden im foucaultschen Verständnis Untertanen konstituiert (vgl. Foucault, 1983, S. 64). Subjektivierung bringt somit nicht nur die häufig genutzte Figur der Selbststeuerung und Befreiung hervor, sondern trägt gleichzeitig eine polizeiliche Komponente in sich. Ebenso setzt Subjektivierung immer schon an bereits subjektivierten Menschen an und endet unvermeidlich in polizeilichen Einordnungen sowie ihren Verortungen in gesellschaftlichen Systemen. Somit ist es also keine wie auch immer geartete ‚Befreiung', sondern nur eine partielle wie auch temporäre Aussetzung einiger weniger hegemonialer Mechanismen. Diesen polizeilichen Verortungen begegnet eine politische Subjektivierung im Verständnis Rancières mit dem Streit. In diesen Formen des Streits auf Bühnen des Politischen werden die Fragen nach den Verhältnissen der Verortung, den Verhältnissen des Polizeilichen neu, in einer kurzfristigen Aussetzung, verhandelt; die Anteile – dann immer auch schon polizeilich – neu verteilt. (vgl. Rancière, 2014, S. 47; Krückel & Schüll, 2020)

Traue und Pfahl greifen dieses Paradoxon in einem Spannungsfeld des sich bestimmen lassens und dem nicht dermaßen bestimmt werden auf. Hierbei kommt die Doppelstruktur der Subjektivierung in den Fokus, die einerseits auf die Eingebundenheit in Verortungen, verstanden als polizeiliche Strukturen im Anschluss an Foucault, verweist und andererseits die partiell temporäre wie auch reflexiv-kritische Distanz zu dieser Eingebundenheit, aus der eben wiederum Prozesse der Subjektivierung hervorgehen, darstellt.

> „Handlungsfähiges Subjekt zu sein, setzt in dieser Gegenüberstellung zweierlei voraus: Erstens, sich *bestimmen zu lassen*, d. h. in Subjektivierungsprozesse einzutreten, in denen der Einzelne in die Macht sozialer Beziehungen eingefädelt und eingebunden wird und lernt, sich an und in kulturellen Zeichen-, Normen- und Wert-, kurz: Wissensbeständen und Medienverhältnissen zu orientieren. Zweitens, sich *nicht dermaßen bestimmen zu lassen*, d. h. Relevanzen aufzugeben, geschlossene Wissensformen zu hinterfragen und eine Positionierung an den Rändern der vorgegebenen Identitäten zu ertragen." (Traue & Pfahl, 2012, S. 1–2)

Wie der Titel schon zum Ausdruck bringt, wird der Fokus dieser Arbeit auf dem Begriff der De-Subjektivierung liegen. Verstanden wird sie als Gegenpol, Ent-Grenzung beziehungsweise Form des kurzfristigen Aussetzens einer bestimmten polizeilichen Ordnung, welche im weiteren Verlauf am Beispiel Anonymous vertieft wird. Mit De-Subjektivierung verknüpft sich in einem ersten Versuch der Präzisierung das Befragen wie auch Infragestellen von polizeilichen Ordnungen, deren Wissen und auch deren Sagbarkeiten (vgl. Traue & Pfahl, 2012, S. 2). De-Subjektivierung kann als Gegenteil zur Subjektivierung mit Begrifflichkeiten „Nicht-Position, Nicht-Sinn, Nicht-Bürger, kurz: Nicht-Identität" (Traue & Pfahl, 2012, S. 8) verbunden werden, was den Charakter des Auflösens beziehungsweise des virulent Werdens einer gewissen Geordnetheit zum Ausdruck bringt. Ebenso ist mit De-Subjektivierung in dieser Auslegung eben kein Mangel, sondern eine Destabilisierung verknüpft, die ein Infragestellen wie auch Befragen von Ordnungsschemata auslöst. Es ist somit keine Sinnlosigkeit, die hier entsteht (vgl. Traue

& Pfahl, 2012, S. 8), sondern eine virulente Ordnung, eine Unterbrechung des Geordnet-seins. Mit Bröckling kann Ent- beziehungsweise De-Subjektivierung als ein Moment des e-dukativen, als ein Herausführen aus einer Form der Subjektivierung, verstanden werden. Dabei werden polizeiliche Zwänge man-selbst-sein-zu-müssen partiell überwunden, welches Bröckling nicht mit einer Form der Selbstauslöschung gleichsetzt (vgl. Bröckling, 2007, S. 286–287). Vielmehr stellt sie im rancièrschen Sinn die Verteilung der Anteile in Frage und eröffnet einen Raum des ‚als ob' die Anteile so, also anders verteilt wären beziehungsweise verteilt werden könnten. Es ist eine Form des Ent-Identifizierens, des Losreißens von einem durch die Ordnung zugewiesenen Platzes. In diesem eröffnet sich ein Raum, eine Bühne des Politischen auf der das Dazuzählen des Ungezählten (neu) verhandelt wird. (vgl. Rancière, 2014, S. 48) In Anlehnung an Menke verweisen Traue und Pfahl auf die Möglichkeiten des Ent-Lernens von Formen das Leben zu führen und zu gestalten. De-Subjektivierung ist daher ein gegenläufiges Prinzip zu dem Bestimmten. (vgl. Traue & Pfahl, 2012, S. 10) Es ist ein Prinzip, dass das Subjekt nicht in Gänze auflöst, nicht ein Raum des Außerhalb von Macht ermöglicht, sondern in dem das Subjekt zu großen Teilen in seiner Anrufung verweilt und eben nur in einem Teilbereich die Bestimmtheit kurzfristig auflöst.

Agamben verweist im Kontext der Subjektivierung und De-Subjektivierung auf einen dialektischen Zusammenhang, in dem das eine auf das andere folgt. Prozesse der Subjektivierung schließen also an Prozesse der De-Subjektivierung an und bedingen sich gegenseitig, das heißt die partielle Auflösung eröffnet veränderte Möglichkeiten der Subjektivierung beziehungsweise der Wiederzusammensetzung eines neuen Subjekts wie es Agamben nennt. Kritisch sieht er allerdings, dass in gewissen Prozessen der De-Subjektivierung eben keine neue Form der Subjektivierung angelegt ist was er am Beispiel technischer Geräte wie dem Telefon ausmacht. (vgl. Agamben, 2008, S. 35) Diese These wird im weiteren Verlauf von Anonymous virulent werden, in dem die Frage nach der De-Subjektivierung und keiner daran anschließenden Subjektivierung diskutiert werden muss.

> „Die zeitgenössischen Gesellschaften verhalten sich also wie träge Körper, die von gigantischen Prozessen der Desubjektivierung durchlaufen werden, denen jedoch keine wirkliche Subjektivierung mehr entspricht." (Agamben, 2008, S. 39)

Der Frage, der im weiteren Verlauf nachgegangen wird, ist die nach der De-Subjektivierung in einer Kultur der Digitalität. Welche Formen des Ent-Ordnens hat ein „datenproduzierendes Subjekt" (Sieber, 2014, S. 35), welche Formen der Subversion sind möglich? Die Fragen setzen am Phänomen Anonymous an, welches eine spezifische Form der Subversion, des Ent-Ordnens etabliert hat, in dem sie sich denominieren und ausschließlich als Kollektiv beziehungsweise wie Wiedemann sie beschreibt als kritische Kollektivität (vgl. Wiedemann, 2016) auftreten. Dabei gilt es auch die widerständigen Praktiken nicht aus den Augen zu verlieren, um im Blick zu behalten, auf welche Fragen sie antworten, mit welchen Modi der Subjektivierung sie agieren und welche Ziele an ihr Vorgehen geknüpft sind (vgl. Bröckling, 2017, S. 397).

Ein wichtiger Punkt von widerständigen Praxen scheint ihre Unberechenbarkeit zu sein (vgl. Bröckling, 2017, S. 395). Diese gewinnt in Formen der Subversion in einer Kultur der Digitalität eine besondere Bedeutung. Die Logiken des Digitalen fußen auf Zahlen in binärer Form und sind zentral geprägt durch eine Berechenbarkeit. Es gibt in ihnen nur 0 und 1. Mit einer Offenheit, einer Unberechenbarkeit, einem Dazwischen können diese Logiken nicht umgehen. Sie führen förmlich in eine Endlosschleife. Diese Formen des Dazwischens, der Ent-Subjektivierung, der Unberechenbarkeit, der Namenlosigkeit sollen im Kontext von Anonymous nachgespürt werden. Anonymous wird hier unter der Perspektive eines widerständigen kritischen Kollektivs analysiert, welches Praxen des Regierens negiert. Dabei stellen sie polizeiliche Ordnungen subversiv in Frage und etablieren alternative Regime des Regierens wie des Ordnens. (vgl. Bröckling, 2017, S. 393) Dadurch soll nicht negiert werden, dass auch Anonymous neue oder veränderte hegemoniale Strukturen hervorbringt, was allerdings nicht der Fokus dieser Analyse sein wird.

„Oppositionelles Verhalten operiert traditionellerweise im Modus des Nonkonformismus: Gegen die Zumutungen der gesellschaftlichen Regeln, gegen die als repressiv wahrgenommene soziale Ordnung mobilisiert man Strategien des Normbruchs, der Überschreitung und der Verweigerung. Dieser Typus widerständiger Praktiken droht allerdings in dem Maße ins Leere zu laufen, wie zeitgenössische Regime der Menschenführung selbst die Abweichung von der Norm zur Norm erheben und die Einzelnen anhalten, sich von der Masse abzusetzen." (Bröckling, 2017, S. 392)

Bröckling bringt zum Ausdruck, dass polizeiliche Strukturen eben direkt auf Praxen des Widerständigen reagieren. Sie strukturieren die Unberechenbarkeit in der jeweiligen Form, gliedern sie ein, verbalisieren sie und kennzeichnen damit ihre Einmaligkeit als Widerstand. Hier kommt ein grundsätzliches Problem der Subversion zum Tragen sich permanent im Unberechenbaren neu zu erfinden. Ein Zugang für Anonymous scheint die Unberechenbarkeit in der Ent-Identifikation innerhalb des Kollektivs zu sein. Lagasnerie[4] verweist darauf, dass eine politische Aktivität eben nicht mehr in dem Identifizierbaren gründet (vgl. Lagasnerie, 2018, S. 99), vielmehr scheint genau in der Nicht-Identifikation, dem de-subjektivierten Kollektiv eine neue Form widerständiger Praxis zu liegen.

3 Anonymous

Anknüpfend an die Formen der Subjektivierungen und dem dialektischen Gegenüber der De-Subjektivierung stellt Anonymous ein neues Phänomen dar, dass erst in einer Kultur der Digitalität und in ihren veränderten kulturellen Räumen möglich wird. Durch De-

---

[4] Während Lagasnerie die widerständigen Praxen anhand von Assange, Manning und Snowden herausstellt, also wieder auf Subjekte und deren Subjektivierung verweist (vgl. Lagasnerie, 2018, S. 69), soll in dieser Arbeit herausgestellt werden wie genau das Nicht-Namensein mit einer Unverortbarkeit einhergeht, die veränderte Formen des Verständnisses von Menschen, wie das Kollektiv, hervorbringt.

nomination, das heißt ein Ablegen des Eigennamens und die Einordnung in ein Kollektiv, das einen Namen – Anonymous – für viele Menschen trägt, verändern sich die Fragen rund um den Diskurs des Subjekts und möglicherweise auch die im Rahmen der De-Subjektivierung. Die „[k]ognitive Kapazität liegt demnach nicht mehr nur beim Individuum, sondern auch in kollektiven Formen bzw. in der Verwiesenheit aufeinander." (Allert & Asmussen, 2017, S. 50)

Im weiteren Verlauf wird daher in einem ersten Schritt auf die Entstehungsgeschichte von Anonymous eingegangen um daran anschließend den Versuch einer strukturellen Beschreibung des Kollektivs in einem zweiten Schritt vorzunehmen. Basierend auf den ersten beiden Kapiteln, die als Grundlage und Einordnung verstanden werden können, wird in einem letzten Punkt auf die Bedeutung von Anonymous für den Diskurs der De-Subjektivierung eingegangen.

3.1   Ein Anfang

> „I still think the idea of Anonymous ist beautiful. Decentralization is power." (Coleman, 2015, S. 357)

Anonymous entsteht unter dem Einfluss der Bewegung des Trolling die aus den 1980er- und 1990er-Jahren stammt und in einer engen Verbindung mit den aufkommenden digitalen Netzstrukturen steht. Diese Bewegung ist verknüpft mit der Suche nach nicht zugänglichem Wissen auf Computern einzelner Personen und dem Ziel, meist Personen bloßzustellen, also zu trollen. (vgl. Coleman, 2015, S. 35) In den ersten Aktionen von Anonymous ist dieses Vorgehen und die Anknüpfung an das Trollen noch gut zu erkennen. Der (schwarze) Humor steht dabei in enger Verknüpfung mit den Aktionen. Bis heute taucht in diesen die Abkürzung des ‚lulz' regelmäßig auf, einem Begriff, der sich von lol ableitet und in besonderem Maß die Bedeutung des Humors in den Aktionen hervorhebt (vgl. Coleman, 2015, S. 31). „Humor and lulz help us to walk lightly through this troubled world with compassion and understanding." (@PuckArks@kolektiva.social 03.12.2022)

Eine der ersten größeren Aktionen, die noch im besonderen Maß in der Tradition des Trollings steht, ist, neben dem Video „Dear Fox News", welches auf der als Anschuldigung aufgenommen „hackers on stereoids" (Coleman, 2015, S. 1) These von Fox News beruht und zentrale Momente der Gruppe zum Ausdruck bringt, ihre Operation gegen Scientology. Diese wurde, wie bei vielen Aktionen später auch, durch ein Video (vgl. Anonymous, 2008, 00:30) begleitet in dem zum Ausdruck kommt, warum Anonymous diese Aktion startet. Einerseits wird betont, dass sie sich um die Menschheit sorgen, da Scientology versucht demokratische Strukturen hegemonial zu unterwandern. Andererseits wird deutlich, dass die Aktionen von Anonymous zu ihrem eigenen Vergnügen stattfinden. (vgl. Coleman, 2013, S. 212) Bei der Aktion gegen Scientology stehen die bis heute häufig verwendeten DDoS Attacken als technisches Hilfsmittel im Vordergrund.

Durch sie werden Homepages bewusst lahmgelegt wie auch Daten und damit Wissen öffentlich zugänglich gemacht. Weiterhin zeigt sich, dass die damit verbundene Aufmerksamkeit zu Demonstrationen in 127 Städten führt (vgl. Coleman, 2015, S. 4–5), woran verdeutlicht werden kann, dass Anonymous nicht als reines Phänomen des Netzes zu sehen ist. Vielmehr sind sie Ausdruck der nicht mehr zu entwirrenden Kultur der Digitalität, die sich jenseits einer Dialektik digital-analog bewegt. Anonymous ist also schon in seinen Anfängen ein Kollektiv, das sich in allen Bereichen des Lebens so wie der Gesellschaft niederschlägt und eben nicht auf das Digitale beziehungsweise das Hacken beschränkt ist.

Anonymous ist zu Beginn ihres Auftretens eine Gruppe, die sich mit Trolling beschäftigt und sich erst weiterführend zu einem politisch engagierten Zusammenschluss entwickelt (vgl. Milan, 2013, S. 192). Es ist eine Gruppe von Hacker:innen und Geeks die politische Themen in die eigene Hand nehmen (vgl. Coleman, 2015, S. 106). Sie verbindet eine Vorstellung, die häufig an den Videos zu den jeweiligen Operationen aufgezeigt werden kann: „Knowledge is free. We are anonymous. We are legion. We do not forgive. We do not forget" (Anonymous, 2008, 1:50). Dabei kommen grundsätzliche Einstellungen und Überzeugungen des Kollektivs zum Ausdruck wie die Freiheit des Wissens und der Rede. Jegliche nicht Zugänglichkeit von Wissen beziehungsweise eine Veränderung hin zu Bereichen der Fake News scheinen Anlass für Operationen zu sein (vgl. Wiedemann, 2012, S. 209), von denen im weiteren Verlauf noch einige unter dem Fokus der (De-)Subjektivierung thematisch werden. Neben diesen ersten Videos und den mit ihnen verbundenen Aktionen, spielt 4chan als Forum eine zentrale Rolle für die Grundlegung von Anonymous und insbesondere für deren Namensgebung. „Anonymous, birthed in the pits of 4chan's random bulletin board /b/ (often regarded as the „asshole of the Internet"), […]" (Coleman, 2015, S. 4). 4chan zeichnet sich dadurch aus, dass keine Registrierung nötig ist, um an den Diskussionen in den Foren teilzunehmen. Ebenso werden die Inhalte nicht archiviert, das heißt sie verschwinden, sobald keine Interaktion mit ihnen stattfindet. (vgl. Wiedemann, 2018, S. 264) „On 4chan, you are both part of and outside anonymous flow; you can create a meme but never own it; you can start a discussion but never control it; you can perform or create a spectacle like a jester but you are also observing it." (Knuttila, 2011, S. 9). Somit zeichnet sich 4chan durch eine Anonymität[5] aus die auf vielen Plattformen so nicht gegeben ist (Knuttila, 2011, S. 5). Durch den fehlenden Zwang der Anmeldung entstehen Diskussionen zwischen Anonymous und Anonymous, das heißt User:innen die jeweils den gleichen Namen, nämlich Anonymous tragen, diskutieren untereinander (vgl. Wiedemann, 2018, S. 264). Diesen Umstand bezeichnet Coleman als „[…] ground zero for a robust anti-celebrity ethic […]" (Coleman, 2015, S. 49) und damit als Grundlegung für eine Idee von einem Kollektiv bei der die einzelne Person, die einzelne Identität in den Hintergrund rückt, förmlich abgelehnt wird.

---

[5] Es soll hierbei nicht verschwiegen werden, dass auch 4chan keine absolute Anonymität herstellen und gewährleisten kann (vgl. Knuttila, 2011, S. 9)

3.2 Die Struktur(en)

Nach einer kurzen Einführung in die Bewegung Anonymous, wird nun vertieft auf die Struktur des Kollektivs Anonymous eingegangen, um im weiteren Verlauf zeigen zu können, welche Formen der De-Subjektivierung an diesem Phänomen ersichtlich werden. Wiedemann stellt heraus, dass Anonymous weder ein Verein noch eine Organisation ist und am Ende auch keine Hackergruppe wie sie in Medien häufig dargestellt werden (vgl. Wiedemann, 2012, S. 205). Anonymous ist in einem ersten Schritt an ihrem Namen zu beschreiben, welcher wie erwähnt aus 4chan hervorgeht und auf der Idee von Anonymität fußt. Durch diese wird die Gruppe für gewisse Ordnungen unsichtbar indem mit Nicknames wie auch technischen Lösungen (encryption Software beziehungsweise Netzwerken wie Tor) eine Nachverfolgbarkeit in und damit auch ein Bezug auf einzelne Individuen be- beziehungsweise verhindert wird (vgl. Milan, 2013, S. 195). Dieses Kollektiv versammelt sich nicht um eine politische Linie, sondern um eine Form des anonymen Handelns (vgl. Lagasnerie, 2018, S. 80). Somit ist der Kern eine Kollektivität, die sich dem Zugang wie auch ihrer Beschreibung immer wieder versucht zu entziehen. Ihre Diskussionen finden auf eine neue Art und Weise in Formen des Anonymen statt. Mit „default names[s]" (Coleman, 2015, S. 42) auf 4chan und mit Nicknames in diversen öffentlichen und nicht öffentlichen IRC-Chatgruppen. Daraus entwickelt sich, dass eine Darstellung von Einzelpersonen in dem Kollektiv verpönt ist. Somit kann Anonymous als ein Phänomen des Nicht-Eigenname-seins beschrieben werden. Jegliche Formen der personellen Zuordnung, des personellen Heraustretens aus der Anonymität wird nicht toleriert, wie Coleman unter anderem am Beispiel eines Chats mit dem Nickname owen aufzeigt: „‹owen›: attempting to use all the work that so many have done for your personal promtion is something i will not tolerate." (Coleman, 2015, S. 184–189). Durch die Verpflichtung auf Anonymität wird es aus der Beobachter:innenposition schwer das Kollektiv näher einzuschätzen und zu verstehen. Diverse Mechanismen einer Gesellschaft, die auf Individualität inklusive ihrer Verantwortung aufbauen funktionieren hier nicht. Der in Videos häufig verwendete Satz „We are everyone and we are no one. We are anonymous." (Anonymous, 2007, 1:20) bringt dieses Paradoxon zum Ausdruck.

Neben diesem Gründungsmoment der Anonymität wird das Kollektiv von dem Narrativ der ‚Free Speech' getragen, bei dem eine, so die hier vertretene These, basisdemokratische Haltung zum Ausdruck kommt. Es wird eine Gleichheit aller Stimmen grundgelegt (vgl. Wiedemann, 2016, S. 118), die und das gilt es auch nicht zu verdrängen, auch immer wieder durch hegemoniale Strukturiertheiten durchbrochen wird.[6] Milan bündelt die Idee der Gleichheit aller Stimmen in dem Begriff „cyberlibertarian" (Milan, 2013, S. 195) in dem die Netzstrukturen als ein „freespace" (Milan, 2013, S. 195) gefasst werden

---

[6] Es soll zum Ausdruck gebracht werden, dass auch Anonymous nicht außerhalb von Macht steht und sich in der Gruppierung selbst immer wieder hegemoniale Strukturen zeigen. Somit ist Anonymous eine Gruppierung, die versucht bestimmte Formen der Machtförmigkeit zu überwinden, aber nie als außerhalb von hegemonialen Strukturen stehend angesehen werden kann.

und jeglicher Angriff darauf Operationen aus dem Kollektiv selbst heraus nach sich ziehen kann. Diese grundsätzlichen Überzeugungen befinden sich auch innerhalb des Kollektivs in einer permanenten Aushandlung. Sie finden sich in diversen Situationen, die auch zur Gründung neuer Netzwerke führen, wie hier am Beispiel von VoxAnon zu sehen ist oder wie es in Videos beziehungsweise Tweets zum Ausdruck kommt die einzelne Gruppen ausgrenzen oder die Bedeutung von „real Anonymous" (Anonymous, 2017) hervorheben, wieder:

> „In February 2012, some Anons, disillusioned with the current Anonymous IRCs, founded the new network VoxAnon. […]
> 1. This Network upholds a policy of unconditional free speech, unless that speech poses a direct threat to the network. Such a threat must be proven.
> 2. Network Administrators must not/are not allowed to interfere inchannel management unless required to do so in order to prevent a direct threat to the network, or if the channel owner explicitly requests for a network administrator to do so.
> 3. You have the right to privacy in private channels. No aper may join a private channel unless invited, or to prevent a direct threat to the existence of the network." (Coleman, 2013, S. 220–221)

In den Äußerungen wird die Bedeutung von einer basisdemokratischen Struktur sichtbar wie auch dem Widerspruch gegen Moderationsstrukturen, die hier als eine Option gegen ‚Free Speech' gesehen werden, ersichtlich. Es zeigt sich aber auch, dass Anonymous stets von hegemonialen Strukturen durchzogen ist.

Im Anschluss daran ist herauszustellen, dass sich Anonymous schon mit dem Aufruf „Hallo, Bürger der Welt, wir sind Anonymous" (Lagasnerie, 2018, S. 159) an alle Menschen richtet und damit versucht, keine nationalen Grenzen, Geschlechtergrenzen und ähnliches einzuziehen. Anonymous richtet sich an Alle, was gleichzeitig einen subversiven Akt gegen bestehende gesellschaftliche Formen der Trennung darstellt und sich damit auf basisdemokratische Ideale beruft, die aber auch in der Gruppierung an vielen Stellen nicht eingelöst werden können. Auch die ethnografischen Analysen Colemans weißen darauf hin, dass sie in ihren Treffen, welche dann auch außerhalb der Chats und Foren stattfanden, überrascht war über die Diversität von Anonymous: „Anonymous is not the white, middle-class, America boys' club of everyone's default imagination." (Coleman, 2015, S. 173). Genau diese von einigen unerwartete Diversität scheint die Stärke des Netzwerkes, der Kollektivität zu sein (vgl. Coleman, 2015, S. 67). Sie zieht sich über viele Bereiche hinweg bis zu den Punkten die schon in der Aktion „Dear Fox News" angeprangert wurden. Anonymous ist mehr als ein Kollektiv von Hackern, sondern vielmehr ein Zusammentreffen von Individuen in der Aufgabe ihres Subjektstatus und der Einordnung in ein Kollektiv mit verschiedenen Skills. (vgl. Coleman, 2015, S. 17) „But hackers are only a subset of Anonymous. Many more people contribute in other ways, by editing videos, penning manifestos, or publicizing actions on any number of social networking platforms." (Coleman, 2013, S. 213–214) Diese Offenheit, Pluralität in Personen und Möglichkeiten zieht eine Arbeitsweise nach sich, die sich in einem gemeinsamen Arbeiten im Kollektiv ausdrückt, aber auch wieder zu diversen Bewegungen der Abgrenzung und Gründung von Untergruppen führt. Texte werden zirkulierend geschrieben und ergänzt, Produkte wie Videos gemeinschaftlich vorbereitet oder auch Hacks im Kollektiv geplant wie auch durchgeführt (vgl. Wiedemann, 2016, S. 118–119). Dieses Vorgehen grenzt sich in besonderem Maß von gleichen Aktivitäten in anderen Vereinen, Organisationen etc. ab, da bei Anonymous keine individuellen Verantwortlichkeiten entstehen (sollen), sondern vielmehr eine kollektive Form davon. Anonymous ist somit Ausdruck einer Bewegung der partiellen De-Subjektivierung, des partiellen Entzugs von gewissen Anrufungen.

Ebenso ist zu erwähnen, dass neben den DDoS-Attacken und dem als erstes mit Anonymous implizierten Hacking, sich viele Aktionen im legalen Bereich bewegen (vgl. Coleman, 2015, S. 6). Gefasst kann das Vorgehen unter dem Begriff des „Hacktivism" (Milan, 2013, S. 193) werden, der den engen Bereich des Hackens in der Öffnung zu einem Verständnis, welches sich auf ein breiteres gesellschaftliches Engagement bezieht, überschreitet. Hacktivism kann als eine subversive Haltung in einer Kultur der Digitalität beschrieben werden, die Ausdruck für die nicht mehr aufzulösende Verbindung zwischen den obsolet gewordenen Kategorien analog-digital gelten kann. Zusammenfassend lässt sich festhalten, dass sich mit Anonymous eine dezentrale Kollektivität entwickelt, die individuelle Verantwortlichkeiten in Form der Anonymität versucht zu negieren und dadurch eine kollektive Form der Autor:innenschaft etabliert welche mit Formen der partiellen De-Subjektivierung einhergeht.

Auslöser der Operationen ist häufig das Einschränken von Free Speech durch Unternehmen, Regierungen oder auch Einzelpersonen und die nicht Zugänglichkeit von Inhalten und Wissen. Sie wenden sich im foucaultschen Verständnis gegen Strukturiertheiten der Macht, die im Kontext von Wissen und Nicht-Wissen entstehen. Es sind Aktionen, die ihren Auslöser in der Schwächung von demokratischen Strukturen finden, weshalb auch Scientology immer wieder ein Einsatzpunkt von Operationen in diversen Ländern ist. (vgl. Lagasnerie, 2018, S. 24)

> „Sie [nichtzugängliche Information in Bezug auf das Staatsgeheimnis] schafft ein Ungleichgewicht zwischen den Regierenden und den Regierten und begründet eine Autonomie der staatlichen Logik gegenüber der Öffentlichkeit, die mit der Idee der Demokratie prinzipiell unvereinbar ist." (Lagasnerie, 2018, S. 31–32)

Dabei spielt die Privatisierung von Informationen einerseits in Form durch Unternehmen und andererseits durch Regierungen eine zentrale Rolle. Diese ist verknüpft mit Formen der Überwachung der Privatsphäre, die unter anderem durch Regierungen und Behörden auch in demokratischen Gesellschaften verübt werden (vgl. Lagasnerie, 2018, S. 37).

> „Finally, hacktivists take action against companies, governments, and individuals in retaliation for behaviors that are a threat to their norms and values. Such threats include attacks on openness and on the uncensored Internet. Threats act as "moral shocks" fostering reaction, as activists find themselves at odds with norms that conflict with their own." (Milan, 2013, S. 195)

Die Operationen richten sich gegen Unternehmen, Regierungen oder eben auch einzelne Individuen, die sich in ihrem Handeln gegen humanistische oder/und basisdemokratische Werte wenden. Die Videos wie auch Veröffentlichung auf den social media Kanälen enden häufig mit dieser oder ähnlichen Formulierungen, die unter anderem den kollektiven Charakter und ihre Überzeugungen zum Ausdruck bringen: „Knowledge is free. We are anonymous. We are legion. We do not forgive. We do not forget" (vgl. Anonymous, 2008, 1:50) oder eben in anderer Form aus einen Chat

> „‹vj›: We are Anonymous
> ‹vj›: We are the angry avatar of free speech.
> ‹vj›: We are the immune system of democracy.
> ‹vj›: We do not forgive censorship.
> ‹vj›: We do no forget free speech.
> ‹vj›: Expect us – always." (Coleman, 2015, S. 164)

Diese Beschreibung des operativen Vorgehens von Anonymous soll im Anschluss an den Gründungsmoment des Kollektivs aufzeigen, unter welchen Prämissen Anonymous ihre Operationen gestaltet. Wie schon ersichtlich wurde finden sich einige sehr tiefgreifende Strukturen der diversen Gruppierungen, die unter dem Label Anonymous agieren, die im weiteren Verlauf unter dem Fokus der De-Subjektvierung diskutiert werden sollen.

3.3 Anonymous desubjektiviert!

Einleitend wurde dargestellt, wie Subjektvierung in enger Verbindung mit Momenten der Verortung und Adressierbarkeit steht, welche Krämer am Beispiel des postalischen Prinzips aufzeigt. Dazu ist zu ergänzen, dass die Formen der Subjektivierung und gouvernementale Formen des Regierens eng miteinander verknüpft sind. Wie unter anderem in Überwachen und Strafen (vgl. Foucault, 1977) dargestellt, verbindet sich Wissen mit Macht und es entstehen veränderte Formen des Regierens. Diese sind für moderne und postmoderne demokratisch strukturierte Gesellschaften ein zentraler Bezugspunkt für deren Lenkung und Steuerung der Bürger:innen. Zu wissen an welchem Ort sich das einzelne Subjekt befindet ist dabei ein bedeutendes Element eines postpanoptischen[7] Steuerungsdispositivs. Liberale Demokratien haben dabei eine bestimmte Art und Weise das Subjekt zu identifizieren wie auch zu ordnen. Zentrale Komponenten sind dabei Eigennamen, Unterschriften und die damit verknüpften Identitäten (vgl. Lagasnerie, 2018,

---

[7] Mit dem Begriff des Postpanoptismus soll darauf verwiesen werden, dass sich die Mechanismen der vermeintlichen Beobachtung und der mit ihr verknüpften hegemonialen Prozesse in einer Kultur der Digitalität verändert haben. Dabei sei in besonderem Maß auf die Auswertungsmöglichkeiten durch Algorithmen wie auch die Speichermöglichkeiten (Big Data) der Beobachtungsdaten verwiesen. Sie verändern das von Foucault beschriebene Phänomen des Panoptismus signifikant, da eine Beobachtung auch retrospektiv stattfinden kann. (vgl. Bauman, 2003, S. 18 ff.)

S. 140–141). In dem Komplex rund um Wissen und Macht werden hegemoniale Strukturen sichtbar, die auch für die Analyse des Phänomens Anonymous einen zentralen Ausgangspunkt darstellen. Sie machen dabei anti-demokratische Tendenzen sichtbar, die Agamben und im Anschluss an ihn Lagasnerie als Bezugspunkt etablieren, um Formen des Protests in einer Kultur der Digitalität zu erläutern.

> „Die Praxis der Anonymität zeigt, daß die Idee der Demokratie, wie wir sie kennen und betreiben, Wirkungen der Zensur und Verknappung sprechender Subjekte hervorbringt und die Fähigkeit mancher Subjekte zum politischen Handeln behindert." (Lagasnerie, 2018, S. 97)

An dem Zitat kann aufgezeigt werden, dass durch den ver- bzw. behinderten Zugang zu Wissen repressive Momente etabliert werden. Sie wirken gegen eine Vorstellung die unter anderem unter dem Ansatz der ‚Free Speech' von Anonymous zu lesen sind.

Unter diesen Voraussetzungen bildet sich im Kontext einer vernetzten Gesellschaft und den damit verbundenen Technologien Anonymous, die die Freiheit der Rede, in der beziehungsweise den postmodernen Gesellschaften behindert sehen. In Formen des anonymen kollektiv Seins bilden sie ein subversives Kollektiv aus, welches mit ihren Aktionen eine kritische Instanz bildet. Diese findet in dem Zitat von Jacob Appelbaum ihren Ausdruck, „[…] the hackers, leakers, independent journalists, and bloggers who serve the critical role that once fell to „the fourth estate," the mainstream media." (Coleman, 2015, S. 84) Formen des Ent-identifizierens, des Ent-subjektivierens tragen in der hier vertretenen Perspektive eine kritische Haltung wie auch subversive Momente auf verschiedenen Ebenen in sich. Es ist eine Kritik, die an der Einordnung des Menschen in hegemoniale Strukturen einsetzt und diese mit den Möglichkeiten neuer Technologien (vgl. Wiedemann, 2018, S. 265) umsetzt. „Cyberspace has imposed itself as a central arena for civic engagement." (Milan, 2013, S. 203) Am Beispiel von Anonymous kann gezeigt werden, wie Anonymität hergestellt werden kann und welche Rolle dabei Technologien wie 4chan oder auch Formen des sogenannten Darknets spielen. Dabei ist zu betonen, dass das Internet eine Veränderung hervorgebracht hat, die neue Formen von Kollektivität wie am Beispiel von Anonymous zu sehen ist, erst möglich macht. Sie bringt somit neue Formen kulturellen Handelns, der Kritik wie auch der Subversion hervor (vgl. Lagasnerie, 2018, S. 153). Politik beziehungsweise politische Handlungen, die mit einer Präsenz, einem Erscheinen im öffentlichen Raum verbunden sind verändern sich unter den Möglichkeiten der Anonymität. (vgl. Lagasnerie, 2018, S. 84) Sie stellen einen Bruch mit dem modernen und postmodernen Dispositiv der Politik dar (vgl. Lagasnerie, 2018, S. 140). Diese Anonymität kann gleichzeitig in ihrer De-Subjektivierung, in ihrer Nicht-Verortbarkeit eines einzelnen Menschen zu einem kritischen Verhältnis zu aktuellen gesellschaftlichen Zusammenschlüssen führen beziehungsweise öffnet sie Räume in denen dies partiell möglich wird. In der De-Subjektivierung – unter der Nomination Anonymous – wird das System der Verortung und die damit verbundenen individuellen Verantwortlichkeiten radikal in Frage gestellt. Sie bietet die Möglichkeit der Eröffnung einer politische Bühne (vgl. Ranciere, 2014, S. 38), auf der eben keine Subjekte als Gruppe stehen, sondern ein desubjektiviertes Kollektiv, welches auf die Gleichheit, die freie Rede wie auch den gleichen Zugang zu Wissen pocht. Damit verweist Anonymous implizit (und für die Bildungswissenschaften höchst relevant) auf die Probleme von Subjektivität, ihr Verhältnis zur Kollektivität und weiter auf zentrale Probleme demokratischer Gesellschaften.

> „Unsichtbarkeit und Anonymität dagegen stören den kontrollgesellschaftlichen Zugriff, der über die proaktive Identifikation und Bewegungskontrolle des individuierbaren Subjekts bzw. seiner digitalen Spuren funktioniert." (Wiedemann, 2016, S. 109)

Es tritt hier eine Differenz in den Mittelpunkt: Während bei Personen die Regierungen auf ihre bewährten Mittel der polizeilichen Strukturen zurückgreifen können, fällt dies bei Anonymous schwer. In dem Verweilen in einer partiellen ‚De-Subjektivität' ist kein Strafbefehl zustellbar, keine Person in Verantwortung zu ziehen. Ein Umgang mit einer Nicht-Position und der damit verbundenen Nicht-Identität scheint nicht gefunden zu sein. Vielmehr reagiert das polizeiliche System traditionell. Es sucht nach einzelnen Personen, hofft auf deren Ego doch Subjekt sein zu wollen und versucht diese dann in Verantwortung zu ziehen, als antwortende Subjekte. „Its unpredictability may be what makes Anonymous so frightening to governments and corporations across the world." (Coleman, 2015, S. 17) An diesem Vorgehen zeigen sich gewisse Parallelen zu pädagogischen Institutionen und deren Umgang mit neuen Formen von kollektiven Zusammenschlüssen. Wird seit Jahren betont, wie wichtig es sei kollaborativ zu arbeiten, fällt die Schule wie auch die Universität immer wieder in den Modus zurück einzelne Personen zu beurteilen. In ihrer Selektionsfunktion scheint vielmehr nur die Bewertung des Subjekts im Zentrum zu stehen, ohne auf die veränderten kulturellen Anforderungen zu reagieren. Ein alternativer Umgang ist auch hier nicht gefunden, auch wenn dieser in einer Kultur der Digitalität geboten scheint.

Anonymous verweist auf einen Nicht-Raum des ‚als ob' Menschen keine Subjektivierung erfahren haben. Ein Nicht-Raum, der als bedeutend für eine kritische Haltung in einer Kultur der Digitalität gelesen werden kann (vgl. Lagasnerie, 2018, S. 91). Dieser ist nicht als Problemstellung, die Agamben mit manchen Formen der De-Subjektivierung verbindet, welche nicht mehr in einem Subjektstatus enden, zu erklären. Vielmehr ist das von Agamben beschriebene Problem genau der Möglichkeitsraum der Kritik, der Subversion, eines veränderten Verhältnisses zu Mensch und Welt. Es eröffnet dem in (digitalen) Ordnungen eingebundenen Menschen eine partielle Aussetzung dieser.

Auch reicht es nicht aus, dieses Kollektiv als Form der anonymen Subjektivität zu beschreiben die Lagasnerie wählt und was bei Snowden, Assange und Manning ein probater Erklärungsansatz sein kann (vgl. Lagasnerie, 2018, S. 89–90).

> „Als geistigen Horizont *die Welt* zu haben, noch nie dagewesene selbstgewählte Gemeinschaften entstehen zu lassen und sich von allen aufgezwungenen Zugehörigkeiten zu lösen, indem man die Eigenart unserer Verknüpfung mit dem Raum und unserer Beziehungen zu den anderen politisiert: Das könnten die Achsen der Kunst der Revolte sein, die heute entsteht und an der sich diejenigen beteiligen, denen es gelingt, sich als „Weltbürger" zu definieren." (Lagasnerie, 2018, S. 160)

Anonymous ist eine Bewegung, die das Verhältnis zwischen Individualität und Gruppe virulent werden lässt und kritisch beleuchtet (vgl. Milan, 2013, S. 196; Coleman, 2015, S. 46). Einer Bewegung die sich kontrollgesellschaftlichen Zugriffen der Sichtbarkeit (vgl. Wiedemann, 2016, S. 120) und Verortbarkeit partiell entzieht. Dies eröffnet die schon angedeuteten Diskussionen über die veränderten Strukturen einer Kultur der Digitalität, die eben auch bildungswissenschaftliche Überlegungen in Frage stellt oder vielmehr auf deren Kontingenz verweist.

Die Bedeutung der Anonymität und die möglichen Formen nicht dermaßen Subjekt sein zu müssen werden im abschließenden Kapitel bildungstheoretisch gerahmt.

4   Bildung de-subjektiviert?

„Der Autor der Reden oder Akte löscht sich aus. Er ist unzuweisbar. Er bleibt geheim, verborgen, unsichtbar und tritt infolgedessen auch nicht in Kontakt mit anderen Subjekten." (Lagasnerie, 2018, S. 90)

Mit einem Blick auf die Historie der Pädagogik lässt sich zeigen wie in Prozessen der Erziehung traditionell am einzelnen Individuum ein- und angesetzt wird (vgl. Dörpinghaus & Uphoff, 2011, S. 14; Krückel et al., 2018, S. 9–15). Dem Zögling steht im erzieherischen Setting ei:e Erzieher:in gegenüber. Dieser Grundkonstellation, welche ihre moderne Konnotation mit dem Konzept der Subjektivität gewinnt, liegt, wie die Pädagogik mit Foucault zur Kenntnis nimmt, ein Dispositiv von Macht und Wissen zugrunde. Nicht nur in Schulen und pädagogischen Einrichtungen findet eine Verteilung in Räumen statt, die mit einer Kontrolle von Tätigkeiten einhergeht und welche sich unter anderem an Sitzordnungen als Form der Adressierung und Verortung, aufzeigen lässt (vgl. Foucault, 1977, S. 251).

Dieses Dispositiv zeigt sich postmodern gewendet hinter liberalen Formen, die die Verantwortung vermeintlich an das einzelne Individuum übergeben. Menschen sagen also nicht mehr, wie Žižek es in einem Interview sehr treffend herausstellt, zu einem Kind ‚Du gehst zu deiner Oma', sondern ‚Deine Oma würde sich sehr freuen, wenn du sie am Wochenende besuchen würdest' (vgl. Žižek, 2005, 0:07–0:54). Diese pädagogischen Praktiken, Methoden, Formen der Steuerung setzen an dem einzelnen Menschen verstanden als Subjekt an und versuchen diesen durch appellative, diskursive wie auch dispositive Akte in eine gewünschte Richtung zu lenken. Verknüpft ist damit, wie an den Ausführungen Žižeks gezeigt werden kann, die Verschleierung dieser Machtverhältnisse in vielen unterschiedlichen, auch historisch geprägten Facetten. Diese Verschleierung von hegemonialen Verhältnissen zieht sich auch durch aktuelle Formen einer Kultur der Digitalität.

Was haben aber die an Anonymous gezeigten Formen der De-Subjektivierung mit bildungswissenschaftlichen Diskursen und Theorien zu tun?

Anschließend an die mit Hilfe von Anonymous explizierten Formen der De-Subjektivierung und das damit verknüpfte Verständnis des Kollektivs in einer Kultur der

Digitalität, werden zentrale pädagogische Handlungsweisen wie auch Verantwortlichkeiten in Frage gestellt. Nicht, weil es Anonymous gibt, sondern weil mit Anonymous auf sich verändernde Formen der Zusammenschlüsse und der damit verknüpften Anrufungen verwiesen werden kann. Diese lösen Fragen auch an den bildungswissenschaftlichen Diskurs aus, die im Weiteren skizziert werden sollen.

Das Konzept der individuellen Verantwortlichkeit muss in einer Kultur der Digitalität, die geprägt ist durch umfassende Codestrukturen, deren visueller Ausdruck die Interfaces sind, in Frage gestellt werden. Stalder fasst diese Entwicklung im Begriff der Gemeinschaftlichkeit (vgl. Stalder, 2017, S. 129–163) und verweist damit zumindest implizit auf die hier unter dem Begriff Kollektiv analysierten Vorstellungen wie auch Veränderungen. Mit, gegen oder im Code arbeiten Menschen nicht mehr als Individuen, sondern als Gemeinschaft oder in der hier verwendeten Terminologie im Kollektiv. Ist dies Teil der gesellschaftlichen Realität, des gesellschaftlichen Alltags in einer Kultur der Digitalität, muss dies auch in bildungswissenschaftliche Diskurse aufgenommen werden, da diese immer auch von der sie umgebenden Gesellschaft abhängig sind. Es bedarf einer Reaktualisierung der Theorien wie auch deren institutionalisierten Handlungen unter der Fokussierung des Kollektivs. Daran anschließend sind Fragen zu stellen wie und ob Bildung jenseits des Subjekts, in kollektiven Vorstellungen von Gesellschaft zu denken ist?

Daraus entwickelt sich die Herausforderung klassische Bildungskonzeptionen von der in Teilen starken Fokussierung auf das Subjekt zu lösen und Modi wie in den Vorstellungen rund um Bildung als poetischem Ent-wurf (vgl. Krückel, 2022) zu stärken. In diesem Konzept wird im Anschluss an Flusser gezeigt, dass der Mensch ein Wesen ist, dass sich ent-werfen kann. Solche Ent-würfe die aus einer kritisch-reflexiven Distanz hervorgehen und gleichsam Welt-Selbst-Verhältnisse verändern, haben direkte bildungswissenschaftliche Relevanz und können als eine Theorie der Bildung gefasst werden. (vgl. Krückel, 2015, S. 187–193/vgl. Krückel, 2022) Besonders ist dabei hervorzuheben, dass in der flusserschen Tradition nicht mehr das einzelne Subjekt im Vordergrund steht, sondern die Gruppe die sich dialogisch im, mit und gegen den Code entwirft (vgl. Flusser, 2004, S. 103). Menschen werden von der Orientierung am Subjekt abgegrenzt und als projizierende Projekte, also aus der hier vertretenen Perspektive als Kollektive gefasst, die sich ent-werfend gegen die Geworfenheit stellen. Dies bietet direkte Anknüpfungspunkte für Überlegungen im Kontext einer Theorie der Bildung der Kollektive. Dabei steht die De-Subjektivierung als Moment der kritischen Reflexivität auf Subjektivität im Mittelpunkt. Sie unterbricht die aufklärerische Logik der Orientierung am Subjekt und zeigt am Kollektiv auf, wie eine Form der kritisch-reflexiven Distanz ermöglicht wird. Aus dieser Unterbrechung gehen veränderte Möglichkeiten hervor, die transformatorische (vgl. Koller 2016, S. 149 f.) Prozesse auslösen können. Es sind Prozesse, die Veränderungen in dem menschlichen Selbst-Welt-Verhältnis hervorrufen und zumindest partiell einen Diskurs um ein Kollektiv-Welt-Verhältnis eröffnen. Diese im Anschluss an Flusser kollektiv poetischen Ent-würfe können als bedeutsam und auch herausfordernd für Theorien der Bildung gelten, da sie die stark am Subjekt ausgerichtete Forschung wie auch Auslegung eines zentralen Begriffs der Pädagogik herausfordern.

Aus diesen kurzen Ausführungen ergibt sich die Aufgabe für bildungswissenschaftliche Theoriebildung in einer Kultur der Digitalität ihre theoretischen Grundlagen zu aktualisieren, indem die veränderten kulturellen Bedingungen unter der Prämisse des Kollektivs diskutiert werden.

Literatur

Agamben, G. (2008). *Was ist ein Dispositiv? TransPositionen*. Diaphanes.
Allert, H., & Asmussen, M. (2017). Bildung als produktive Verwicklung. In H. Allert, M. Asmussen, & C. Richter (Hrsg.), *Pädagogik. Digitalität und Selbst: Inderdisziplinäre Perspektiven* (S. 27–68). Transcript.
Althusser, L. (1977). *Ideologie und ideologische Staatsapparate: Aufsätze zur marxistischen Theorie* (Positionen: Bd. 3). VSA.
Anonymous. (2007). Dear Fox News. https://www.youtube.com/watch?v=RFjU8bZR19A. Zugegriffen am 14.03.2023.
Anonymous. (2008). Message to Scientology. https://www.youtube.com/watch?v=JCbKv9yiLiQ. Zugegriffen am 14.03.2023.
Anonymous. (2017). Anonymous message to fake anonymous – You are not of the idea. https://www.youtube.com/watch?v=HfMGmEgfJeU. Zugegriffen am 14.03.2023.
Bauman, Z. (2003). *Flüchtige Moderne*. Suhrkamp.
Bröckling, U. (2007). *Das unternehmerische Selbst: Soziologie einer Subjektivierungsform*. Suhrkamp.
Bröckling, U. (2017). Gegen-Verhalten: Zur Analyse widerständiger Praktiken. In U. Bröckling (Hrsg.), *Gute Hirten führen sanft: Über Menschenregierungskünste* (S. 392–410). Suhrkamp.
Butler, J. (2013). *Psyche der Macht: Das Subjekt der Unterwerfung* (7. Aufl.). Suhrkamp.
Coleman, G. (2013). Anonymous and the Politics of Leaking. In B. Brevini (Hrsg.), *Beyond Wikileaks: Implications for the future of communications, journalism and society* (S. 209–228). Palgrave Macmillan.
Coleman, G. (2015). *Hacker, hoaxer, whistleblower, spy: The many faces of Anonymous*. Verso.
Deleuze, G. (1993). Kontrolle und Werden. In G. Deleuze (Hrsg.), *Unterhandlungen, 1972–1990* (S. 243–253). Suhrkamp. Interview.
Dörpinghaus, A., & Uphoff, I. K. (2011). *Grundbegriffe der Pädagogik*. WBG – Wissenschaftliche Buchgesellschaft.
Flusser, V. (2004). *Vom Subjekt zum Projekt. Menschwerdung*. Fischer.
Foucault, M. (1977). *Überwachen und Strafen: Die Geburt des Gefängnisses*. Suhrkamp.
Foucault, M. (1983). *Der Wille zum Wissen: Sexualität und Wahrheit 1*. Suhrkamp.
Foucault, M. (2003). *Die Ordnung der Dinge: Eine Archäologie der Humanwissenschaften* (30. Aufl.). Suhrkamp.
Foucault, M. (2009). *Sicherheit, Territorium, Bevölkerung: Geschichte der Gouvernementalität I* (2. Aufl.). Suhrkamp.
Koller, H.-C. (2016). Ist jede Transformation als Bildungsprozess zu begreifen? Zur Frage der Normativität des Konzepts transformatorischer Bildungsprozesse. In Dan Verständig, Jens Holze, Rolf Biermann (Hrsg.), *Von der Bildung zur Medienbildung* (S. 149–161). Festschrift für Winfried Marotzki. Springer VS.
Knuttila, L. (2011). *User unknown: 4chan, anonymity and contingency*. https://firstmonday.org/article/view/3665/3055. Zugegriffen am 14.03.2023.

Krämer, S. (2012). Medien, Boten, Spuren. Wenig mehr als ein Literaturbericht. In S. Münker & A. Roesler (Hrsg.), *Suhrkamp Taschenbuch Wissenschaft: Bd. 1887. Was ist ein Medium?* (2. Aufl., S. 65–90). Suhrkamp.

Krückel, F. (2015). *Bildung als Projekt: Eine Studie im Anschluss an Vilém Flusser.* Springer VS.

Krückel, F. (2022). *Poetisches Ent-werfen: Vilém Flussers Bildungsbegriff?* Flusserstudies. http://www.flusserstudies.net/sites/www.flusserstudies.net/files/media/attachments/kruckel-poetisches-ent-werfen-flusserstudies.pdf;. Zugegriffen am 14.03.2023.

Krückel, F., & Schüll, M. (2020). Anonymität auf den Bühnen des Politischen. In J. Holze, D. Verständig, & R. Biermann (Hrsg.), *Medienbildung und Gesellschaft. Medienbildung zwischen Subjektivität und Kollektivität: Reflexionen im Kontext des digitalen Zeitalters* (S. 129–145). Springer Fachmedien Wiesbaden; Imprint: Springer VS.

Krückel, F., Schüll, M., & Uphoff, I. K. (Hrsg.). (2018). *Studienwissen kompakt. Basistexte Pädagogik.* WBG.

Lagasnerie, G. d. (2018). *Die Kunst der Revolte: Snowden, Assange, Manning.* Suhrkamp.

Milan, S. (2013). WikiLeaks, Anonymous, and the exercise of individuality: Protesting in the cloud. In B. Brevini (Hrsg.), *Beyond wikileaks: Implications for the future of communications, journalism and society* (S. 191–208). Palgrave Macmillan.

Rancière, J. (2014). *Das Unvernehmen: Politik und Philosophie* (5. Aufl. Suhrkamp: Bd. 1588). Suhrkamp.

Sieber, S. (2014). *Macht und Medien: Zur Diskursanalyse des Politischen.* (Medienanalysen: Bd. 16). Transcript.

Stalder, F. (2017). *Kultur der Digitalität* (3. Aufl. Edition Suhrkamp: Bd. 2679). Suhrkamp.

Traue, B., & Pfahl, L. (2012). *Desubjektivierungen: Zum Verhältnis von Körper, Wissen und Recht nach dem Neoliberalismus.* https://www.academia.edu/2391695/Desubjektivierungen_Zum_Verh%C3%A4ltnis_von_Bef%C3%A4higung_Wissen_und_Recht_nach_dem_Neoliberalismus. Zugegriffen am 14.03.2023.

Wiedemann, C. (2012). Open Collectivity. In U. Herb (Hrsg.), *Saarbrücker Schriften zur Informationswissenschaft. Open initiatives: Offenheit in der digitalen Welt und Wissenschaft* (S. 205–215). Universaar.

Wiedemann, C. (2016). *Kritische Kollektivität im Netz: Anonymous, Facebook und die Kraft der Affizierung in der Kontrollgesellschaft* (Digitale Gesellschaft: Bd. 13). Transcript.

Wiedemann, C. (2018). Kollektiv ohne Identität: Anonymous, flexible Infrastrukturen und das Ereignis des Gemeinsamen. In I. Baxmann, T. Beyes, & C. Pias (Hrsg.), *Soziale Medien – Neue Massen* (S. 261–280). Diaphanes.

Žižek, S. (2005). *Žižek the Father.* https://www.youtube.com/watch?v=54CeL2z9yrs. Zugegriffen am 14.03.2023.

‚Unboxing the black box'. Bildungstheoretische Kartographierung und methodologische Exploration des Unbewussten für die Lern- und Bildungsforschung im Kontext von Digitalität

Christian Leineweber

Inhaltsverzeichnis

1	Einleitung	90
2	Das Unbewusste – psychoanalytische Eingrenzungen und bildungstheoretische Anschlüsse im Kontext von Digitalität	92
3	Empirische Lern- und Bildungsforschung zwischen versprachlichten und materiellen Sphären des Denkens und Handelns	96
4	Ein explorativer Blick in das Innenleben digitaler Artefakte	99
5	Fazit	104
	Literatur	107

Zusammenfassung

Leitend für den vorliegenden Beitrag ist die Hypothese, dass sich die Effekte und Wirkungsweisen des digitalen Wandels der Gesellschaft sukzessive in Form eines digital konstituierten Unbewussten in den Raum des subjektiven Denkens und Handelns einschreiben. Der Fokus der Betrachtungen richtet sich dabei konkret auf den Sachverhalt, dass sich maschinelle Operationen unter den Bedingungen der Digitalität affektiv und oftmals jenseits der reflexiven Erfahrungswelt mit Subjekten verschalten. Der Beitrag entwickelt einen systematischen Zugang zu dieser Perspektive durch die Verbindung von Bildungstheorie und

---

C. Leineweber (✉)
Institut für Bildungswissenschaft und Medienforschung, FernUniversität in Hagen/LG Bildungstheorie und Medienpädagogik, Hagen, Deutschland
E-Mail: christian.leineweber@fernuni-hagen.de

Psychoanalyse unter Hinzunahme von theoretischen Anleihen aus dem Neuen Materialismus. Die daraus gewonnenen Erkenntnisse werden anschließend in ihrer Bedeutung für die Lern- und Bildungsforschung skizziert und methodologisch exploriert.

Schlüsselwörter

Bildungstheorie · Lern- und Bildungsforschung · Digitalität · Psychoanalyse · Neuer Materialismus

1   Einleitung

Bereits zu Beginn seiner Monografie *Triebstruktur und Gesellschaft* führt Herbert Marcuse im Bemühen um eine geschichtsphilosophische Systematisierung von Sigmund Freuds Psychoanalyse die These an, dass es sich bei Freuds „Begriff des Menschen" um die „wohl unwiderleglichste Anklage gegen die westliche Kultur – und zur gleichen Zeit die unangreifbarste Verteidigung eben dieser Kultur" handle (Marcuse, 1970, S. 17). Im Lichte der freudschen Psychoanalyse erstrahlt „die Geschichte des Menschen" daher als „die Geschichte seiner Unterdrückung" (ebd.). Was der Sozialphilosoph Marcuse im Kontext eines kulturtheoretischen Interesses an einer kritischen Theorie des gesellschaftlichen Fortschritts formuliert (vgl. v. a. Marcuse, 1969), lässt sich im Kontext eines bildungstheoretischen Forschungsinteresses insofern zunächst subjekttheoretisch zuspitzen, als Freuds kritischer Blick auf die westliche Kultur mit einer „Kritik am traditionellen Subjektbegriff" (Lang, 1986, S. 266) korrespondiert. Paradigmatisch dafür steht Freuds These von einer psychologischen Kränkung des Menschen, welche die kosmologische (N. Kopernikus' Entdeckung, dass die Erde nicht der Mittelpunkt des Weltalls ist) und die biologische (die unter anderem auf C. Darwin zurückgehende Entdeckung, dass der Mensch vom Tier abstammt) Kränkung um die Diagnose ergänzt, dass der Mensch unter den Bedingungen seines Subjektstatus nie ganz Herr im eigenen Haus sein kann (vgl. Finkelde, 2022, S. 33), „sondern auf kärgliche Nachrichten angewiesen bleibt von dem, was unbewußt in seinem Seelenleben vorgeht" (Freud, 1916-17/1975, S. 284). Es ist damit vor allem die psychoanalytische Kategorie des Unbewussten, die einerseits eine Anklage gegen das Subjekt erhebt, indem sie die Bedingungen der Möglichkeit für eine autonome Subjektivität nicht ohne das Auftreten eines eingeschriebenen Seinsmangels denken lässt (vgl. Finkelde, 2019, S. 103; Finkelde, 2022, S. 132). Andererseits ist es im Besonderen die menschliche Fragilität, die für Freud nicht bloß einen pathologischen Befund, sondern die konstitutive Voraussetzung für ein intaktes Seelenleben darstellt. Freud „anthropologisiert" auf diese Weise das konfliktbehaftete Potenzial unbewusster Vorgänge (Honneth, 2016, S. 163) und stattet die Psychoanalyse folglich mit dem philosophischen Anspruch auf einen genuin neuen Subjektbegriff aus, der „das Subjekt auf seine signifikante Abhängigkeit zurückführt" (Lacan, 2008, S. 79).

Gerahmt durch diese Setzungen gehen die folgenden Überlegungen davon aus, dass sich die zunehmend sichtbarer werdenden Konturen der ‚Kultur der Digitalität' (vgl. Stalder, 2016) sukzessive in Form eines digital konstituierten Unbewussten in den Raum des subjektiven Denkens und Handelns einschreiben. Die Beeinflussung der Subjekte durch maschinelle Operationen und das Wirken digitaler Artefakte auch jenseits subjektiver Wahrnehmungs- und Reflexionssphären avancieren so zu zwei prägenden Grundmotiven einer Auseinandersetzung mit dem Zusammenhang zwischen der Bildung des Subjekts und der Digitalität der Gesellschaft. Dabei ist es auf den ersten Blick vor allem die strukturelle Ähnlichkeit zwischen dem ‚Unbewussten' und dem ‚Digitalen', welche die Notwendigkeit des hier in Aussicht gestellten Vorhabens plausibel erscheinen lässt. So sind es beispielsweise die quantifizierenden Ordnungen der digitalen Gesellschaft und dadurch bedingte Formen der Rationalisierung, die einerseits dann Modi des Seinsmangels bedingen, wenn die eigenen Leistungen nicht mit den gewünschten oder geforderten Werten einhergehen, und andererseits zu einer gesteigerten Selbstsicherheit und -wirksamkeit führen, wenn das Gegenteil der Fall ist (vgl. Mau, 2018, S. 24 ff.). Es mag daher auch nicht weiter verwundern, dass ein Verunsicherungspotenzial digitaler Subjektivität als plausible Erklärung für verschiedene Umbrüche in der Gesellschaft herangezogen werden kann – etwa für die postfaktische Gesellschaft, in der die Suche nach Wahrheit immer schwieriger wird (vgl. Han, 2021a; Kumkar, 2022; Volgelmann, 2022, S. 310 ff.), oder für die beschleunigte Gesellschaft, in der sich die Beziehungen des Selbst zu sich selbst, zu anderen und zu den Dingen in der Welt immer stärker zu verflüchtigen scheinen (vgl. Rosa, 2005; Leineweber, 2020; Han, 2021b).

Um der Versuchung zu entgehen, zu vorschnell an den gesellschaftlichen Umbrüchen zu verharren, gilt es im Folgenden zunächst einen genuin bildungstheoretischen Zugang zum psychoanalytischen Grundbegriff des Unbewussten zu gewinnen und diesen erst dann im Hinblick auf den digitalen Wandel der Gesellschaft zu kontextualisieren (vgl. Kap. 2). Bemerkenswerterweise ist es gerade diese bildungstheoretische Kontextualisierung des Unbewussten im Kontext von Digitalität, die in der Folge traditionelle Methoden der Lern- und Bildungsforschung neu befragen lässt (vgl. Kap. 3). Das Bemühen um erste Antworten auf diese Fragen lässt sodann einige empirische Explorationen zu (vgl. Kap. 4), die abschließend im Rahmen einer bildungstheoretischen Engführung interpretiert werden können (vgl. Kap. 5). Entlang der hier skizzierten Vorgehensweise gilt der Beitrag dem Versuch, den psychoanalytischen Begriff des Unbewussten in den Raum der bildungstheoretischen Reflexion über Digitalität zu integrieren. Insofern damit eine Perspektive entwickelt wird, die bislang weder in den erziehungs- und bildungswissenschaftlichen noch in den medienpädagogischen Diskursen zur Digitalität eine explizite Berücksichtigung gefunden hat, sind die folgenden Überlegungen gänzlich experimentell. Verhandelt wird ein bislang kaum erforschter Untersuchungsgegenstand, der theoretisch ergründet und methodologisch erschlossen wird.[1]

---

[1] Damit verbunden ist nicht zuletzt die bildungstheoretische Anerkennung eines oftmals allzu fragilen Subjekts, das mittlerweile vor allem im Kontext der psychoanalytischen Pädagogik als ängstliches, verunsichertes, exzessives oder gespaltenes Subjekt verhandelt wird (vgl. z. B. Fatke & Scarbath, 1995; Finkelde, 2015; Langnickel, 2021).

2 Das Unbewusste – psychoanalytische Eingrenzungen und bildungstheoretische Anschlüsse im Kontext von Digitalität

Der Begriff des Unbewussten und seine Unterscheidung zum Begriff des Bewussten gilt seit Sigmund Freud als „Grundvoraussetzung der Psychoanalyse und gibt ihr allein die Möglichkeit, die ebenso häufigen als wichtigen pathologischen Vorgänge im Seelenleben zu verstehen" (Freud, 1923/1975, S. 283). In seiner rezeptiven Form umfasst der Begriff des Bewussten alle äußeren Sinneswahrnehmungen sowie die damit verbundenen inneren bzw. geistigen Empfindungen und Gefühle (vgl. ebd., S. 288). Demgegenüber entstammt das Unbewusste individuellen Wünschen bzw. Lust- und Triebregungen (vgl. Freud, 1924/2020, S. 29). Es ist folglich definiert als „eine regelmäßige und unvermeidliche Phase in den Vorgängen, die unsere psychische Tätigkeit begründen; jeder psychische Akt beginnt als unbewußter und kann entweder so bleiben oder sich weiterentwickelnd zum Bewußtsein fortschreiten, je nachdem, ob er auf Widerstand trifft oder nicht" (Freud, 1912/1975, S. 33 f.). Mit der Kombination beider Begriffe manifestiert sich eine zentrale Implikation der freudschen Psychoanalyse darin, unbewusste Vorgänge als Basis des menschlichen Handelns und Erfahrens anzuerkennen. Innerhalb der Rezeption dieses Ansatzes hat vor allem der französische Psychoanalytiker Jacques Lacan hervorheben können, dass das Unbewusste wie eine Sprache bzw. eine innere Grammatik strukturiert ist (vgl. einführend Pagel, 1989, S. 39–56), die Imaginationen repräsentiert, mit denen sich Subjekte auseinandersetzen müssen, wenn sie zu ihrer urtümlichen Identität gelangen möchten (vgl. Finkelde, 2022, S. 123; Lacan, 2006/2019). Unter diesen Voraussetzungen spielen Phänomene des Unbewussten, deren Bewusstwerdung in der Psychoanalyse klassischerweise durch therapeutische Gespräche und Traumdeutungen eingeleitet wird (vgl. Freud, 1970, S. 31–50), einerseits auf den bereits angedeuteten Sachverhalt an (vgl. Kap. 1), „dass das Subjekt auf unüberwindliche Weise von seiner Selbstidentität getrennt ist" (Finkelde, 2022, S. 122). Verwiesen ist so auf „ein Denken, von dem das Subjekt nichts ‚weiß', weil es sich auf einer anderen Ebene der Erfahrung artikuliert als auf derjenigen des bewußten Seins" (Pagel, 1989, S. 51). Insofern hier vor allem Lacans linguistische Interpretation der Psychoanalyse Freuds dem Unbewussten eine sprachliche Struktur zuschreibt (vgl. Lang, 2000, S. 23; Žižek, 2016, S. 11), ist andererseits eine zwingende Konsequenz darin zu sehen, dass unsere Sinn- und Bedeutungszuschreibungen stets sowohl an eine subsprachliche Unterwelt (vgl. Meyer-Drawe, 2018, S. 28) als auch an eine das Subjekt übergreifende symbolische Ordnung gebunden sind. Das Subjekt ist demnach von Beginn an „in ein ‚Sprachbad' getaucht" (Lang, 2000, S. 19, im Anschluss an Lacan) und bewegt sich unweigerlich in einem symbolisch vermittelten Sinnhorizont (vgl. Lang, 1986, S. 237): „Wenn wir sprechen (oder zuhören), interagieren wir nicht bloß mit anderen, unsere Redeaktivität gründet in unserem Akzeptieren von und Vertrauen in ein komplexes Netzwerk von Regeln und anderen Voraussetzungen" (Žižek, 2016, S. 19). ‚Subjekt sein' heißt demnach, in einem semantischen Ordnungsfeld die Bedingungen der Möglichkeiten einer eigenen Existenz auszuloten und immer wieder auf diese Bedingungen in ihrer individuellen wie sozialen Unergründlichkeit zurückgeworfen zu werden.

Wenn es nun zunächst darum gehen soll, eine bildungstheoretische Brücke zu Freuds psychoanalytischem Grundbegriff des Unbewussten schlagen zu wollen, dann erweist sich ein Verweis auf Winfried Marotzki als anschlussfähig, dessen Freud-Lektüre betont: „Das Unbewußte ist nach Freud die Basis des Psychischen überhaupt. Das Unbewußte als größerer Kreis schließe den kleineren des Bewußtseins in sich ein. Alles Bewußte habe eine unbewußte Vorstufe" (Marotzki, 1984, S. 35).[2] Marotzkis Freud-Rezeption ist in erster Linie durch seine Dissertation *Subjektivität und Negativität als Bildungsproblem* aus dem Jahr 1984 dokumentiert, in der die analytische Kategorie der Subjektivität mithilfe eines Theoriezusammenhangs konstruiert wird, der Freuds Psychoanalyse mit George H. Meads pragmatistischer Theorie des sozialen Individuums und Georg W. F. Hegels dialektisch geprägter Strukturtheorie kombiniert. Eine gewichtige Implikation dieser Kombination liegt in der Formulierung des Anspruchs an das Subjekt, die komplexen Strukturen des Gesellschaftlichen durch individuelle Fertigkeiten bewältigen zu können (vgl. ebd., S. 157 ff.). Der subjektivitätstheoretische Fokus, der hier zur Geltung kommt, besteht folglich darin, das erlebende Subjekt in den Spannungsfeldern des Sozialen zu betrachten. Allzu konsequent ist es daher, dass Marotzki im Rahmen seiner Habilitationsschrift *Entwurf einer strukturalen Bildungstheorie* aus dem Jahr 1990 „eine Sichtweise auf gesellschaftliche Problemgegenstände" entwickelt, um Bildungsprozesse als „Prozesse der gesellschaftlichen Problemwahrnehmung und Problemlösungsversuche" (Marotzki, 1990, S. 53) verstehen zu können. Dieser perspektivischen Eingrenzung geht die Beobachtung voraus, dass mit der Ausdifferenzierung moderner Gesellschaftsstrukturen zunehmend auch „der Grad der Individuation steigt" (Marotzki, 1984, S. 159). Auf der Seite der Subjekte führt dies zu einem steigenden „Maß an Unbestimmtheit", wodurch „Orientierungsverbindlichkeit" eingebüßt und „ausgeprägte Suchbewegungen" (Marotzki, 1990, S. 27) erforderlich werden. Bildungsprozesse verweisen so auf den bestimmenden Umgang mit einer kontingenten Unbestimmtheit; die Grundvoraussetzung von Bildung liegt in einer „paradoxe[n] Struktur unbestimmter Bestimmtheit" (Gamm, 2000, S. 297), die impliziert, dass jede bestimmende Orientierung von Subjekten in der sozialen Welt mit neuen Erfahrungsräumen von Unbestimmtheit aufwarten kann (vgl. Marotzki, 1990, S. 153). Bemerkenswerterweise wird der Begriff der Bildung damit unter den Bedingungen sozialer

---

[2] Der hier exemplarisch gewählte Verweis auf Marotzki ist an dieser Stelle gleichsam paradigmatisch, da Marotzki insbesondere *die freudsche Kategorie des Unbewussten* ins Zentrum seiner bildungstheoretischen Interpretation der Psychoanalyse stellt. Angesichts des Sachverhalts, dass Marotzkis Perspektive der transformatorischen Bildungstheorie angehört, ist damit ein breites Forschungsspektrum adressiert, das bislang priorisiert durch eine Rezeption der strukturalen Psychoanalyse Lacans und dem damit verbundenen Fokus auf sprachliche Erzählungen dokumentiert ist (vgl. z. B. Koller, 2012, S. 45–54; Wulftang, 2016). Die Bedeutung der im Folgenden vorgelegten, primär auf Freud bezogenen Ausführungen für diese Rezeption – auch im Hinblick auf ihr noch zu verhandelndes Gewicht für eine sich auf Sprache fokussierende Lern- und Bildungsforschung – ist zweifellos einen eigenen Beitrag wert, insbesondere dann, wenn die Behauptung des Lacan-Schülers Herrmann Lang (2000, S. 16) stimmt, dass eine „Selbstverständlichkeit" für ein Verständnis Lacans darin zu sehen ist, dass seine Leser:innen „jeden Satz des Freudschen Gesamtwerkes präsent haben sollte[n]."

Spannungen an ein Phänomen gebunden, das ähnlich strukturiert ist, wie Freuds Begriff des Unbewussten. Während das Unbewusste die Basis des Psychischen darstellt, ist das Unbestimmte als Basis subjektiver Erkenntnis zu deuten. In epistemologischer Hinsicht schließt das Unbestimmte dabei in Form eines größeren Kreises den kleineren Kreis des Bestimmten ein, so wie das Unbewusste in psychoanalytischer Hinsicht das Bewusste einschließt. *Alles subjektiv Bestimmte hat eine unbestimmte Vorstufe, während alles Bewusste eine unbewusste Vorstufe hat.* Entsprechend lässt sich konstatieren, dass ein psychoanalytisch konstituierter Begriff des Unbewussten und ein sozialtheoretisch kontextualisierter Begriff des Unbestimmten im Rahmen bildungstheoretischer Überlegungen quer zueinander liegen.

Eine konkrete Anschlussfähigkeit an das Phänomen der Digitalität gewinnt die hier skizzierte Querverbindung zwischen Psychoanalyse und Bildungstheorie schließlich durch einen Verweis auf die beiden Monografien *Affektökologie* und *Nichtbewusst* der Medienwissenschaftlerin Marie-Luise Angerer, in denen der Beobachtung nachgegangen wird, dass digitale Medien die Ausrichtung des sowohl individuellen als auch sozialen Lebens immer stärker zum *Affektiven* lenken (vgl. Angerer, 2017, 2022). Mit dieser Beobachtung ist der Sachverhalt adressiert, dass individuelle Entscheidungen und Orientierungssuchen unter den Bedingungen des digitalen Wandels der Gesellschaft vermehrt von spontanen Impulsen, Irrationalitäten, ja Affekten beeinflusst werden – „ganz unabhängig davon, ob die Wahl, zu der der Affekt verleitet hat, richtig oder falsch ist" (Senarclens de Grancy, 2022, S. 179, im Anschluss an Angerer). Als empirisch anschlussfähig erweist sich Angerers Theoriefigur des Affektiven unter anderem dadurch, dass derzeit demokratische Strukturen sowie öffentliche Meinungs- und Willensbildungsprozesse zunehmend durch „aversive Affekte" (Amlinger & Nachtwey, 2022, S. 137) wie z. B. Hass, Mobbing, Lügen und Täuschungen (Fake News und Verschwörung) oder gezielte Diffamierungen gegen soziale Gruppen herausgefordert werden, wobei es gerade digitale Medien sind, die einen *neuen Strukturwandel der Öffentlichkeit* bedingen. Entsprechend konstatiert Jürgen Habermas: „Mit der Durchsetzung von Imperativen der Aufmerksamkeitsökonomie verstärken sich in den Medien freilich auch die aus der Boulevard- und Massenpresse seit langem bekannten Tendenzen zur Unterhaltsamkeit, zur affektiven Aufladung und zur Personalisierung jener Sachthemen, um die es in der politischen Öffentlichkeit geht" (Habermas, 2022, S. 57). Diese gesellschaftlichen Tendenzen analytisch aufgreifend, ist nun die entscheidende Pointe Angerers darin zu sehen, die Diagnose des Affektiven auf ein *psychokybernetisches Mensch-Maschine-Verhältnis* zurückzuführen, durch das sich leibliche Körper, mentale Innenwelten und technische Umwelten sukzessive miteinander verschalten – etwa dann, wenn Körperdaten durch maschinelle Messungen und Empfehlungen kontrolliert und reguliert werden oder wenn digitale Werkzeuge unsere alltäglichen Abläufe mitorganisieren (vgl. Angerer, 2017, S. 43 f.). Das kybernetische Prinzip, das in seinem Ursprung der Bearbeitung von Strukturen und Mustern gesellschaftlich hervorgebrachter Komplexitäten und Unsicherheiten durch Veränderungen von individuellen Verhaltensweisen und der Umstellung auf Selbstregulation gilt (vgl. Rieger, 2003, S. 263), greift auf diese Weise zunehmend in mechanische Abläufe und organische Prozesse ein (vgl. Angerer, 2022, S. 13). Modifiziert werden so sowohl die Grundlagen individueller Denk- und Urteilsprozesse als auch Voraussetzungen von Fragen zu gesellschaftlichen Macht- und Herrschaftsverhältnissen, wonach sich Subjekte zunehmend als „Funktionskörper" erleben, deren Vorzüge eher in einem affektiven Reagieren als in einem rationalen Reflektieren liegen (Senarclens de Grancy, 2022, S. 158, im Anschluss an Angerer). Verbunden mit dieser Diagnose ist eine *Re-Organisation des Sozialen*, die sich in empirischer Hinsicht an dem Umstand erkennen lässt, dass digitale Operationen zunehmend „in Wahrnehmung, Entscheidung, Überwachung und Vorhersage eingreifen bzw. diese selbststeuernd übernehmen" (Angerer, 2022, S. 47). So sind es digitale Anwendungen, die uns beispielsweise die Welt in bewältigbare Informationsmengen vorsortieren (vgl. Gamm, 2000, S. 57) und damit als *Gatekeeper* aktiv den Zugang zu Wissen und Erkenntnis öffnen, oder die uns auf Basis der Analyse unserer Körperdaten bzw. Verhaltensweisen zu einem gesünderen, effektiveren oder nachhaltigeren Leben animieren und anregen sollen (für weitere Beispiele vgl. Angerer, 2017, S. 60).

Die damit konstatierten Veränderungen der Individual- und Sozialwelt im Kontext von Digitalität werden letztlich dadurch gerahmt, dass Angerers Perspektive einer starken Prägung durch die Theorieoptionen und Denkmotive des Neuen Materialismus unterliegt, deren bildungstheoretische Besonderheit maßgeblich darin zu sehen ist, dass es ihnen (in jeweils unterschiedlichen Facetten) um eine den Menschen dezentrierende Neubestimmung des Verhältnisses zwischen Ontologie und Epistemologie geht (vgl. Leineweber et al., 2023, S. 244). Zentral für Angerer ist in diesem Zusammenhang die Einsicht, dass die Sprache „in ihrer performativen Dimension" als ein kommunikatives Handeln immer stärker „mit anderen Handlungsträgern und -strategien konfrontiert" wird (Angerer, 2017, S. 17). Übergreifend verweist dies auf ein performatives Ausfransen der Sprache (vgl. ebd., S. 18), die eine relationale Verschränkung klassischer epistemologischer (z. B. Sprache und Wissen) und klassischer ontologischer (z. B. Sein und Natur) Kategorien impliziert und damit die Möglichkeit verschließt, Bedeutungs- und Sinnproduktionen als singuläre Angelegenheiten sprechender und sprachlich denkender Subjekte zu betrachten (vgl. Angerer, 2022, S. 86). Eine solche Fokusverschiebung auf die materielle Sphäre des Denkens und Handelns ergänzt sowohl die (bildungstheoretisch relevante) subjektive Bestimmung des Unbestimmten als auch die (psychoanalytisch relevante) subjektive Bewusstwerdung des Unbewussten um eine ontologische Dimension, das heißt um eine ontologisch gerahmte Unbestimmtheit bzw. ein ontologisch gerahmtes Unbewusstes. Diese Rahmung besagt, dass sowohl Unbestimmtheit als auch Unbewusstes nicht ausschließlich als sprachlich konstituierte Phänomene zu denken sind. Die Rede vom *Nichtbewussten* dient Angerer zur Verdeutlichung dieser Tendenz: Während das Unbewusste in Freuds Psychoanalyse an ein sprachlich-symbolisches Subjekt gekoppelt ist, verlagert der Begriff des Nichtbewussten hingegen den Fokus auf „technische, mentale und körperliche Prozesse", die nicht mehr ausschließlich dem Menschen zugeordnet werden können (ebd., S. 7), wobei derzeit noch offen ist, „[o]b sich ein Nichtbewusstes dem Unbewussten zur Seite stellt oder dieses verdrängt" (ebd., S. 117). Mit dieser Perspektive verändern sich sowohl die Voraussetzungen bildungstheoretischen Nachdenkens als auch die Rahmenbedingungen einer empirisch anschlussfähigen Erforschung von Lern- und Bildungsprozessen unter den Bedingungen von Digitalität. Im Folgenden soll es vor allem um die methodologischen Aspekte gehen, die von diesen Veränderungen adressiert werden.

3 Empirische Lern- und Bildungsforschung zwischen versprachlichten und materiellen Sphären des Denkens und Handelns

In methodologischer Hinsicht ebnete die analytische Fokussierung auf das sprachlich-symbolische Subjekt den empirischen Bemühungen der Lern- und Bildungsforschung den Weg zu einer „bildungstheoretisch fundierten Biographieforschung [...], die den Anspruch erhebt, die philosophische Reflexion über Bildung mit der qualitativ-empirischen Erforschung von Bildungsprozessen zu verknüpfen" (Koller, 2012, S. 139). Im Zentrum dieser Forschungsbemühungen stehen narrative Interviews, in denen biografisch relevant erscheinende Situationen im Rahmen sprachlicher Äußerungen rekonstruiert und reflektiert werden. Individuelle Erfahrungen werden auf diese Weise sprachlich erzählt und wiedererlebt. Von außen gestattet dies den empirischen Nachvollzug von Lern- und Bildungsprozessen durch die Analyse geäußerter Bedeutungs- und Sinnzuschreibungen. Unter diesen Voraussetzungen ist das Forschungsprogramm der qualitativ-empirischen Lern- und Bildungsforschung traditionell durch solche Bemühungen geprägt, die ein subjekttheoretisches Denken ins Zentrum ihrer methodischen Ausrichtung stellen (vgl. Bettinger, 2023, S. 177).

Ein Fokus auf die materielle Sphäre des Denkens und Handelns (vgl. Kap. 2) fordert diese subjekttheoretische Schwerpunktsetzung qualitativ-empirischer Lern- und Bildungsforschung nun insofern heraus, als Lern- und Bildungsprozesse nicht mehr länger als ausschließlich sprachlich bzw. geistig konstituierte Nacherzählungen gedacht werden können. Anschlussfähig ist dies im Besonderen an den derzeitigen Stand der Diskussionen zur qualitativen Erforschung von Lern- und Bildungsprozessen unter den Bedingungen von Digitalität. Denn dort erweist sich maßgeblich die bereits angedeutete Annahme als leitend, dass digitale Medien zunehmend in die Handlungs- und Erfahrungswelten der Subjekte eingreifen und sich dabei als „epistemische Akteure" (Jörissen, 2015, S. 216) behaupten, die unseren kognitiven und körperlichen Zugang zur Welt grundlegend transformieren (vgl. Allert & Asmussen, 2017, S. 35). Digitale Medien nehmen demnach aktiv Einfluss auf individuelle Bedeutungs- und Sinnzuschreibungen – etwa dann, wenn sie „zu einer optimierten Verhaltenskontrolle und -steuerung eingesetzt werden" (Günther, 2021, S. 523) –, sodass subjektive Welten zu technisch affizierten Welten avancieren (vgl. Angerer, 2022, S. 13). Konsequenterweise sieht beispielsweise der Medienpädagoge Patrick Bettinger die qualitativ-empirische Lern- und Bildungsforschung „vor methodischen und methodologischen Herausforderungen" stehen und fordert entsprechend ihre Neuausrichtung durch „Kombinationen aus Interview- und Artefaktanalysen" (Bettinger, 2020, S. 53 und 68; ohne Hervorh.). Anvisiert wird so in erster Linie die Frage, „wie aus Verkettungen mit digitalen Artefakten ‚biografisch' relevante Ereignisse entstehen, ohne dies allein auf die sprachlichen Äußerungen im Rahmen eines Interviews zu stützen und somit anthropozentrisch zu rahmen" (Bettinger, 2023, S. 181).

Bettingers Forderung setzt die qualitativ-empirische Lern- und Bildungsforschung ganz wesentlich in Relation zur sozialwissenschaftlichen (Medien-) Forschung, wo sich die Artefaktanalyse derzeit als ein neuer Forschungsansatz profiliert, der auf der Annahme beruht, „dass mit jedem Artefakt ein neuer Gegenstand in die Welt gesetzt wird, der Optionen eröffnet oder verschließt, mit Bedeutungen versehen und manipuliert wird und auf diese Weise die Gesellschaft bereichert" (Lueger & Froschauer, 2018, S. 52 f.). Die Beziehung zwischen Subjekt und Welt kann unter diesen Voraussetzungen als ein komplexes Gefüge von Dingen und Medien in der Welt (d. h. der subjektunabhängigen physischen Umwelt) *und* der Welt in unseren Köpfen (d. h. der Welt des Bewusstseins) betrachtet werden, wobei beide Seiten dieses Gefüges der qualitativen Erschließung ihrer sinnstiftenden Bedeutung *füreinander* bedürfen (vgl. Froschauer & Lueger, 2020, S. 24 ff.). Das, was innerhalb der Artefaktanalyse als (digitales) ‚Medium' die Bühne der Forschungswelt betritt, konstituiert sich auf Basis der *kontextuellen Bedeutung* eines sozial eingebetteten, materiellen Dings oder Körpers *für* subjektive Bedeutungs- und Sinnzuschreibungen auf einer *performativen Ebene. Auf der Seite der Dinge* bedeutet dies, dass die bloße Materialität eines physischen Körpers nicht ausreicht, um Bedeutungs- und Sinnzuschreibungen hervorzurufen. So genügt z. B. die bloße Materialität einer Figur noch nicht, um als Schachfigur erkannt zu werden, sondern es bedarf zusätzlich ihrer Abgrenzungen zu anderen Figuren sowie ihrer Einbettung in den Kontext und die Regeln des Schachspiels (vgl. ebd., S. 38 f.). Akzentuiert ist damit einerseits, dass die Artefaktanalyse von einem sehr weit gefassten Medienbegriff ausgeht (vgl. einführend Wiesing, 2008). Andererseits wird verdeutlicht, dass artefaktanalytische Beobachtungen auf Kontextualisierungen abstellen, innerhalb derer die Materialität von Objekten, Dingen, Gegenständen oder Körpern unter Berücksichtigung ihrer Handlungs- und Konstitutionsregeln als bedeutungs- und sinnstiftende Entitäten anerkannt werden. *Auf der Seite der Subjekte* evoziert dies schließlich die Einnahme einer „hybride[n] Perspektive" (Bettinger & Jörissen, 2021, S. 84), die besagt, dass es sich bei Welt- und Selbstverhältnissen um „*Relationsweisen*" handeln muss, „die sich als konstellierender Akt im Sinne einer performativen Herstellung von Bezogenheiten zwischen heterogenen Größen manifestieren" (ebd.). Handlungen und Erfahrungen, aber auch Erkenntnisse oder Wissensgenesen sind demzufolge keine subjektiven Größen, sondern gehen stets aus der kontextuellen Verschränkung bzw. der produktiven Verwicklung (vgl. Allert & Asmussen, 2017, S. 27) von Subjekten und Artefakten hervor.

Der hohe theoretische Anspruch, der in den hier skizzierten Betrachtungen eingenommen wird, mündet im Hinblick auf *die konkrete empirische Praxis der Artefaktanalyse* in Fragen danach, *warum* es das untersuchte Artefakt überhaupt gibt, *wie* Subjekte das untersuchte Artefakt geschaffen bzw. hervorgebracht haben, *was* Subjekte mit den untersuchten Artefakten genau machen, *welchen Einfluss* Artefakte wiederum auf Subjekte und gesellschaftliche Konstellationen nehmen und aus *welchem Interesse* heraus diese Einflussnahme erfolgen könnte (vgl. Lueger & Froschauer, 2018, S. 52–58; Froschauer & Lueger, 2020, S. 29 f.).

Insofern die Einführungsliteratur zur Forschungsmethode der Artefaktanalyse vorschlägt, Antworten auf diese Fragen z. B. auf Basis von Gesprächsführungen, strukturellen Betrachtungen der untersuchten Artefakte oder ethnografischen Begehungen zu suchen (vgl. Lueger & Froschauer, 2018, S. 129–139), besteht eine generelle Herausforderung jener Forschungsbemühungen darin, dass Artefakte nichts von sich aus preisgeben können, sodass es „einer mühsamen (Re-) Konstruktion des Bedeutungsgehalts und der Kontexteinbettung dieser Gegenstände im Zuge der Interpretation" bedarf (ebd., S. 47). Artefakte werden im Kontext der artefaktanalytischen Forschungsmethodik „nicht als objektiv und unmittelbar der Erkenntnis zugängliche Dinge behandelt, sondern *als Erfahrungen, die aus der Konfrontation mit diesen Artefakten resultieren*" (ebd., S. 38; Hervorh. v. CL). Sie liefern folglich keine absolute Gewissheit über das wahre ‚Wesen' von Objekten (vgl. Froschauer & Lueger, 2020, S. 43), sondern sind darum bemüht, die Relationalität zwischen Subjekten und der sie umgebenden Ding- und Objektwelt kontextuell zu strukturieren, um die Bedeutungs- und Sinnzuschreibungen, die ebendiesen kontextuellen Strukturen eingelagert sind, sukzessive ans Tageslicht bringen zu können. Der Methode der Artefaktanalyse ist damit stets auch ein spekulatives Moment implizit. In diesem Sinne scheint im Rahmen ihrer forschenden Praxis auch der Entwurf imaginativer Kontexte legitim, in denen „das Artefakt mit hoher Plausibilität existieren könnte" (Froschauer & Lueger, 2020, S. 49). Gerade *spekulative Einsätze* sollen dabei „die Artefakte mit Leben versehen – sie sind nicht mehr einfach Gegenstände, sondern es handelt sich nunmehr um situierte Gegenstände, die in ein prozessuales Arrangement von Artefakten, Personen und Aktivitäten eingebunden sind" (ebd.).

Ein wichtiges Detail liegt in dem Sachverhalt, dass die hier skizzierten Probleme und Lösungsmöglichkeiten nicht nur auf methodische Fragen referieren, sondern vor allem auch auf Aspekte verweisen, die im Hinblick auf eine neo-materialitätssensible Auseinandersetzung mit digitalen Medien unter Berücksichtigung der psychoanalytischen Kategorie des Unbewussten bzw. Nicht-Bewussten bedeutsam sind (vgl. bereits Kap. 2). Bemerkenswert ist in diesem Zusammenhang, dass derartige Auseinandersetzungen derzeit vor allem eine *Eigenständigkeit der Ding- und Objektwelt* betonen lassen (vgl. Leineweber et al., 2023, S. 213–223). Programmatisch dafür steht z. B. eine Position des Philosophen Graham Harman, die besagt, dass sich die materielle Welt auch ohne subjektive Wahrnehmungen und Beobachtungen weiterentwickelt und ausdifferenziert (vgl. Harman, 2015, S. 61). Verwiesen ist damit auf eine „Vitalität der Materie" (Bennett, 2020, S. 7), mit der anerkannt wird, dass ein Artefakt „nicht existiert, weil es handelt, sondern handelt, weil es existiert" (Harman, 2016, S. 15 f.). Dabei scheint das hier stark gemachte Denkmotiv insbesondere auf solche digitalen Medien anwendbar, die auf Basis eigenständig rechnender, das heißt selbstlernender Algorithmen – beispielsweise in Form von neuronalen Netzen oder Deep-Learning-Systemen – zunehmend versuchen, menschliche Denk- und Verstehensprozesse zu simulieren (vgl. Rosengrün, 2021, S. 24 ff.). Als paradigmatisches Beispiel dafür gilt der Google Go-Algorithmus, der sich auf Basis autonomer Rechenoperationen selbstlernend dazu befähigen konnte, den amtierenden Weltmeister des Strategiespiels *Go* zu schlagen (vgl. Klinger & Pentzold, 2018, S. 194). Auch wenn digitale Artefakte derzeit nicht in einem menschlichen Sinne verstehen und denken können (vgl. Bedorf, 2022), lassen sie sich gemäß des Philosophen Klaus Mainzer zumindest dann als intelligent bezeichnen, wenn sie selbstständig und effizient Probleme zu lösen in der Lage sind (vgl. Mainzer 2019. zit n. Rosengrün, 2021, S. 42). Entsprechend scheint es auch legitim zu behaupten, dass digitale Artefakte eine durch Algorithmen, Codes und Software konstituierte Intentionalität aufweisen könnten (vgl. Bächle, 2014, S. 272, mit Verweis auf H. A. Simon), die programmierten Deduktionen folgt oder sich autonom weiterentwickelt.

Mit diesen Beobachtungen verschiebt sich der analytische Blick auf digitale Artefakte. Denn insofern artefaktanalytische Methoden von einer Relationalität zwischen Subjekten und der sie umgebenden Ding- und Objektwelt ausgehen, die besagt, dass sich *im* Zusammenspiel von Menschen, Dingen, Medien und Artefakten neue Handlungspotenziale, Erfahrungen, Deutungs- und Sinnzuschreibungen entfalten (vgl. Hörning, 2017, S. 74 f.), lassen die zurückgelegten Betrachtungen betonen, dass sowohl die Handlungsabsichten der Subjekte als auch die Handlungsabsichten der Ding- und Objektwelt an ebendieser Relationalität beteiligt sind. Damit wird es zur Frage, wie sich die Handlungsabsichten digitaler Artefakte empirisch weiter ergründen lassen, vor allem deshalb, weil eine neomaterialitätssensible Argumentation ausschließen lässt, dass empirisches Material auf Basis von Gesprächsführungen, strukturellen Betrachtungen der untersuchten Artefakte oder ethnografischen Begehungen schon ausreichend sein könnte. Mit anderen Worten: Die Theorieimplikationen des Neuen Materialismus fordern den spekulativen Gestus der Artefaktanalyse heraus und ermutigen in diesem Sinne zur Suche nach neuen Methoden und Wegen, um Licht in den dunklen Sachverhalt zu bringen, dass Artefakte von sich aus nichts preisgeben können. Gerade diese Suche bringt die psychoanalytische Kategorie des Unbewussten bzw. Nicht-Bewussten insofern neu zur Geltung, als sie anerkennt, dass Subjekte, die nie vollständig über ihre Innenwelt verfügen können, unter den Bedingungen von Digitalität zunehmend in Relation mit intentional agierenden Artefakten treten, über deren Innenwelten sie auch immer weniger zu wissen vermögen. Folglich wird es notwendig, der Artefaktanalyse komplementäre Perspektiven und Methoden zur Seite zu stellen. Der Versuch, sich diesen neuartigen Herausforderungen empirisch anschlussfähig zu stellen, wird im Folgenden darin bestehen, der spekulativen Leerstelle des Artefaktanalytischen mit der Methode der Literaturanalyse zu begegnen. Auf diese Weise wird auf einen tradierten erziehungswissenschaftlichen Forschungsansatz zurückgegriffen, der es erlaubt, die empirischen Schwierigkeiten der Artefaktanalyse im Kontext der Handlungsintentionalität digitaler Medien anhand der Einsichten erzählender Literatur zu reflektieren.

4 Ein explorativer Blick in das Innenleben digitaler Artefakte

Soweit die Zielsetzungen der weiteren Betrachtungen bereits benannt sind, wird es im Folgenden zunächst darum gehen, grundlegende Aspekte der Methode der Literaturanalyse zu benennen (I), um sodann sowohl einen Untersuchungsgegenstand auswählen (II) als auch empirisch analysieren zu können (III).

(I) In dem literaturanalytischen Grundlagenbeitrag *Ausschnitt und Ganzes* aus dem Jahr 1979 heißt es bei Dieter Baacke:

„Die Komplexität und Facettenhaltigkeit sozialer Situationen, mit denen es pädagogisches Handeln immer zu tun hat, erschließt sich in ihren Dimensionen und Möglichkeiten reflektierender Betrachtung am ehesten in Texten, die erzählen. […] Insofern können sie zu Vehikeln pädagogischer Einsicht werden, deren Interesse an verstehendem Handeln durch sogenannte wissenschaftliche Literatur mit Tabellen, Statistiken, Schemata und terminologisch gezügelten Aussagen unter einem mehr oder weniger aufgeheiterten Theoriehimmel oft nicht befriedigt werden kann." (Baacke, 1979, S. 11)

Das hier stark gemachte Potenzial der Literaturanalyse ist im Kontext genuin bildungstheoretischer Frage- und Problemstellungen maßgeblich von Hans-Christoph Koller erkannt und thematisiert worden (vgl. Koller, 2014; zur kritischen Würdigung dieses Ansatzes vgl. Kokemohr, 2018).[3] Hervorzuheben ist in diesem Zusammenhang ein erst kürzlich erschienener Beitrag Kollers mit dem Titel *Inspiration und Irritation durch literarische Texte*, in dem die Position vertreten wird, dass literarische Texte für die empirische Lern- und Bildungsforschung nicht nur eine Inspirations- und Beispielfunktion haben, sondern ebenso „als Ausgangspunkt erziehungswissenschaftlicher Theoriebildung fungieren – also nicht nur zur Illustration anderweitig gewonnener Einsichten dienen, sondern zu neuen Erkenntnissen führen" könnten (Koller, 2021, S. 126). Koller sieht das Potenzial zur *Genese neuer Erkenntnisse* durch die Analyse literarischer Beschreibungen in erster Linie gegeben, da hier einerseits „Menschen und Dinge, individuelle Akteure und soziale Konstellationen, subjektive Erfahrungen und intersubjektive Verflechtungen" mit einer besonderen „Anschaulichkeit, Detailliertheit und Differenziertheit" beschrieben werden (ebd., S. 127). Andererseits stellen literarische Texte einen Gegenentwurf zu wissenschaftlichen Beiträgen dar, indem sie beispielsweise „widersprüchliche, moralische, fragwürdige oder pädagogisch ratlos lassende Positionen" zur Sprache bringen (ebd., S. 129).

Sofern man sich auf die hier angedeuteten Möglichkeiten einlassen möchte, wird man zunächst unmittelbar mit dem Sachverhalt konfrontiert, dass die Methode der Literaturanalyse derzeit auf kein festes methodisches Gerüst zurückgreifen kann, sondern performativ in Form dessen zum Ausdruck kommt, was in praxistheoretischer Hinsicht als *doing theory* bezeichnet wird (vgl. ebd., S. 129 ff.). Wichtiger als einer methodischen Strenge ist literaturanalytischen Bemühungen der theoretische Gestus, neue Positionen und Erkenntnisse durch literarische Texte gewinnen zu können (vgl. ebd., S. 129). Wenngleich kritisch anzumerken bleibt, dass Literaturanalysen ebenfalls auf einer sprachlichen Ebene angesiedelt sind und damit die Bedeutung des (leiblichen) Körpers vorerst ein weiteres Mal ins Abseits stellen könnten, scheinen sie jedoch gerade dann zur Bearbeitung des artefaktanalytischen Problems geeignet, dass (digitale) Artefakte von sich aus nichts preisgeben können, wenn die ausgewählte Literatur mehr über artifizielle Innenwelten zu be-

---

[3] Hinsichtlich der generellen Bedeutung der Literaturanalyse im Kontext psychoanalytischer Forschungskontexte (vgl. Kap. 2) vgl. einführend Quindeau, 2008, S. 12 ff.).

richten wüsste. Wäre dies der Fall, würden Literaturanalysen ein Potenzial hinsichtlich einer „theorieorientierten Forschung" (Bellmann, 2011, S. 220) versprechen und die Arbeit an einer ‚theoretischen Empirie' (vgl. Kalthoff et al., 2008) in Aussicht stellen. Die nachstehenden Überlegungen gelten dem Versuch, diesen Ansprüchen gerecht zu werden.

(II) Im Zentrum dieses Versuchs steht Samanta Schweblins Roman *Hundert Augen*, der die Beziehung zwischen Mensch und Maschine als eine Beziehung zwischen Mensch und Kentuki thematisiert (vgl. Schweblin, 2022). Bei einem Kentuki handelt es sich um einen Hybrid bzw. eine „Kreuzung" (ebd., S. 26) zwischen einem Handy und einem Plüschtier, das beispielsweise die Gestalt eines Maulwurfs, Kaninchens, Pandas, Drachens, einer Krähe oder einer Eule annehmen kann. Sobald die Plüschtiere in Betrieb genommen werden, vernetzen sie sich mit einem Server, um so den Kontakt zu einer zufällig ausgewählten Nutzerin oder einem zufällig gewählten Nutzer „irgendwo auf der Welt" (ebd., S. 25) aufzunehmen. Die ausgewählten Nutzenden können fortan über ein erworbenes Tablet die Kontrolle über das ihnen zugewiesene Kentuki übernehmen. Das Kentuki kann bewegt werden, weil es Rollen an den Füßen hat, es kann beobachten, weil sich hinter seinen Augen kleine Kameras befinden, und es kann durch Geräusche, die an sein tierhaftes Aussehen angepasst sind, auf sich aufmerksam machen. Die dadurch ermöglichte Handlungsfähigkeit erlischt unumkehrbar, sobald die Serververbindung einmal unterbrochen wird. Eine Aufrechterhaltung der Funktionalität der Kentukis ist nur möglich, wenn sie unbeschädigt bleiben und regelmäßig durch ein Andocken an die mitgelieferte Ladestation aufgeladen werden.

Die Beziehung zwischen Menschen und Kentukis ist in erster Linie durch die Entscheidung zwischen Haben oder Sein (vgl. Fromm, 1979/2003) bzw. Besitzen oder Steuern (vgl. Schweblin, 2022) gerahmt. Im Fall des Besitzens gewährt man umfängliche Einblicke in die eigene Privatsphäre, denn „einen Kentuki zu besitzen heiß[t], einem völlig Fremden die Türen seines Hauses zu öffnen" (ebd., S. 185). Demgegenüber bleibt man im Fall des Steuerns anonym und geht stattdessen eine sinnliche Verkörperung mit einem Kentuki ein, die sich dadurch konstituiert, dass es nicht nur Menschen sind, die ein Plüschtier bewegen, sondern auch Plüschtiere, die einen Menschen in sich tragen (vgl. ebd., S. 101). Diese Rahmenbedingungen erscheinen mit Rückgriff auf die dargelegten Theoriesetzungen des vorliegenden Beitrags *zum Ersten* von Interesse, weil ureigene Wünsche, Lust- und Triebregungen (vgl. Kap. 2) in die Beziehung zwischen besitzenden Menschen und gesteuerten Kentukis eingeschrieben sind. Schweblin erzählt in diesem Zusammenhang einerseits von Menschen, die sich Kentukis anschaffen, um ihre Einsamkeit zu lindern oder soziale Beziehungen aufzubauen. Zu nennen ist hier beispielsweise der Vater Enzo, der einen Kentuki besitzt, um die Beziehung zu seinem Sohn zu stärken, der unter der Scheidung seiner Eltern leidet (vgl. ebd., S. 35 ff.). Andererseits werden Menschen beschrieben, die einen Kentuki steuern wollen, um „den Ort zu wechseln, oder den Körper, oder die Welt, was auch immer" (ebd., S. 20). In diesem Sinne erzählt Schweblin beispielsweise von einem Jungen, der „den ganzen Tag als Kaninchen durch das Zimmer einer Frau [spazierte, CL], der er abends beim Duschen zusehen durfte". Ebenso wird ein anderer Junge beschrieben, der „zwölf Stunden in der Woche als Maulwurf in einer Wohnung [lebte, CL], von der aus man die türkisfarbene Küste des Persischen Golfs sah" (ebd., S. 32). Schweblin geht es jedoch nicht bloß um die Beschreibung alternativer Existenzweisen. Vielmehr adressiert sie auch in Gang gesetzte Subjektivierungsprozesse, was z. B. die Darstellung des jugendlichen Protagonisten Marvin verdeutlicht, der durch die Handlungsmöglichkeiten seines zugewiesenen Kentukis den Wunsch entwickelt, zum ersten Mal in seinem Leben Schnee „berühren" (ebd., S. 175) zu wollen. Folglich ist *zum Zweiten* darauf verwiesen, dass Schweblins Erzählung die ‚produktive Verwicklung' zwischen Mensch und Maschine (vgl. Kap. 3) auf Basis der Überlagerung von Realität und Virtualität thematisiert. Exemplarisch dazu heißt es: „Marvin wusste, Freiheit bedeutete in der Welt der Kentukis nicht dasselbe wie in der realen Welt, aber das half einem nicht weiter, schließlich war die Welt der Kentukis auch real" (ebd., S. 146). Ebenfalls ist es z. B. Marvin, der einerseits versucht, sich in einem Spiegel zu erblicken, um sein (äußeres) Dasein als Kentuki selbstreferenziell ergründen zu können, und der andererseits als Kentuki den ersten Kuss seines Lebens erhält (vgl. ebd., S. 70 f.). Damit ist schließlich *zum Dritten* angedeutet, dass es sich bei Kentukis um technische Artefakte handelt, die über eine eigene Erfahrungswelt verfügen und demnach individuelle Handlungsabsichten entwickeln können. Aus neo-materialitätstheoretischer Perspektive handelt es sich bei Kentukis also um Artefakte, in denen ‚Menschliches und Nicht-Menschliches' (vgl. Bennett, 2020, S. 11) offenkundig konvergieren. Kentukis verfügen über Handlungsmächte, die durch einen materialisierten Willen zum Ausdruck gebracht werden. Sie sind das Produkt einer „Liaison […], die sich aus der Verbindung von Bio- und Informationstechnologien bildet" (Angerer, 2017, S. 27). In ihnen spielen sich „‚organisch-technische' Prozesse" ab, die jenseits des „Wahrnehmungsvermögens" (Angerer, 2022, S. 57) ihrer Besitzerinnen und Besitzer liegen.

Bereits mit diesen Beschreibungen scheint hinreichend angedeutet, dass Schweblins Roman eine literarische Welt konstruiert, in der ontologische und epistemologische Dimensionen zusammen gedacht werden. In diesem Sinne bieten sie Betrachtungen, die das Innenleben technischer Geräte in spezifischer Weise thematisieren und in der Folge sowohl Erkenntnisse, Inspirationen als auch Irritationen für artefaktanalytische Frage- und Problemstellungen liefern könnten. Dieses Potenzial soll im Folgenden für das oben diagnostizierte Problem, dass Artefakte von sich aus nichts preisgeben können (vgl. Kap. 3), näher ergründet werden. Schweblins Beschreibungen erscheinen zur Bearbeitung dieses Problems gerade auch deshalb materialreich, weil ihr Roman als Episodenroman angelegt ist. Die weiteren Betrachtungen fokussieren eine Episode, in der die Protagonistin Emilia die Steuerung eines Kentukis übernimmt.

(III) Bei Emilia handelt es sich um eine peruanische Witwe und Rentnerin, die eine Verbindung zu einem Kentuki von ihrem in Hongkong lebenden und arbeitenden Sohn geschenkt bekommen hat. Daraufhin ist es ihr möglich, sich in der Gestalt eines rosaschwarzen Kaninchens mit hervorstehenden Augen und langen Ohren durch das Apartment von Eva, einer jungen, in Erfurt lebenden Frau zu bewegen (vgl. Schweblin, 2022, S. 15–19). Zügig etabliert Emilia die Routine, sich regelmäßig als Kentuki in Evas Apartment einzuloggen (vgl. ebd., S. 45). Emilia interessieren zunächst all jene Dinge, die sich in Evas Wohnung befinden. „Sie stellte sich jedes Mal neben sie, wenn sie die Einkäufe in die Regale räumte, wenn sie das Schränkchen im Flur oder den Schrank im Schlafzimmer öffnete. Wenn Eva sich zum Ausgehen fertigmachte, betrachtete sie ihre Dutzende Paar Schuhe" (ebd., S. 45 f.). Daraus resultiert zunächst, dass Emilia, die Steuerin des Kentukis, und Eva, die Besitzerin des Kentukis, eine Beziehung eingehen, die in Schweblins Erzählung von harmonischen Strukturen geprägt ist. Während Emilia an dieser Beziehung durch Bewegungen sowie ein Quieken oder Schnurren des Kentukis partizipieren kann, werden Evas sprachliche Artikulationen von einer Software für Emilia vom Deutschen ins Spanische übersetzt (vgl. ebd., S. 17–19). Auf der einen Seite wird Evas Leben dadurch um die Präsenz eines technischen Artefakts bereichert, das sie sorgend in ihren Alltag integriert: „Wenn Emilia schnurrte, ließ Eva alles liegen und stehen und kraulte ihrem Kaninchen den Bauch" (ebd., S. 136 f.). Auf der anderen Seite bekommt Emilia ein sich stetig verfestigendes Gespür dafür, dass sie für Eva die Rolle eines Kaninchens einnimmt, wodurch ihr Leben mit neuen Sinnstiftungen angereichert wird (ebd., S. 42–49).

Im weiteren Handlungsverlauf wird die harmonische Beziehung zwischen Mensch und Kentuki dadurch gestört, dass der Protagonist Klaus als Liebesaffäre in Evas Leben tritt. Klaus, der sich offenkundig trotz der Anwesenheit des Kentukis oftmals unbeobachtet zu fühlen scheint, fällt Emilia unter anderem dadurch negativ auf, dass er mehrmals Geld aus Evas Portemonnaie stiehlt und auf die quiekenden Interventionen des Kentukis ignorant oder aggressiv reagiert (vgl. z. B. ebd., S. 99 und 141). Emilia beschließt daraufhin, als Beschützerin in Evas Leben einzutreten (vgl. ebd., S. 142). Als beobachtendes Kentuki sammelt Emilia so lange Informationen über Klaus, bis sie zunächst seinen vollständigen Namen (Klaus Berger) und dann über Google-Suchanfragen seine Handynummer herausfinden kann. Daraufhin ereignet sich das Folgende:

> „Als Emilia die Telefonnummer sah, wusste sie, was sie gleich tun würde; es war nicht ihre Art, still abzuwarten, bis das Unheil hereinbrach, ihren Sohn hatte sie schließlich auch nicht mit gekreuzten Armen aufgezogen. Sie holte ihr Handy, gab Klaus' Nummer ein und schrieb ihm eine SMS: ‚Ich weiß, dass du Geld aus Evas Portemonnaie nimmst', schrieb sie auf Spanisch." (ebd., S. 184 f.)

Damit trifft Emilia eine Entscheidung, die Klaus dazu veranlasst, das Apartment zu verlassen, nachdem er mit Evas Lippenstift eine obszöne Beleidigung auf den Wohnzimmerspiegel geschrieben hat, und zwar in der Höhe, „in der ein Kentuki hätte etwas schreiben können" (ebd., S. 186). Als Eva nach ihrer Rückkehr die Beleidigung sieht, ergreift sie die Wut und macht den Kentuki bewegungs- und handlungsunfähig, indem sie ihn in die Badewanne stellt und das Licht im Badezimmer ausschaltet. Emilia wird dadurch alleine mit dem Gefühl zurückgelassen, „dass das alles zu viel war, dass es viel mehr war, als sie allein verarbeiten konnte" (ebd., S. 188). Da sich der Zustand der Dunkelheit nicht ändert, legt sich Emilia schlafen. Mitten in der Nacht wacht sie inmitten schrecklicher Gedanken an das Erlebte auf und loggt sich erneut als Kentuki ein. Dabei entdeckt sie, dass der Kentuki auf dem Küchentisch steht und geladen wird, woraus Emilia schlussfolgert:

> „Eva hatte ihr verziehen. […] In die Wohnung fiel schon ein wenig Licht, und es war ein Leichtes, von der Ladestation herunterzusteigen und sich Fotos anzusehen, die an dem

Kühlschrank hingen. Von Klaus war keines dabei, doch in der Mitte, unter einem Kalender, gab es eines von Eva und ihr, von Eva mit ihrem Kaninchen." (ebd., S. 189 f.)

Wenngleich Schweblins Erzählung über die Beziehung zwischen Eva und Emilia damit noch nicht an ihr Ende gelangt ist und weitere dramatische Zuspitzungen erfährt (vgl. ebd., S. 230 ff.), kann festgehalten werden, dass die hier rekonstruierten Betrachtungen zahlreiche Fragen adressieren, die zukünftig für Betrachtungen über die Beziehung zwischen Mensch und Maschine von Bedeutung sind: Welche konkreten Auswirkungen haben digitale Artefakte auf unser Denken und Handeln? Ist es möglich, das Digitale zu kontrollieren? Welche Absichten sind tatsächlich in konkrete digitale Artefakte eingeschrieben? usw.

Insofern gerade die letztgenannte Frage für den vorliegenden Untersuchungskontext von elementarer Bedeutung ist, lässt sich *zum Ersten* darauf hinweisen, dass Schweblins Roman verschiedene Erfahrungswelten aus der *Sicht von Kentukis* beschreibt. Die Leserinnen und Leser von *Hundert Augen* werden damit in gewisser Weise selbst zu Voyeuren, indem der Roman ein Nachdenken darüber erlaubt, wie man sich selbst in fremden Gefilden bewegen und was man am liebsten beobachten würde. Auf diese Weise konstruiert der Roman *zum Zweiten* unterschiedliche Möglichkeiten zur Erfahrung einer sprachlich konstituierten Verkörperung, die ein Gespür dafür entwickeln lassen, dass stets menschliche Intentionen in digitale Artefakte eingeschrieben sind, wobei oftmals offen bleibt, ob diese Absichten transparent gemacht werden oder Kriterien der Vernunft unterliegen. So heißt es auch bei Schweblin: „Man könne ja wohl kaum auf die Vernunft der Menschen bauen, und einen Kentuki zu haben, der frei bei einem herumlief, war, als würde man einem Fremden seine Hausschlüssel geben" (ebd., S. 44). Wenn dabei die Perspektive des Romans zutrifft, dass sich Mensch und Maschine gegenseitig affizieren, dann findet *zum Dritten* die neo-materialitätstheoretische Perspektive, dass digitale Artefakte über ein Eigenleben verfügen (vgl. Kap. 3), einen ersten, empirisch anschlussfähigen Zugang, der auch deshalb für vertiefende Analysen inspirierend sein könnte, weil Algorithmen und Künstliche Intelligenzen zwar noch keine „umfassende Handlungsautonomie" vorweisen, aber „ihre Wirkmechanismen" für uns derzeit dennoch „kaum fassbar oder zu verstehen" sind (Bächle, 2016, S. 47). Ihre eigentliche Bedeutung liegt demnach „in den nicht sichtbaren Prozessen" (ebd.), die unser Handeln, unser Denken und damit unsere Welt- und Selbstverhältnisse prägen. Im letzten Teil des Beitrags gilt es, diesen Sachverhalt bildungstheoretisch zu kontextualisieren und zu deuten.

5 Fazit

Der Ausgangspunkt der vorliegenden Betrachtungen besteht in der Annahme, dass sich maschinelle Operationen und Subjekte zunehmend affektiv verschalten. Diese Form der Verschaltung vollzieht sich im Unbewussten, das heißt sie findet ohne explizites Wissen der Subjekte statt, da sie sich nicht auf der Ebene der reflektierten Erfahrungen, sondern auf der Ebene der performativen Handlungen artikuliert. Insofern es sich hierbei um eine explorative und bisweilen im Kontext von Bildung und Digitalität nicht explizit berücksichtigte Perspektive handelt, liefert der vorliegende Beitrag erste Kontextualisierungen, indem er bildungstheoretische und psychoanalytische Prämissen unter Hinzunahme mit theoretischen Anleihen aus dem Neuen Materialismus verbindet (vgl. Kap. 2). Geleitet von dieser Kombination profiliert sich der Sachverhalt, dass digitale Artefakte über ein intentionales Eigenleben verfügen, aber dabei von sich aus nichts über ihr Innenleben preisgeben können, als zentrales Desiderat und neuer Untersuchungsgegenstand für die Lern- und Bildungsforschung (vgl. Kap. 3). Der Beitrag stellt einen Versuch dar, diesem Untersuchungsgegenstand empirisch sensibel zu begegnen (vgl. Kap. 4).

Insofern die Auseinandersetzung mit bildungstheoretischen Prämissen darauf aufmerksam machen konnte, dass der Bildungsbegriff stets aus „einer unausgesöhnten Differenz" (Ehrenspeck & Rustemeyer, 1996, S. 369) zwischen dem jeweils subjektiv Bestimmten und Unbestimmten hervorgeht, stellt die explorierte, digital geprägte Form des Unbewussten eine spezifische Ausprägung des Unbestimmten dar. Dabei ist es gerade diese Form der Unbestimmtheit, die einen neuen Anspruch an den Bildungsbegriff und die Art und Weise, wie wir die Welt und uns selbst in der Welt verstehen (können), stellt. Eine konkrete Gestalt nimmt dieser Anspruch mit einem Verweis auf Hans-Georg Gadamer an, der Bildung einst als die Fähigkeit auswies, sich selbst durch die Perspektiven anderer verstehen zu können (vgl. Gadamer, 1990, S. 19 ff.). Es sind gemäß Gadamer in erster Linie die fremden und gleichsam irritierenden Aussagen, Handlungen, Perspektiven, Ansichten usw. anderer Entitäten, die uns erst einen Weg zu uns selbst ebnen. Übertragen auf die Annahme von der affektiven Verschaltung zwischen Mensch und Maschine lässt sich schließlich die Perspektive Gadamers aktualisieren, wonach Bildung als die Fähigkeit auszuweisen ist, sich selbst durch ein Verständnis digitaler Maschinen besser verstehen zu können, auch wenn dieser Anspruch im Kontext der Psychoanalyse postwendend damit zu quittieren ist, dass dieses Selbstverständnis niemals vollständig möglich ist und eine Utopie bleiben muss (vgl. Lang, 1986, S. 269 f.; Finkelde, 2022, S. 76). Der damit formulierte bildungstheoretische Anspruch an ein Verständnis über digitale Maschinen und Artefakte ist alles andere als neu. Er findet sich bereits durch den Begriff der Medienkompetenz stark gemacht, der übergreifend auf das „Potenzial des Menschen" verweist, „Wissen über Medien zu besitzen und zu erwerben", und in diesem Zuge die Fähigkeit adressiert, „Medien souverän bedienen, kritisch beurteilen und kreativ gestalten zu können" (Hugger, 2021, S. 2). Medienkompetenz setzt damit maßgeblich ein Wissen über Medien voraus. Das Ziel, ein Wissen über Medien zu erwerben, lässt diese traditionell als *black boxes* ausweisen, die es zu dechiffrieren und genauer zu verstehen gilt. Wenn diese Zielsetzung jedoch grundsätzlich mit der Einsicht zu konfrontieren ist, dass wir in den wenigsten Fällen wissen, wie die uns umgebenden technischen Geräte (Computer, Smartphone, Bildschirm, TV, Waschmaschine usw.) funktionieren (vgl. Leineweber et al., 2023, S. 223), so potenziert sich dieser Sachverhalt unter den Bedingungen von Digitalität noch einmal dadurch, dass digitale Operationen zunehmend einen eigenständigen Handlungscharakter aufweisen. Neu ist daher zunächst die Einsicht, dass der Begriff der Digitalität mit dem eigenwilligen Handlungsabsichten digitaler Operationen korrespondiert. In diesem Sinne muss beispielsweise die ‚Handlungsabsicht' des YouTube-Algorithmus als recht komplex eingeschätzt werden, weil es ihm darum gehen könnte, uns durch individualisierte Angebote länger am Endgerät verweilen zu lassen (marktökonomische Intentionalität), uns durch Rezeptionsangebote politisch beeinflussen zu können (politische Intentionalität), Diskriminierungen im sozialen Raum zu fördern (soziostrukturelle Intentionalität), in uns eine Mediensucht hervorzurufen (psychologische Intentionalität) usw.

Ihre volle argumentative Kraft entfaltet diese Perspektive schließlich in der Annahme, dass subjektive Handlungsfähigkeiten unter den Bedingungen von Digitalität zunehmend dadurch mitbestimmt werden, dass sich maschinelle Operationen als gleichberechtigte Entitäten auf der performativen Ebene von Handlungen einschalten. Die Genese eines Verständnisses über sich selbst durch ein Verständnis digitaler Operationen erweitert die sprachlichen Setzungen der Hermeneutik Gadamers hin zu einer ‚digitalen Hermeneutik' (vgl. Romele, 2020) um Dimensionen, die nicht in Worte zu fassen sind: „atmosphärisches Spüren, inneres Erleben, affektive Bande, die Menschen miteinander wie unsichtbar verbinden" (Klein & Liebsch, 2022, S. 18). Wenngleich eine Aufgabe der bildungstheoretischen Forschung darin zu sehen ist, diese Diagnose empirisch weiter zu bestätigen und auszudifferenzieren, lässt sich bereits an dieser Stelle eine neue Einsicht darin ausmachen, dass die Genese eines Verständnisses über sich selbst verstärkt Reflexionen über die Wirkungen des Digitalen auf das eigene Denken und Handeln voraussetzt. Dies erfordert letztlich auch die Entwicklung neuer, explorativer Methoden: Während die Psychoanalyse den Begriff des Unbewussten maßgeblich durch therapeutische Gespräche und Traumdeutungen konkretisieren konnte (vgl. Freud, 1970, S. 31–50), erfordern die Auswirkungen der Digitalität solche Verfahren, die eine Mitbestimmung menschlicher Handlungen und Performanzen durch maschinelle Operationen und Wirkungsweisen dechiffrieren. Die im Titel des vorliegenden Beitrags ausgewiesene Programmatik *unboxing the black box* bezieht sich in diesem Sinne auf den Anspruch, in den Wirkungsweisen maschineller Operationen einen neuen Zugang des Subjekts zu sich selbst zu sehen. Insofern eine wesentliche subjekttheoretische Implikation in der Psychoanalyse darin gesehen wird, „dass das Subjekt auf unüberwindliche Weise von seiner Selbstidentität getrennt ist" (Finkelde, 2022, S. 122), setzt sich diese Trennung angesichts des digitalen Wandels weiter fort. Sowohl technikphilosophische Betrachtungen als auch technikeuphorische Szenarien haben derzeit den Weg zu einem Diskurs geebnet, der die Überwindung des Menschen durch die untrennbare Verschmelzung zwischen Mensch und Maschine intendiert (vgl. einführend Loh, 2020). Ein Gespür für die Wirkweisen des Maschinellen auf den Menschen könnte demgegenüber eine Rückkehr einleiten: eine Rückkehr des Menschen zu sich selbst.

Literatur

Allert, H., & Asmussen, M. (2017). Bildung als produktive Verwicklung. In H. Allert, M. Asmussen, & C. Richter (Hrsg.), *Digitalität und Selbst. Interdisziplinäre Perspektiven auf Subjektivierungs- und Bildungsprozesse* (S. 27–68). transcript.

Amlinger, C., & Nachtwey, O. (2022). *Gekränkte Freiheit. Aspekte des libertären Autoritarismus*. Suhrkamp.

Angerer, M.-L. (2017). *Affektökologie. Intensive Milieus und zufällige Begegnungen*. Meson Press.

Angerer, M.-L. (2022). *Nichtbewusst. Affektive Kurzschlüsse zwischen Psyche und Maschine*. Turia + Kant.

Baacke, D. (1979). Ausschnitt und Ganzes. Theoretische und methodologische Probleme bei der Erschließung von Geschichten. In D. Baacke & T. Schulze (Hrsg.), *Aus Geschichten lernen. Zur Einübung pädagogischen Verstehens* (S. 11–50). Juventa.

Bedorf, T. (2022). Maschinenhermeneutik. In S. Gerlek, S. Kissler, T. Mämecke, & D. Möbus (Hrsg.), *Von Menschen und Maschinen. Mensch-Maschine-Interaktionen in digitalen Kulturen* (S. 15–30). Hagen University Press. https://doi.org/10.57813/20220620-161525-0

Bellmann, J. (2011). Jenseits von Reflexionstheorie und Sozialtechnologie. In J. Bellmann & T. Müller (Hrsg.), *Wissen, was wirkt. Kritik evidenzbasierter Pädagogik* (S. 197–214). VS Verlag für Sozialwissenschaften. https://doi.org/10.1007/978-3-531-93296-58

Bennett, J. (2020). *Lebhafte Materie. Eine politische Ökologie der Dinge*. Matthes & Seitz.

Bettinger, P. (2020). Materialität und digitale Medialität in der erziehungswissenschaftlichen Medienforschung. In *MedienPädagogik: Zeitschrift für Theorie und Praxis der Medienbildung (Jahrbuch Medienpädagogik 15)* (S. 53–77). https://doi.org/10.21240/mpaed/jb15/2020.03.04.X

Bettinger, P. (2023). Biografien als sozio-mediale Gefüge. Medienbildungstheoretische Überlegungen zur Relationalität biographischer Prozesse. In C. Leineweber, M. Waldmann, & M. Wunder (Hrsg.), *Materialität – Digitalisierung – Bildung* (S. 175–191). Julius Klinkhardt.

Bettinger, P., & Jörissen, B. (2021). Medienbildung. In U. Sander, F. von Gross, & K.-U. Hugger (Hrsg.), *Handbuch Medienpädagogik* (S. 81–93). Springer VS. https://doi.org/10.1007/978-3-658-23578-9_10

Bächle, T. C. (2014). *Mythos Algorithmus als Modell des Mensch/Technik-Verhältnisses*. Springer. https://doi.org/10.1007/978-3-658-07627-6_2

Bächle, T. C. (2016). *Digitales Wissen, Daten und Überwachung zur Einführung*. Junius.

Ehrenspeck, Y., & Rustemeyer, D. (1996). Bestimmt unbestimmt. In A. Combe & W. Helsper (Hrsg.), *Pädagogische Professionalität. Untersuchungen zum Typus pädagogischen Handelns* (S. 368–390). Suhrkamp.

Fatke, R., & Scarbath, H. (Hrsg.) (1995). *Pioniere psychoanalytischer Pädagogik*. Peter Lang.

Finkelde, D. (2015). *Exzessive Subjektivität. Eine Theorie tathafter Neubegründung des Ethischen nach Kant, Hegel und Lacan*. Karl Alber.

Finkelde, D. (2019). *Slavoj Žižek zwischen Lacan und Hegel. Politische Philosophie – Metapsychologie – Ethik*. Turia + Kant.

Finkelde, D. (2022). *Das Objekt, das zu viel wusste. Eine Einführung in die Philosophie nach Lacan*. Turia + Kant.

Freud, S. (1912/1975). Einige Bemerkungen über den Begriff des Unbewussten in der Psychoanalyse. In S. Freud (Hrsg.), *Psychologie des Unbewußten. Studienausgabe Band III* (S. 25–36). Fischer.

Freud, S. (1916-17/1975). Vorlesungen zur Einführung in die Psychoanalyse (1916–17 [1915-17]) In *Sigmund Freud. Vorlesungen zur Einführung in die Psychoanalyse Und neue Folge* (Studienausgabe Band I, S. 34–447). Fischer.

Freud, S. (1923/1975). Das Ich und das Es. In S. Freud (Hrsg.), *Psychologie des Unbewußten. Studienausgabe Band III* (S. 223–330). Fischer.

Freud, S. (1924/2020). In von L. Bayer & H.-M. Lohmann (Hrsg.). *Das Unbewusste*. reclam.

Freud, S. (1970). *Abriß der Psychoanalyse/Das Unbehagen der Kultur*. Fischer Bücherei. Fischer.

Fromm, E. (1979/2003). *Haben oder Sein. Die seelischen Grundlagen der neuen Gesellschaft* (31. Aufl.). DTV.

Froschauer, U., & Lueger, M. (2020). *Materiale Organisierung der Gesellschaft*. Beltz.

Gadamer, H.-G. (1990). *Wahrheit und Methode: Grundzüge einer philosophischen Hermeneutik*. J.C.B. Mohr.

Gamm, G. (2000). *Nicht nichts. Studien zu einer Semantik des Unbestimmten*. Suhrkamp.

Günther, K. (2021). Von normativen zu smarten Ordnungen? In R. Forst & K. Günther (Hrsg.), *Normative Ordnungen* (S. 523–552). Suhrkamp.

Habermas, J. (2022). *Ein neuer Strukturwandel der Öffentlichkeit und die deliberative Politik*. Suhrkamp.

Han, B.-C. (2021a). *Infokratie. Digitalisierung und die Krise der Demokratie*. Matthes & Seitz.

Han, B.-C. (2021b). *Undinge. Umbrüche der Lebenswelt*. Ullstein.

Harman, G. (2015). *Vierfaches Objekt. Aus dem Englischen von Andreas Pöschl*. Merve.

Harman, G. (2016). *Immaterialismus*. Passagen Verlag.

Honneth, A. (2016). Freuds Konzept der individuellen Selbstbeziehung. In A. Honneth (Hrsg.), *Pathologien der Vernunft – Geschichte und Gegenwart der Kritischen Theorie* (4. Aufl., S. 157–179). Suhrkamp.

Hörning, K. H. (2017). Wissen in digitalen Zeiten. In H. Allert, M. Asmussen, & C. Richter (Hrsg.), *Digitalität und Selbst. Interdisziplinäre Perspektiven auf Subjektivierungs- und Bildungsprozesse* (S. 69–86). transcript.

Hugger, K.-U. (2021). Medienkompetenz. In U. Sander, F. von Gross, & K.-U. Hugger (Hrsg.), *Handbuch Medienpädagogik* (S. 1–15). Springer.

Jörissen, B. (2015). Bildung der Dinge: Design und Subjektivation. In B. Jörissen & T. Meyer (Hrsg.), *Subjekt – Medium – Bildung* (S. 215–233). Springer VS. https://doi.org/10.1007/978-3-658-06171-5_11

Kalthoff, H., Hirschauer, S., & Lindemann, G. (Hrsg.). (2008) *Theoretische Empirie. Zur Relevanz qualitativer Forschung*. Suhrkamp.

Klein, G., & Liebsch, K. (2022). *Ferne Körper. Berührung im digitalen Alltag*. reclam.

Klinger, U., & Pentzold, C. (2018). Kulturell-kognitiv hergestellte Erwartungen an Big Data. In B. Kolany-Raiser, R. Heil, C. Orwat, & T. Hoeren (Hrsg.), *Big Data und Gesellschaft* (S. 189–197). Springer. https://doi.org/10.1007/978-3-658-21665-8

Koller, H.-C. (2012). *Bildung anders denken. Einführung in die Theorie transformatorischer Bildungsprozesse* (2. Aufl.). Kohlhammer.

Koller, H.-C. (2014). Bildung als Textgeschehen. Zum Erkenntnispotential literarischer Texte für die Erziehungswissenschaft. *Zeitschrift für Pädagogik, 60*(3), 333–349.

Koller, H.-C. (2021). Inspiration und Irritation durch literarische Texte. Zu einer Form erziehungswissenschaftlicher Theoriebildung und ihren Praktiken. In C. Thompson, M. Brinkmann, & M. Rieger-Ladich (Hrsg.), *Praktiken und Formen der Theorie Perspektiven der Bildungsphilosophie* (S. 126–142). Beltz Juventa.

Kokemohr, R. (2018). Bildungsprozesse im Roman? In B. Kleiner & G. Wulftange (Hrsg.), *Literatur im pädagogischen Blick. Zeitgenössische Romane und erziehungswissenschaftliche Theoriebildung* (S. 237–272). transcript.

Kumkar, N. C. (2022). *Alternative Fakten: Zur Praxis der kommunikativen Erkenntnisverweigerung*. Suhrkamp.

Lacan, J. (2006/2019). Die Bildungen des Unbewussten. *Das Seminar*, Buch V. Aus dem Französischen von Hans-Dieter Godeck. Turia + Kant.

Lacan, J. (2008). *Meine Lehre. Aus dem Französischen von Hans-Dieter Gondek.* Turia + Kant.
Lang, H. (1986). *Die Sprache und das Unbewußte. Jacques Lacans Grundlegung der Psychoanalyse.* Suhrkamp.
Lang, H. (2000). *Strukturale Psychoanalyse.* Suhrkamp.
Langnickel, R. (2021). *Prolegomena zur Pädagogik des gespaltenen Subjekts. Ein notwendiger RISS in der Sonderpädagogik.* Barbara Budrich.
Leineweber, C. (2020). *Die Verzeitlichung der Bildung. Selbstbestimmung im technisch-medialen Wandel.* transcript. https://doi.org/10.14361/9783839450192
Leineweber, C., Waldmann, M., & Wunder, M. (2023). Materialität – Digitalisierung – Bildung. Neo-materialistische Perspektiven. In C. Leineweber, M. Waldmann, & M. Wunder (Hrsg.), *Materialität – Digitalisierung – Bildung* (S. 210–258). Julius Klinkhardt.
Loh, J. (2020). *Trans- und Posthumanismus zur Einführung* (3. Aufl.). Junius.
Lueger, M., & Froschauer, U. (2018). *Artefaktanalyse. Grundlagen und Verfahren.* Springer. https://doi.org/10.1007/978-3-658-18907-5
Marcuse, H. (1969). *Ideen zu einer kritischen Theorie der Gesellschaft.* Suhrkamp.
Marcuse, H. (1970). *Triebstruktur und Gesellschaft. Ein philosophischer Beitrag zu Sigmund Freud.* Suhrkamp.
Marotzki, W. (1984). *Subjektivität und Negativität als Bildungsproblem.* Peter Lang.
Marotzki, W. (1990). *Entwurf einer strukturalen Bildungstheorie.* Deutscher Studienverlag.
Mau, S. (2018). *Das metrische Wir. Über die Quantifizierung des Sozialen* (2. Aufl.). Suhrkamp.
Meyer-Drawe, K. (2018). *Die Welt als Kulisse. Übertreibungen in Richtung Wahrheit.* Ferdinand Schöningh.
Pagel, G. (1989). *Lacan zur Einführung.* Junius.
Quindeau, I. (2008). *Psychoanalyse.* W. Fink.
Rieger, S. (2003). *Kybernetische Anthropologie.* Suhrkamp.
Romele, A. (2020). *Digital Hermeneutics. Philosophical Investigations in New Media and Technologies.* Routledge.
Rosa, H. (2005). *Beschleunigung. Die Veränderung der Zeitstrukturen in der Moderne.* Suhrkamp.
Rosengrün, S. (2021). *Künstliche Intelligenz zur Einführung.* Junius.
Schweblin, S. (2022). *Hundert Augen. Aus dem Spanischen von Marianne Gareis.* Suhrkamp.
Senarclens de Grancy, M. (2022). *Der heißeste Wunsch der Menschheit.* Matthes & Seitz.
Stalder, F. (2016). *Kultur der Digitalität.* Suhrkamp.
Volgelmann, F. (2022). *Die Wirksamkeit des Wissens. Eine politische Epistemologie.* Suhrkamp.
Wiesing, L. (2008). Was sind Medien? In S. Münker & A. Roesler (Hrsg.), *Was ist ein Medium?* (S. 235–248). Suhrkamp.
Wulftang, G. (2016). *Fremdes – Angst – Begehren. Annäherungen an eine Theorie transformatorischer Bildungsprozesse.* transcript. https://doi.org/10.14361/9783839430231.
Žižek, S. (2016). *Lacan. Eine Einführung* (5. Aufl.). Fischer.

Die (post)digitale Universität. Lehre und Bildung nach der Pandemie

6

Erik Ode

Inhaltsverzeichnis

1 Ausnahmezustand – die Geburt der Reform aus dem Geist der Krise 112
2 Virtuelle Universitäten – eine erfundene Erfolgsgeschichte 115
3 Die Lehren aus COVID – vom alten und neuen Charme der Präsenz 118
4 Universitäten im Widerstand und Kritik neuer Lehrformen 121
Literatur 126

Zusammenfassung

Der Streit über notwendige Neuausrichtungen der Universität ist kein neues Phänomen. In geschichtlicher Betrachtung ist der Anstieg des Publikationsaufkommens in Reformphasen wohlbekannte Normalität. Mit kritischem Blick auf die Auswirkungen der sog. Wissensgesellschaft schreibt Ex-HRK-Präsident Klaus Landfried (Landfried, 2004, S. 52): „Versuche zur Beantwortung der Fragen nach der Zukunft der Universitäten füllen viele Regalmeter". Dass die Diskussion bis heute nicht abebbt und die Forderung nach grundlegenden Veränderungen regelmäßig wiederkehrt, liegt an der Abhängigkeit der akademischen Bildung von gesellschaftlichen Wandlungsprozessen, die aktuell durch technologischen Fortschritt oder unvorhergesehene Krisen wie die COVID-19-Pandemie in Gang gehalten werden. Der Beitrag konzentriert sich auf den Aspekt der Digitalisierung als Chiffre für gegenwärtig erhobene Forderungen, die Universität zeitgemäß anzupassen und zukunftsfähig zu machen. Seit der Pandemie haben wir es mit

E. Ode (✉)
Institut für Bildungswissenschaft (IfB), Universität der Bundeswehr München, Neubiberg, Deutschland
E-Mail: erik.ode@unibw.de

© Der/die Autor(en), exklusiv lizenziert an Springer Fachmedien Wiesbaden GmbH, ein Teil von Springer Nature 2024
M. Pieper, T. Neuhaus (Hrsg.), *Bildung und Digitalität*, ars digitalis,
https://doi.org/10.1007/978-3-658-44228-6_6

einer beschleunigten Implementierung digitaler Technologien zu tun, mit der die überlieferten Prinzipien universitärer Bildung erneut zur Disposition gestellt werden. Zunächst soll ein Rückblick auf die Jahrtausendwende als Startpunkt umfassender Reformen erfolgen, die im bisher nur wenig beachteten Zusammenhang mit dem technologiebedingten Krisenszenario des Y2K-Problems gedeutet werden. Anschließend wird das Scheitern der virtuellen Universität und der MOOCs diskutiert, die einst als Revolution angekündigt wurden, aber bei der Bewältigung der Corona-Krise nicht die erhoffte Rolle spielen konnten. Im letzten Schritt werden die Erfahrungen während Lockdowns und die Rückkehr zur Präsenzlehre in den Blick genommen, um die Universität als Ort des Widerstands erneut sichtbar werden zu lassen.

Schlüsselwörter

Digitale Universität · COVID-19-Pandemie · Hochschulreform · MOOCs · Y2K-Problem

1 Ausnahmezustand – die Geburt der Reform aus dem Geist der Krise

Das Jahr 2000 findet nicht statt. Was heute absurd klingt, war der Versuch den Schlusspunkt der Moderne zu setzen. Eine prägnante Jahreszahl eignete sich offenbar gut als endgültiges Verfallsdatum. Als Jean Baudrillard (Baudrillard, 1990) mit seinem gleichlautenden Essay das große Finale ankündigt, waren Endzeitbefunde in Intellektuellenkreisen gerade en vogue. Das Signum der Epoche, so seine Behauptung, sei Beschleunigung und Hyperrealität. Informationsflut, Ereigniskaskaden und neue Medientechnologien ließen ein virtuelles Scheinleben zurück, das zur reinen Simulation zu verkommen drohe. Mit dem Einzug des Codes in sämtliche Sphären würden alle Pläne obsolet die Geschichte des Vernunftsubjekts fortzuschreiben. Rationale Erklärungsmodelle und tragfähige Aussagen über den Fortgang des Weltgeschehens wandelten sich im Kontext radikaler Subjektkritiken zu reinen Fiktionen. Fraglos beschränkt sich bis heute die Zirkulation postmoderner Theoreme auf einen kleinen Bereich, in dem Menschen dazu bereit sind sich auf deren irritierenden Charme einzulassen. In der Regel verbleiben sie in den Seminaren der Humanities und warten auf ihre Wiederentdeckung.

Kurioserweise hätte Baudrillard beinahe recht behalten, denn 1999 war das Ende tatsächlich zum Greifen nahe. Zumindest wenn man den Prognosen der Skeptiker Glauben schenken wollte, die im sog. Millenium-Bug den Auslöser des Weltuntergangs sahen. Um Speicherplatz einzusparen, wurde bei der Computerprogrammierung lediglich ein zweistelliges Datumsformat verwendet. Wie würden die sensiblen Komponenten reagieren, wenn ein bis dato stets gleichmäßig steigender Wert wieder auf Null gesetzt wird? Die Lösung des Y2K-Problems wurde seit den Anfängen der Digitalisierung immer wieder vertagt, und nun steuerte man sehenden Auges in die Katastrophe. Der kontinuierliche Ausbau komplexer Datenverarbeitungssysteme hatte immense Abhängigkeiten erzeugt, ohne dass man sich in die Lage gebracht hatte, ein klares Defizit rechtzeitig zu beheben. Kein böses Genie à la Descartes, kein Computervirus oder Cyber-Angriff waren nötig, um die hoch technisierte Welt an den Abgrund zu führen. Ökonomisches Kalkül und naive Vogel-Strauß-Politik waren ausreichend. Die Vorhersagen reichten vom Kollaps der kritischen Infrastruktur über eine globale Finanzkrise bis hin zum dritten Weltkrieg durch die Fehlauslösung von Kernwaffen. Die postdigitale Epoche war für einen kurzen Moment der Geschichte ein vorstellbares Szenario.

Noch leben wir in präapokalyptischen Zeiten. Der Aufbruch ins neue Jahrtausend gelang ohne Rückfall in einen analogen Urzustand und unsere Welt hat den düsteren Voraussagen erneut standgehalten. Die meisten Menschen haben wahrscheinlich kaum Effekte gespürt, und somit ist die Panik schnell verflogen. Die Untergangspropheten und notorischen Schwarzmaler waren vorerst verstummt. Ob es nun Glück oder Zufall war, dass sie im Falle von Y2K alle falsch lagen, lässt sich wohl nicht mehr restlos aufklären, wohl aber, dass wir offenbar schlecht darin sind, unerwünschte Effekte unseres Handelns im Vorfeld zu bedenken und durch Reformen abzuwenden; oder uns zumindest adäquat auf das vorzubereiten, was nicht mehr aufzuhalten ist. Sind die weltweiten Problemlagen wie die Klimakrise, Kriege oder Epidemien allesamt Herausforderungen, die uns derart überfordern, dass wir sie in hektischer Betriebsamkeit einfach auf uns zukommen lassen, weil sie schlicht „too big to handle" (Steinbeis, 2014) sind?

In bildungspolitischer Hinsicht fand das Jahr 2000 nicht nur statt, sondern markiert den Beginn beispielloser Reformen. Schulen wurden genötigt auf die deutsche „Bildungskatastrophe" nach dem „PISA-Schock" (Faller, 2019) zu reagieren, während in den Universitäten der sog. Bologna-Prozess startete, im Zuge dessen die Umstellung aller Studiengänge ungeachtet der vielen Kritiken und Einwände gegen eine zunehmende Ökonomisierung der Bildung (vgl. Frost, 2006; Krautz, 2007) vollzogen wurde. Bologna hat gewaltige Ressourcen gebunden um nun festzustellen, dass der eigentliche Strukturwandel im Sinne einer künftigen Wettbewerbsfähigkeit und „akademischen Elite" (Münch, 2007) unter ganz anderen Vorzeichen hätte stattfinden sollen. Die Zeichen der Zeit wurden fehlgedeutet.

Eine der Lehren aus der Corona-Pandemie muss demnach lauten, dass die kostenintensiven Großreformprojekte der Jahrtausendwende nicht geeignet waren, sich für eine derartige Eskalation wie die Schließung aller Bildungseinrichtungen zu wappnen – Schulen und Hochschulen waren und sind offensichtlich nicht krisensicher. Die Stützpfeiler der selbst ernannten Wissensgesellschaft hatten von ihrer eigenen Zukunft keine Vorstellung und kein Konzept. Die Umstellung des Lehrbetriebs auf Online-Formate erfolgte vielmehr im Rahmen „eines unfreiwilligen Praxistest[s] für netzbasierte Lehre" (Lankau, 2022, S. 12). Zwar lässt sich inzwischen eine Aufarbeitung der während des Lockdowns gemachten Erfahrungen erkennen (Göbel et al., 2021). Der Tenor lautet aber durchweg, dass die Universitäten wieder vor großen Herausforderungen stehen und die Pandemie bereits bestehende Problemlagen wie mangelnde Ausstattung, fehlende Zeit für Weiterbildungen etc. (vgl. Hochschulforum Digitalisierung, 2023, S. 7 f.) sowie den Einfluss sozioökonomischer Herkunftsfaktoren auf den Bildungserfolg weiter verschärft hat (Breitenbach, 2021). Zudem ist die Entwicklung neuer Lehrkonzepte äußerst zeitintensiv, und sie müssen sich im laufenden Betrieb bewähren.

Die Universitäten befinden sich in einem Zukunftsparadoxon: Die Zeiträume, die für die Aufarbeitung von Krisen und Planung von Reformen und Zukunftsstrategien zur Verfügung stehen, werden immer enger, während die Herausforderungen stets komplexer werden. Y2K hätte als mahnendes Beispiel dienen können, dass wir die Gefahr eines Kontrollverlustes ernst nehmen sollten, welche daraus resultiert, dass wir durch unser eigenes Verhalten zu Gegenreaktionen gezwungen werden, die sich aufgrund des Zeitmangels unzureichend oder völlig kontraproduktiv erweisen können. Eine weitere augenfällige Paradoxie lässt sich hier gleich anfügen: Die aktuell sichtbarsten Forderungen nach einer Entschleunigung bei der Entwicklung Künstlicher Intelligenz kommen aktuell nicht aus dem für kritische Debatten stehenden Feld der academia sondern von jenen Akteuren, die maßgeblich am Ausbau der Zukunftstechnologien beteiligt sind. Der kürzlich von Elon Musk, Steve Woszniak und über 1000 anderen Tech-Unternehmern unterzeichnete Aufruf zu einem sechsmonatigen Moratorium (Futureoflife, 2023) belegt, dass man selbst in Entwicklerkreisen nicht mir der Macht der eigenen Erfindungen gerechnet hat. Die jüngsten Erzeugnisse mit Disruptionspotenzial wie KI und ChatGPT zeigen auf ein bekanntes Dilemma aus der Fortschrittsethik: Was *möglich* ist, wird irgendwann auch *wirklich*. Spätestens dann muss – womöglich wider besseres Wissen – selbst gehandelt werden, im Wettlauf mit denjenigen, die nicht gezögert haben, und schon viel weiter sind. In technikphilosophischer Perspektive feiert derzeit Günther Anders' Jahrhundertthese der menschlichen „Apokalypse-Blindheit", nach der wir (irrigerweise) glauben, das, was wir können, auch zu dürfen (vgl. Anders, 1994) eine beeindruckende Renaissance. Am Ende ist der moderne Mensch seinen eigenen Produkten nicht mehr gewachsen und wird von ihnen überwältigt. Verantwortungsvolle Wirtschaft und Politik im Sinne der Zukunftssicherung müsste im Grunde immer genau diesen Punkt im Blick haben.

Der scheinbar unaufhaltsame Ausbau digitaler Technologien in sämtlichen Lebensbereichen kehrt den prekären Status kritischer Zeitdiagnosen im Stile Günther Anders' in der hektischen Betriebsamkeit des akademischen Alltags nun umso deutlicher hervor. Während die Universitäten noch mit der rechtlichen Absicherung von Online-Prüfungen und Vermeidung von Täuschungsversuchen befasst sind, steht mit den Chatbots die nächste Neuerung an, die im Bereich Studium und Lehre für erhebliche Irritationen sorgen kann. Computer haben schon so viele Bereiche erobert, nun also auch die Grundpfeiler der akademischen Ausbildung: Recherche, Reflexion und Dokumentation. Corona hat somit nicht nur die Einführung neuer Lehrformate beschleunigt, sondern steht am Beginn einer Epoche, die als tiefgreifender Wandel diskutiert wird, welcher Bildung, Kultur und Gesellschaft gleichermaßen betrifft. Digitalisierung ist „quasi Modernisierung auf Steroid", wie Neyer und Kurz (2022, S. 612) es kürzlich prägnant formuliert haben. Wie langlebig sind akkreditierte Studienprogramme (und entsprechend aufwändige Zulassungsverfahren), wenn die üblichen Lehr- und Prüfungsformate noch nicht an die neue Situation angepasst wurden?

Wenn die Universitäten von diesem Wandel nur getrieben werden anstatt ihn mitzugestalten und auch die künftige Generation von Studierenden und Lehrenden zu dieser Gestaltung aufgrund des Zeitmangels nicht ausreichend befähigt werden können: Lohnt es sich dann überhaupt noch die Frage nach der Zukunft der Universität zu stellen, wenn ihre künftige Erscheinungsform in einer „Kultur der Digitalität" (Stalder, 2016) sich erst in einem geschichtlichen Prozess offenbaren wird, bei dem die organisierte Wissenschaft lediglich Zuschauer ist? Folgende Prognosen können hellhörig machen: „In 50 Jahren werden sich die Menschen gar nicht so sehr an die Epidemie selbst erinnern. Stattdessen werden sie sagen: Dies war der Moment, an dem die digitale Revolution Wirklichkeit wurde" (Lüpke & Harms, 2020; zit. n. Lankau, 2022, S. 15). Welche Disziplin und welcher Theoriediskurs kann dazu beitragen der wachsenden Schieflage zwischen ihrer reichen Tradition und der drohenden Wandlung der Universität zur automatisierten Lernfabrik wirksam zu begegnen?

In theorie- und ideengeschichtlicher Perspektive bietet sich erneut zur Klärung an, ob der Humboldt'sche Gründungsmythos einer Bildung des Menschen in Freiheit an einer unbedingten Universität (Derrida, 2001) nach den neoliberalen Eingriffen der 2000er-Jahre nun auch die digitale Wende übersteht. Anknüpfen können solche Überlegungen an dem Prinzip, dass Reflexionen über die Zukunft der Bildung und ihrer Institutionen stets gleichzeitig als Bedingung und Aufgabe gelten können. Grundlagentheoretische Ausführungen sind immer auch als Selbstadressierung und Selbstvergewisserung zu verstehen. Sie eröffnen ein Feld des produktiven Streits, deren idealer Austragungsort immer noch die Universität ist, deren historische Transformationen zu keiner Epoche völlig kommentarlos erfolgt ist – Humboldt war mit Bologna wieder in aller Munde. Vieles, was für die Zukunft relevant sein könnte, lässt sich erst aus ihrer Vergangenheit verstehen und argumentativ weiterführen. Oft genügen Einzelaspekte und vorläufige Analysen um den Erneuerungseifer abzukühlen und die Vision vom neuen Zeitalter zu entzaubern. Die bisherige Geschichte der Informatisierung akademischer Lehrinhalte und ihrer Vermittlung belegt zweifelsfrei, dass die digitale resp. virtuelle Universität als Universalmodell für Höhere Bildung längst gescheitert ist und selbst ein so einschneidendes Ereignis wie die die Corona-Krise nicht zu ihrer Wiederauferstehung beigetragen hat.

2 Virtuelle Universitäten – eine erfundene Erfolgsgeschichte

Digitale Bildung, virtuelle Universität, Online-Lehre etc. – das Tableau an zeitbedingten Kompositionen rund um internetbasierte Lehr- und Lernformen ist lang und verwirrend. Dass Bildung als Begriff weder gemeint noch theoretisch reformuliert wird, wenn sich ein bestimmter Reformjargon einmal etabliert hat, wusste bereits Friedrich Nietzsche, als er 1872 in Basel dem Modernisierungspathos seiner Zeit den Spiegel vorhält (Nietzsche, 1999). Seit jeher liegen Euphorie und Kritik eng beieinander, wenn es um die geplante Sanierung eines so sensiblen Bereichs wie den der (Höheren) Bildung geht. Wie im Folgenden schlaglichtartig rekapituliert werden soll, setzt die Entwicklung einer digitalen bzw.

virtuellen Universität aber nicht erst mit den ambitionierten Reformprojekten der Jahrtausendwende ein. Was ihre flächendeckende Umsetzung und Akzeptanz betrifft, kann kaum von einer Erfolgsgeschichte gesprochen werden, im Gegenteil: Es spricht einiges dafür die ausladenden Visionen einer völlig neuen Art des Studierens und Lehrens als endgültig gescheitert zu betrachten. Es sei daher die These zur Diskussion gestellt, dass die größte Chance der Pandemie nicht darin besteht, die Digitalisierung der Bildung ohne kritische Bilanz der bisherigen Erkenntnisse und auf Basis von Scheinbegründungen weiter zu forcieren, sondern eine größere Bereitschaft an den Tag zu legen aus den negativen Erfahrungen für die Zukunft zu lernen. Erst wenn man sich von abgehobenen Visionen einer vollständig digitalisierten Bildung distanziert, sind faire Aushandlungen und sinnvolle Anpassungen in Sinne einer bestmöglichen Lösung, auch im Hinblick auf erneute Krisenszenarien möglich.

Zukunftsfantasien über die Computerisierung der Pädagogik sind keineswegs ein neues Phänomen. Schon Mitte der 1980er-Jahre wurden Forderungen laut die PC-Ausbildung voranzutreiben und das Lernen am Computer mit dem bis heute gültigen „simplen Argument" zu fördern, dass „Computer zur Lebenswelt" gehörten (vgl. Rekus, 2023, S. 207). Eine Untersuchung der politischen Stellungnahmen zur pädagogischen Relevanz der Informationstechnologie ließ schon damals keinen Zweifel an der politischen Überzeugung, dass es sich künftig um unverzichtbare Qualifikationen im Range einer „Allgemeinbildung des 21. Jahrhundert" handeln würde (vgl. Faulstich-Wieland, 1986). Vor vierzig Jahren waren das Internet bzw. World Wide Web als globales Computernetzwerk noch Zukunftsmusik, und so dauerte es einige Zeit, bis die Überlegungen zu einer „virtuellen Universität" (Schulmeister, 2002) konkreter wurden, und in der bildungspolitischen Beratung schließlich von einem „Quantensprung in der Wissensvermittlung" die Rede war, mit dem der „Zugang zum Internet zum entscheidenden Faktor für die Qualität von Bildung und Ausbildung" werden würde (Empfehlungen, zit. n. Schulmeister, 1999, S. 1).

Es entbehrt nicht einer gewissen Ironie, dass man gerade dort nicht lernen will, wo es um das Lernen selbst geht: Das Argument für die Einführung virtueller Universitäten und e-Learning etc. ist nicht ihr pädagogischer Sinn und Nutzen, sondern allein ihre technische Realisierbarkeit, wie Rolf Schulmeister (1999, 2002) schon in der Anfangszeit entsprechender Konzepte kritisch angemerkt hat. Eher beiläufig notiert er, dass virtuelles Lehren und Lernen nicht nur didaktisch fragwürdig seien, sondern die neuen Online-Studienangebote auch in „ökonomischer Hinsicht keinen durchschlagenden Erfolg nachweisen konnten" (2002, S. 2). Aus pädagogischer Sicht könnte von einem glücklichen Umstand gesprochen werden, dass virtuelle Lehr- und Lernformen nicht zum gängigen Standard wurden, zumal Pädagogik zuerst den lernenden Menschen im Blick haben sollte und erst dann die geeigneten Methoden und Werkzeuge. Die Vergänglichkeit von technologischen Trends, die ihre Versprechungen nicht einlösen und an menschlichen Grundbedürfnissen vorbei entwickelt werden, kann am Beispiel der sog. MOOCs gezeigt werden, die vor gut einer Dekade als Revolution der Hochschulbildung angekündigt wurden, dann aber sehr schnell in Vergessenheit gerieten.

Als sich in den 2010er-Jahren abzeichnete, dass mobile Endgeräte wie Smartphones und Tablets zu ständigen Begleitern einer neuen Generation von Digital Natives werden würden, war es nur eine Frage der Zeit bis auch die akademische Ausbildung in den Sog der elektronischen Medien geraten würde. In Bezug auf Schulen und Hochschulen lässt sich jedoch kein nahtloser Übergang von analogen zu digitalen Lehrformen feststellen, wie die Geschichte der MOOCs offenbart (vgl. Ode, 2014). Man hatte die Rechnung ohne den Wirt gemacht und die traditionelle Präsenzuniversität mit angeblich völlig veralteten und unattraktiven Lehrformen wie Vorlesungen und Seminare reichlich verfrüht zum Auslaufmodell erklärt. Gut zehn Jahre nach dem MOOC-Hype ist von der anfänglichen Euphorie jedenfalls nicht mehr viel zu spüren, und die Frage wäre berechtigt, warum sie in Zeiten der Corona-Pandemie kein fulminantes Comeback feiern konnten. Die Versorgung großer Studierendenzahlen jenseits überfüllter Hörsäle wäre ein nahe liegender Verwendungszweck der offenen Massenveranstaltungen gewesen, die jedem Studierenden eine orts- und zeitunabhängige Teilnahme an den Lehrveranstaltungen ermöglicht hätte. Entgegen allen vollmundigen Prognosen kann festgehalten werden, dass die MOOCs bereits 2015 als „massiv gescheitert" (Brinck, 2015) galten und nicht nur aufgrund didaktischer Fehlannahmen und völlig überzogener Erwartungen als „absoluter Flop" (Lankau, 2015) in die Bildungsgeschichte eingegangen sind. Allein ihr wirtschaftlicher Misserfolg hat selbst ihren Erfinder, den deutschen Informatiker und Robotik-Spezialisten Sebastian Thrun dazu bewogen, sich von den MOOCs als „lousy product" öffentlich zu distanzieren (vgl. Deimann, 2015). Die 2011 gegründete Plattform iversity musste 2016 Insolvenz anmelden. Dies wird nun mit kostenpflichtigen Kursen und bezahlten Zertifikaten für den Unternehmensbereich zu kompensieren versucht (vgl. Hochschulforum Digitalisierung, 2017), wie Schulmeister schon 2013 vorgezeichnet hatte, als er die Frage „offene Bildung oder Geschäftsmodell?" in Bezug auf die MOOCs stellte.

Um die Gründe für die fehlende Akzeptanz der netzbasierten Massenvorlesungen als Ersatz für analoge Lehre zu ermitteln, bedarf es für pädagogisch einigermaßen Vorgebildete keine tiefschürfenden Analysen. Die exorbitant hohen Abbrecherquoten lassen sich aus dem Fehlen sämtlicher grundlegender Faktoren erklären, ohne die eine didaktisch und pädagogisch sinnvolle, dauerhaft beständige, d. h. bildende Beziehung zwischen Lehrenden und Lernenden gar nicht erst entstehen kann. Die Unverbindlichkeit, der fehlende Diskurs, die Distanzierung vom Gegenstand und die Isolation der Teilnehmenden in einem anonymen Massenversorgungssystem, das weitgehend auf Skinners programmiertem Unterricht und Konditionierung durch Abschlusstests basierte, war von Anfang an zum Scheitern verurteilt. Daran konnten auch begleitende Onlineforen mit interaktiven Anteilen nichts ändern, sodass es nur eine logische Konsequenz war, mit dem Ausbruch des Corona-Virus in der Lehre nicht auf MOOCs sondern auf Videokonferenzsysteme wie Zoom, BigBlueButton oder Cisco Webex zu setzen, um nicht erneut dem Irrtum zu unterliegen, dass man im digitalen Setting auch nur ansatzweise auf das Humboldt'sche Prinzip des „ununterbrochene[n] Zusammenwirkens", das „sich immer wieder selbst beleben muss", verzichten könnte (Humboldt, 2002, S. 256). Studierende von jeder festen Zeitstruktur und jeder regelmäßigen Gesprächs- und Begegnungsmöglichkeit abzukoppeln und aufgezeichnete Vorlesungen als offene, barrierearme und frei zugängliche Bildung zu präsentieren, hat sich als Irrweg herausgestellt. Das Einfallstor für Profitmaximierung und Kommerzialisierung des Grundrechts auf Bildung durch Privatunternehmen wurde sehr schnell erkannt und zügig geschlossen. An dieser Stelle sei ein plakativer Vergleich gezogen: Wer die virtuelle Universität und die Vorlesungskonserven der MOOCs als gleichwertiges Pendant zu Präsenzveranstaltungen an einer Universität erachtet, scheint auch davon auszugehen, dass zwischen einem YouTube-Video und einem Live-Auftritt, bei dem ich mit dem Künstler persönlich interagieren kann, kein nennenswerter Unterschied besteht – oder mehr noch, dass das Video attraktiver sei, da ich es ja jederzeit und immer wieder konsumieren kann.

Zusammenfassend bietet die bisherige Geschichte der Digitalisierung und Virtualisierung von Lehre und Studium keinerlei Anlass für übertriebenen Erneuerungseifer und allzu große Zukunftserwartungen. Die bisher ausgerufenen ‚Revolutionen' scheitern meist schon an unklaren bzw. irreführenden Begrifflichkeiten, deren Wortherkunft entlarvt, dass sie nicht zu Ende gedacht wurden und lediglich auf leicht durchschaubare und recht ungelenke Weise Diskurshegemonie erzeugen wollen: „Virtuell" heißt „möglich, gedacht", „als Kraft vorhanden ohne Wirksamkeit" (DWDS, 2023). Etwas, das (technisch) möglich oder realisierbar erscheint, wird deshalb noch lange nicht wirklich oder real und sollte es vielleicht auch gar nicht werden. ‚Digitale Bildung' ist in stringenter Auslegung nichts weiter als ein leerer Signifikant. Das, was bezeichnet werden soll, existiert nicht. Bildung selbst kann aufgrund ihrer Gebundenheit an menschliche Bedingungen und geistige Prozesse nicht ‚digital' sein; sie kann allenfalls durch digitale Medien angereichert und unterstützt werden. Und so gilt es künftig mit der Virtualisierung bzw. Digitalisierung nüchtern umzugehen und in einschlägigen Debatten auf klare Unterscheidungen der verwendeten Begriffe zu bestehen. Im besten Sinne sind die vorgestellten Lehrkonzepte gedankliche Möglichkeiten und Experimentierfelder, die neue Erkenntnisse hervorbringen und durchaus vielversprechende Ergebnisse zeitigen können. Digitale (Bildungs)welten sind und bleiben aber keine echten Bildungswelten und die „digitale Bildungsrevolution" (Dräger & Müller-Eiselt, 2015) lediglich eine „Erfindung", wie Markus Deimann (2015) in kritischer Perspektive auf die markigen Behauptungen des „radikalen Wandels" (Dräger & Müller-Eiselt, 2015) betont.

3 Die Lehren aus COVID – vom alten und neuen Charme der Präsenz

Ende Januar 2020 ist eine Situation eingetreten, mit der selbst die engagiertesten Befürworter der Digitalisierung im Bildungswesen nicht rechnen konnten. Der Ausbruch der COVID-19-Pandemie und der Beschluss der Bundesregierung, das öffentliche Leben Ende März 2020 auf ein Minimum zu reduzieren, betraf vor allem kontaktintensive Bereiche mit hohem Infektionsrisiko wie Schulen, Kitas und Hochschulen. Die Präsenzlehre an Universitäten wurde zugunsten der Online-Distanzlehre ohne längere Vorbereitungsphasen nahezu vollständig ausgesetzt. Es dauerte zwei Jahre bis im Sommersemester 2022 der Präsenzlehrbetrieb unter besonderen Schutzmaßnahmen allmählich wieder aufgenommen wurde. Für den Bereich Studium und Lehre wurde in Stellungnahmen der Leitungsgremien häufiger betont, dass man dort besonders „differenziert und effizient gehandelt" (Hochschulrektorenkonferenz, 2023) hätte, und dass die Umstellung auf digitale Lehre, anders als in Schulen, weitgehend reibungslos verlaufen wäre. Es gelang auf diese Weise nicht nur das Infektionsgeschehen einzudämmen, sondern es wurde zugleich allen Studierenden trotz massiver Einschränkungen „kontinuierlich ermöglicht, ein Studium zu absolvieren und abzuschließen" (ebd.).

Die Pandemie hat ihren Schrecken inzwischen verloren und wurde offiziell für beendet erklärt. Die Universitäten kehren genauso übergangslos in ihren Zustand vor Corona zurück, wie sie in ihn eingetreten sind. In kurzer Zeit werden alle Maßnahmen wie die Umstellung auf Online-Distanzlehre, tagefüllende Videokonferenzen und Kontaktbeschränkungen wieder vergessen sein.

Welche Erkenntnisse wurden gewonnen, oder modern: Was sind die lessons learned? Dass der Lockdown für viele Menschen, insbesondere Familien mit Kindern in den Ballungsräumen, eine gewaltige Belastung dargestellt hat, steht außer Zweifel. Aus (bildungs)wissenschaftlicher Sicht kann man von einer überdimensionalen Laborstudie sprechen, die einen reichen Erfahrungsschatz hervorgebracht hat, den es nun zu heben gilt. Frei von Zynismus ist anzuerkennen: Die historisch beispiellose und bis zur Pandemie völlig undenkbare Situation, Kinder, Schüler und Studierende zum Kontaktverzicht anzuhalten und ihren Bewegungsradius auch unter Strafbewehrung auf die heimische Sphäre zu begrenzen, war in einer Hinsicht sehr wertvoll: Sie hat eindrucksvoll belegt, dass wir im Kontext von Entwicklung, Lernen und gedeihlichem Aufwachsen auf folgende Dinge nicht verzichten können, die uns bis dato immer selbstverständlich gegeben schienen: Persönliche Nähe, lebendige Gemeinschaft und stabile Sozialkontakte. Die bisherigen Befunde und kritischen Stellungnahmen zu den pädagogischen und sozialen Auswirkungen der Pandemie zeichnen demzufolge ein sehr klares Bild der Gefahren und ethischen Problemlagen, die durch den Zwang zur häuslichen Isolation hervorgerufen werden können (vgl. Drerup, 2022; Butterwegge, 2022), und die man bezüglich künftiger politischer Entscheidungen sehr ernstnehmen sollte.

Häufig wurde suggeriert, dass sich die Universitäten im Ensemble der Bildungsinstitutionen als sehr anpassungsfähig und kooperationsbereit erwiesen hätten, da sie es trotz eines eher mittelmäßigen Digitalisierungsgrades bewerkstelligt hätten die Lehre ohne Unterbrechung aufrecht zu erhalten. Nicht so sehr im Blick waren die Probleme vieler Studierender wie Verlängerung der Studiendauer, Wegfall von Finanzierungsmöglichkeiten, fehlendes Campusleben etc. (vgl. Lörz, 2022). Was bedeutet dies für die Frage nach einer (post)digitalen Universität? Als weitere sehr bedeutsame Erkenntnis lässt sich Folgendes festhalten: Die formale und technische Organisation einer Bildungseinrichtung mit dem Ziel eines planmäßig ablaufenden Lehr- und Studienbetriebs ist das Eine – das Andere sind ihre Angehörigen (Studierende, Mitarbeitende, ProfessorInnen), ohne die jede noch so ausgefeilte Struktur, Planung oder Verwaltung völlig sinnlos wären. Was nützen das leistungsfähigste Rechenzentrum, die schnellsten Datenleitungen und die intelligentesten Softwarelösungen, wenn „sich viele Lehrende für die Durchführung digitaler Lehrveranstaltungen nicht gut vorbereitet fühlen" (ebd., o. S.)? Kein noch so affirmatives Digitalisierungsnarrativ kann nach den Erfahrungen der Pandemie am Grundsatz rütteln, dass die Qualität der Lehre nicht in erster Linie an den organisatorischen Rahmenbedingungen hängt, sondern an den Menschen, die unter diesen Bedingungen lehren und lernen. Es ist daher kaum verwunderlich, dass „ein Großteil der Studierenden die digitale Lehre als Verschlechterung" empfand (ebd., o. S.). Neben den genannten äußeren Faktoren war also auch der Kern des Studiums betroffen: der Übergang vom angeleiteten Lernen in der Schule zur „Verknüpfung der subjektiven Bildung mit der objectiven Wissenschaft" (Humboldt, 2002, S. 255). Humboldts Gründungstext zur Berliner Reformuniversität mag in oberflächlicher Deutung für die Digitalisierungsoffensive wie eine Einladung wirken, zumal sein berühmtes Diktum der „Einsamkeit und Freiheit" (ebd.) wie ein Plädoyer für gänzlich selbstständiges Lernen ohne räumliche und zeitliche Vorgaben klingt. Wer gründlicher liest, wird sehr schnell feststellen, dass kaum ein anderer Universitätstheoretiker so viel Wert auf Präsenz und Zusammenhalt gelegt hat wie der Preußische Bildungsreformer: „Da aber auch das geistige Wirken der Menschheit nur als Zusammenwirken gedeiht […] so muss die innere Organisation dieser Anstalten ein ununterbrochenes, aber ungezwungenes und absichtsloses Zusammenwirken hervorbringen und unterhalten" (ebd., S. 255 f.). Der isolierte Konsum von Wisseneinheiten ohne lebendigen Austausch unter Gleichgesinnten, wie ihn die MOOCs als neue Form ‚freier' Bildung verkaufen wollten, hat mit einem ununterbrochenen geistigen Zusammenwirken nichts gemeinsam und kann aus der Sicht Humboldts als inhuman und ausgrenzend bezeichnet werden.

Insofern hat das COVID-19-Virus die dialektische Grundspannung zwischen Tradition und Erneuerung der Universität durchaus auf eine neue Ebene gehoben. Zwar ist die These der beschleunigten Digitalisierung im Bildungssystem als Reaktion auf die Pandemie unbestreitbar. Gleiches gilt aber auch für die Gegenthese: Das Virus hat nicht nur den Verächtern des klassischen Universitätskonzepts als Ort der Präsenz und des lebhaften, begeisternden Zusammenwirkens eine klare Lektion erteilt, sondern auch die Wiederbesinnung auf die Grundprinzipien gelingender Bildung befördert. Wem diese These zu weit geht, kann ganz bescheiden davon ausgehen, dass es sich mit der Präsenz genauso verhält, wie mit vielen anderen Dingen: Man erkennt ihren wahren Wert erst, wenn sie fehlt. So ist es keine Überraschung, dass aktuelle Befragungen zeigen, dass Präsenzveranstaltungen wie „Seminare, Tutorien oder Vorlesungen wieder die dominierenden Lehrformate am Campus" sind (Hochschulforum Digitalisierung, 2023). Die Corona-Krise wurde demnach nicht zum Disruptionsereignis, da die Universitätsangehörigen auf die Pandemie nicht vorrangig mit informationstechnischer Weiterbildung reagiert haben, sondern primär dem Gebot einer praktischen Vernunft gefolgt sind, vulnerable Gruppen vor gesundheitlichen Schäden zu bewahren. Die große Bereitschaft zur Solidarität mag auch als Ergebnis einer humanen Bildung gewertet werden, wie sie derzeit an Universitäten wieder befördert werden soll.

Um keine voreiligen Schlüsse zu ziehen: Wie attraktiv, überlegen oder unentbehrlich die Präsenzlehre im Vergleich zu digitalen Lehrformaten sein mag, ist keineswegs abschließend geklärt. Diese Frage kann nach Überwindung der Krise aber zumindest vorläufig wieder auf ihren primären Austragungsort im Rahmen von Bildung, Forschung und Lehre zurückgreifen. Als gesichert gilt, dass die Universität und ihre ideale Erscheinungsform seit jeher Gegenstand lebhafter Kontroversen waren und es auch künftig (Stichwort ‚Regalmeter') bleiben werden.

4   Universitäten im Widerstand und Kritik neuer Lehrformen

Universitäten sind keine uneinnehmbaren Bastionen. 2001 hält Jacques Derrida auf Einladung von Jürgen Habermas einen Vortrag an der Goethe-Universität Frankfurt, in dem er an das klassische Erbe einer „Unbedingten Universität" (2001) erinnert. Ihre Fragilität zeige sich vor allem im globalen Wettbewerb, mit dem die Geistes- und Kulturwissenschaften als nicht profitabel zurückgedrängt würden, sodass der Begriff des Menschen und der Menschlichkeit mit auf dem Spiel stehe, wenn das Prinzip der Unbedingtheit nicht mutig von ihren Angehörigen verteidigt werde. Ausgerechnet Derrida, dem man zuvor selbst die Demontage philosophischer Traditionen unterstellt hatte, schickte sich an, aus der Humboldt'schen Bildungsidee ein „Ereignis des Widerstands" gegen fremde Mächte und Partikularinteressen zu machen (Ode, 2006). Die mögliche „Destabilisierung des angestammten Raums der Universität" durch eine „ent-ortende Virtualisierung des Raums" durch „Datenverarbeitung und Digitalisierung" war für den Erfinder der Dekonstruktion Anlass genug aus der Universität einen „Kampfplatz theoretischer Auseinandersetzungen zu machen", um den „Zusammenhalt eines Campus" zu stärken (Derrida, 2001, S. 25 f.). Ob die weltweite Prominenz und intellektuelle Strahlkraft, die das einstige enfant terrible bei seiner Rede in die Waagschale wirft auch im digitalen Setting ein so immenses Echo erzeugt hätte, darf bezweifelt werden.

Die Sorge um die eigene Überlebensfähigkeit, die nicht selten in eine „Rhetorik des Ruins" (Kamuf, 1997), mündet, dürfte mit der Pandemie als Technologiebeschleuniger jedenfalls nicht kleiner geworden sein. Man kann den offensiv und medienwirksam vorgetragenen politischen Strategien zur Zukunftssicherung des Bildungssystem auf unterschiedliche Weise begegnen. Wenn etwa die Ständige Wissenschaftliche Kommission (SWK) der Kultusministerkonferenz gemäß ihrer jüngsten Handlungsempfehlungen davon überzeugt ist, dass „die Corona-Pandemie die Dringlichkeit in allen Etappen des Bildungssystems verstärkt" habe, „digitale Medien für Bildungsprozesse […] besser zu nutzen", um „die Anforderungen einer digitalisierten Welt zu bewältigen" (SWK, 2022, S. 5), könnte man sich ein weiteres Mal kampfbereit und widerständig zeigen. Angesichts der Vehemenz und Deutlichkeit der Forderungen wäre es aber auch möglich den alten Vorstellungen von (analoger) und zweckfreier Bildung resigniert den Rücken zu kehren. Sollte diese Haltung mit einem Mangel an informationstechnischer Bildung und fehlender Kompetenz im Umgang mit neuen Technologien einhergehen, wie er vor allem Geisteswissenschaftlern häufig unterstellt wird, bliebe nur der schamhafte Rückzug.

Bewahren vor einer übereilten Selbstmarginalisierung und desparaten Scheinexistenz kann ein nüchterner Blick auf die Tatsachen: Die Anforderungen einer digitalen Welt mit einer etappenübergreifenden Digitalisierung der Bildung beantworten zu wollen, kann als Paradebeispiel für einen naturalistischen Fehlschluss auf Basis selektiver Wahrnehmung und konstruierter Kausalitäten gewertet werden. Allein von beobachteten Fakten in einem einzigen Aspekt (*die Welt wird immer digitaler*) auf Normvorstellungen zu schließen (*die Bildung soll immer digitaler werden*), ist weder eine vielversprechende Strategie noch wird dadurch ein technologischer Umbau der Bildungslandschaft legitimiert. Diesem Irrtum unterlag schon die unternehmerische Universität, und er muss nicht wiederholt werden. Um diese These zu erhärten, soll abschließend mithilfe exemplarischer Begriffe und Analysekategorien eine kritische Bilanz der krisenbedingten Erfahrungen im Bereich digitale Lehre an Universitäten und Hochschulen gezogen werden, die nicht auf politischer Rhetorik oder blinder Neomanie, sondern auf tatsächlichen Beobachtungen in einem komplexen und vielschichtigen Themenfeld basiert. Der einleitende Rückblick auf die Jahrtausendwende und das Y2K-Problem hat bereits verdeutlicht, dass sich sämtliche Prognosen bezüglich informationstechnischer Entwicklungen als Auslöser globaler Krisen bisher als viel zu brüchig und fallibel erwiesen haben. Einseitige und unzuverlässige Vorhersagen bieten keinen Anlass zu übertriebenen Hoffnungen oder Ängsten im Hinblick auf eine digitale bzw. postdigitale Zukunft.

Jeder Digitaloffensive zum Trotz ist die Präsenzlehre der Normalzustand geblieben und die große Mehrheit der Studierenden meint, „dass die Veränderungen durch die Corona-Pandemie nicht weitergeführt werden" (Hochschulforum Digitalisierung, 2023). Der Unterschied zu früheren Erhebungen ist aber, dass seit der Pandemie die Lehre „immer mehr mit digitalen Medien angereichert" werde und die „Nutzung von Mischformaten (blended learning, hybride Lehre)" weiter ansteige (ebd.). Offenbar hat sich unter Lehrenden und Lernenden angesichts der erzwungenen Erfahrungen während der Corona-Pandemie mehrheitlich die Haltung durchgesetzt, dass die beste Lösung nicht im Extrem, sondern (wie in jedem anderen pädagogischen Zusammenhang) in Maß und Mitte liegt. Hieraus lässt sich zweierlei folgern: 1.) An der Priorisierung der Präsenzlehre als vorherrschende Lehrform hat sich nichts geändert. Volldigitale Formate bleiben aus Sicht der Betroffenen immer die zweite Wahl. 2.) Der unterstellte Paradigmenwechsel zu einer Kultur der Digitalität ist für die Universität nicht eingetreten. Die Anreicherung bestehender Formate und auch der Ausbau digital gestützter Lehrformate begründen noch lange kein neues Paradigma, das an die Stelle des angeblich Alten tritt. Eine ausgewogene bildungspolitische Kommunikation und entsprechende Empfehlungen sollten folglich achtsamer mit solchen Weissagungen umgehen. Genauso unrealistisch kann hingegen das Beharren auf einer technologiefreien Lehr- und Lernstätte anmuten. Dass sich die Universitäten nach Corona in einen im Wortsinne post-digitalen Sehnsuchtsort verwandeln, an dem sich Studierende in ausnahmslos inspirierenden und sinnstiftenden analogen Versammlungen wiederfinden, wäre eine ebenso unsachliche Behauptung, die wiederum mit Nietzsches Schilderungen der Misere in den Hörsälen des 19. Jahrhunderts relativiert werden kann: „Ein redender Mund und sehr viele Ohren, mit halbsoviel schreibenden Händen – […] das ist die in Thätigkeit gesetzte Bildungsmaschine der Universität" (Nietzsche, 1999, S. 740).

Um ein klares und differenziertes Bild der gegenwärtigen Lage zu erhalten, ist eine ähnlich schonungslose Bestandsaufnahme auch heute noch angezeigt. Humboldts Berliner Gründungspartner Friedrich Schleiermacher wollte den „Kathedervortrag" aus seiner mittelalterlichen Verkrustung befreien und zur Kunstform erheben, sodass sich in der Universitätslehre „zwei Tugenden vereinigen: Lebendigkeit und Begeisterung" (Schleiermacher, 1964, S. 252). Ihm selbst scheint dies nach Augenzeugenberichten durchaus gelungen zu sein. So bekennt A. Diesterweg, dass man in ihm, „die lebendige Werkstätte des zeugenden Geistes erkannte" (Fuchs, 1998, S. 58). Vorlesungen waren für Schleiermacher der Inbegriff des wissenschaftlichen Zusammenlebens und eine Art „Heiligtum" der Universität (Schleiermacher, 1964, S. 251). Bis zum Jahr 2020 schien die Vorlesung jenseits solch idealistischer Überhöhungen doch zumindest formal unantastbar. Darüber wie sich Schleiermacher auf Zoom geschlagen hätte, kann wiederum nur spekuliert werden. Wie sich die Ansammlung schwarzer Kacheln und das einsame Sprechen in den Bildschirm auf den Nimbus des Meisterlehrers ausgewirkt hätten, bleibt der Fantasie jedes Einzelnen überlassen.

Außer Frage steht jedoch, dass die digitale Lehre während Corona ein grelles Schlaglicht auf die Verletzbarkeit auf die höchste Bildungsinstitution geworfen hat. Mehr noch: Sie zeugt exemplarisch für die Verletzbarkeit des Digitalzeitalters insgesamt. Die hoch technisierte Welt, die wir als Menschen geschaffen haben, erzeugt keine Sicherheit und Stabilität, sondern hält uns in einer Dauerschleife von technologischer Entwicklung und Anpassungserfordernissen gefangen. Die Gefährdung unserer gesamten Lebensbedingungen in potenziell apokalyptischen Ausmaßen sind keine bizarre Endzeitfiktion, sondern mögliche Folgen menschlichen Handelns, auf die man sich nur bedingt vorbereiten kann. Das Millenium hat uns einen Vorgeschmack auf mögliche Schreckensszenarien geliefert und „den Glauben an die Überlegenheit der Schlüsseltechnologie des 20. Jahrhunderts erschüttert" (Schulz, 1999, S. 9).

Die weitgehende Rückkehr zum Präsenzlehrbetrieb als reguläre Form mag tatsächlich auf das Fehlen der Schleiermacher'schen Qualitätskriterien wie Lebendigkeit und wechselseitige Begeisterung im Rahmen der Online-Lehre zurückzuführen sein, zumal die abstrakten Beziehungsgeflechte auch durch inzwischen recht leistungsfähige Tools und didaktische Erweiterungen gegenüber den MOOCs (noch) nicht adäquat replizierbar erscheinen. Die zunehmende Anreicherung und Ergänzung durch digitale Angebote können gleichsam dafür sprechen, dass das Primat formaler Bildung im Sinne Humboldts zwar erneut gefestigt wurde, es aber neben der favorisierten Lehrform immer auch andere geben kann und darf, die sowohl eine technische Weiterentwicklung als auch entsprechende Fortbildungen empfehlenswert erscheinen lassen. Offensichtlich entwerten oder verdrängen Lehrveranstaltungen, die durch digitale Medien und Kommunikationstechnologien sinnvoll ergänzt werden, den humanisierenden Überschuss der Bildung sensu Humboldt nicht zwangsläufig, wie die Situation während und nach der COVID-19-Pandemie gezeigt hat. Die Tatsache, dass aus der post-unternehmerischen Universität nun gewissermaßen eine post-digitale geworden ist, spricht wiederum für die Zählebigkeit einer betagten Institution und für die Stabilität ihres Wertekosmos. Auch ohne physische Zusammenkunft ist es offenbar auch während der Pandemie gelungen, sich auf die ureigenen Werte der Universität zu besinnen wie das „Ethos der Distanznahme, ihre Hinwendung zu den Tatsachen, ihre Ausrichtung auf Bildung", die „sozusagen ihre Autorität innerhalb der Gesellschaft und was sie über Wertefragen zu sagen haben" begründen (Masschelein & Simons, 2010, S. 21).

Als erstes positives Fazit lässt sich festhalten: Die Vulnerabilität einer digitalen Welt, die zum Jahrtausendwechsel eindrucksvoll belegt wurde, ist nicht mit der Vulnerabilität der Bildung selbst gleichzusetzen, auch wenn sie zunehmend durch Digitaltechnologien gestützt wird. Anreicherung und Ergänzung sind jedoch etwas völlig anderes als Ablösung und Ersetzung, womit ein Prüfkriterium gefunden wäre zur Abgrenzung nachvollziehbarer Empfehlungen von apodiktischen Erneuerungsimperativen. Bildung und Wissenschaft versetzen Menschen auch nach der digitalen Revolution und einem vorgeblichen Paradigmenwechsel in die Lage sich zu dem, was sie durch krisenhafte Ereignisse erfahren, in ein objektivierend-distanzierendes Verhältnis zu setzen. Für die Forschung gilt nun fächerübergreifend, die gewonnenen Daten mit den je vorliegenden Mitteln und Expertisen aufzuarbeiten und zu bewerten. Aufgrund der Vielfalt und Komplexität der Beobachtungen im Bereich Lehre und Studium während der Corona-Krise seien hier abschließend einige Vorschläge gemacht, die als Anregungen für weitergehende Überlegungen oder zumindest als streitbarer Diskussionsgegenstand aufgefasst werden können.

Erste Stellungnahmen lassen phänomenologisch orientierte Zugänge vielversprechend erscheinen. Als einer der ersten Beobachter aus dem Bereich Educational Technology beschreibt Norm Friesen (vgl. i. F. Friesen, 2020, o. S.) von der Boise State University folgende Kuriositäten, die ihm während der Lehrveranstaltungen in Form von Videokonferenzen aufgefallen sind: 1. Die Limitation der Technik verhindert einen direkten Augenkontakt, da die Kamera nicht mittig innerhalb des Bildschirms platziert werden kann. Mit Verweis auf Merleau-Ponty betont Friesen, dass der Blick auf den jeweils anderen, wie er mich sieht, ohne mich dabei anzusehen, eine durchaus gewöhnungsbedürftige Erfahrung und eigenwillige Form der Begegnung darstellt. 2. Man kann als Lehrperson ein sehr schräges und unfreiwillig komisches Bild abgeben, vor allem, wenn man sich nicht im Klaren darüber ist, wie groß man womöglich auf dem Bildschirm des jeweiligen Auditoriums erscheint. Jeder Makel, jede unschöne Mimik oder Geste wird zum überdimensionalen Schauspiel, über das mich kein Gegenüber direkt aufklären kann, sodass nur der ständige und ablenkende Blick auf das eigene Bild den Vortragenden vor potenziellen Blamagen schützen kann. 3. Das menschliche Auge als Wahrnehmungsorgan unterscheidet sich vom Kameraauge dadurch, dass Letzteres kein Verhältnis etablieren kann, das Friesen mit Verweis auf entsprechende linguistische Theorien als „embodied reciprocity" (ebd., o. S.) bezeichnet. So kann ein ungutes Gefühl der ständigen Beobachtung und Überprüfung entstehen, das sich mitunter deutlich stärker als im analogen Kontakt ausprägt. Für gewöhnlich starrt man niemanden unentwegt an, ohne Irritationen beim Gegenüber zu erzeugen. Als Reaktion auf das permanente Gesehenwerden bleibt nur die lückenlose Kontrolle des eigenen Erscheinungsbildes durch Selbstbeobachtung im eigenen Display. Wesentliche Aspekte des Dialogischen werden folglich unterwandert. Dieses Negativerleben kann noch verstärkt werden, wenn man, Friesens Schilderung ergänzend, an den Umstand erinnert, dass es eine Vielzahl bildloser Beobachter geben kann, zumal seitens der Seminar- und Vorlesungsteilnehmerinnen häufig auf Kamerabilder verzichtet wird. Schwer zu prüfen ist dabei, ob es sich beim Verweis auf den Datenschutz, die insuffiziente Technik oder Datenleitung nur um vorgeschobene Argumente handelt. Dass die Möglichkeit anonymer Beobachtung des Anderen im Zweifelsfall auch voyeuristische Züge annehmen kann, sollte Grund genug sein, im Falle potenziell pathogener Faktoren der digitalen Lehre nicht nur an Zoom-Fatigue zu denken. Das unaufgeräumte Zimmer oder das schiefe Regal im Hintergrund sind angesichts derartiger Begleitphänomene nur als Marginalien zu betrachten, die leicht zu beheben sind. 4. Die während der Online-Lehre am häufigsten gestellte Frage lautet: Können Sie mich hören? Sie ist das Ergebnis einer Projektion von Audiodaten, die stets scheitern kann, während in der Face-to-face Interaktion das Prinzip der akustischen Reversibilität gilt: Wir können davon ausgehen, dass wir die Welt genauso hören wie andere. Inzwischen weiß jeder von den Tücken zu berichten, die sich aus einer verzögerten oder qualitativ mangelhaften Tonübertragung bei Videokonferenzen ergeben können. Blick, Sehen, Hören und Stimme als elementare Kategorien der Wahrnehmung werden letztlich alle in irgendeiner Weise durch Digitalisierung affiziert.

Die zügige Gewöhnung und Anpassung aller Beteiligten an die digitale Lehre per Videokonferenzen, die sich im Begriff des New Normal ausdrückt, sollte nicht davon ablenken, dass die beschriebenen Auffälligkeiten ein offenes und sehr weitläufiges bildungswissenschaftliches Forschungsfeld aufmachen, das im Anschluss an Friesen nur um paar Gedanken erweitert werden soll. Günther Anders hat mit seinen Ausführungen zur *Antiquiertheit des Menschen* (1994) den Begriff der „prometheischen Scham" etabliert, die den modernen Menschen befällt, wenn er einsehen muss, dass er seinen eigenen Produkten unterlegen ist, und zum „Hofzwerg seines eigenen Maschinenparks" (S. 25) mutiert. Die Chance einer Reaktualisierung der Anders'schen Thesen ergibt sich im Bereich der videobasierten Lehre und dem Einsatz der künstlichen Intelligenz im Kontext von Bildung und Ausbildung. Die Gegenspieler zu Künstlichkeit, sozialer Distanzierung und Technikscham wurden in diesem Feld aber auch schon skizziert: Präsenz, Kontakt und engagierter Austausch in einem geschützten Sozialraum, in dem sich die Universitätsangehörigen im Rahmen streitbarer Auseinandersetzungen den drängenden Fragen der Zeit widmen. Derrida wollte die höchst eigene Souveränität der Universität betonen, die in ihrer Unbedingtheit besteht, die gegen technologische Bewirtschaftung, Vereinnahmung und Kontrolle verteidigt werden muss. Der Beitrag sollte die These erhärten, dass dieser Anspruch weiterhin gilt, da die Universität während der Corona-Krise mit den Herausforderungen umzugehen gelernt hat, und diese Erfahrungen nun zum Gegenstand der Forschung macht, anstatt dem ubiquitären Digitalisierungsnarrativ widerstandslos zu folgen. ‚Post-digital' ist analog zur Postmoderne nicht als radikaler Ablösungs- und Überwindungsprozess zu verstehen, sondern als Reformulierung der Tradition unter veränderten Bedingungen. Die theoretischen und ideellen Grundlagen universitärer Bildung werden auch in Zukunft gelten, da nicht der Stand der technologischen Entwicklung über ihr Schicksal entscheidet, sondern ihre Fähigkeit, auf Krisen humane Antworten zu liefern, die jenseits von Datenverarbeitung und maschineller Intelligenz liegen.

Literatur

Anders, G. (1994). *Die Antiquiertheit des Menschen. Bd. 1. Über die Seele im Zeitalter der zweiten industriellen Revolution*. Beck.

Baudrillard, J. (1990). *Das Jahr 2000 findet nicht statt*. Merve.

Breitenbach, A. (2021). *Digitale Lehre in Zeiten von Covid-19: Risiken und Chancen*. Marburg. https://doi.org/10.25656/01:21274

Brinck, C. (2015). Fernstudium: Massiv gescheitert. ZEITOnline. https://www.zeit.de/2015/44/fernstudium-online-kurse-erfolg-moocs-spocs. Zugegriffen am 11.12.2023.

Butterwegge. (2022). *Die polarisierende Pandemie – Deutschland nach Corona*. Beltz.

Deimann, M. (2015). Die erfundene Revolution. Gastbeitrag Hochschulforum Digitalisierung. 02.11.2015. https://hochschulforumdigitalisierung.de/de/blog/administrator/markus-deinmann-erfundene-revolution-digitale-bildungsrevolution. Zugegriffen am 11.12.2023.

Derrida, J. (2001). *Die unbedingte Universität*. Suhrkamp.

Dräger, J., & Müller-Eiselt, R. (2015). *Die digitale Bildungsrevolution. Der radikale Wandel des Lernens und wie wir ihn gestalten können*. DVA.

Drerup, J. (2022). *Kinder, Corona und die Folgen: Eine kritische Bestandsaufnahme*. Campus.

DWDS – Digitales Wörterbuch der deutschen Sprache. „virtuell". Hrsg. v. d. Berlin-Brandenburgischen Akademie der Wissenschaften. https://www.dwds.de/wb/virtuell. Zugegriffen am 11.12.2023.

Faller, C. (2019). Überblick: Bildungskatastrophe und PISA-Schock – eine Bildungsnation zwischen Selbstvergewisserung und Ausnahmezuständen. In *Bildungsgerechtigkeit im Diskurs. Eine diskursanalytische Untersuchung einer erziehungswissenschaftlichen Kategorie* (S. 7–47). Springer VS.

Faulstich-Wieland, H. (1986). „Computerbildung" als Allgemeinbildung für das 21. Jahrhundert? *Zeitschrift für Pädagogik, 32*(4), 503–514.

Friesen, N. (2020). *4 Weird things that happen when you videoconference*. 4-1-2020. Boise State University. ScholarWorks. https://scholarworks.boisestate.edu/cgi/viewcontent.cgi?article=1234&context=edtech_facpubs. Zugegriffen am 11.12.2023.

Frost, U. (2006). Unternehmen Bildung. Die Frankfurter Einsprüche und kontroverse Positionen zur aktuellen Bildungsreform. In *Vierteljahrsschrift für wissenschaftliche Pädagogik. Sonderheft*. Schöningh.

Fuchs, B. (1998). *Schleiermachers dialektische Grundlegung der Pädagogik. Klärende Theorie und besonnene Praxis*. Klinkhardt.

Futureoflife. (2023). Pause giant AI experiments: An open letter. https://futureoflife.org/open-letter/pause-giant-ai-experiments/. Zugegriffen am 11.12.2023.

Göbel, K., Makarova, E., Neuber, K., & Kaqinari, T. (2021). Der Übergang zur digitalen Lehre an den Universitäten Duisburg-Essen und Basel in Zeiten der Corona-Pandemie. In U. Dittler & C. Kreidl (Hrsg.), *Wie Corona die Hochschullehre verändert*. Springer Gabler. https://doi.org/10.1007/978-3-658-32609-8_22

Hochschulforum Digitalisierung. (2017). Springer übernimmt Iversity. https://hochschulforumdigitalisierung.de/de/news/springer-nature-uebernimmt-iversity-hannes-kloepper. Zugegriffen am 11.12.2023.

Hochschulforum Digitalisierung. (2023). Monitor Digitalisierung 360° (Arbeitspapier 68) – Wo stehen die deutschen Hochschulen? https://hochschulforumdigitalisierung.de/de/monitor-digitalisierung-360%C2%B0-wo-stehen-die-deutschen-hochschulen. Zugegriffen am 11.12.2023.

Hochschulrektorenkonferenz HRK. (2023). COVID-19-Pandemie und die Hochschulen. https://www.hrk.de/themen/hochschulsystem/covid-19-pandemie-und-die-hochschulen/. Zugegriffen am 11.12.2023.

Humboldt, W. v. (2002). Über die innere und äußere Organisation der höheren wissenschaftlichen Anstalten in Berlin. In *Werke in fünf Bänden* (6. Aufl., Bd. IV, S. 255–266). WBG.

Kamuf, P. (1997). The Rhetoric of Ruin. In *The Division of Literature or the University in Deconstruction* (S. 75–74). UCP.

Krautz, J. (2007). *Ware Bildung: Schule und Universität unter dem Diktat der Ökonomie.* Diederichs.

Landfried, K. (2004). Die Zukunft der Universitäten und die Rolle der Geisteswissenschaften. In D. Kimmich & A. Thumfart (Hrsg.), *Universität ohne Zukunft* (S. 52–69). Suhrkamp.

Lankau, R. (2015). Massiv gescheitert …. http://lankau.de/2015/11/04/massiv-gescheitert/. Zugegriffen am 11.12.2023.

Lankau, R. (2022). Bildung und Digitalisierung. Lehren aus der Pandemie. In *Forschung im Fokus. Hochschule Offenburg* (12–15). https://xn%2D%2Ddie-pdagogische-wende-91b.de/wp-content/uploads/2022/07/lankau_fif_2022.pdf. Zugegriffen am 11.12.2023.

Lörz, M. (2022). Unialltag unter erschwerten Bedingungen. *Forschung & Lehre*, 28(3). https://www.forschung-und-lehre.de/lehre/unialltag-unter-erschwerten-bedingungen-4494. Zugegriffen am 11.12.2023.

Lüpke, M., & Harms, F. (2020). Interview mit Yuval Noah Harari – „Im schlimmsten Fall kollabiert unsere Weltordnung". https://www.t-online.de/nachrichten/wissen/geschichte/id_88582030/harari-zur-pandemie-corona-hat-das-potential-die-welt-besser-zu-machen-.html. Zugegriffen am 11.12.2023.

Masschelein, J., & Simons, M. (2010). *Jenseits der Exzellenz. Eine kleine Morphologie der Welt-Universität.* Diaphanes.

Münch, R. (2007). *Die akademische Elite. Zur sozialen Konstruktion wissenschaftlicher Exzellenz.* Suhrkamp.

Neyer, J., & Kurz, J. (2022). Die unbedingte Universität in der Digitalisierung. Ein Plädoyer für analoges Lernen und Streiten. *Forschung & Lehre,* 28(8), 612–614.

Nietzsche, F. (1999). Ueber die Zukunft unserer Bildungsanstalten. Sechs öffentliche Vorträge. In *KSA* (Bd. 1, S. 641–752). DTV.

Ode, E. (2006). *Das Ereignis des Widerstands. Jacques Derrida und ‚Die unbedingte Universität'.* Königshausen&Neumann.

Ode, E. (2014). MOOCs – Anfang oder Ende der modernen Universität? *Vierteljahrsschrift für wissenschaftliche Pädagogik, 90*(4), 532–550.

Rekus, J. (2023). Unterricht mit Tablet – Bildung mit Brett vor dem Kopf? Von der Nicht-Digitalisierbarkeit personaler Lehr-Lern-Dialoge. In H. Kuypers (Hrsg.), *Pädagogisch Handeln* (S. 205–220). Verlag für Kultur und Wissenschaft.

Schleiermacher, F. (1964). Gelegentliche Gedanken über Universitäten im deutschen Sinn nebst Anhang über eine neu zu errichtende. In E. Anrich (Hrsg.), *Die Idee der deutschen Universität. Die fünf Grundschriften aus der Zeit ihrer Neubegründung durch klassischen Idealismus und romantischen Realismus* (S. 218–308). WBG.

Schulmeister, R. (1999). Virtuelle Universitäten aus didaktischer Sicht. http://rolf.schulmeister.com/pdfs/VirtUni.PDF. Zugegriffen am 11.12.2023.

Schulmeister, R. (2002). Virtuelle Universitäten und die Virtualisierung der Hochschulausbildung – Argumente und Konsequenzen. http://rolf.schulmeister.com/pdfs/Darmstadt.pdf. Zugegriffen am 11.12.2023.

Schulmeister, R. (2013). *MOOCs massive open online courses. Offene Bildung oder Geschäftsmodell?* Waxmann.

Schulz, E. H. (1999). *Die Jahr-2000-Krise. Herausforderungen und Chancen für Gesellschaft und Unternehmen.* Gabler.

Stalder, F. (2016). *Kultur der Digitalität.* Suhrkamp.

Steinbeis, M. (2014). Too big to handle: Warum wir so schlecht sind im Abwenden von Katastrophen. In *Verfassungsblog: On Matters Constitutional*. https://doi.org/10.17176/20180126-121410

SWK Ständige Wissenschaftliche Kommission. (2022). Digitalisierung im Bildungssystem. Handlungsempfehlungen von der Kita bis zur Hochschule. Zusammenfassung. https://www.kmk.org/fileadmin/Dateien/pdf/KMK/SWK/2022/SWK-2022-Gutachten_Digitalisierung_Zusammenfassung.pdf. Zugegriffen am 11.12.2023.

Teil II

Anwendungsorientierte Verhältnisbestimmungen

(Post-)Digitale Bildung: Wege zur Medienästhetik

Anna-Maria Nothelfer

Inhaltsverzeichnis

1 Einleitung	132
2 Digitale Bildung? Zwei Positionspapiere im Vergleich	135
3 Medienwissenschaftliche Annäherungen an digitale Medien	144
4 Post-Digitale Bildung und Medienästhetik	147
Literatur	149

Zusammenfassung

Die Digitalisierung des deutschen Bildungssystems ist ein politisch viel debattiertes Thema. In meinen Beitrag skizziere ich die Medienästhetik als möglichen Ausgangspunkt für ein medientheoretisch informiertes Verständnis (Post-)Digitaler Bildung. Denn viele der bisherigen politischen Konzepte zur Digitalen Bildung reduzieren den Umgang mit (digitalen) Medien zumeist auf informationstechnische und datafizierende Aspekte, ohne die sozio-kulturellen Verwobenheiten und ästhetischen Eigenschaften von Medien zu hinterfragen und systematisch zu erforschen. Exemplarisch erläutere ich dies anhand von zwei Positionspapieren, darunter das Hagener Manifest der Fernuniversität Hagen sowie ein Diskussionspapier des Hochschulforums Digitalisierung zur Online-Lehre. Die beiden Positionspapiere spiegeln unterschiedliche Betrachtungsweisen einer Digitalisierung von Bildung wider. Im Anschluss an eine medienwissenschaftliche Perspektive diskutiere ich darauffolgend die Remediatisierung als möglichen Anknüpfungspunkt für die Erforschung der Eigenschaften digitaler Medienformate und

---

A.-M. Nothelfer (✉)
Medienpädagogik/Mediendidaktik, Universität zu Köln, Köln, Deutschland
E-Mail: anna-maria.nothelfer@uni-koeln.de

beziehe diese abschließend auf medienpädagogische und bildungstheoretische Sichtweisen auf Bildung, um die (Post-)Digitale Bildung näher zu bestimmen.

Schlüsselwörter

Medientheorie · Digitale Medien · Bildung · Remediatisierung · Medienästhetik · Post-Digitalität

1 Einleitung

Der Titel des vorliegenden Bandes, *Bildung und Digitalität*, wirft einerseits die Frage danach auf, was jeweils unter beiden Begriffen verstanden werden kann, und weist andererseits auf einen möglichen Zusammenhang beider hin. Im Rahmen meines Beitrages möchte ich eine Verhältnissetzung der beiden Begriffe insofern erörtern, als dass ich spezifisch danach fragen werde, wie und wo eine post-digitale Bildung, als eine Bildung im Zeitalter fortgeschrittener und fortschreitender Digitalisierungsprozesse, einen Ausgangspunkt finden könnte. Die Medienästhetik und eine damit verbundene Perspektive der Betrachtungen wechselseitiger (Re-)Mediatisierungsprozesse sehe ich hierbei als eine Möglichkeit, Orientierungs- und Anhaltspunkte für die Suche nach (alternativen) Ausgestaltungen einer post-digitalen Bildung zu bieten.

Ich gehe demnach von der Notwendigkeit einer Neu-Orientierung aktueller Konzepte im (bildungs-)politischen Diskurs um eine Digitalisierung des deutschen Bildungssystems aus. Denn die bestehenden Konzeptionierungen sprechen zumeist (noch) nicht von Post-Digitalität, sondern werden verstärkt unter Begriffen, wie „Digitale Bildung" (BMBF, 2016, S. 8), „Digitale Kompetenz" (KMK, 2016) oder „Bildung in der digitalen Welt" (ebd.) sowie „Digitale Souveränität" (Aktionsrat Bildung, 2018, S. 12), gefasst. Inhaltlich verbergen sich unter den verschiedenen Bezeichnungen ähnliche Annahmen, die es aus (medien-)bildungstheoretischer Sicht zu kritisieren gilt. So werden zumeist Kompetenzen festgelegt, die auf die anwendungsorientierte Nutzung von Medienformaten und das Formulieren von Algorithmen oder den informationstechnischen Umgang mit Daten abzielen, ohne die sozio-kulturellen Verwobenheiten und ästhetischen Eigenschaften von Medien zu hinterfragen und systematisch zu erforschen. Dies zeigt sich auch in den postulierten Verwendungsmöglichkeiten, die nicht nur von den genannten bildungspolitischen Instanzen, sondern ebenso von Initiativen, wie dem *Hagener Manifest*, als vorteilhaft für das Bildungssystem hervorgehoben werden. Diesbezüglich wird verstärkt die Verwendung von Lerndatenanalysen und der damit verbundene Einsatz von KI-basierten Methoden als Individualisierung über automatisiertes Feedback beworben (BMBF, 2016; KMK, 2016; Fernuniversität Hagen, 2020). Die KMK betont beispielsweise die „Individualisierung und Flexibilisierung des Lernangebots" (KMK, 2016, S. 60), welche mit digitalen Medien möglich sei. „Lernangebote mit Rückmeldesystem über den eigenen Leistungsstand" (ebd., S. 41) müssten erarbeitet werden und könnten zu einer stärkeren individuellen Förderung und damit zur Bildungsgerechtigkeit beitragen (ebd., S. 13 ff.). Auch das BMBF oder der Aktionsrat Bildung sehen große Potenziale in der Nutzung von Lerndatenanalysen, welche das individuelle Lernen fördern sollen (Aktionsrat Bildung, 2018, S. 83; BMBF, 2016, S. 8).

In medienpädagogischen Diskursen werden diese Vorstellungen und Hoffnungen für eine Digitale Bildung bereits stark kritisiert, da sich infrage stellen lässt, welche Daten hierfür genau erhoben, analysiert und ausgewertet werden sollen, und was über eine Analyse dieser überhaupt an bildungsrelevanten Aspekten erfasst werden kann (Damberger, 2021; Dander, 2018). Gleichzeitig untersuchen einige Autor:innen, welche Macht- und Steuerungsmechanismen über überwachende Datenaufzeichnungen und KI-basierte (Selbst-)Lernaufgaben in Bildungsprozesse eingewoben werden. Problematisiert wird in dieser Hinsicht, dass diese Formen von Digitalisierung Bildungsprozesse auf steuer-, vermess- und datafizierbare Lernprozesse reduzieren, die mit informationstechnischen, kybernetischen und ökonomischen Logiken einhergehen (Damberger, 2021; Karcher, 2020; Hartong, 2019; Walgenbach & Waldmann, 2020; Weich, 2018). Aus medienwissenschaftlicher Sicht ließe sich ergänzen, dass die digitale Transformation von Gesellschaften nicht rein informatisch zu beantworten ist, weshalb das Erlernen von Programmiersprachen nicht genügt, um die sozio-kulturellen, medialen Konfigurationen angemessen zu erfassen (Missomelius, 2022, S. 25 ff.). Fragen danach, was digitale Medien überhaupt kennzeichnet und welche Wirkungen sie in unserem gesellschaftlichen Zusammenleben ausüben, werden somit präsent. Der Begriff der Post-Digitalität und eine damit zusammenhängende Post-Digitale Bildung versprechen in dieser Hinsicht eine passendere Bezeichnung für ein medienkulturelles Bildungsverständnis zu sein, das sich auf die (reflektierte) Weiterentwicklung bisheriger Konzepte Digitaler Bildung stützt und von diesen abgrenzt.

Unter *Post-Digitalität* verstehe ich dabei, im Anschluss an Robert Schmidt, zunächst einmal die Bezeichnung des „Zustands einer Gesellschaft, in dem der Unterschied zwischen digital und analog sich auflöst oder redundant wird, weil das einstmals neue Digitale bereits zu ihrer inhärenten Voraussetzung geworden ist" (2020, S. 57 f.). Es geht in diesem Sinne um die beinah selbstverständlich gewordene Verwobenheit digitaler Medien in alltägliche Praktiken, die jedoch gerade für den bewussten Einsatz in Bildungskontexten noch unausgereift sind und deshalb in vielen Bereichen neu erscheinen. Dieser Zustand lässt sich auch in Form eines „Inmitten" charakterisieren: Digitale Medienkulturen haben sich bereits in unserer Gesellschaft etabliert, sind aber auch weiterhin dabei, sich stetig zu verändern. Laut des Erziehungswissenschaftlers Martin Karcher befinden wir uns also „inmitten einer unvollendeten (Daten-)Revolution" (2022, S. 107), welche es so schwer macht, das Phänomen der fortschreitenden Digitalisierung schon jetzt präzise zu beschreiben. Der Begriff der Post-Digitalität bezeichnet dementsprechend nicht die Abgeschlossenheit dieser Transformationsprozesse, sondern setzt sich genau mit diesen im Wandel befindlichen sozio-kulturellen Veränderungen auseinander (Klein, 2021, S. 29 ff.).

Bildung denke ich hier, mit Bezug auf die Bildungsphilosophin Rita Casale, als einen „Erkenntnisprozess, dessen Ziel die Realisierung der Würde der Menschheit als Gattung ist" (2011, S. 322). Auf der Ebene des Individuums beschreibt Casale den Bildungsprozess eines Menschen als einen Prozess der Bewusstwerdung darüber, dass man selbst in spezifische Gesellschaftsformen mit darin herrschenden Verhältnissen sowie in körperliche und psychische Abhängigkeiten verstrickt ist, in denen jedoch Spielräume der Selbstbestimmung möglich sind (ebd.). Diese Bewusstwerdung von Macht- und Abhängigkeitsverhältnissen sowie das Finden darin liegender Spielräume der Selbstbestimmung impliziert auf einer überindividuellen Ebene, die gemeinschaftliche und gesellschaftliche Aufgabe, die Bedingungen der jeweiligen Gesellschaftsformen zu reflektieren, um mögliche Verhältnisse, die gegen eine Würde des Menschen sprechen, nicht einfach als gegeben und unveränderlich hinzunehmen.

Beide Begriffe, Post-Digitalität und Bildung, gilt es im Verlauf des Beitrags näher zu beschreiben. Vorab soll jedoch diese kurze Skizzierung genügen, um die einleitenden Prämissen meiner weiteren Argumentation zu verdeutlichen. Denn aus diesen ergibt sich folgendes Spannungsfeld einer Suche nach einer Post-Digitalen Bildung: Erstens die Anerkennung, dass digitale Medien bereits gegenwärtige Gesellschaftsformen durchziehen und prägen, was für die Erkenntnis eigener Abhängigkeitsverhältnisse auch eine bewusste Auseinandersetzung mit den medialen Bedingungen unserer Lebens- und Wahrnehmungsweisen bedeutet. Die Anerkennung dessen darf jedoch nicht mit einer bloßen Akzeptanz digitaler Transformationsprozesse verwechselt werden. Daraus ergibt sich, zweitens, das gleichzeitige Bewusstsein dafür, dass bestehende Formen medialer Praktiken nicht zwangsläufig so gestaltet sein müssen, wie sie es aktuell sind, oder wie sie am Beispiel der bildungspolitischen Auslegung einer Digitalisierung des Bildungssystems gefordert werden.

Wenn die bestehenden Konzepte einer Digitalen Bildung also problematisch oder unzureichend sind, welchen Umgang könnten wir dann mit digitalen Medien finden, um die Verwobenheiten digitaler Medienkulturen in unsere alltäglichen Lebenspraktiken nicht zu ignorieren, sondern diese bewusst und kritisch zu reflektieren, aber auch produktivgestaltend in Bildungskontexten einzusetzen? Dieser Frage werde ich mich nun in drei aufeinanderfolgenden Schritten widmen, wobei ich sogleich anmerken muss, dass ich im Rahmen dieses Beitrags kein explizites Konzept einer praktischen Umsetzungsstrategie, sondern vielmehr Orientierungspunkte für weitere Überlegungen und vertiefende Forschungsfragen vorlegen kann.

In einem ersten Schritt werde ich zwei exemplarische Positionspapiere analysieren, die während der Corona-Pandemie zum (bildungsbezogenen) Einsatz digitaler Medien erschienen sind und die bereits angedeuteten Kritikpunkte an bestehenden Vorstellungen einer Digitalisierung von Bildung nochmals verdeutlichen und gleichzeitig eine alternative Ausrichtung aufzeigen können. Es handelt sich hierbei einerseits um das im Jahr 2020 erschienene Hagener Manifest, welches ich als repräsentativ für Leitmotive ansehe, die sich insbesondere auf der bildungspolitischen Ebene zeigen, und andererseits um ein Diskussionspapier der Gesellschaft für Medienwissenschaft aus demselben Jahr, das – und dies wird zu zeigen sein – in meinen Augen eine differenzierte Betrachtungsweise von medialen Arrangements vorlegt, welche die Frage nach medialen Verflechtungen und damit der Eigenschaften von Medien selbst in den Vordergrund stellt. Aufbauend auf dieser Darstellung beider Positionen werde ich mich dann in einem zweiten Schritt der Suche nach möglichen Charakteristika digitaler Medien widmen, die ich im Rückgriff auf das medienkulturwissenschaftliche Konzept der *Remediation* von Jay David Bolter und Richard Grusin skizzieren möchte. Abschließend werde ich in einem dritten Schritt nochmals Bezüge zum Bildungsbegriff sowie zum Begriff der Post-Digitalität herstellen, um die vor allem medienwissenschaftlichen Bezugspunkte in ein Verhältnis zu diesen (hier medienpädagogisch bzw. erziehungswissenschaftlich gedachten) Begriffen zu setzen.

2 Digitale Bildung? Zwei Positionspapiere im Vergleich

Eingangs hatte ich bereits auf einige Konzepte zur Digitalisierung des deutschen Bildungssystems verwiesen. Bildungspolitisch relevant sind hierfür insbesondere die Vorgaben der Kultusministerkonferenz sowie des Bundesministeriums für Bildung und Forschung, welche die Digitale Bildung auf zwei Ebenen umreißen: Die erste Ebene fragt danach, welche Fähigkeiten Menschen für die Teilhabe an der „digitalen Welt" (KMK, 2016, S. 16) erwerben müssen. Mittels eines konkreten Kompetenzrahmens hat die KMK diese definiert und in Form von sechs Bereichen aufgegliedert, welche vornehmlich auf die Anwendung von Medienformaten und informationstechnische Fähigkeiten abzielen (ebd., S. 16 ff.). Das BMBF denkt die Digitale Kompetenz als Bestandteil einer Allgemeinbildung, die sowohl Medienkompetenz als auch informatische Kompetenzen beinhalte:

> „Digitale Kompetenz bedeutet die Fähigkeit, Informationen zielgerichtet zu suchen, zu bewerten und eigene Inhalte in digitaler Form für andere Nutzer zur Verfügung zu stellen (suchen – bewerten – verbreiten). Anstelle von Wissensvermittlung rückt die Vermittlung von Kompetenz zum selbsttätigen Lernen in den Vordergrund." (BMBF, 2016, S. 8)

Die zweite Ebene der politischen Auslegung einer Digitalisierung von Bildung umfasst den Einsatz digitaler Medien in Bildungskontexten und setzt sich mit deren didaktischen Potenzialen auseinander. Entsprechende Potenziale sehen die KMK und das BMBF vor allem in der Möglichkeit, Lernprozesse zu flexibilisieren und zu individualisieren. Besonders prägnant zeigen sich diese Motive auch in Positionspapieren, die zu Beginn der Covid-19-Pandemie im Jahr 2020 veröffentlicht wurden. So erforderte die spezifische Ausnahmesituation einer weltweiten Pandemie die schnelle und radikale Umstellung von Lehr- und Unterrichtsformen aller Bildungsinstitutionen auf Online-Formate. Die Schließung von Schulen, Universitäten und weiteren Bildungsstätten sollte dazu dienen, die Verbreitung des gesundheitlich als bedenklich eingestuften Coronavirus zu verhindern. Die Tatsache, dass Lehre möglichst schnell auf digitale Formate umgestellt werden sollte, verschärfte die Debatten um eine Digitalisierung von Bildung und hat möglicherweise auch deshalb dazu geführt, dass explizite Positionierungen zu dieser geäußert und veröffentlicht wurden. Zwei dieser Positionsentwürfe möchte ich im Folgenden kurz skizzieren, die sehr differente Haltungen widerspiegeln und exemplarisch verdeutlichen können, inwiefern die

Digitale Bildung aus ganz unterschiedlichen Blickwinkeln betrachtet werden kann. Methodisch geht es mir bei der Darstellung dieser Positionen weniger um eine Untersuchung ihrer geschichtlichen Entwicklung oder institutionell-gebundenen Kontextualisierung. Stattdessen analysiere ich die Papiere stärker in ihrer inhaltlichen Auslegung und Betrachtungsweise einer Digitalisierung von Bildung.[1] Das Hagener Manifest verstehe ich in dieser Hinsicht als repräsentativ für eine Position, die sich den Vorstellungen einer Digitalen Bildung anschließt, welche vor allem auf eine Individualisierung des Lernens abzielt. Das medienwissenschaftliche Positionspapier sehe ich alternativ dazu als einen Appell für den reflektierten Umgang mit (digitalen) Medien, welcher vermehrt die Bewusstwerdung der medialen Bedingungen und Verwobenheiten didaktischer Arrangements ins Zentrum der Aufmerksamkeit rückt.

2.1 Das Hagener Manifest

Das *Hagener Manifest* wurde im September des Jahres 2020 von der Fernuniversität Hagen veröffentlicht und in Form von zehn Thesen verfasst, welche explizite Forderungen an die deutsche Bildungspolitik beinhalten (Fernuniversität Hagen, 2020). Das gewählte Format des Manifests verweist auf eine pathetische und politische Haltung, die über die Möglichkeit der öffentlichen Unterzeichnung einem Bekenntnis gleicht. Mittlerweile wurden online 1352 Unterschriften (Stand 10.03.2023) gesammelt, zu denen auch Unterzeichnungen von Professuren aus dem erziehungs- und bildungswissenschaftlichen Bereich gehören. Dies und der Verweis auf die Entstehung des Manifests in einem „kollaborativen Arbeitsprozess von 37 Bildungsexpertinnen und -experten aus ganz Deutschland" (Düppe, 2020) suggeriert ein breites Interesse an der Thematik sowie einen (fachwissenschaftlich qualifizierten) Zuspruch der geforderten Maßnahmen.

Inhaltlich fokussiert das Hagener Manifest vor allem den Begriff des *New Learning*, das „kooperativ, situiert, kompetenzorientiert und datenintelligent" (ebd., S. 3) sowie chancengerecht, divers und individualisiert sein soll. Das Konzept des *New Learning* ist nicht begrifflich, theoretisch oder empirisch ausgearbeitet worden, sondern wird von den Autor:innen in Form von personifizierenden oder thesenartigen Aussagen skizziert. Ausgangspunkt hierbei ist der „digitale Wandel" (ebd., S. 2), der es erforderlich mache, Lernen neu zu denken und es anders zu gestalten (ebd.). Gründe hierfür seien die neuen, noch unausgeschöpften Möglichkeiten des Lernens durch digitale Medien sowie eine veränderte Arbeits- und Lebenswelt, an die sich das Bildungssystem anpassen müsse (ebd., S. 4 ff.). Explizit gibt es jedoch keine Angaben dazu, wie und was sich durch den digitalen Wandel konkret verändert hat. Die 10 Thesen in Bezug auf *New Learning* lauten:

---

[1] Dabei untersuche ich die jeweiligen Texte mit folgenden Fragen: Wer hat das Papier verfasst? Welches Anliegen wird damit verfolgt? Was sind die Thesen des Papiers und welche (impliziten) Annahmen zur Digitalisierung von Bildung werden geäußert? Wie werden die Forderungen oder eigenen Positionierungen begründet?

"New Learning bedeutet lebenslange Bildung.
New Learning fördert Chancengerechtigkeit.
New Learning stellt die Lernenden in den Mittelpunkt.
New Learning denkt die Rollen von Lehrenden und Lernenden neu.
New Learning bedeutet vernetztes Lernen.
New Learning ermöglicht flexibles und selbstbestimmtes Lernen.
New Learning misst Lernerfolge an individuellen Zielen.
New Learning sieht Technologie als Chance – ohne Risiken zu ignorieren.
New Learning steigert digitale (Medien-)Kompetenz und Data Literacy.
New Learning garantiert Datenschutz und verhindert digitale Diskriminierung (ebd)."

Auf den ersten Blick mögen viele der genannten Eigenschaften des *New Learning* sehr wünschenswert wirken. So wird wohl kaum jemand dem Ziel widersprechen, dass Lernen grundsätzlich Chancengerechtigkeit fördern sollte oder Datenschutz garantieren muss. Es stellt sich aber weitergehend die Frage danach, *wie* mithilfe von *New Learning* die Lösung aller Widersprüche und Problematiken, die sich im Bildungssystem zeigen, gefunden werden soll. Und *was* genau zeichnet *New Learning* explizit im Vergleich zu einem *Old Learning* – wenn es dieses gibt- aus? Im Text finden sich hier vornehmlich Andeutungen statt systematischer Vorschläge zur Ausgestaltung von Lehren und Lernen. Als inhaltlich verbindendes Element der verschiedenen Aussagen lässt sich hauptsächlich die Bestrebung, Lernende in den Mittelpunkt didaktischer Überlegungen zu stellen, herauslesen. *New Learning* soll demnach ein „flexibles und selbstbestimmtes Lernen" (ebd., S. 5) fördern. Die Autor:innen formulieren:

„Jeder Mensch lernt auf eigene Weise. Darum denken wir New Learning konsequent von den Lernenden her. New Learning unterstützt ihre individuellen Stärken und ihre Einzigartigkeit sowohl durch eine persönliche Lernbegleitung als auch durch digital gestützte Systeme, die adaptive Lernumgebungen schaffen (ebd.)."

Das Konzept individualisierten Lernens wird des Weiteren mit dem Einsatz digitaler Systeme verbunden. Die dafür notwendigen „adaptiven Lernumgebungen" (ebd.) basieren auf Datentechnologien, die im weiteren Verlauf des Textes explizit benannt werden:

„New Learning ist für uns untrennbar mit neuen Technologien wie Künstliche Intelligenz, Learning Analytics, Big Data und Blockchain verbunden. Sie dienen als Grundlage für intelligente und kooperative Lernumgebungen. Diese bieten neue Interaktionsformen sowie individuelle und personalisierte Möglichkeiten des Lernens – erfordern aber auch einen kritisch-reflektierten Umgang (ebd., S. 6)."

Werden neben den beworbenen Potenzialen der Personalisierung und Individualisierung durch den Einsatz datenbasierter Methoden auch deren Risiken, wie eine mögliche Reproduktion sozialer Ungleichheit, genannt, so ist für die Autor:innen doch eindeutig, dass nicht auf diese Technologien verzichtet werden kann (ebd., S. 4 ff.). Dafür benötige es erweiterte Medienkompetenzen und Data Literacy auf Seiten der Lehrenden (ebd.). Weitere Forderungen sind die Berücksichtigung von Diversität in Bildungskontexten, eine

Vernetzung verschiedener Bildungssektoren sowie die Etablierung einer „gelebten Fehlerkultur" (ebd., S. 6). Wie all diese Ziele, insbesondere mit dem Einsatz digitaler, KI- und datenbasierter Systeme, erreicht werden sollen, wird allerdings nicht konkretisiert.

Mit dieser Auswahl an Zielen für das neue Lernen gerät eine spezifische Form der Digitalisierung des Bildungssystems in den Fokus, welche sich hauptsächlich in einer Personalisierung und Flexibilisierung des Lernens durch adaptive, datenbasierte sowie vernetzende Lernumgebungen erschöpft. Das Hagener Manifest stellt somit eine sehr eindeutige Positionierung inmitten einer Situation dar, in welcher der verstärkte Zwang einer Digitalisierung des Bildungssystems durch die Corona-Pandemie zum Anlass genommen wird, um spezifische Vorstellungen von (digitalisiertem) Lernen zu realisieren und dementsprechende Maßnahmen einzufordern. Dem Manifest mangelt es jedoch an wissenschaftlichen Belegen und konkreten Ausführungen zur Gestaltung von Lernprozessen. Das gewählte Format des Manifests benötigt nicht unbedingt wissenschaftliche Quellen, da es sich hierbei verstärkt um den Ausdruck einer (bildungspolitischen) Haltung handelt. Die sehr eindeutig und werbend formulierten, personifizierten Präsenz-Aussagen darüber, was New Learning zukünftig leisten wird, werfen jedoch mit ihren konkreten Versprechen Fragen dazu auf, warum und wie diese erreicht werden sollen. Die Argumentation gleicht gewissermaßen einem Zirkelschluss: Der digitale Wandel soll einerseits zum Anlass genommen werden, um Lernen neu zu denken und die Potenziale digitaler Medien zu nutzen. Andererseits wird das Potenzial dieser Medien einem spezifischen Konzept von (individualisiertem) Lernen unterstellt, das sich nicht automatisch aus dem digitalen Wandel ergibt.

Genauere Hinweise und Anwendungsszenarien für eine dementsprechende Form des Einsatzes digitaler Medien finden sich in einem weiteren Positionspapier, dem Whitepaper *KI in der Hochschulbildung* (de Witt et al., 2020),[2] welches kurz nach dem *Hagener Manifest* veröffentlicht und unter der Leitung von Claudia de Witt, Professorin für Bildungstheorie und Medienpädagogik an der Fernuniversität Hagen, herausgegeben wurde. Im Whitepaper wird im Gegensatz zum *Hagener Manifest* nicht das ganze Bildungssystem, sondern der Bereich der Hochschulbildung fokussiert, für welchen Methoden der Künstlichen Intelligenz zum Einsatz kommen sollen. Um zu veranschaulichen, wie sich die vom Hagener Manifest postulierte Individualisierung über Digitaltechnik potenziell vollziehen könnte, werde ich im Folgenden auf das *Whitepaper* eingehen.[3]

---

[2] Der KI Campus ist ein vom BMBF gefördertes Pilotprojekt, in welchem eine Lernplattform mit verschiedenen Lernangeboten zum Thema Künstliche Intelligenz aufgebaut wird (Stifterverband für die deutsche Wissenschaft, 2020). Zu den Mitherausgebern des Whitepapers gehören auch Florian Rampelt vom Stifterverband und Niels Pinkwart vom Deutschen Forschungszentrum für Künstliche Intelligenz.

[3] Das bedeutet nicht, dass die Beispiele aus dem Whitepaper explizit den Thesen aus dem Hagener Manifest entsprechen. Die beiden Papiere sind nicht zusammenhängend verfasst worden. Die Beispiele dienen in meiner Argumentation vielmehr als konkrete Anwendungsszenarien, um zu zeigen, wie sich die digital gestützte Individualisierung im Diskurs um Digitale Bildung häufig vorgestellt wird.

Die Herausgeber:innen Claudia de Witt, Niels Pinkwart und Florian Rampelt führen das Positionspapier mit einer Unterscheidung zwischen *starker und schwacher KI* ein und verdeutlichen, dass es ihnen im vorliegenden Whitepaper um den Einsatz schwacher KI geht, welche eingegrenzte Aufgaben über das Training durch Daten erlernen kann. Vorhersagen, logische Schlussfolgerungen oder Mustererkennungen sollen auf diese Weise für ein KI-gestütztes System möglich sein (de Witt et al., 2020, S. 9). Im darauffolgenden Kapitel erläutert Claudia de Witt darin liegende Vorteile für die Hochschullehre. Eine Liste mit dem Titel „10 gute Gründe für Künstliche Intelligenz in der Hochschulbildung" (de Witt, 2020, S. 11) bündelt diese prägnant. Auszüge daraus sind:

„Künstliche Intelligenz hilft Lehrenden wie Lernenden zu verstehen, wie kognitive Fähigkeiten verbessert und weiterentwickelt werden können. Mit Zugriff auf ihre Daten können Studierende ihr eigenes Lernverhalten noch intensiver kennenlernen, Lehrende erfahren die Wirksamkeit ihrer didaktischen Methoden (ebd.)."

„Mit Verfahren Künstlicher Intelligenz lassen sich sehr große Datenmengen durchforsten und Muster erkennen, die bislang nicht sichtbar waren. Daraus lassen sich Rückschlüsse für Verbesserungen von Studienverläufen ziehen oder Vorhersagesysteme entwickeln (ebd.)."

„Vorhersagealgorithmen identifizieren Risiko-Studierende, so dass personalisierte Interventionsstrategien vorzeitig entwickelt und Drop-out-Quoten reduziert werden können (ebd.)."

„Künstliche Intelligenz kann Studierende bei ihrem Erwerb von Wissen und Kompetenzen, bei ihren Übungsaufgaben und Problemlösungen durch individualisiertes Feedback unterstützen (ebd.)."

Der Einsatz von KI-basierten Technologien wird dementsprechend für eine Individualisierung des Lernens und für Vorhersagen zu Studienverläufen vorgeschlagen. Argumentiert wird im Whitepaper nachfolgend mit verschiedenen aktuellen Problemlagen, die durch die Verwendung von KI gelöst werden könnten. Fehlende menschliche Betreuungskapazitäten könnten beispielsweise über intelligente Tutorensysteme oder Chatbots kompensiert werden, die auf basale Fragen von Studierenden, wie Hinweise zum wissenschaftlichen Arbeiten oder Formalia, antworten könnten. Weiterhin könne der Rückgriff auf automatisierte Essay- und Prüfungs-Korrekturen eine schnellere Korrektur von Prüfungen bedeuten, für die Lehrende kaum Zeit hätten (ebd., S. 12). Auffällig hierbei ist, dass es hauptsächlich Zeit- oder Effizienzgründe sind, die für eine datenbasierte Automatisierung oder Unterstützung sprechen sollen.

Mit Bezug auf die Adaptivität und Berechnung von Studienabbruchs-Wahrscheinlichkeiten werden verschiedene Möglichkeiten der Lerndatenanalysen vertieft, die unter den Begriffen der *Learning Analytics* und des *Educational Data Mining* näher vorgestellt werden. Lernstände sollen beispielsweise mittels einer KI-gestützten Datenanalyse visualisiert und ausgewertet werden können, um darauf aufbauend individuelle und pädagogische Handlungsoptionen zu erschließen. Hierfür ließen sich zum Beispiel Dashboards in

Online-Umgebungen nutzen, die eine visualisierte Aufbereitung der Lerndaten zur Verfügung stellen (ebd., S. 15). Lerndatenanalysen könnten weiterhin auch im Bereich der Berechnung von Abbruchsquoten oder Erfolgswahrscheinlichkeiten eine Anwendung finden, wobei wohl überlegt werden solle, welche Daten zur Berechnung herangezogen werden können (ebd.). Über adaptive Lernsysteme, die Lernmuster erkennen, Studierende dementsprechend clustern und ihnen dazu passende Lernpfade vorschlagen, könnten KI-basierte Systeme außerdem zu einer Individualisierung des Lernens beitragen (ebd., S. 16). Hier seien auch psychometrische Vermessungen, wie das Eye-Tracking, denkbar, die Aufschlüsse über die emotionalen Bedürfnisse der Studierenden geben sollen (Kravčík & de Witt, 2020, S. 18).

Zusammenfassen ließen sich diese Bestrebungen mit folgendem Satz: „Lernen wird in Echtzeit über sich fortlaufend entwickelnde, personalisierte Lernumgebungen messbar, mit dem Effekt einer stärkeren Individualisierung" (de Witt, 2020, S. 11). Das messbare und individualisierte Lernen zeigt sich als das vorrangig fokussierte Ziel der Verwendung von KI im Hochschulkontext. Ähnlich zum *New Learning* sollen die Lernenden auch hier über automatisierte Personalisierung in den Mittelpunkt des Lernprozesses gestellt werden. Interessant ist, dass innerhalb der Argumentation keine Belege dafür auftauchen, dass die Lernenden (in diesem Fall Studierende) sich dies tatsächlich wünschen. So wäre eine Befragung der Lernenden selbst oder zumindest der Verweis auf derartige Studien naheliegend gewesen, wenn diese in den Mittelpunkt einer neuen Hochschuldidaktik gestellt werden sollen.

Die Tatsache, dass solche Studien oder Befragungen fehlen, könnte zumindest ein Indiz dafür sein, dass es paradoxerweise im Rahmen des personalisierten Lernens gar nicht so sehr um die Haltungen und die Bedürfnisse der Lernenden geht. Denn bei der Berechnung von Studienabbrüchen oder der Messung von Lernständen und Lernzielen werden implizite Erwartungshaltungen mit der Digitaltechnik verwoben. Die damit verbundenen Praktiken erinnern an die Strategie der *inversiven Optimierung*, wie sie Ulrich Bröckling in seinem während der Covid-19-Pandemie veröffentlichten Beitrag *Optimierung, Preparedness, Priorisierung* (2020) beschreibt. Diese Form der Optimierung zielt nicht auf Perfektionierung, Steigerung oder Wettbewerb, sondern auf das Abwenden des Schlimmstmöglichen ab (Bröckling, 2020, S. 8). Dies entspricht einem Modus der Prävention:

> „Prävention, so meine These, ist die dominante Ratio, unter der zeitgenössische Gesellschaften ihr Verhältnis zur Zukunft verhandeln und organisieren. Gekennzeichnet ist dieses Verhältnis zur Zukunft durch einen aktivistischen Negativismus: Nicht Fortschritt zum Besseren, sondern Vermeidung künftiger Übel bildet die Stoßrichtung vorbeugender Anstrengungen. Prävention will nichts schaffen, sie will verhindern". (Bröckling, 2021, S. 93 f.)

Mögliche Studienabbrüche frühzeitig zu berechnen und Lernstände über regelmäßiges Feedback individualisiert zu einem vorher bestimmten Lernziel zu leiten, lässt sich dieser Logik der präventiven Vorsorge zuordnen. Diese wird von verschiedenen Autor:innen aus der erziehungswissenschaftlichen Forschung auch als kybernetische Ausdeutung von Bildungsprozessen kritisiert (Damberger, 2019, S. 75 ff.; Karcher, 2020, S. 77 ff.; Walgenbach & Waldmann, 2020, S. 362 ff.). Das bedeutet, dass durch die datengestützte Vermessung von

Lernprozessen Modi der Überwachung eingesetzt werden, die über das regelmäßige Feedback das Verhalten der Lernenden beeinflussen sollen (Burchhardt, 2018, S. 108 ff.; Jornitz & Macgilchrist, 2021, S. 100 ff.). Aus bildungstheoretischer Sicht stellen beispielsweise Thomas Damberger und Stefan Iske kritisch infrage, was anhand der Daten über Bildungsprozesse ausgesagt werden kann und inwiefern diese überhaupt vermessbar sind (2017, S. 17 ff.). Des Weiteren wäre zu fragen, ob es das Ziel von Bildung ist, Menschen möglichst präzise zu einem vorgefertigten Lernziel zu steuern. So betonen die Medienwissenschaftler:innen Andreas Weich, Philipp Deny, Marvin Priedigkeit, und Jasmin Troeger am Beispiel der Plattform *bettermarks*, dass es sich bei der Erstellung von adaptiver Lernsoftware immer auch um die informatische Modellierung zuvor festgelegter Lernziele handelt, die sich innerhalb dieser Modellierung darstellen lassen müssen (2021, S. 30 ff.).

Die über adaptive Lernsysteme individualisierte Bildung, wie sie auch im Hagener Manifest gefordert wird, stellt demnach einen Vorschlag zur Digitalisierung von Bildung dar, der von vielen Forscher:innen aus den Bereichen der Medienwissenschaft, Medienpädagogik und Bildungstheorie als durchaus problematisch – oder zumindest reflexionsbedürftig – angesehen wird. Verschiedene Projekte, wie z. B. die vom BMBF geförderte Linie *Studienerfolg und Studienabbruch* (BMBF, 2021) oder die Bund-Länder-Förderinitiative *Künstliche Intelligenz in der Hochschulbildung*, weisen allerdings darauf hin, dass es sich bei den hier gezeigten Argumentationen nicht um Vorstellungen handelt, die nur von den Autor:innen des *Whitepapers* oder den Unterzeichner:innen des *Hagener Manifests* geteilt werden, sondern auf breiter bildungspolitischer Basis diskutiert und zukünftig in die Praxis überführt werden sollen. Wie könnte alternativ dazu eine andere Form der Digitalisierung des deutschen Bildungssystems angegangen werden?

2.2 Online-Lehre 2020 – Eine medienwissenschaftliche Perspektive

Eine weitere Positionierung zur universitären Lehre während der Covid 19-Pandemie legten verschiedene Autor:innen aus den Foren Bildung und Digitalisierung der Gesellschaft für Medienwissenschaft ebenfalls im September des Jahres 2020 vor, in dem insbesondere die medienwissenschaftlichen Aspekte von Online-Lehre diskutiert werden. Ähnlich zum Hagener Manifest werden auch hier Thesen formuliert, die als eine „Reflexion der medialen Bedingungen der Online-Lehre und ihrer Auswirkungen auf Studierende, Lehrende sowie Hochschulen" (Bohnenkamp et al., 2020, S. 1) gedacht sind. Die Thesen werden zumeist mit Fragestellungen verbunden, welche keine eindeutigen Antworten suggerieren, sondern Denkanstöße vermitteln. Zusammengefasst enthält das Diskussionspapier folgende Thesen:

„Online-Lehre ist anders? Fragen wir wie.
    Dozierende lehren online, Studierende lernen online. Inwiefern müssen sie sich angesichts dieser Anforderungen neu erfinden?
    Tools sind mehr als bloße Werkzeuge. Welche Dimensionen des Verständnisses von Tools müssen wir mitdenken?

> Was sind geeignete Bildungsinfrastrukturen und warum müssen wir darüber reden? Warum müssen wir über Privatheit und Datenschutz reden und wie wirkt sich Zeitdruck auf Entscheidungen für die Online-Lehre aus?
> Potenziale: Sind wir offen für das Experiment?
> Aktuell sind Antworten gesucht und gewünscht. Aber welche Fragen müssen wir über die Krise hinaus erarbeiten und stellen? (ebd.)"

Die Fragen werden jeweils mit verschiedenen medienwissenschaftlichen Impulsen und Vorschlägen beantwortet, wobei jedoch keine abschließenden Urteile getroffen werden. Vielmehr zeigen die Beschreibungen Aspekte und Dimensionen auf, die Ansatzpunkte für weitere Diskussionen, Nachforschungen und Experimente sein können, die eine Pluralität an verschiedenen Zukunftswegen offenlassen. Interessant ist, dass hier auch einige der Aspekte angesprochen werden, die im Hagener Manifest auftauchen, dort aber weniger differenziert, sondern in einer bestimmten Ausrichtung präsentiert werden.

So verweisen die Autor:innen des Diskussionspapiers bereits eingangs darauf, dass auch vor dem pandemiebedingten Umstieg auf Online-Lehre schon verschiedenste Medien in Hochschulkontexten genutzt wurden. In den universitären Räumen waren beispielsweise auch vorher häufig Beamer vorhanden, mit deren Hilfe Power-Point-Präsentationen oder Videos gemeinsam angesehen werden konnten. Ebenso gehörten Lernplattformen bereits zum Alltag vieler Studierender, Laptops wurden sowohl von Lehrenden als auch von Studierenden zur Vor- und Nachbereitung der Lehre genutzt (ebd., S. 2). Es käme in diesem Sinne also darauf an, die komplexen medialen Verflechtungen, als das Zusammenspiel analoger und digitaler Medien, in den Blick zu nehmen, die Bildungskontexte immer schon bedingen und durchziehen. Aus diesem Grund erklären die Autor:innen die Rede von „digitaler Lehre" (ebd.) als einen irreführenden Begriff, da damit die angesprochenen komplexen Wechselwirkungen nicht erfasst werden können. Im Diskussionspapier wird deshalb der Begriff der Online-Lehre verwendet, um die Situation der Lehre während der Pandemie zu beschreiben. Diese zeichnet sich auch durch pragmatisch und schnell getroffene Entscheidungen zum Einsatz von Tools und deren Anbietern aus, welche nach der Krisensituation aufgearbeitet und reflektiert werden sollten.

In Bezug auf Privacy und Datenschutz seien nämlich weniger geeignete Tools gewählt worden, die nicht immer im Einklang mit den Datenschutzbestreben einer Universität stehen und unter anderem auch (Meta)Daten für kommerzielle Zwecke nutzen (ebd., S. 7). Im Hinblick auf Privacy dürfe weiterhin der durch Videokonferenzen ermöglichte Einblick in private Räume nicht unberücksichtigt bleiben. Dies spiele insbesondere für zukünftige Prüfungsformate im Online-Modus eine Rolle und werfe Fragen darüber auf, ob Studierende zum Beispiel ihre privaten Räume vorher mit einer Kamera zeigen müssen, um an der Prüfung teilnehmen zu dürfen (ebd.). Die Formate der pandemiebedingten Online-Lehre verweisen diesbezüglich auf notwendig gewordene Orientierungsprozesse in Bezug auf das Selbstverständnis der eigenen Rolle als Dozierende:r oder Studierende:r sowie die Bedeutung und Nutzung von Räumlichkeiten und damit zusammenhängenden Körperlichkeiten, welche im Online-Format nicht wegfallen, sondern in einem anderen Modus zum Tragen kommen. Institutionell etablierte Praktiken fielen durch die schnelle

Umstellung der Lehrformate weg und könnten nun hinterfragt werden. Gleiches gelte aber auch für die sich aus der Online-Lehre etablierenden Praktiken. Daraus ergeben sich ganz grundlegende Fragen danach, wie Lehre und dementsprechende Praktiken und Rollenverständnisse durch spezifische Medienformate geprägt und inkorporiert werden (sollen). Die Autor:innen plädieren in dieser Hinsicht dafür, Medien nicht einfach als neutrale Tools zu betrachten, sondern diese in ihrer aktiven Mitgestaltung und Bedingung von Lehre zu untersuchen (ebd., S. 5). Im Diskussionspapier heißt es:

> „Es ist erforderlich, Tools nicht als rein instrumentelle Anwendungen aufzufassen, die hinter dem Unterricht zurücktreten, den sie ermöglichen sollen, sondern sie umgekehrt als Medien zu verstehen, die die Lehre aktiv mitgestalten. Sie sind darum nicht einfach neutrale, in Technologien übersetzte Mitteilungs-, Abfrage- oder Beteiligungsformate, sondern bedingen Aktivität und Inaktivität, Aufmerksamkeit und Adressierbarkeit, Erfolg und Scheitern, Belohnung und Motivation, Reproduktion und Transfer auf je spezifische Weise (ebd., S. 5)."

Diese in die Medien eingeschriebenen Weisen und sich daraus ergebenden Wirkungen auf das, was damit als Wissen vermittelt und erfasst werden kann, ist für die Autor:innen auch dann bedeutsam, wenn von einem individualisierten Lernen die Rede ist. Denn bei der Verwendung von Lernsystemen und/oder adaptiven und KI-basierten Lernanwendungen sind es technische Zugangsbedingungen sowie die Gestaltung und Modellierungen von Software, welche bestimmen, was in diesen Kontexten vermittelbar wird.

> „So verstellt schon die Bezeichnung Lernplattform oder Lernumgebung den Blick nicht allein auf die medialen Bedingungen, denen diese Systeme unterliegen, sondern vor allem auf die spezifischen medialen Bedingungen und Bestimmungen, die von diesen zugleich geschaffen werden. Dies geschieht gerade dort, wo ein so genanntes individualisiertes „freies" Lernen propagiert wird, welches aber dafür an bestimmte technisierte Zugänge und Verfahren gekoppelt ist. Aktuelle mediale Lernumgebungen sind angefüllt mit einer Vielzahl von digitalen Tools zur Distribution, Verarbeitung, Erfassung und Vermessung, Kommunikation und Inszenierung von Wissensbeständen, die jeweils die Bedingungen von Lehren und Lernen setzen und prägen (ebd., S. 5)."

Nicht nur adaptive, sondern Lernplattformen allgemein sind in diesem Sinne eng an Praktiken der Vermittlung und Inszenierung von Wissen gebunden, „die einer Reflexion bedürfen, weil sie nicht nur technologische, sondern damit zugleich kulturelle Bestimmungen des Lern- und Lehrbaren verhandeln" (ebd.). Die medienkulturwissenschaftliche Betrachtung von (digitalen) Tools geht dementsprechend über eine rein technisch-instrumentelle Sicht dieser hinaus und öffnet sich für eine Diskussion darüber, was wir dementsprechend als lehr- oder lernbar sowie lehr- und lernwürdig ansehen. Das bedeutet allerdings auch, dass es unter der Prämisse, dass Bildungsprozesse und Bildungskontexte immer schon medial bedingt und geprägt sind, gar nicht so sehr nur um eine Digitalisierung dieser geht.

> „Gerade weil die Medialität von Lehren und Lernen nicht erst eine Frage der (unklaren) Bestimmungen des Digitalen ist, muss nach den Wissensbeständen und Arrangements gefragt

werden, unter deren Bedingungen sich Lernen ereignet. Im Blick auf künftige Entwicklungen werden die hier aufgeworfenen Fragen nach Rollenzuweisungen und Selbstverständnissen, nach den Bedingungen der Möglichkeiten von Tools, nach den Infrastrukturen sowie nach Privacy virulent bleiben (ebd., S. 10)."

Auch wenn in diesem Diskussionspapier ebenfalls wissenschaftliche Quellen oder eine nähere Erläuterung des Medienbegriffs fehlen, so erweckt das Papier dennoch den Eindruck einer differenzierten Annäherung an mediale Bedingungen und Potenziale von und in Bildungskontexten, da im Gegensatz zum Hagener Manifest keine expliziten Potenziale versprochen und beworben werden, sondern begründend verschiedene Wege aufgezeigt werden, um mögliche Wirkungen von Medien und Lehre als Geflecht verschiedenster Dimensionen zu untersuchen. Dies lässt offen, wie und welche Medien Dozierende in ihrer eigenen Lehre einsetzen können, bietet jedoch Anhaltspunkte, den eigenen Medieneinsatz und die Medialität von Lehrformaten grundsätzlich zu reflektieren und zu analysieren.

Folgern lässt sich daraus, dass der digitale Wandel selbst inhärent keine Ausrichtung einer spezifischen Form der Digitalisierung des Bildungssystems vorgibt. Stattdessen gerät aus medienwissenschaftlicher Perspektive die Medialität als fortwährende Bedingung von Bildungskontexten in den Fokus. Demnach stellt sich die Frage, was je spezifische Medien überhaupt kennzeichnet und welche Konsequenzen sich daraus für Bildungsprozesse ergeben. In Bezug auf die Digitalisierung müsste in dieser Hinsicht gefragt werden, was eigentlich die Charakteristika digitaler Medien sind, um möglichen Potenzialen auf die Schliche zu kommen. Für eine post-digitale Sicht wäre es weiterhin interessant, die im Diskussionspapier angedeuteten medialen Verflechtungen, auch im Wechsel- und Zusammenspiel analoger und digitaler Medienformate, zu untersuchen. Im nachfolgenden Kapitel werde ich einem exemplarischen Ansatz zur Erforschung von (digitalen) Medien nachgehen, der sich an diese medienkulturwissenschaftlichen Perspektiven anschließen lässt.

3 Medienwissenschaftliche Annäherungen an digitale Medien

Bereits im Jahr 1999 veröffentlichten die beiden Medienwissenschaftler Jay David Bolter und Richard Grusin ihre Monografie *Remediation: Understanding New Media* und benennen darin, die *Remediation* (hier übersetzt als Remediatisierung) als grundlegendes Kennzeichen von Medien überhaupt. Da auf diese Weise die Verflechtungen und Intermedialitäten von (neuen und alten) Medien in den Fokus geraten, erachte ich diesen Ansatz als gewinnbringend für eine post-digitale Perspektive.

Auf die einfache Frage „Was ist ein Medium?" haben Bolter und Grusin eine ebenso vermeintlich einfache Antwort: „a medium is that what remediates" (Bolter & Grusin, [1999] 2000, S. 65). Das erfordert die Erklärung einiger Prämissen, die diesem Medienbegriff zugrunde liegen. Der Titel des Buches (*Understanding New Media*) erinnert diesbezüglich stark an einen Klassiker der Medienwissenschaft: Marshall McLuhans *Under-*

standing Media (1964). Ohne an dieser Stelle tiefer gehend auf McLuhans Verständnis von Medien eingehen zu können, lohnt sich im Sinne Bolters und Grusins der Verweis auf McLuhans Annahme einer Verflechtung von Medium und Inhalt. Denn laut McLuhan sei der Inhalt jeden Mediums ein weiteres Medium. Er schreibt hierzu: „Der Inhalt ist mit einem saftigen Stück Fleisch vergleichbar, das der Einbrecher mit sich führt, um die Aufmerksamkeit des Wachhundes abzulenken" (McLuhan, 1968, S. 25).Wir konzentrieren uns folglich eher auf den Inhalt eines Mediums als auf das Medium selbst.

Dies möchte ich am Beispiel des Mediums Buch verdeutlichen, da dieses häufig noch als ein „klassisches" (analoges) Medium betrachtet wird und sich gut dafür eignet, (inter)mediale Verflechtungen zu zeigen. Das gedruckte Buch besteht heutzutage materiell aus Papierseiten, die mit Druckertinte maschinell bedruckt wurden, zumeist Schriftzeichen oder Bilder enthalten. Die Bilder oder die Schrift ergeben einen Inhalt, den die Person, welche das Buch verfasst hat, auf diese Weise vermitteln und auf dem Papier fixieren kann. Wenn wir das Buch lesen, würden wir laut McLuhan also eher darauf achten, was auf den Seiten steht und über den Inhalt dieser nachdenken, als uns Gedanken darüber zu machen, inwiefern die Materialität des Buchs sowie der Schrift und des Papiers, welche den Inhalt erst zum Ausdruck bringen, diesen dadurch auch formen und beeinflussen.[4] Der Akt der Vermittlung, die Mediatisierung tritt hinter ihrem Produkt, dem durch sie erscheinenden Inhalt zurück. Diese scheinbare Unmittelbarkeit, die „immediacy" (Bolter & Grusin, 2000, S. 224) kennzeichnen Bolter und Grusin als ein Bestreben, das alle Medien in gewisser Weise verfolgen. Dass das Buch aber eine Weise der Vermittlung darstellt, zeigt sich vor allem dann, wenn wir vergleichen, wie der Inhalt alternativ hätte vermittelt werden können. Bei der mündlichen Überlieferung einer Geschichte hätten wir zum Beispiel Nachfragen an den Erzähler oder die Erzählerin stellen und zuhören können, gleichzeitig wäre diese Form der Übermittlung flüchtiger und an die Präsenz des Erzählenden gebunden. Die Geschichte würde auf diese Weise vermutlich nie eins zu eins weitergegeben werden. Nun könnte die mündliche Erzählung aber ebenso mit einem technischen Aufzeichnungsgerät fixiert und somit wiederholt hörbar gemacht werden. Auch das wäre wieder eine neue Form der Mediatisierung dessen, was zuvor mündlich erzählt wurde.[5] Das Rezipieren der Geschichte wäre hier durch Zuhören gekennzeichnet, während die schriftlich fixierte Variante gelesen werden muss. Dabei würde es weiterhin auch verschiedene Wege der Fixierung geben: So könnte ich von Anfang an meine Erzählung als Buch verfassen und sie in diesem Sinne auch schreiben wollen oder einen mündlichen

---

[4] Weitergehend behandelt McLuhan aber nicht nur den direkten Einfluss eines Mediums auf die Formung und Wirkung eines Inhalts. Stattdessen betrachtet er Medien auch im Hinblick darauf, was sie für Veränderungen im gesamtgesellschaftlichen Zusammenleben der Menschen bewirken. Mit der Verbreitung des Buchdrucks assoziiert McLuhan beispielsweise die Verbreitung einer bestimmten Form von Rationalität, die linear, standardisiert und sequenziert verläuft (McLuhan, 1968, S. 14 ff.).

[5] Dabei möchte ich nicht außer Acht lassen, dass der bewusste Medienwechsel auch dazu führen kann, dass Inhalte angepasst bzw. in die Form der jeweiligen Medialität übersetzt und in diesem Sinne auch verändert werden. Der Akt der Mediatisierung ist laut McLuhan eine metaphorische und keine Eins-zu-eins- Übertragung.

Vortrag halten und diesen im Nachhinein verschriftlichen lassen. Die Vermittlung mit Medien lässt verschiedene Nutzungs- und Entstehungswege zu, welche Konsequenzen für das dadurch entstehende Medienprodukt haben. Anhand dieses Beispiels will ich verdeutlichen, inwiefern bei der medialen Vermittlung verschiedene Medien zum Tragen kommen (können), wobei hier die Erzählung selbst immer auch durch Worte geformt ist, die einer Sprache zugehören, was wiederum ein weiteres Medium darstellt. Dies erklärt McLuhans Behauptung, dass der Inhalt eines Mediums stets ein weiteres Medium sei.

Wenn Medien etwas mediatisieren, also über- und vermitteln, dann verarbeiten sie auch andere Medien. Ein Medium remediatisiert folglich immer dann, wenn es mediatisiert. Das meinen Bolter und Grusin, wenn sie davon sprechen, dass ein Medium durch die *remediation* gekennzeichnet ist. Auf diese Weise steht ein Medium aber auch nie für sich allein, da es andere Medien in sich repräsentiert. Für ein Verständnis der neuen, der digitalen Medien, stellt sich dann nicht die Frage, was diese allgemein auszeichnet, sondern wie diese das, was die vorherigen Medien vermittelt haben, anders aufgreifen und dabei die vorherigen Medien auch in sich aufnehmen und remediatisieren. Gleichzeitig ließe sich fragen, wie diese Remediatisierungsprozesse wiederum auf die ‚alten' Medien zurückwirken und zu neuen Mediatisierungs-Strategien innerhalb dieser führen. Bolter und Grusin erklären:

> „No medium today, and certainly no single media event, seems to do its cultural work in isolation from other media, any more than it works in isolation from other social and economic forces. What is new about new media comes from the particular ways in which they refashion older media and the ways in which older media refashion themselves to answer the challenges of new media." (Bolter & Grusin, 2000 [1999], S. 15)

In Bezug auf das Medium Buch lässt sich in diesem Sinne fragen, was es für einen Unterschied macht, dass ich das Buch nun über einen Computerbildschirm vermittelt downloaden und lesen, aber auch selbst ausdrucken kann. Auf Seiten der Produktion des Texts könnte ich weiterhin fragen, was es für das Schreiben bedeutet, wenn ich einen Text auf einer virtuellen Papieroberfläche verfasse. Würde ich diese Frage für mich beantworten, so würde ich sagen, dass mir die Simulation der Papieroberfläche das Schreiben insofern erleichtert, als dass ich Passagen überspringen, an anderen Stellen neu ansetzen oder Sätze ganz löschen kann. Ich kann, während ich noch nachdenke, bereits schreiben, weil das Geschriebene jederzeit veränderbar ist. Somit kann ich auch im Modus des Schreibens nachdenken. Beim Schreiben mit Stift und Papier oder mit einer Schreibmaschine müsste ich zuvor wissen, was genau ich schreiben will, da eine Veränderung so leicht nicht vollziehbar ist.[6] Die Möglichkeit der potenziellen Revidierung kann aber auch insofern belastend sein, als dass ein Text nie fertig erscheint und immer noch ausgebessert, weiter oder neu

---

[6] Natürlich können auch handgeschriebene Texte verbessert, radiert, durchgestrichen oder mit einem Tintenkiller verändert werden. Die Möglichkeiten der Löschung sind jedoch begrenzter und zumeist sichtbar, während die virtuelle Oberfläche Veränderungen über die Simulation des Papiers im Endprodukt unsichtbar machen kann.

geschrieben werden kann. Hinzu kommt, dass ich stetig neue Quellen und Publikationen in den Weiten des Internets finde, die potenziell in einem Beitrag ergänzt werden könnten. Die dem digitalen Format zugrunde liegende Materialität der Software, ermöglicht die virtuelle Simulation eines auf Papier geschriebenen Texts, welcher jedoch nicht auf Papier geschrieben ist. Mit dem Medium Computer lassen sich aber nicht nur Texte schreiben oder lesen, sondern es ist gleichzeitig möglich, im Internet zu recherchieren, Bilder und Videos anzusehen oder auf sozialen Plattformen nach Inspiration zu suchen. Lev Manovich, Begründer der Software Studies, fasst den Computer deshalb als *Metamedium*, das alle bisherigen Medien verarbeitet oder simuliert, anders zugänglich macht und somit auch neue Medienformate schafft (Manovich, 2013, S. 111). Doch was lässt sich mit diesen Ausführungen nun für den Einsatz von (digitalen) Medien in Bildungskontexten gewinnen?

4 Post-Digitale Bildung und Medienästhetik

Ich schließe aus den Ansätzen einer medien(kultur)wissenschaftlichen Betrachtung der neuen bzw. digitalen Medien, dass diese deutlich mehr Potenziale bieten, als nur adaptive Lernsysteme zur Verfügung zu stellen. Der Einsatz digitaler Medienformate bedeutet nicht automatisch den Einsatz von KI-basierten Systemen und eine damit verbundene Nutzung von Lerndaten. Es könnte stattdessen auch damit experimentiert werden, wie beispielsweise verschiedene Medien als Inhalt in einem digitalen Medienformat neu oder einfacher kombiniert werden können, um verschiedene Weisen der medialen Darstellung auszuloten.[7] Gleichzeitig müsste abgewogen werden, wann man bewusst nicht auf digitale Medienformate zurückgreifen möchte, weil jedes Medium auch Grenzen in der Vermittlung und Inszenierung von Wissen absteckt. Die historische Situation eines medialen Umbruchs könnte in diesem Sinne generell dazu genutzt werden, bestehende mediale Praktiken in Lehrkontexten zu prüfen und kritisch zu hinterfragen, um diese nicht einfach im digitalen Format zu reproduzieren oder fortzusetzen.[8]

Auch die post-digitalen oder intermedialen Verflechtungen gilt es stärker in den Blick zu fassen. So könnte ich im Hochschulkontext zum Beispiel die Lektüre eines komplexen, wissenschaftlichen Texts dadurch unterstützen, dass ich dazu einen thematisch passenden Film- oder Serienausschnitt zeige, der die Studierenden möglicherweise auf einer affekti-

---

[7] Im Projekt Data Literacy des Studium generale an der Universität Mainz experimentieren wir beispielsweise mit interaktiven und multimedialen Medienformaten auf Moodle, welche auf der Annahme des Computers als Metamedium basieren. Studierende erhalten diesbezüglich neben Texten, Videos und Quiz-Fragen auch eigene Recherche-Aufgaben oder sollen Tools ausprobieren, um die breiten Möglichkeiten des Arbeitens mit und am Computer auszuloten.

[8] Hier ließe sich zum Beispiel fragen, ob bestehende (Massen-)Prüfungsformate, wie Multiple-Choice-Fragen auf Papier schon einem Modus der Vermessung von Bildung entsprechen und auf Steuerung sowie Quantifizierbarkeit von Lernprozessen abzielen.

ven Ebene anders berührt.⁹ Mit einem Beamer und Laptop wäre das Streaming eines online zur Verfügung gestellten Films (unter Beachtung der medienrechtlichen Aspekte) auch in einem Format der Präsenzlehre leichter umsetzbar, als es zuvor mit einem Fernsehgerät und einer ausgeliehenen DVD oder einer Videokassette war. Auf der anderen Seite könnten Lernende selbst zur Gestaltung eines Medienformats aufgerufen werden, um dessen Form der Übersetzungsweisen über die eigene Gestaltung kennenzulernen. Letztlich münden die medienwissenschaftlichen Ansätze einer Betrachtung der digitalen Medienformate also in der Frage, wie (neue) Medien grundsätzlich unsere Erfahrung und Wahrnehmung sinnlich modellieren und wie wir diese jeweiligen Weisen in spezifischen Kontexten einsetzen möchten. Wir befinden uns dementsprechend im Bereich der Medienästhetik, die genau danach fragt, welche qualitative Beschaffenheit ein Medium aufweist und welche Formen des Ausdrucks oder der Wahrnehmung mit dieser einhergehen (Schnell, 2000, S. 11 ff.).[10]

Wenn ich nun diese Dimensionen auf die beiden Ebenen einer Digitalisierung des Bildungssystems, wie ich sie eingangs kurz am Beispiel der KMK und des BMBF vorgestellt habe, beziehe, so könnte eine dementsprechende Post-Digitale Bildung folgende Anhaltspunkte markieren:

An die Stelle der Frage danach, was Menschen in einer von spezifischen Medien durchzogenen Gesellschaft im Umgang mit diesen Medien lernen sollen, tritt nun die Frage nach einer Reflexion und Diskussion darüber, wie wir zukünftige Gesellschaftsformen gestalten möchten und wie aktuelle Formen des Zusammenlebens von Medien geprägt, bedingt und vermittelt werden. Es gilt in diesem Sinne auch die Abhängigkeitsverhältnisse zu bedenken, die durch Medien strukturiert werden und unseren Alltag beeinflussen.

Auf der Ebene des didaktischen Medieneinsatzes geraten Reflexionen und experimentelle Erprobungen darüber in den Fokus, wie bestimmte Medienformate gestaltet und genutzt werden können und welche verschiedenen Formen, Darstellungsweisen und Machteinschreibungen sowie intermediale Verflechtungen damit entstehen (können).

Die Post-Digitale Bildung wäre somit als ein Bereich der Bildung denkbar, welche der Gesellschaft ein Bewusstsein über ihre eigenen (medialen) Bedingungen vermitteln kann. In Bezug auf den Bildungsbegriff ließe sich weiterhin fragen, ob eine solche Post-Digitale Bildung bereits bestehenden Konzepten einer Medienbildung entspricht (Moser, 2019, S. 2 ff.). Denn die Verhältnissetzung neuer und alter Medien sowie wechselseitige (Re-)Mediatisierungsprozesse gerät mithilfe medien(kultur)wissenschaftlicher Sichtweisen in den Fokus.

---

[9] Mir ist bewusst, dass dies keine besonders neuartige Praktik ist. Das Beispiel soll vielmehr als Impuls dafür betrachtet werden, welche bisherigen (post-digitalen) Settings zuvor auch bereits Bildungskontexte geprägt haben und wie diese zukünftig noch bewusster eingesetzt und reflektiert werden können.

[10] In diesem Beitrag habe ich die Medienästhetik selbst noch nicht näher ausgearbeitet. Stattdessen sehe ich die Medienästhetik als neuen Ausgangspunkt für weitere Forschungsarbeiten, zu dem die bisherigen (medien)theoretischen Ausführungen geführt haben.

So ist es vielleicht, wie die Bildungstheoretikerin Manuela Pietraß formuliert hat, nämlich dass uns digitale Medien „neue Perspektiven auf Wirklichkeit verschaffen, wobei wir heute noch nicht wissen, welche wir gewinnen werden" (Pietraß, 2020, S. 335). Mag dieser Schluss zunächst unzufriedenstellend erscheinen, so sollten wir doch im Auge behalten, dass damit auch Chancen einhergehen. Denn auf diese Weise ist es möglich, dass beim Einsatz verschiedener Medienformate auch die Individualität der Lehrpersonen berücksichtigt werden kann. Wenn eine Vielzahl potenzieller Medien und deren Verwendungs- und Gestaltungsweisen existiert, dann muss Lehrkräften oder Dozierenden nicht explizit vorgeschrieben werden, welche Medien sie wie zu nutzen haben. Im Hinblick auf die ästhetische Forschung mit und an Medien könnten sich auch Potenziale für die kunstpädagogische Praxis oder ästhetische Bildung anschließen. Wichtig bleibt hierbei das Einnehmen eines spielerisch-prüfenden Blicks auf die Eigenschaften von medialen Konfigurationen, um nicht – wie es im aktuellen Diskurs um Digitale Bildung vollzogen wird – utopische Zukunftsvorstellungen in diese zu projizieren und Medien als Löser struktureller Probleme zu betrachten. Denn die Versprechen auf Individualisierung und Chancengleichheit über KI-basierte Systeme verhandeln Bildung unter den Prämissen ihrer Informatisierung, Psychologisierung und Kybernetisierung (Casale, 2022, S. 112 ff.; Karcher, 2020, S. 77 ff.). Diese Tendenzen lassen wenig Offenheit für kritische (Selbst-)-Erkenntnisprozesse außerhalb einer Logik der Optimierung, Vermessung und Datafizierung. Casale formuliert:

„Eine mögliche Antwort darauf wäre eine Theorie der digitalen Bildung, die nicht affirmativ ist, sondern die den digital vermittelten Zugang zur Welt und zur Wissenschaft zum Gegenstand ihrer Analyse macht." (Casale, 2022, S. 133 f.)

Um den Bedingungen der Bildung, unter denen sie heute geschieht, nachgehen zu können, ist es nötig, die Medien, welche sie bedingen, näher in den Blick zu fassen. Die Medienästhetik, als Erforschung der sinnlichen Beschaffenheit und Wirkung von (Inter-)Medialitäten, hat sich in dieser Hinsicht als möglicher Ausgangspunkt gezeigt.

Somit bleibt uns vorab vermutlich nichts anderes übrig, als weiterhin mit Medien zu experimentieren, diese interdisziplinär zu erforschen und im Austausch darüber zu bleiben, was auf welche Weisen inszeniert und wissenschaftlich verhandelbar werden kann.

Literatur

Aktionsrat Bildung. (2018). Digitale Souveränität und Bildung. *vbw- Vereinigung der bayrischen Wirtschaft e.V.*, S. 12.

BMBF. (2016). *Bildungsoffensive für die digitale Wissensgesellschaft. Strategie des Bundesministeriums für Bildung und Forschung.* https://www.bmbf.de/files/Bildungsoffensive_fuer_die_digitale_Wissensgesellschaft.pdf. Zugegriffen am 09.06.2022.

BMBF. (2021). *Studienerfolg und Studienabbruch.* https://www.wihoforschung.de/de/studienerfolg-und-studienabbruch-3166.php. Zugegriffen am 15.02.2022.

Bohnenkamp, B., Burkhardt, M., Grashöfer, K., Hlukhovych, A., Krewani, A., Matzner, T., Missomelius, P., Raczkowski, F., Shnayien, M., Weich, A., Wippich, U. (2020). Online-Lehre 2020 – Eine medienwissenschaftliche Perspektive. Diskussionspapier Nr. 10. *Hochschulforum Digitalisierung.*

Bolter, D., & Grusin, R. ([1999] 2000). *Remediation. Understanding new media.* MIT Press.

Bröckling, U. (2020). *Optimierung, Preparedness, Priorisierung. Soziologische Bemerkungen zu drei Schlüsselbegriffen der Gegenwart.* https://www.sozi-opolis.de/beobachten/gesellschaft/artikel/optimierung-preparedness-priorisierung. Zugegriffen am 27.01.2023.

Bröckling, U. (2021). *Dispositive der Vorbeugung.* https://www.academia.edu/5101533/Dispositive_der_Vorbeugung. Zugegriffen am 27.01.2023.

Burchhardt, M. (2018). Big brother is teaching you- Schule total digital? *Vierteljahrsschrift für wissenschaftliche Pädagogik, 94(H1),* 102–112.

Casale, R. (2011). Über die Aktualität der Bildungsphilosophie. *Vierteljahrsschrift für wissenschaftliche Pädagogik, 87(H2),* 22–332.

Casale, R. (2022). *Einführung in die Erziehungs- und Bildungsphilosophie.* Brill Schöningh.

Damberger, T. (2019). Lehren und Lernen im Digitalen Zeitalter. *ORF Studio Heft, 58,* 56–83.

Damberger, T. (2021). *Haltungsschaden! Zur Pädagogischen Bedeutung Des Simulierten (Virtuellen) Unterrichts.* http://damberger.org/?p=2106. Zugegriffen am 09.10.2023.

Damberger, T., & Iske, S. (2017). Quantified Self aus bildungstheoretischer Perspektive. In D. Verständig & R. Biermann (Hrsg.), *Das umkämpfte Netz. Medienbildung und Gesellschaft 35* (S. 17–36). Springer.

Dander, V. (2018). *Ideologische Aspekte von „Digitalisierung". Eine Kritik des bildungspolitischen Diskurses um das KMK-Strategiepapier „Bildung in der digitalen Welt".* https://www.fernuni-hagen.de/bildungswissenschaft/bildung-medien/medien-im-diskurs/. Zugegriffen am 29.07.2024.

Düppe, S. (2020). *FernUniversität und führende Bildungsfachleute veröffentlichen Hagener Manifest zu New Learning.* https://www.fernuni-hagen.de/uni-versitaet/newsletter/argumente/hagener-manifest-zu-new-learning.shtml. Zugegriffen am 30.09.2021.

Fernuniversität Hagen. (2020). *Das Hagener Manifest.* https://www.fernuni-hagen.de/imperia/md/content/universitaet/hagenermanifest/hagener-mani-fest.pdf. Zugegriffen am 10.03.2023.

Hartong, S. (2019). Learning Analytics und Big Data in der Bildung. Zur notwendigen Entwicklung eines datenpolitischen Alternativprogramms. In Gewerkschaft Erziehung und Wissenschaft (Hrsg.), *Broschüre Learning Analytics und Big Data in der Bildung* (S. 7–23).

Jornitz, S., & Macgilchrist, F. (2021). Datafizierte Sichtbarkeiten: Vom Panopticon zum Panspectron in der schulischen Praxis. *MedienPädagogik: Zeitschrift für Theorie Und Praxis Der Medienbildung, 45(Pädagogisches Wissen),* 98–122. https://doi.org/10.21240/mpaed/45/2021.12.21.X

Karcher, M. (2020). Die kybernetische (Neu-)Ordnung. Überlegungen zur kybernetischen Regierung des pädagogischen Felds. *Vierteljahrsschrift für wissenschaftliche Pädagogik, 96(H1),* 73–88.

Karcher, M. (2022). Digitalisierung. In M. Rieger-Ladich, M. Feldmann, C. Voß, & K. Wortmann (Hrsg.), *Schlüsselbegriffe der Allgemeinen Erziehungswissenschaft* (S. 103–110). Beltz Juventa.

Klein, K. (2021). Post-digital, post-internet: Propositions for art education in the context of digital cultures. In K. Tavin, G. Kolb, & J. Tervo (Hrsg.), *Post-digital, post-internet art and education: The future is all-over. Palgrave studies in educational fcutures* (S. 27–45). Palgrave Macmillian.

KMK. (2016). *Bildung in der digitalen Welt. Strategie der Kultusministerkonferenz vom 8. Dezember 2016 in der Fassung vom 7. Dezember 2017.* https://bit.ly/3b7jwGJ. Zugegriffen am 10.03.2023.

Kravčík, M., & de Witt, C. (2020). Personalisiertes Lernen und adaptive Lernumgebungen. In C. de Witt, F. Rampelt, & N. Pinkwart (Hrsg.), *Künstliche Intelligenz in der Hochschulbildung. Whitepaper* (S. 17–18). KI Campus.

Manovich, L. (2013). *Software takes command.* Bloomsbury.

McLuhan, M. (1968). *Die magischen Kanäle*. Econ.

Missomelius, P. (2022). *Bildung – Medien – Mensch. Mündigkeit im Digitalen*. V&R unipress.

Moser, H. (2019). *Einführung in die Medienpädagogik. Aufwachsen im digitalen Zeitalter*. Springer.

Pietraß, M. (2020). Bildung in Bewegung. Das neue Lernpotenzial digitaler Medien. In I. van Ackeren, H. Bremer, F. Kessl, H. Koller, N. Pfaff, C. Rotter, et al. (Hrsg.), *Bewegungen. Beiträge zum 26. Kongress der Deutschen Gesellschaft für Erziehungswissenschaft* (S. 325–336). Barbara Budrich.

Schmidt, R. (2020). Post-digitale Bildung. In M. Demantowsky, G. Lauer, R. Schmidt, & B. te Wildt (Hrsg.), *Was macht die Digitalisierung mit den Hochschulen? Einwürfe und Provokationen* (S. 57–70). De Gruyter Oldenbourg. https://doi.org/10.1515/9783110673265-005

Schnell, R. (2000). *Medienästhetik. Zu Geschichte und Wahrnehmung audiovisueller Wahrnehmungsformen*. Metzler.

Stifterverband für die deutsche Wissenschaft. (2020). *Die Lernplattform für Künstliche Intelligenz*. https://ki-campus.org/. Zugegriffen am 30.09.2021.

Walgenbach, K., & Waldmann, M. (2020). Digitalisierung der Hochschulbildung. Eine kritische Analyse von Learning-Analytics-Architekturen am Beispiel von Dashboards. *Zeitschrift für Pädagogik, 3*, 357–372.

Weich, A. (2018). Was nicht passt, wird passend gemacht. Learning Analytics als Teil des Profilierungsdispositivs. *Medienimpulse, 1*. https://doi.org/10.21243/mi-01-18-04

Weich, A., Deny, P., Priedigkeit, M., & Troeger, J. (2021). Adaptive Lernsysteme zwischen Optimierung und Kritik: Eine Analyse der Medienkonstellationen bettermarks aus informatischer und medienwissenschaftlicher Perspektive. *MedienPädagogik: Zeitschrift für Theorie Und Praxis Der Medienbildung, 44*(Data Driven Schools), 22–51. https://doi.org/10.21240/mpaed/44/2021.10.27.X

de Witt, C. (2020). Mit KI lehren und lernen. In C. de Witt, F. Rampelt, & N. Pinkwart (Hrsg.), *Künstliche Intelligenz in der Hochschullehre* (S. 10–14). KI Campus.

de Witt, C., Pinkwart, N., & Rampelt, F. (2020). *Künstliche Intelligenz in der Hochschulbildung. Whitepaper*. KI Campus.

Mediendidaktik – Skizze einer Agenda

8

Jennifer Grüntjens, Maike Altenrath und Paula Goerke

Inhaltsverzeichnis

1	Einleitung	154
2	Standortbestimmung: Mediendidaktik	157
3	Anforderungen an eine Mediendidaktik in der Gegenwart	163
4	Critical Educational Technology als ‚fehlende' Perspektive	165
5	Fazit: Mediendidaktik als Pendel zwischen Ermöglichung und Begrenzung	169
	Literatur	170

Zusammenfassung

Die Mediendidaktik setzt sich als trans- und interdisziplinäre wissenschaftliche Disziplin mit Phänomenen des Lehrens, Lernens und Bildung in der Gegenwart auseinander.

J. Grüntjens (✉)
Lehrgebiet Mediendidaktik, Institut für Bildungswissenschaft und Medienforschung, Fakultät für Kultur- und Sozialwissenschaften, FernUniversität in Hagen, Hagen, Deutschland

Hauptabteilung Personalentwicklung Akademie/Wissenstransfer und E-Learning, Debeka, Koblenz, Deutschland

M. Altenrath
Team Bildungsbegleitung und Dozierende (Teamleitung), lernen bohlscheid - Akademie für Bildungsprojekte GmbH, Köln, Deutschland

P. Goerke
Lehrgebiet Mediendidaktik, Institut für Bildungswissenschaft und Medienforschung, Fakultät für Kultur- und Sozialwissenschaften, FernUniversität in Hagen, Hagen, Deutschland
E-Mail: paula.goerke@fernuni-hagen.de

Im vorliegenden Beitrag wird im Sinne einer disziplinären Agenda diskutiert, wie die Mediendidaktik diesen gerecht werden kann. Zunächst werden die historischen Entwicklungslinien der Mediendidaktik nachgezeichnet und ihr Aufgang in einen gegenwärtigen gestaltungsorientierten und partizipativen Zugang dargestellt. Davon ausgehend wird problematisiert, inwiefern (aktuelle) mediendidaktische Perspektiven die politischen, ökonomischen, kulturellen und sozialen Bedingungen, Entwicklungen und Interessen von digitalen Medien und ihre Auswirkungen auf Lehren, Lernen und Bildung erfassen können. Vor dem Hintergrund einer postdigitalen Gegenwartsgesellschaft wird dann die Notwendigkeit erörtert, die Mediendidaktik um die Perspektive der Critical Educational Technology zu erweitern.

Schlüsselwörter

Mediendidaktik · Critical Educational Technology · Perspektive · Postdigitalität · Standort

1 Einleitung

Die Mediendidaktik als „Theorie und Praxis des ‚Lehrens und Lernens mit Medien'" (Petko, 2014, S. 156) ist eine wissenschaftliche Disziplin, die aus einem allgemein- und fachdidaktischen Zugang seit jeher mit Fragen verbunden ist, wie Lehr-Lernmittel oder eben Medien bestmöglich, sinnvoll oder lernförderlich in Lehr-Lernszenarien eingesetzt werden können (De Witt & Czerwionka, 2007). Zugleich ist die Mediendidaktik sicherlich bei weitem nicht die einzige Disziplin, die sich mit Medien (in Lehr-Lern- und Bildungskontexten) befasst. Es resultiert, dass die Mediendidaktik kaum hinsichtlich ihres Gegenstandes und ihrer Methoden trennscharf von anderen Disziplinen abgegrenzt werden kann. Vielmehr ergeben sich innerhalb der Mediendidaktik als Querschnittsfach Anknüpfungspunkte „für alle pädagogisch orientierten Beschäftigungen mit Medien in Theorie und Praxis" (Baacke, 2007, S. 4). Entsprechend wird die Mediendidaktik je nach Perspektive als Teil der Allgemeinen Didaktik, als Fachdidaktik oder als Teil der Medienpädagogik angesehen. Wird beispielsweise ein medienpädagogischer Zugang gewählt, können sich mediendidaktische Fragestellungen den Bedingungen der Förderung von Medienkompetenz und Medienbildung durch den Einsatz digitaler Medien widmen. ‚Der' Mediendidaktik zugeschriebenen Fragestellungen changieren häufig innerhalb des didaktischen Dreiecks (Petko, 2014; Reinmann, 2015), also der Gestaltung von Unterricht in Bezug auf die Aktivierung, Vermittlung und Betreuung mit (und in) digitalen Medien.

Außerdem wird die Mediendidaktik über diese disziplinäre und fachwissenschaftliche Verortung hinaus – mit Blick auf u. a. Schulpädagogik, Erwachsenbildung oder Hochschuldidaktik – ebenso als Querschnittsaufgabe innerhalb der Erziehungswissenschaft betrachtet. Was zeichnet *die* Mediendidaktik also aus? Vielleicht ist es gerade diese Inter- oder auch Transdisziplinarität, die charakteristisch ist (Mayrberger, 2020a). Mit Rückgriff auf verschiedene weitere Bezugsdisziplinen wie die Psychologie, Soziologie, Informatik, Medienwissenschaft, Kommunikationswissenschaft, Kulturwissenschaft, Politik, Philosophie oder Rechtswissenschaft entsteht ein Potpourri mediendidaktischer Forschungsarbeiten und Auseinandersetzungen mit Medien, multimedialen Anwendungen oder komplexen Lernsituationen (Mayrberger, 2020a). Diese disziplinäre Uneindeutigkeit (Petko, 2014) macht die Disziplin keinesfalls dürftig oder zerbrechlich, sondern kann vielmehr durch disziplinübergreifende Kooperationsformen eine umfassende Bearbeitung von Forschungsproblemen ermöglichen. Möglicherweise ist es gerade die Stärke der Mediendidaktik, (inter-)disziplinäre Dynamiken aufzugreifen und damit Phänomene der Postdigitalität mehrperspektivisch erfassen zu können (s. Mayrberger, 2020b).

Ebenso zeigen sich mit Blick auf den internationalen Diskurs weitere Potenziale der Mediendidaktik. In Abgrenzung zum englischsprachigen Diskurs – genauer: zu Educational Technology und dem Instructional Design – wird deutlich, dass sich zwar beide mit dem gleichen Forschungsgegenstand beschäftigen, von allgemeinen Medienentwicklungen geprägt sowie auf die gleichen lerntheoretische Erkenntnisse Bezug nehmen, jedoch gerade hinsichtlich übergeordneter pädagogischer und erziehungswissenschaftlicher Ziele anders ausgerichtet sind. Innerhalb von Perspektiven der Educational Technology bleibt eine Reflexion der Lehrinhalte und Lehrziele weitgehend außen vor (Kerres, 2018). Der Begriff *Mediendidaktik* existiert ausschließlich im deutschsprachigen Raum (Süss et al., 2013). Die direkte Übersetzung von Mediendidaktik – ‚media didactics' – tritt im englischsprachigen Diskurs kaum auf und ist ebenfalls anders konnotiert bzw. weist nicht die gleichen theoretischen- und historischen Hintergründe auf (Keiner, 2017; Mayrberger & Kumar, 2014). Während in gegenwärtigen deutschsprachigen, mediendidaktischen Perspektiven eher ein gemäßigt konstruktivistisches Verständnis vom Lehren und Lernen besteht, wird ‚didactics' vor allem mit ‚traditionellen' Lehrmethoden, einer starken Lehrendenzentrierung und instruktionalen Auffassungen verbunden (Mayrberger & Kumar, 2014).

Trotz der genannten Stärken und Alleinstellungsmerkmale der Mediendidaktik hat nicht nur die Covid19-Pandemie unlängst deutlich gezeigt, dass Lehren, Lernen und Bildung (mit und in Medien) unter Bedingungen von Digitalisierung und Postdigitalität,[1] eben nicht nur handlungs- und gestaltungsorientierten Fragestellungen aufwerfen, wie beispielsweise: Ist es datenschutzrechtlich angemessen, Zoom in der Weiterbildung zu verwenden? Verändert sich die Art und Weise der Notengebung, wenn die Lehrperson die Log-In-Daten im Lernmanagementsystem ihrer Studierenden einsehen kann? Oder: Wer profitiert und wer ‚verliert' mit der flächendeckenden Anschaffung von iPads in deutschen Schulen? Eine Auseinandersetzung mit diesen Fragen setzt voraus, die große Bedeutung digitaler Medien für unsere soziale Welt anzuerkennen: Digitale Medien[2] sind maßgeblich für alle Formen kultureller Praktiken, Subjektivierungsprozesse, wirtschaftliche und politische Systeme – sprich für alle Bereiche des sozialen Zusammenlebens und somit auch

---

[1] In diesem Beitrag wird den Begriff der Postdigitalität verwendet, um mit der Vorsilbe „-post" eine kritische Positionierung einzunehmen, die eine konzeptionelle Annäherung an die Verwobenheit von digitalen Technologien und Kultur der Gegenwart ermöglicht. Mit dieser explizit kritischen und reflexiven Perspektive verweist der Begriff Postdigitalität auf die (nicht einmal mehr wahrnehmbare) Einschreibung des Digitalen in alle Lebenszusammenhänge, Praktiken, Institutionen und Artefakte (Cramer, 2014; Murray, 2020).

[2] Digitale Medien werden im Anschluss an Petkos Arbeitsdefinition für die *Mediendidaktik* als „kognitive und […] kommunikative Werkzeuge zur Erfassung, Speicherung, Verarbeitung und Übermittlung von Informationen" (Petko, 2014, S. 12) verstanden, die sich durch besondere „technische Merkmale in den Bereichen Hardware, Software, Daten und Netzwerke aus[zeichnen]" (Petko, 2014, S. 16).

das Lehren und Lernen. Für die Mediendidaktik gilt daher, die Unterscheidung zwischen digitalen und analogen Medien aufzuheben, um sich auf eine umfassende und kritische Weise den Fragestellungen der Gegenwart und Zukunft zu widmen: Es bestehen stetig wachsende Möglichkeiten, Inhalte kreativ zu vermitteln und auf Bedarfe und Interessen der Lernenden einzugehen. Zugleich stellen sich in dieser Gegenwart Fragen um Ungleichheit und Macht. Es erscheint notwendig, Bildungstechnologien umfassend in den Blick zu nehmen, sich mit dem für und wider ihres Einsatzes oder – im Sinne eines Pendels – mit der durch sie einhergehenden Ermöglichung und Begrenzung zu beschäftigen. Mit der Metapher des Pendels werden *Perspektiven* auf digitale Technologien bemüht: So gilt es, immer wieder unterschiedliche Sichtweisen auf Technologien und Gegenwart einzunehmen und nicht im Entweder-oder von Ermöglichung und Begrenzung zu verharren. Digitale Medien sind aus dieser Perspektive nicht nur Werkzeuge im Lehr-Lerngeschehen, sondern werden in genannter Gegenwart immer auch von politischen, ökonomischen, kulturellen und sozialen Bedingungen und Interessen gerahmt und beeinflusst, was wiederum Folgen für Lehr-, Lern- und Bildungsprozesse hat.

In diesem Beitrag wird sich um eine Standortbestimmung der Mediendidaktik bemüht und beleuchtet, inwiefern es etablierten mediendidaktischen Ansätzen gelingen kann, Bildungstechnologien in dem von uns skizzierten Pendel aus Ermöglichung und Begrenzung zu perspektivieren. Bezüge zu Auseinandersetzungen der Forschungsperspektive der ‚Critical Educational Technology' ermöglichen, die Prämissen der Mediendidaktik (neu) zu denken und für die Gegenwartsgesellschaft der Postdigitalität anschlussfähig zu machen. Folgende Forschungsfrage ist für diesen Beitrag leitend: *Wie kann Mediendidaktik in der Gegenwart gedacht werden?* Zur Beantwortung dieser Fragestellung werden in Kap. 2 zunächst der gegenwärtige Standort der Mediendidaktik und Perspektiven zentraler Wissenschaftler*innen der Mediendidaktik bestimmt. Mit einem kurzen Rückblick auf die Entwicklungslinien der Mediendidaktik setzen wir ‚Schlaglichter' und ergründen, inwiefern sich die Disziplin seit jeher um eine kritische Analyse im Kontext des Lehrens und Lernens mit (digitalen) Medien bemüht. Auf diesem Weg beleuchten wir, wie sich etablierte Prämissen in der Mediendidaktik darstellen. Anschließend werden in Kap. 3 Anforderungen an eine Mediendidaktik in der Gegenwart skizziert. Deutlich wird, dass interdisziplinäre sowie kritische Perspektiven eingenommen werden müssen, um ein Pendel zwischen Ermöglichung und Begrenzung wissenschaftlich abzubilden. In Kap. 4 blicken wir folglich aus einer bestimmten interdisziplinären Perspektive auf die Allgegenwärtigkeit digitaler Technologien: die der *Critical Educational Technology*. Wissenschaftler*innen, welche wir der Perspektive Critical Educational Technology zuordnen, beschäftigen sich mit den Wechselverhältnissen von Technologie, Gesellschaft, Ökonomie, Wissenschaft und Bildung (z. B. Förschler, 2021); Macgilchrist, 2020 und Williamson, 2016). Indem wir in abschließend in Kap. 5 die Perspektiven der Critical Educational Technology mit den zuvor angeführten (historischen) mediendidaktischen Forschungsarbeiten in ein Verhältnis setzen, schlussfolgern wir, wie Mediendidaktik in der Gegenwart gedacht werden kann – welcher Auftrag der Mediendidaktik in Forschung und Praxis in der Postdigitalität zuteil wird.

2 Standortbestimmung: Mediendidaktik

Um in diesem Beitrag eine Perspektive auf die Mediendidaktik der Gegenwart einnehmen zu können, ist es zunächst notwendig, den aktuellen *Standort* der Mediendidaktik zu bestimmen. Durch die Erfassung der bisherigen ‚Errungenschaften' – im Sinne der historischen Entwicklungslinien der Mediendidaktik – und aktuellen Perspektiven, wie der Gestaltungsorientierung und Partizipativen Mediendidaktik werden zum einen die historische ‚Gewordenheit' der Disziplin und zum anderen ihre Einbindung in (aktuelle) kulturelle Zusammenhänge im Folgenden dargelegt.

2.1 Historische Entwicklungslinien der Mediendidaktik

Zur Standortbestimmung der Mediendidaktik blicken wir zunächst zurück und beleuchten die historische Gewordenheit der Disziplin, die auch eine kritische Analyse von politischen, ökonomischen, kulturellen und sozialen Dimensionen im Kontext des Lehrens und Lernens mit (digitalen) Medien enthält, welche wir aufgrund der Ausrichtung dieses Beitrages besonders fokussieren.

Gegenwärtige didaktische Fragestellungen werden sicherlich vor allem im Kontext *digitaler* Medien gestellt, obgleich Überlegungen zum Einsatz von Medien als Lehr- und Lernmittel schon sehr viel länger bestehen. Auch wenn sich der Beginn kaum datieren lässt, werden die Ursprünge mediendidaktischer Überlegungen häufig auf das 17. Jahrhundert zurückgeführt. Vor mehr als 350 Jahren führte Johann Amos Comenius mit seinem Anspruch, allen Menschen alles zu lehren, Lehrmittelkabinette, Naturaliensammlung und das erste bebilderte Lehrbuch – als Vorläufer mediendidaktisch aufbereiteter Schüler*innenlehrbücher – in Schulen ein (De Witt & Czerwionka, 2007). Die Ausdifferenzierung der Mediendidaktik als wissenschaftliche Disziplin wird auf Anfang der 1960er zurückgeführt. Allerdings kam erst Ende der 1960er mit der Verbreitung des Medien-Begriffs auch jener der Mediendidaktik auf. Zuvor wurden Fragen, die wir heute der Mediendidaktik zuschreiben würden, unter Begriffen wie z. B. Didaktik der audiovisuellen Bildungsmittel (Brunner, 1971) und Hilfs-, Unterrichts- oder Arbeitsmittel gefasst (Tulodziecki, 2011). Ein entscheidender Auslöser für die Bemühungen um eine eigenständige Disziplin war das Berliner Modell einer didaktischen Unterrichtsplanung von Paul Heimann (z. B.1962). Das deskriptive Modell hob sich dadurch hervor, dass Heimann die Medienwahl als eigenes gleichrangiges (didaktisches) Entscheidungsfeld neben Methode, Inhalt und Intention erachtete (im Sinne eines Überblicks s. de Witt und Czerwionka, 2013).

In den folgenden Jahren wurden mediendidaktische Forschungen zunächst von pädagogischen Konzepten abgegrenzt, die Medien als Gegenstand in den Mittelpunkt stellten – wie dem der Medienkunde (z. B. Kerstiens, 1971) oder auch von Fragestellungen der Medienpädagogik. So sollte die Didaktik stärker in den Fokus gerückt und gleichzeitig verschiedene mediendidaktische Ansätze, wie den der Unterrichtstechnologie oder die kritisch-kommunikativen Mediendidaktik, unter einem Oberbegriff vereint werden (Tulodziecki, 2011). In den späten 1970er-Jahren wurden mediendidaktischer Perspektiven begrenzter ausgelegt (Tulodziecki, 2011). So wurde die Mediendidaktik, z. B. von Autor*innen wie der Arbeitsgruppe um Günter Kolb, als Teil der allgemeinen Didaktik oder als Teilgebiet der Medienpädagogik verortet. Schon damals gab es erste Bestrebungen, Medien nicht ausschließlich als Instrumente des Lehrens und Lernen zu verstehen, sondern einen allumfassenden Blick auf sie zu verfolgen: Medien wurden als Resultat der bestehenden sozialen und technischen Umwelt verstanden, deren Einsatz einen nachhaltigen Einfluss auf die Lehrinhalte hat (Kolb, 1977; Schorb, 1968). Es wurde davon ausgegangen, dass die Entwicklung, Verteilung und Nutzung von Medien die existierenden Machtverhältnisse konstituiert und konstruiert und somit nachhaltig die verschiedenen Möglichkeiten des Lernens, Kommunizierens und Handelns von Individuen und Gruppen beeinflusst. Diese Überlegungen hatten Konsequenzen für den mediengestützten Unterricht, in welchem realweltliche Situationen den Ansatzpunkt des Medieneinsatzes darstellen sollten (Kolb, 1977). Eine Theorielinie, die sich damit auseinandersetzte, waren die ersten Ansätze einer *systemtheoretisch fundierten Mediendidaktik*, die sich mit dem Zusammenspiel technischer, sozialer und personaler Teilsysteme befasste. Ziel war, möglicherweise be- oder entstehende Probleme dieses Zusammenspiels und der Interaktion zu lösen (Halberstadt, 1977). Es bildeten sich weitere Ansätze heraus; zu nennen sind beispielsweise der unterrichtstechnologische Ansatz und die kommunikationsorientierte Mediendidaktik (s. Halberstadt (1977) und Kolb (1977)).

Mit Erfindung der ersten ‚Personal Computer' (PC) rückten in den 1980er-Jahren, neben Bemühungen einer bildungstheoretischen Verortung, Diskussionen um den didaktischen Umgang mit Informations- und Kommunikationstechnologien in den Fokus (z. B. Forneck,1989). Es wurden (auch) kritische Stimmen laut, die den negativen Einfluss digitaler Medien herausstellten. Medien wurde die Eigenschaft zugesprochen, ihre Nutzer*innen, seien es Lernende oder Lehrende, zu steuern und zu bevormunden. Vor allem Lehrende würden sich mit dem Einsatz von Medien fremder Vorarbeit unterwerfen und sich in ihrer Lehre, sowohl methodisch als auch inhaltlich, einschränken. Gewarnt wurde davor, nur noch das zu lehren, was durch Technik vermittelbar ist oder aber jenes in den Hintergrund zu rücken, was durch Technik nicht abgebildet werden kann (Schorb, 1968). Der Einsatz (digitaler) Medien würde, wie Schorb (1968) betont, eine neue jedoch immer auch verkürzte Perspektive auf die Realität bieten. Weiter wird bei Bauer und Zimmermann (1987) beschrieben, dass vor dem Hintergrund des Medieneinsatzes Gefühle und das Körperliche ihre Bedeutung verlieren, sodass (zwischenmenschliche) Interaktionen an Erfahrungsreichtum einbüßen würden. Diese kritischen Stimmen mündeten in unterschiedlichen Ansätzen: So befassten sich die benutzer*innenorientierte Ansätze der Informatikdidaktik beispielsweise mit dem Einfluss digitaler Medien auf die Lebensrealitäten der Menschen im Einzelnen und der Gesellschaft als Ganzes und forderten, handlungsfähige Individuen hervorzubringen (Forneck, 1989).

Besonders solche Ansätze, die sich in den 1990er-Jahren etablierten, sind für gegenwärtige Überlegungen zur Konzeption von Unterricht mit digitalen Medien zentral:

Es zeichnete sich in ersten Beiträgen ein medienpädagogischer Zugang ab, mediendidaktische Fragestellungen vor dem Hintergrund von Medienkompetenz und Medienbildung in den Blick zu nehmen (Tulodziecki, 1995). Vor dem Hintergrund des Einflusses digitaler Medien auf Prozesse der Kommunikation und Interaktion etablierte Dieter Baacke (1996) ein noch heute rezipiertes Verständnis von Medienkompetenz. Dies stand im Kontrast zu einer Auffassung von Mediendidaktik als lediglich mediengestützte Didaktik mit Fokus auf fachdidaktische Ziele, wie sie von Vertreter*innen der allgemeinen Didaktik eingenommen wurde. Ähnlichen Fragen der Effektivität von verschiedenen Informations- und Lernprogrammen wandten sich Wissenschaftler*innen zu, die die Mediendidaktik mit dem Instruktionsdesign aus den US-amerikanischen Raum verbanden oder auch gleichsetzten (z. B. zur Multimedia-Didaktik Issing (1996)). In Abgrenzung und vor dem Hintergrund der steigenden Geltung konstruktivistischer Lerntheorien beschäftigten sich wieder andere Wissenschaftler*innen mit der Gestaltung von Lernumgebungen aus einer (gemäßigten) konstruktivistischen Position und nahmen Konzepte des selbstgesteuerten und kooperativen Lernens in den Blick (Reinmann & Mandl, 2001; Tulodziecki, 2011). Zu dieser Entwicklung gehört auch das Lernumgebungskonzept, welches die Lernenden und ihre Auseinandersetzung mit der Lernumgebung – also nicht Lehr- oder Arbeitsmittel – fokussiert. In diesem wurden in Kritik an einer geschlossenen und zweckrationalen Unterrichtsplanung, Gestaltungsfragen in den Mittelpunkt gerückt, die sich noch in der bis heute etablierten Gestaltungsorientierung der Mediendidaktik widerspiegeln (Tulodziecki, 2011).

Die skizzierten historischen Entwicklungslinien sowie der Rückblick auf verschiedene (vergangene) mediendidaktische Perspektiven und Ansätze zeigen, dass eine kritische Betrachtung und Reflexion des Einsatzes von Medien in und für Lehr-, Lern- und Bildungskontexte auf verschiedene Art und Weise Teil der Mediendidaktik war. So wurde bereits in den 1970er-Jahren erkannt, dass Medien als Bestandteil sozialer Handlungen existierenden Machtverhältnisse mitkonstituieren und -konstruieren und somit auch das handelnde und lernende Subjekt beeinflussen. Ebenfalls wurde – aus der Perspektive der damaligen systemtheoretischen Mediendidaktik oder auch in der Informatikdidaktik – davon ausgegangen, dass Medien Teil komplexer Zusammenhänge sind und zur Eröffnung ihrer individuellen Handlungsmöglichkeiten zu einem kritischen und handlungsfähigen Umgang mit Medien befähigt werden müssen.

2.2 Die gestaltungsorientierte Mediendidaktik als eine Perspektive der Gegenwart

Die (aktuelle) Herangehensweise der gestaltungsorientierten Mediendidaktik kann zum einen als eine Weiterentwicklung tradierter didaktischer Modelle und zum anderen als zentrale Perspektive für die Gestaltung mediengestützter Lehr-Lernszenarien betrachtet werden.

Die Gestaltungsorientierung, welche die Gestaltung und Erforschung von Medien als Lern- und Erfahrungsräume sowie ihrer Potenziale für Lern- und Bildungsprozesse in den

Mittelpunkt rückt, prägt die Mediendidaktik seit den frühen 2000er-Jahren (Kerres, 2018; Kerres & De Witt, 2011). Geprägt wurde der Begriff der gestaltungsorientierten Mediendidaktik vor allem von Michael Kerres und Claudia de Witt: Ziel ist, eine geeignete mediengestützte Kombination von Lernzielen, Lernhandlungen und lerntheoretischer Ausrichtung herbeizuführen (De Witt & Czerwionka, 2013; Kerres & De Witt, 2011) und eine „originär pädagogische Antwort auf die Frage der Konzeption und Entwicklung neuer Bildungsmedien anzubieten" (Kerres, 2001a, S. 42). Somit stehen die Auseinandersetzung mit der (professionellen) Planung und Entwicklung von (Bildungs-)Medien sowie die Gestaltung medialer Lernumgebungen vor dem Hintergrund didaktisch-konzeptioneller Überlegungen im Fokus (Kerres, 2001a). Kerres (2001a) knüpft an Heimanns didaktisches Planungsmodell zur Beschreibung und Analyse von Unterricht an (Heimann, 1962, s. a. Kap. 2) und erörtert, dass die gestaltungsorientierte Mediendidaktik sich bei der Konzeption didaktischer Medien stets mit verschiedenen Strukturelementen auseinandersetzen muss: der Begründung und Funktion des Medieneinsatzes, der Zielgruppe und der Lernsituation des Lernangebotes, den Inhalten und Zielen des Lernangebotes, der didaktischen Struktur des Lernangebotes, sowie der Lernorganisation (s. weiterführend Kerres (2001a) und Kerres (2005)). Darüber hinaus wird nach Kerres (2001a) eine ‚didaktische Qualität' nur dann erreicht, wenn ein (didaktisches) Medium in einer Lernumgebung ein (spezifisches) Bildungsproblem adressiert. Ein Medium an sich habe keine ‚didaktische Qualität' – bedeutsam sind die Konzeption, die Umsetzung und die soziale ‚Einbettung' des medialen Lernangebotes in der Lernumgebung (Kerres, 2001b). Mit dieser Auffassung grenzt sich die gestaltungsorientierte Mediendidaktik von Annahmen ab, dass einzelne Medien per se besser oder schlechter für Lehr-Lernzwecke geeignet sind und stellt die mediale und methodische Überlegungen zur Bearbeitung von Bildungsproblemen sowie die Komplexität und individuelle Gegebenheiten (bei der Konzeption) von Lehr-Lernarrangements in den Mittelpunkt (Pallesche, 2021).

An der Auffassung, dass die (mediengestützte) Gestaltung von Lehr-Lernarrangements und der Rückgriff auf lernparadigmatische Vorstellungen kontext- und situationsbezogen ist, zeigt sich eine pragmatische Orientierung in Anlehnung an Dewey (z. B. De Witt und Czerwionka (2013)). Entsprechend ist es Aufgabe der*des Mediendidaktiker*in, ein mediengestütztes Lehr-Lernarrangements vor dem Hintergrund des (lern-)theoretischen Ansatzes (z. B. Konstruktivismus, Kognitivismus und Behaviorismus) zu gestalten und zu entscheiden, welches dieser Ansätze sowie Medien am ‚nützlichsten' sind, um Erfahrungen bzw. ein erfahrungsgeleitetes Lernen zu ermöglichen (z. B. De Witt und Czerwionka, 2013). Wild (2018) schlägt für die pragmatistische Mediendidaktik vor, über Gestaltungsfragen hinaus, das lernende Subjekt und seine spezifische soziale Situation und Umwelt, Vorwissen, Emotionen, Reflexionen sowie Lernbeziehungen im Umgang mit Medien zu betrachten. Mit Blick auf diese Gegenwart möchten wir hinzufügen, dass dies auch bedeuten würde/dürfte, die Bedingungen der Digitalisierung und Postdigitalität zu berücksichtigen. Ergänzend zielt die gestaltungsorientierte Mediendidaktik ebenso wie andere Teilbereiche der Medienpädagogik darauf ab, Medienkompetenz und Medienbildung – durch entsprechend gestaltete Lernangebote und -umgebungen – zu fördern und zu ermöglichen.

Kerres und de Witt (2011) gehen davon aus, dass Gestaltungsfragen für die Förderung von Medienkompetenz – gerade angesichts der immer stärkeren Verwobenheit menschlicher Handlungen mit (digitalen) Medien – eine entscheidende Rolle spielen. Handlungsorientierung und Gestaltungsorientierung stehen aus ihrer Perspektive viel eher in einem Abhängigkeitsverhältnis: Das handelnde Subjekt kann in seiner Kompetenzentwicklung gefördert werden, wenn seine Lern- und Erfahrungswelt so gestaltet ist, dass sie entsprechende (Wissens- und Artikulations-)Optionen eröffnet.

Inwiefern gestaltungsorientierte Forschungsansätze aktuelle gesellschaftliche Entwicklungen einbeziehen vermögen, diskutiert Pallesche (2021). Er bemerkt, dass Konzepte und Forschungen der gestaltungsorientierten Mediendidaktik bis heute stark am ‚Mehrwerts'-Gedanken von digitalen Medien für die Verbesserung, Optimierung, Unterstützung, Vereinfachung oder Erweiterung von Lehr-Lernarrangements und deren Messung wie auch an der Nutzung und dem Umgang des Subjektes mit digitalen Objekten orientiert sind. Dies würde – so die Kritik – auch Bildung auf etwas Planbares, auf ein Instrument zur Verbesserung, beschränken. Weder der Komplexität digitaler Medien, noch den damit verbundenen Praktiken oder der veränderten kulturellen Rahmung würde diese Herangehensweise nicht gerecht werden (Pallesche, 2021; Richter et al., 2017).

Zusammenfassend hat die gestaltungsorientierte Mediendidaktik vor allem dazu beigetragen, mediengestützte Lehr-Lernarrangements in ihrem kontext- und situationsbezogen passenden Zusammenspiel von Methoden und Medien für die Bearbeitung eines Bildungsanliegens zu beachten. Sie vermag sowohl formales als auch non-formales und informelles mediengestütztes Lernen in den Blick zu nehmen. Gleichzeitig rücken Gestaltungsfragen und (forschungsseitig) -aussagen sowie eine instrumentale Sicht auf Medien bisweilen in den Vordergrund, während der Blick auf Medien als konstitutives Merkmal einer postdigitalen Gegenwart sowie die Besonderheiten dieser Gegenwart nicht (immer) ausreichend berücksichtigt werden.

2.3 Die partizipative Mediendidaktik als eine zweite Perspektive der Gegenwart

Der partizipativen Mediendidaktik ist ebenfalls eine Form von Gestaltungsorientierung eingeschrieben, allerdings geht es ihr gleichsam um Beziehungen und Partizipation in Lehr-Lernprozessen. Der seit der ersten Hälfte der 2010er-Jahren von Kerstin Mayrberger (z. B. Mayrberger (2013) und Mayrberger (2019)) entwickelte Ansatz hat in den letzten Jahren zunehmend Aufmerksamkeit erfahren. Mayrberger (2019) fokussiert die *Gestaltung* von Lehr-Lernprozessen – insbesondere im Bildungskontext Hochschule, aber auch im Rahmen weiterer formaler Bildungskontexte sowie für non-formale und informelle Lehr-Lernprozessen. Die partizipative Mediendidaktik greift die kritischen und normativen Betrachtungen allgemeindidaktischer Überlegungen in Bezug auf Medien auf und schließt zugleich an eine konstruktivistische Didaktik an (Mayrberger, 2020b). Anknüpfend an allgemeindidaktische und -pädagogische Grundsätze fokussiert Mayrberger

„das partizipative Element in der Analyse, Planung und Gestaltung von Lernumgebungen unter den Bedingungen von Digitalisierung, Digitalität und (tiefgreifender) Mediatisierung" (Mayrberger, 2020b, S. 59). Gerade die Beziehungsgestaltung in Lehr-Lernprozessen betrachtet sie als essenziell für gelingendes Lernen unter Bedingungen von Digitalisierung und Postdigitalität. Zudem sei Partizipation entscheidend für die Förderung gesellschaftlicher Teilhabe (Mayrberger, 2020b).

Ihre Ursprünge haben Mayrbergers Überlegungen einer partizipativen Mediendidaktik in der zunehmenden Integration von Angeboten des Social Webs in Lehr-Lernszenarien und daraus resultierenden Fragen zur Rolle von Partizipation (Mayrberger, 2020b). Partizipation versteht sie „im Zusammenhang von Kommunikation, (sozialer) Interaktion, Kollaboration, Kooperation und den damit einhergehenden Beziehungen als ein strukturbestimmendes Element" (Mayrberger, 2020b, S. 69). Der Fokus der partizipativen Mediendidaktik liegt auf der Mitwirkung sowie der Selbst- und Mitbestimmung des lernenden Subjekts, um die*den sich ein sogenannter Partizipationsraum aufspannt (zum Partizipations- und heuristischen Strukturmodell s. ausführlich Mayrberger, 2019). Der Partizipationsraum umfasst am Lernprozess beteiligte Akteur*innen, wie Personen, Organisationen und Technologien. Mayrberger benennt außerdem unterschiedliche Bedingungsebenen des Partizipationsraums: So wird die Bedingungsebene der Interpersonalität und Bildungskontexte von der Bedingungsebene der Gesellschaft kontextualisiert. Begründet in Digitalisierung, Postdigitalität und Mediatisierung erstreckt sich der Medienbezug über alle Bedingungsebenen des Partizipationsraums. Partizipation in Formen der Mitwirkung, Mitbestimmung und Selbstbestimmung kann bzw. soll in diesem skizzierten Partizipationsraum durch die Analyse, Planung und Gestaltung des Lehr-Lernprozesses ermöglicht werden. Alle Analyse-, Planungs- und Gestaltungsentscheidungen sollten schlussfolgernd auf die Errichtung, Gestaltung und Reflexion eines gemeinsamen Partizipationsraums ausgerichtet werden. Dabei gilt, neben dem konstituierenden Strukturmerkmal des Partizipationsraumes und seinen Bedingungsebenen auch weitere mediendidaktische Strukturelemente (s. Abschn. 2.1) wie Ziele, Kompetenzen, Inhalte, Methoden und Medien zu berücksichtigen (Mayrberger, 2020b). Für Mayrberger ist die partizipative Mediendidaktik eine Möglichkeit, den Bedingungen von Digitalisierung und Postdigitalität zu begegnen, „soziale Beziehungen, Interaktionen und gemeinsame Praktiken [zu] fokussier[en], zur Teilhabe ermächtig[en] und die gesellschaftliche Transformation mitgestalte[en] und zugleich reflexiv und kritisch [zu] begleit[en]" (Mayrberger, 2020b, S. 88). Hierfür spricht Mayrberger (2020b) dem Ansatz der partizipativen Mediendidaktik sowohl eine normativ geprägte Handlungsorientierung als auch eine empirisch ausgerichtete Gestaltungsorientierung zu, die bei der Analyse und Entwicklung einer partizipativen Lernkultur zu trage kommen können. Die Schaffung einer solchen Lernkultur ist nach Mayrberger eine trans- und interdisziplinäre Querschnittsaufgabe.

Anforderung an die Disziplin sei auch, wie Mayrberger (2020b) für ihren entwickelten Ansatz einer partizipativen Mediendidaktik festhält, auszuloten, welche künftigen konzeptionellen Referenzmodelle und theoretischen Anknüpfungen sich für eine Weiterentwicklung der partizipativen Mediendidaktik eignen, um dies zu einer „partizipativen

Theorie des Lehrens und Lernens unter den Bedingungen der Digitalität zu entwickeln" (Mayrberger, 2020b, S. 78). Somit könne der Ansatz gegenwärtig als eine weiterzuentwickelnde erste Version oder eine Momentaufnahme verstanden werden. Das Ziel, mediengestützte Lehr-Lernarrangements und -prozesse so zu gestalten, dass sie zu einem Partizipation ermöglichen, aber auch Partizipation(-sfähigkeiten) der Lernenden fördern, müsse demnach fortwährend vor dem Hintergrund gegenwärtiger Bedingungen begründet werden.

3 Anforderungen an eine Mediendidaktik in der Gegenwart

Die vorangegangenen Ausführungen zeigen, dass mediendidaktische Perspektiven und Fragestellungen historisch geworden und von Phänomenen, Problematiken aber auch Digitalisierungsphasen ihrer Zeit geprägt sind. Nach Philipp Staab (2020) lassen sich insgesamt drei Phasen von Digitalisierung ausmachen: Als erste Phase und Beginn der Geschichte der Digitalisierung beschreibt Staab die Entwicklung der Turing Maschine im Jahr 1936 und den dadurch initiierten Aufstieg der Informations- und Kommunikationstechnologie. Die Ausdifferenzierung der Wissenschaftsdisziplin und die in Kap. 2 beschriebenen Entwicklungen und Ansätze der Mediendidaktik können historisch in einer zweiten Phase der Digitalisierung verortet werden: Mit Erfindung des Arpanets im Jahr 1968 und späteren World Wide Web entstand die „Basisinfrastruktur der digitalen Welt" (Staab, 2020, S. 904) und damit der Hauptbezugspunkt mediendidaktischer Forschung. Grundlegend ist, dass das Internet über die Zeit weitreichende „strukturelle Bedeutung für zeitgenössische Gesellschaften" (Staab, 2020, S. 904) erlangt hat. Die dritte Phase zeichnet sich durch die Erfindung des Smartphones aus, welches die Verschmelzung von Arbeits- und Lebenswelten mit digitalen Technologien ermöglichte. Sicherlich lassen sich mediendidaktische Perspektiven nicht trennscharf in diese Phasen einteilen, jedoch eröffnen sich in Anbetracht der hochkomplexen technologischen Entwicklungen und damit einhergehenden tiefgreifenden kulturellen Veränderungen Fragen nach gegenwärtigen Aufgaben und Herangehensweisen mediendidaktischer Forschung. Dies führt uns zu unserer These, dass bisherige mediendidaktische Perspektiven, die u. a. in einer Zeit *vor* der Postdigitalität entstanden sind, zur Erforschung und Förderung von Lernen und Bildung möglicherweise nicht mehr ausreichend sein könnten. Der Blick auf die verschiedenen Phasen der Digitalisierung, die sich primär über technische Entwicklung und Errungenschaft abbilden, ist für unsere weiteren Ausführungen auch deswegen wichtig, weil sie offenlegt, wie Digitalisierung üblicherweise in Abgrenzung zur Postdigitalität verstanden wird.

Der Begriff (oder die Idee) der Postdigitalität lässt sich in kulturtheoretische Perspektiven einordnen. Es wird angenommen, dass der Prozess der Digitalisierung eine derartige Tiefe und Breite erreicht hat, dass digitale Medien den kulturellen Raum bereits jetzt maßgeblich prägen, ermöglichen oder begrenzen (zur Postdigitalität s. Cramer, 2014; zur Digitalität s. Stalder, 2017). Demnach sind alle Praktiken des Lehrens und Lernens von digitalen Technologien beeinflusst. Wir gehen davon aus, dass es nicht mehr ausreicht, den

Einsatz einzelner Medien für das Lehren und Lernen zu gestalten und zu planen, da sie bereits jetzt konstitutiver Teil davon sind. Diese Beeinflussung kann direkt und indirekt sein, weil digitale Medien auch dann konstitutiv sind, wenn im konkreten Moment des Lehr-Lerngeschehens *keine* digitalen Medien genutzt oder thematisiert werden.

Im englischsprachigen (kultur- und bildungs-)wissenschaftlichen Diskurs wird der Begriff der Postdigitalität insbesondere vor dem Hintergrund einer kritischen Bewertung der Annahmen des Digitalen genutzt. Der Begriff beschreibt subtile kulturelle Verschiebungen: „its mutation into new power structures, less obvious but no less pervasive" (Cramer, 2014, S. 13) und der tiefgreifende Einfluss des Digitalen auf Ökologie, Ökonomie und Sozialität wird kritisch hervorgehoben. Einerseits bezieht der Begriff die (immer weniger wahrnehmbare) Einschreibung des Digitalen in alle Lebenskontexte, Praktiken, Institutionen und Artefakte ein und verweist durch die Vorsilbe *Post-* nicht auf das Ende der Digitalität, sondern auf deren Fortsetzung. Andererseits wird durch das Präfix *Post-* eine kritische Positionierung fokussiert, welche – auch für unseren Untersuchungsgegenstand – eine konzeptionelle Annäherung an die Verflechtung von digitalen Technologien und Kultur aus einer explizit kritischen und reflexiven Perspektive ermöglicht (Grünberger, 2021).

Für die (Erziehungswissenschaften und die) Mediendidaktik ergeben sich aus der Postdigitalität unterschiedliche Konsequenzen: Erstens kann Bildung zunehmend als ökonomische Rationalität betrachtet werden – digitale Technologien und Daten sind das Kapital dieser Ökonomie (s. Knox (2019); Burghardt und Zirfas (2020) und Höhne (2015)). Zweitens kommt es durch die steigende Bedeutung von Datensammlung und -nutzung zu einer Metrifizierung von Qualität. Das bedeutet, dass soziale Prozesse in Datenform abgebildet werden und geht mit der Annahme einher, dass datenbasiertes Handeln zu gesteigerter Qualität und Effizienz führe (s. Knox (2019); Hartong (2020) und Wolf und Thiersch (2021)). Drittens – fortwährend damit verknüpft – bestehen innerhalb des Möglichkeitsraumes der Postdigitalität „digitale Vollzugslogiken" (Jörissen, 2020, S. 343), die mit Transformationen von Wahrnehmungsbedingungen und -ordnungen einhergehen sowie Verschiebungen des Wahrnehmungssubjekts und Wahrnehmungsgegenstand bedeuten (Jörissen, 2020). Viertens werden natürliche Ressourcen zur Herstellung digitaler Technologien ausgebeutet. Demnach besteht ein Widerspruch zwischen der Nutzung digitaler Geräte zur Förderung sozialer Gerechtigkeit durch Bildung auf der einen Seite und Arbeitsausbeutung sowie Förderung von Ungleichheiten und Ungerechtigkeiten auf der anderen Seite (Grünberger, 2021; Knox, 2019).

Das Postdigitale erfordert aus mediendidaktischer Perspektive schlussfolgernd eine kritische Betrachtung digitaler Technologien im Bildungsbereich, ihrer historischen Gewordenheit und eine besondere Hinwendung zur Anerkennung politischer Ökonomie des Digitalen und digitalen Vollzugslogiken. Es wird zunehmend relevanter, die Kontextfaktoren des Lehrens und Lernens dezidiert zu betrachten. Dabei geht es weniger darum, konkrete Antworten auf Fragen zu haben, was in Technik eingeschrieben ist oder vor dem Hintergrund welcher proprietären Logiken Technologien entwickelt, finanziert und verbreitet werden (s. Murray, 2020). Vielmehr gilt es zunächst diese Fragen *aufzuwerfen* und eine explizit *kritische* Perspektive einzunehmen, um die Verflechtung und Einbettung von digitalen Medien in bestehende Praktiken sowie wirtschaftliche und politische Systeme in den Blick zu nehmen und dessen Auswirkungen für Lehr-, Lern- und Bildungskontexte berücksichtigen zu können.

Entsprechend stellt sich die Frage, wie diese mediendidaktische Perspektive kritisch gedacht werden kann, um den Bedingungen des Lehrens und Lernens in einer dritten Phase der Digitalisierung sowie einem kulturellen Raum der Postdigitalität Rechnung zu tragen. Wie die historischen Entwicklungslinien zeigen (s. Abschn. 2.1), wurden Medien in mediendidaktischen Perspektiven sowohl in ihrer bereichernden als auch beschränkenden Funktion für Lehr-Lernarrangements und -prozesse wahrgenommen. Mit einem Blick auf die historische Entwicklung der Mediendidaktik wird deutlich, dass die sozialen, kulturellen und politischen Dimensionen des Lehrens und Lernens schon immer kritisch betrachtet und befragt wurden. Dies spiegelt sich in den verschiedenen Ausrichtungen der Mediendidaktik, die, neben bildungs- und lerntheoretischen Entwicklungen sowie (neu) auftretenden Medien(-phänomenen), ebenso von genannten Dimensionen beeinflusst ist. Von einer Balance zwischen Perspektiven einer Ermöglichung und Begrenzung digitaler Medien kann nicht gesprochen werden – so dominieren solche Ansätze, die sich mit Chancen von digitalen Medien und Bildungstechnologien auseinandersetzen und in den Blick nehmen, wie Technologien *gestaltet* sowie Inhalte *vermittelt* werden sollten. Entsprechend ist es umso auffälliger, dass es zwar eine gesellschaftspolitisch ausgerichtete kritisch-emanzipative Medienpädagogik gab bzw. gibt (s. Ganguin und Sander, 2008) und sich auch anderorts mit dem ‚Medienkritischen' der Medienpädagogik (Dander, 2017) auseinandergesetzt wird, es aber keine explizit *kritische* Mediendidaktik gibt. Kritische Perspektiven werden eher en passant eingenommen und nicht explizit in den Vordergrund gestellt. Genau dieses Explizite erachten wir vor dem Hintergrund der vorausgegangenen Beschreibung zur Verfasstheit der heutigen Gegenwart jedoch als unerlässlich, um Lehren, Lernen und Bildung einerseits forschungsseitig zu beschreiben, verstehen und erklären zu können und andererseits angemessen (professionell) in der Praxis zu ermöglichen.

Inwiefern die im englischsprachigen Diskurs jüngst als (Forschungs-)Perspektive beschriebene Critical Educational Technology eine Möglichkeit darstellt, sich explizit kritisch mit digitalen Technologien und ihren Bedeutungen zu beschäftigen und zugleich die der Mediendidaktik inhärente Mehrperspektivität zu nutzen, wird im Folgenden herausgestellt.

4 Critical Educational Technology als ‚fehlende' Perspektive

Wie in der Mediendidaktik werden auch aus Perspektive der Critical Educational Technology Medien immer als Teil sozialer Handlungen und Praktiken sowie gesellschaftlicher Phänomene und Machtverhältnisse erachtet. Wie die Bezeichnung *Critical* Educational

Technology andeutet, steht die kritische[3] (Forschungs-)Perspektive auf den Technologieeinsatz in Lehr-, Lern- und Bildungskontexten im Mittelpunkt. Dabei betrachten wir die Critical Educational Technology als Klammer für eine Reihe wissenschaftlicher Auseinandersetzungen, auch wenn die Autor*innen deren Arbeit wir der Critical Educational Technology zuschreiben würden, sich möglicherweise selber nicht explizit in dieser verorten. Critical Educational Technology ist demnach (hier) eine von uns vorgenommene Zuschreibung und Einordnung von Forschungsarbeiten auf Grundlage von Herangehensweisen, rezipierten Quellen und kritischen Schlussfolgerungen.

Bisher treten die Begriffe ‚Critical EdTech' oder auch ‚Critical studies of EdTech' (z. B. MacGilchrist (2021) und Selwyn (2010)) hauptsächlich im englischsprachigen (erziehungs-)wissenschaftlichen Diskurs auf und gründen auf dem Begriff der ‚Educational Technology'. Bei der Educational Technology geht es größtenteils um Gestaltungsfragen, d. h. darum, Lehr-Lernszenarien je nach Lernziel mit digitalen Medien möglichst lernförderlich zu entwickeln und zu konzipieren. Im Kontrast zur Mediendidaktik wird jedoch eine Reflexion und kritisches Hinterfragen dieser Lernziele, Lerninhalte und des Medieneinsatzes in Bildungskontexten kaum angestrebt (Kerres, 2018). Eine Perspektive, die diese Punkte mit einbezieht, aber in ihrer kritischen Befragung der Bedeutungen und Auswirkungen der Verwobenheit von digitalen Medien in politische und ökonomische Systeme sowie soziale und kulturelle Zusammenhänge und Praktiken weit darüber hinaus reicht, ist die Critical Educational Technology. Eine Definition von Critical Educational Technology lässt sich aus dem Journal *Learning, Media and Technology* ableiten, welches von Felicitas MacGilchrist, Ben Williamson und John Potter herausgegeben wird.[4] In dieser Definition wird die kritische Analyse der sozialen, kulturellen und politischen Dimensionen der Produktion, des Konsums und der Kultur digitaler Medien in Bildungskontexten hervorgehoben (Macgilchrist, 2021). Wissenschaftler*innen der (Forschungs-)Perspektive Critical Educational Technology untersuchen, erörtert Macgilchrist (2021), wie die Gegenwart reguliert, kontrolliert oder beherrscht wird. Sie hinterfragen, inwieweit dies (Wunsch-)Vorstellungen von guter Lehre, Unterricht und Bildung entspricht und spekulieren über mögliche Alternativen. Gerade Spekulation sieht Macgilchrist als Chance, um gegenwärtige (soziotechnische) Praktiken im Kontext von und mit Bildungstechnologien zu kritisieren. Bei diesem Kritikverständnis steht entsprechend das Hinterfragen von bisherigen Annahmen und Überzeugungen im Mittelpunkt. Themen, die der Critical

---

[3] Der Kritik-Begriff ist in (sozial-)wissenschaftlichen Disziplinen und auch in den Erziehungswissenschaften historisch besetzt: So ist er beispielsweise in Anlehnung an die kritische Theorie der Frankfurter Schule kultur-, macht- und gesellschaftskritisch zu verstehen (Winter, 2015). Der Kritikbegriff der Medienpädagogik und -didaktik meint nicht etwa eine kultur- und medienpessimistische Haltung, in der neu auftretende (Medien-)Formate als Gefahr und Bedrohung für Kultur gesehen werden. Ähnlich wie aus einer soziomaterialistischen Sichtweise ist die Kritik konstruktiv und produktiv (Decuypere & Simons, 2016): ein kritisches, selbstreflexives und sozial verantwortliches Handeln mit Medien verstanden (z. B. Baacke (1997)).

[4] https://www.tandfonline.com/action/journalInformation?show=editorialBoard&journalCode=cjem20 (Zugegriffen am: 08.12.2023).

Educational Technology zugeordnet werden können bzw. mit denen sich Wissenschaftler*innen auseinandersetzen und die wir dieser (Forschungs-)Perspektive zuerkennen, nennen Selwyn et al. (2020):

Zum einen befasst sich die Perspektive mit neuen **Formen der digitalen „In- und Exklusion"**, denn eine Herausforderung, die seit jeher mit der Nutzung von (Bildungs-)Technologien einhergeht, ist Ungleichheit. So profitieren z. B. (häufiger) Menschen mit ausreichend finanziellen Ressourcen und einem höheren Bildungshintergrund von „digitaler" Bildung. Laut Selwyn et al. (2020) werden auf diese Weise die komplexen soziokulturellen Bedingungen und ökonomischen Aspekte der Nutzung ignoriert. Eine Aufgabe der Critical Educational Technology-Forschung kann deswegen sein, die Zusammenhänge zwischen Technologie, Ungleichheit und Bildung genauer zu untersuchen, kritisch zu befragen und aktiv ‚gerechtere' Technologien zu entwickeln. Anschlüsse zeigen sich hier zur sozialwissenschaftlichen Forschung und medienpädagogischen sowie -didaktischen Diskussionsfeldern, die sich mit einem „digital divide" (digitale Spaltung) im Hinblick auf z. B. einen ungleichen Zugang zum Internet und einer „digital-inequality" (digitalen Ungleichheit) und deren Folgen beschäftigen (Verständig et al., 2016).

Ein weiteres Forschungsinteresse von Wissenschaftler*innen der Critical Educational Technology liegt in der **Plattform-Ökonomie und künstlichen Intelligenz,** worunter sich auch Fragen um *machine learning* stellen. Technologien oder Maschinen sammeln in allen gesellschaftlichen Bereichen Daten. Durch unsere alltägliche Nutzung und Interaktion mit digitalen Technologien können sie Modelle menschlichen Verhaltens und Gewohnheiten erlernen. So können sie, z. B. über *targeted advertising* oder die Erstellung von persönlichen Profilen, unsere Entscheidungen beeinflussen (Selwyn, et al., 2020). Beschäftigen wir uns in der Mediendidaktik mit dem Einsatz solcher Maschinen für das Lernen, drängen sich folglich auch in dieser Disziplin Mediendidaktik verschiedene Fragen auf: Wo findet Lernen in unserer Gesellschaft statt? Welche Systeme lernen? Wie ist unser Lernen mit dem Lernen von Maschinen verwoben? Wer profitiert von den (Lern-)Resultaten?

Als weiteren Forschungsbereich der Critical Educational Technology identifizieren Selwyn et al. (2020) den **Einfluss der IT-Industrie auf den Bildungsbereich.** Marktwirtschaftliche Unternehmen und private Akteur*innen haben (u. a. politischen) Einfluss auf die globale ‚digitale Bildungsagenda' (Förschler, 2021). Sie versprechen – durch den Einsatz ihrer Technologien – Bildungsinnovationen und -lösungen. Die Covid19-Pandemie ist nur ein Beispiel, wie sich verschiedene Unternehmen im Bildungsbereich etablieren können und auch in Zukunft unterschiedliche Bildungskontexte weiter beeinflussen. Das beobachten Forscher*innen weltweit kritisch und stellen zum einen Fragen nach Regulation und Aufsicht über diese (kommerziellen und ökonomischen) Akteur*innen. Zum anderen beleuchten sie die Vorstellungen von Bildung, die durch den Einsatz dieser Technologien verbreitet und gefördert werden (Selwyn et al., 2020). Wird die Gestaltung des Lehrens in der postdigitalen Gegenwart durch die beschriebenen Einflüsse bedingt, drängt sich auch hier die Relevanz mediendidaktischer Forschung auf.

Wie in jedem anderen gesellschaftlichen Bereich ist Nachhaltigkeit auch im Bildungskontext von großer Bedeutung und Dringlichkeit, weswegen die **Nachhaltigkeit von**

‚Educational Technology' ein Thema der Critical Educational Technology ist. Nach Selwyn et al. (2020) umfasst dies, dass die Bildungs(-wissenschaftliche-)Community die ethischen und ökologischen (Umwelt-)Auswirkungen von digitalen Technologien beachten sollte. Auch im Bildungsbereich wurden in den letzten 20 Jahren übermäßig digitale Technologien angeschafft und – mitunter kurze Zeit später – im Zuge neuer Innovationen entsorgt. Daran anschließend sollten in der ‚Educational Technology' Überlegungen angestellt und untersucht werden, wie Technologien ökologisch bewusster eingesetzt werden können. Anknüpfungspunkte finden sich im deutschsprachigen erziehungswissenschaftlichen Diskurs z. B. seit den frühen 1990er-Jahren unter dem (emanzipatorischen und partizipatorischen) Ansatz der „Bildung für eine nachhaltige Entwicklung" (z. B. Rieß & Apel, 2006), wozu u. a. auch die ökologische Seite der Nachhaltigkeit gehört (De Haan, 2002; Stoltenberg & Burandt, 2014). Auch wenn Konzepte einer „Bildung für nachhaltige Entwicklung" vor dem Hintergrund gegenwärtiger sozialer Bewegungen und politischen Bestrebungen aktuell wieder mehr Aufmerksamkeit erfahren, bedarf es, nach Grünberger und Szucsich (2021), in diesem Bereich mehr Forschung. Die Mediendidaktik kann hier einen Beitrag leisten und sich dem Zusammenspiel von Digitalisierung, Nachhaltigkeit und einer Transformation von Bildungsorganisation widmen.

Eine wichtige Schlüsselaufgabe der Critical Educational Technology ist nach Selwyn et al. (2020) den Blick nach vorne zu richten, Alternativen für gegenwärtige Strategien zu finden und gängige Praktiken zu hinterfragen. Dabei geht es nicht darum, die ‚beste' Praxis oder zukünftige Praktiken zu identifizieren. Vielmehr soll Kritik alternative zeitgenössische Linien abseits übermäßiger Kommerzialisierung und Zentralisierung aufzeigen. Anknüpfungen zeigen sich z. B. in einer kulturwissenschaftlichen Perspektive auf Mediendidaktik – etwa im spekulativen Ansatz über künftige soziotechnische Entwicklungen und deren Auswirkungen von Macgilchrist et al. (2020). Eine Mediendidaktik der Gegenwart kann hier einen Beitrag leisten, indem sie ihre Interdisziplinarität stärkt und einen umfassenden Blick auf den Einsatz von Bildungstechnologien wagt.

Die skizzierten Themenbereiche geben einen Überblick über Perspektiven der Critical Educational Technology. Dabei ist diese Aufzählung nicht vollständig. Vielmehr sind dies Themen, mit denen sich Autor*innen sowohl im englischsprachigen als auch deutschsprachigen Diskurs bereits auseinandersetzen. Zusammenfassend wird an bisherigen Ausführungen deutlich, wie sich das *Kritische* in unserem Verständnis der (Forschungs-)Perspektive ‚Critical Educational Technology' darstellt: Die kritischen Perspektiven setzen zum einen an der Differenz zwischen Zustand und Norm an – beispielsweise dem Umstand, dass soziale Ungleichheit mit (Nicht-)Nutzung digitaler Bildungstechnologien verstärkt werden kann, obwohl dies nicht das Ziel darstellt. Diese Kritik geht zum anderen jedoch darüber hinaus, wenn Wissenschaftler*innen der Forschungsperspektive lediglich die bestehenden Normen selbst kritisieren – beispielsweise das gelebte Ziel, fortwährend moderne Technik in Schulen anzuschaffen, ohne die ökologischen Bedeutungen, Abhängigkeiten von Konzernen oder Datenschutzbedingungen in den Blick zu nehmen. Auch kann es bei dieser Kritik darum gehen, alternative Praktiken aufzuzeigen und Vorstellungen von Bildung, Lehren und Lernen zu be- und hinterfragen. Wissenschaftler*innen, die sich mit Themen der Critical Educational Technology beschäftigen, sind Teil eines Diskurses, der nicht nur in der Mediendidaktik und -pädagogik besteht. Auch in Bezugsdisziplinen dieser, wie der Soziologie, der Wissenschafts- und Technikforschung, den Kulturwissenschaften und anderen (Teil-)Disziplinen gibt es Forschungsarbeiten und -felder, die sich kritisch mit den Bedeutungen die Bildungstechnologien hervorbringen sowie den Wechselverhältnissen von Technologie, Gesellschaft, Ökonomie, Wissenschaft und Bildung beschäftigen.

5 Fazit: Mediendidaktik als Pendel zwischen Ermöglichung und Begrenzung

Mit der Betrachtung des gegenwärtigen Standorts und der historischen Entwicklung der Mediendidaktik wird deutlich, dass unterschiedliche mediendidaktische Perspektiven und Theorielinien seit jeher Medien nicht nur als Instrumente oder Werkzeuge für Lehren, Lernen und Bildung betrachten. Vielmehr wurden Medien als Teil sozialer und gesellschaftlicher Entwicklungen und Phänomene stets reflektiert und mitgedacht. Allerdings wird auch ersichtlich, dass in einer Gegenwart, in der das Digitale und ‚die' Medien unauflöslich in alle Kontexte des Lebens, (soziale) Praktiken, Institutionen und Artefakte eingeschrieben sind, diese kritische Reflexion ein anderes Ausmaß annehmen muss. In den Anfängen der Mediendidaktik als Disziplin konnten Entwicklungen und Bedingungen des Lernens, Lehrens und Bildung in der postdigitalen Gegenwart noch nicht einbezogen mitgedacht werden.

Angesichts der weitreichenden Veränderungen, mit denen Gesellschaft gegenwärtig und zukünftig konfrontiert ist, haben wir uns der Frage zugewandt, wie eine Mediendidaktik, in dieser Gegenwart gedacht werden kann bzw. sollte. Mit Darstellung der Anforderungen, welche sich für Bildungskontexte und die Gestaltung von Lehren und Lernen in einer postdigitalen Gegenwart stellen, haben wir die (Forschungs-)Perspektive der Critical Educational Technology als Anknüpfungspunkt mediendidaktischer Forschung vorgeschlagen. Die Perspektive setzt sich explizit kritisch mit Bildungstechnologien sowie übergeordneten politischen, ökonomischen, sozialen und kulturellen Aspekten und Bedingungen des Lehrens und Lernens auseinander. Dabei kann es in der Critical Educational Technology nicht darum gehen, „Technik zu dämonisieren, sondern gerade angesichts der rasanten soziotechnischen Entwicklungen neue politische Strategien und Gestaltungsmöglichkeiten zu erkunden" (Weber, 2014, S. 162). Sich mit Alternativen zu befassen bedeutet, sich die Möglichkeiten und Funktionen digitaler Technologien auf demokratische Art und Weise anzueignen und Rahmenbedingungen für soziale Innovationen explizit zu unterstützen (Morozov, 2022). Durch die Perspektive der ‚Critical Educational Technology' lassen sich übergeordnete Bedingungen des Lehrens und Lernens mit Medien in den Blick nehmen, welche sich auf alle didaktische Gestaltungsebenen (s. Flechsig, 1975) auswirken und somit zentral für mediendidaktische Forschung sind.

Aus der Perspektive der Critical Educational Technology ist es für die Mediendidaktik relevant, nicht nur zu erforschen, was Medien in Lehr-Lernszenarien *ermöglichen* und wie mediale Lernumgebungen lernförderlich *gestaltet* werden können. Mit dem zu Beginn aufgeworfenen Bild einer Pendelbewegung geht es auch darum, kritisch zu hinterfragen, was gleichzeitig *begrenzt* wird und welche didaktischen und pädagogischen Herausforderungen in der Postdigitalität be- und entstehen. Zum Beispiel muss berücksichtigt werden, was in eine Lernumgebung durch die Wahl bestimmter Medien eingeschrieben ist und reproduziert wird, wo blinde Flecken sind und welche Diskurse rezipiert (oder ausgeblendet) werden. Es gilt, im Sinne der Pendelbewegungen, sowohl Perspektiven einer Ermöglichung und als auch Begrenzung zu kennen, sowohl in wissenschaftlichen mediendidaktischen Auseinandersetzungen als auch in der professionellen Praxis. Damit kann die Disziplin der Mediendidaktik sowohl einer kritisch reflexiven Haltung, die eine unabdingbare und zentrale Forschungspraxis darstellt, als auch dem zentralen Anspruch an professionell-pädagogisches Handeln entsprechen. Mit der Critical Educational Technology als Hintergrundfolie können kritische mediendidaktische Reflexionen stärker als zuvor expliziert, hervorgehoben und unter einer (Forschungs-)Perspektive versammelt werden.

Literatur

Baacke, D. (1996). Medienkompetenz – Begrifflichkeit und sozialer Wandel. In A. von Rein (Hrsg.), *Medienkompetenz als Schlüsselbegriff* (S. 112–124). Klinkhardt.

Baacke, D. (1997). *Medienpädagogik*. De Gruyter.

Baacke, D. (2007). *Medienpädagogik*. Niemeyer.

Bauer, K.-O., & Zimmermann, P. (1987). Faszination und Skepsis gegenüber Bildschirmmedien. Ergebnisse einer schriftlichen Befragung von Hauptschülern und Gymnasiasten. In H. Heid & H.-G. Herrlitz (Hrsg.), *Allgemeinbildung. Beiträge zum 10. Kongress der Deutschen Gesellschaft für Erziehungswissenschaft* (Zeitschrift für Pädagogik, Beiheft 21; S. 112–118). Beltz. https://doi.org/10.25656/01:22608

Brunner, R. (1971). Didaktik der audio-visuellen Bildungsmittel. In H. Heinrichs (Hrsg.), *Lexikon der audio-visuellen Bildungsmittel* (S. 71–75). Kösel.

Burghardt, D., & Zirfas, J. (2020). Ökonomisierung/Ökonomie. In G. Weiß & J. Zirfas (Hrsg.), *Handbuch Bildungs- und Erziehungsphilosophie* (S. 503–512). Springer Fachmedien. https://doi.org/10.1007/978-3-658-19004-0_43

Cramer, F. (2014). What is 'Post-Digital'? *APRJA, 3*(1), 10–24. https://doi.org/10.7146/aprja.v3i1.116068

Dander, V. (2017). Wie ‚medienkritisch' ist Medienpädagogik? Fragen und mögliche Antworten zu Analyse, Ethik und Selbstreflexion einer ‚Disziplin'. *MedienPädagogik, 29*, 105–138. https://doi.org/10.21240/mpaed/29/2017.09.05.X

De Haan, G. (2002). Die Kernthemen der Bildung für eine nachhaltige Entwicklung. *Zeitschrift für internationale Bildungsforschung und Entwicklungspädagogik, 25*(1), 13–20. https://doi.org/10.25656/01:6177

De Witt, C., & Czerwionka, T. (2007). *Mediendidaktik. Studientexte für Erwachsenenbildung*. W. Bertelsmann.

De Witt, C., & Czerwionka, T. (2013). *Mediendidaktik*. wbv.

Decuypere, M., & Simons, M. (2016). On the critical potential of sociomaterial approaches in education. *Teoría de la Educación. Revista Interuniversitaria, 28*(1), 25–44. https://doi.org/10.14201/teoredu20162812544

Flechsig, K.-H. (1975). *Handlungsebenen der Hochschuldidaktik.* : Zentrales Institut für Fernstudienforschung. https://nbn-resolving.org/urn:nbn:de:hbz:708-dh745. Zugegriffen am 08.12.2023.

Forneck, H. J. (1989). Europäische Bildungstheorie und Informationstechnologie. *Beiträge zur Lehrerbildung, 7*(3), 448–458.

Förschler, A. (2021). Der wachsende politische Einfluss privater (EdTech-)Akteure im Kontext digitaler Bildungsbeobachtung und -steuerung. *Zeitschrift für Pädagogik, 67*(3), 323–337. https://doi.org/10.3262/ZP2103323

Ganguin, S., & Sander, U. (2008). Kritisch-emanzipative Medienpädagogik. In I. U. Sander, F. von Gross, & K.-U. Hugger (Hrsg.), *Handbuch Medienpädagogik* (S. 61–65). VS Verlag für Sozialwissenschaften. https://doi.org/10.1007/978-3-531-91158-8_6

Grünberger, N. (2021). Postkolonial post-digital: Forschungsfelder und Anschlussstellen für die Medienpädagogik durch eine postkoloniale Perspektive auf eine Post-Digitalität. *MedienPädagogik, 16*, 211–229. https://doi.org/10.21240/mpaed/jb16/2021.02.25

Grünberger, N., & Szucsich, P. (2021). Sustainability in a digital age as a trigger for organizational development in education. In I. D. Ifenthaler, S. Hofhues, M. Egloffstein, & C. Helbig (Hrsg.), *Digital transformation of learning organizations* (S. 189–202). Springer. https://doi.org/10.1007/978-3-030-55878-9_11

Halberstadt, J. (1977). *Individualisiertes und sozialisiertes Lernen in Medienverbundsystemen.* : Zentrales Institut für Fernstudienforschung. https://nbn-resolving.org/urn:nbn:de:hbz:708-dh851. Zugegriffen am 08.12.2023.

Hartong, S. (2020). Zum Optimierungsdrang des Bildungsmonitorings. *Zeitschrift für Pädagogik, 66*(1), 64–71. https://doi.org/10.25656/01:25784

Heimann, P. (1962). Didaktik als Theorie und Lehre. *Die Deutsche Schule, 54*, 407–472.

Höhne, T. (2015). *Ökonomisierung und Bildung: zu den Formen ökonomischer Rationalisierung im Feld der Bildung.* Springer VS. https://doi.org/10.1007/978-3-658-08974-0

Issing, L. J. (1996). Grundfragen einer Multimedia-Didaktik. *Neodidagmata, 22*, 15–31.

Jörissen, B. (2020). Ästhetische Bildung im Regime des Komputablen. *Zeitschrift für Pädagogik, 66*(3), 341–356. https://doi.org/10.25656/01:25798

Keiner, E. (2017). Didaktik – Bildung – Technik – Kritik. Medienpädagogik und Antinomien der Moderne. *MedienPädagogik, 27*, 270–286. https://doi.org/10.21240/mpaed/27/2017.04.29.X

Kerres, M. (2001a). *Multimediale und telemediale Lernumgebungen: Konzeption und Entwicklung.* Oldenbourg.

Kerres, M. (2001b). Mediendidaktische Professionalität bei der Konzeption und Entwicklung technologiebasierter Lernszenarien. In B. Herzig (Hrsg.), *Medien machen Schule. Grundlagen, Konzepte und Erfahrungen zur Medienbildung* (S. 57–88). Klinkhardt.

Kerres, M. (2005). Gestaltungsorientierte Mediendidaktik und ihr Verhältnis zur Allgemeinen Didaktik. In B. Dieckmann & P. Stadtfeld (Hrsg.), *Allgemeine Didaktik im Wandel* (S. 214–234). Klinkhardt.

Kerres, M. (2018). *Mediendidaktik: Konzeption und Entwicklung digitaler Lernangebote.* De Gruyter. https://doi.org/10.1515/9783110456837

Kerres, M., & De Witt, C. (2011). Zur (Neu)Positionierung der Mediendidaktik. Handlungs- und Gestaltungsorientierung in der Medienpädagogik. *MedienPädagogik, 20*, 259–270. https://doi.org/10.21240/mpaed/20/2011.09.23.X

Kerstiens, L. (1971). *Medienkunde in der Schule: Lernziele und Vorschläge für den Unterricht.* Klinkhardt.

Knox, J. (2019). What does the 'Postdigital' mean for education? Three critical perspectives on the digital, with implications for educational research and practice. *Postdigital Science and Education, 1*(2), 357–370. https://doi.org/10.1007/s42438-019-00045-y

Kolb, G. (1977). Mediendidaktik und Medienforschung in wissenschaftstheoretischer Sicht. *Zeitschrift für Pädagogik, 13*(Beiheft), 117–122.

Macgilchrist, F. (2020, Februar 27). *Postdigitale Schule*. Von Forum Bildung Digitalisierung. https://www.forumbd.de/blog/postdigitale-schule/. Zugegriffen am 08.12.2023.

Macgilchrist, F. (2021). What is 'critical' in critical studies of edtech? Three responses. *Learning, Media and Technology, 46*(3), 243–249. https://doi.org/10.1080/17439884.2021.1958843

Macgilchrist, F., Allert, H., & Bruch, A. (2020). Students and society in the 2020s. Three future 'histories' of education and technology. *Learning, Media and Technology, 45*(1), 76–89. https://doi.org/10.1080/17439884.2019.1656235

Mayrberger, K. (2013). Eine partizipative Mediendidaktik (nicht nur) für den Hochschulkontext? In C. Bremer & D. Krömker (Hrsg.), *E-Learning zwischen Vision und Alltag* (S. 96–106). Waxman. https://doi.org/10.25656/01:10735

Mayrberger, K. (2019). *Partizipative Mediendidaktik. Gestaltung der (Hochschul-)Bildung unter den Bedingungen der Digitalisierung*. Beltz Juventus.

Mayrberger, K. (2020a). Praxistheoretisch informierte partizipative Mediendidaktik – Erörterung am Beispiel von Open Educational Practice(s) im Sinne eines ‚Doing-mediatizied-participatory-learning'. In I. P. Bettinger & K.-U. Hugger (Hrsg.), *Praxistheoretische Perspektiven in der Medienpädagogik* (S. 61–85). Springer Fachmedien. https://doi.org/10.1007/978-3-658-28171-7_4

Mayrberger, K. (2020b). Partizipative Mediendidaktik: Darstellung von Eckpunkten und Vertiefung des Partizipationsraums als konstituierendes Strukturelement. *MedienPädagogik, 17*(Jahrbuch Medienpädagogik), 59–92. https://doi.org/10.21240/mpaed/jb17/2020.04.26.X

Mayrberger, K., & Kumar, S. (2014). Mediendidaktik und Educational Technology. Zwei Perspektiven auf die Gestaltung von Lernumgebungen mit digitalen Medien. In K. Rummler, *Lernräume gestalten – Bildungskontexte vielfältig denken* (S. 44–55). Waxmann. https://doi.org/10.25656/01:10092

Morozov, E. (2022). Potenziale der Digitalisierung jenseits von Markt und Staat. *APuZ Zeitschrift der Bundeszentrale für politische Bildung, 72*, 4–9. https://www.bpb.de/shop/zeitschriften/apuz/digitale-gesellschaft-2022/505678/potenziale-der-digitalisierung-jenseits-von-markt-und-staat-essay/. Zugegriffen am 08.12.2023.

Murray, S. (2020). Postdigital cultural studies. *International Journal of Cultural Studies, 23*(4), 441–450. https://doi.org/10.1177/1367877920918599

Pallesche, M. (2021). Mediendidaktische Konzepte und die Kultur der Digitalität. In U. Hauck-Thum & J. Noller (Hrsg.), *Was ist Digitalität? Philosophische und pädagogische Perspektiven* (S. 83–96). Metzler. https://doi.org/10.1007/978-3-662-62989-5_7

Petko, D. (2014). *Einführung in die Mediendidaktik: Lehren und Lernen mit digitalen Medien*. Beltz.

Reinmann, G. (2015). *Didaktisches Design*. : Universität Hamburg. https://gabi-reinmann.de/wp-content/uploads/2013/05/Studientext_DD_Sept2015.pdf. Zugegriffen am 08.12.2023.

Reinmann, G., & Mandl, H. (2001). Unterrichten und Lernumgebungen gestalten. In A. Krapp & B. Weidenmann (Hrsg.), *Pädagogische Psychologie: Ein Lehrbuch* (S. 601–646). Beltz PVU.

Richter, C., Asmussen, M., & Allert, H. (2017). *Digitalität und Selbst: Interdisziplinäre Perspektiven auf Subjektivierungs- und Bildungsprozesse*. transcript. https://doi.org/10.14361/9783839439456

Rieß, W., & Apel, H. (2006). *Bildung für eine nachhaltige Entwicklung: aktuelle Forschungsfelder und -ansätze*. VS, Verl. für Sozialwiss.

Schorb, A. (1968). Technische Medien und Arbeitsmittel im Hochschulunterricht. *Zeitschrift für Pädagogik, 8*(Beiheft), 87–98.

Selwyn, N. (2010). Looking beyond learning: Notes towards the critical study of educational technology. *Journal of Computer Assisted Learning, 26*(1), 65–73. https://doi.org/10.1111/j.1365-2729.2009.00338.x

Selwyn, N., Hillman, T., Eynon, R., Ferreira, G., Knox, J., Macgilchrist, F., & Sancho-Gil, J. (2020). What's next for Ed-Tech? Critical hopes and concerns for the 2020s. *Learning, Media and Technology, 45*(1), 1–6. https://doi.org/10.1080/17439884.2020.1694945

Staab, P. (2020). Digitalisierung. In H. Joas & S. Mau (Hrsg.), *Lehrbuch der Soziologie* (S. 901–927). Campus.

Stalder, F. (2017). *Kultur der Digitalität*. Suhrkamp.

Stoltenberg, U., & Burandt, S. (2014). Bildung für eine nachhaltige Entwicklung. In H. Heinrichs & G. Michelsen (Hrsg.), *Nachhaltigkeitswissenschaften* (S. 567–594). Springer. https://doi.org/10.1007/978-3-642-25112-2_17

Süss, D., Lampert, C., & Trueltzsch-Wijnen, C. (2013). *Medienpädagogik: ein Studienbuch zur Einführung*. Springer VS. https://doi.org/10.1007/978-3-658-19824-4

Tulodziecki, G. (1995). Pädagogische Grundlagen der Medienverwendung im Unterricht. In G. Maas (Hrsg.), *Musiklernen und Neue (Unterrichts-)Technologien* (S. 19–40). Die Blaue Eule.

Tulodziecki, G. (2011). Zur Entstehung und Entwicklung zentraler Begriffe bei der pädagogischen Auseinandersetzung mit Medien. *MedienPädagogik, 20*, 11–39. https://doi.org/10.21240/mpaed/20/2011.09.11.X

Verständig, D., Klein, A., & Iske, S. (2016). Zero-Level Digital Divide. Neues Netz und neue Ungleichheiten. *Siegen:Sozial – Analysen, Berichte, Kontroversen (SI:SO)*, S. 50–55. https://nbn-resolving.org/urn:nbn:de:hbz:467-11973. Zugegriffen am 08.12.2023.

Weber, J. (2014). Donna Haraway: Technoscience, New World Order und Trickster-Geschichten für lebbare Welten. In I. D. Lengersdorf & M. Wieser (Hrsg.), *Schlüsselwerke der Science & Technology Studies* (S. 155–169). Springer Fachmedien. https://doi.org/10.1007/978-3-531-19455-4_13

Wild, R. (2018). Geht das zusammen? – Pragmatistische Ansätze in erwachsenenbildnerischen und mediendidaktischen Perspektiven. *MedienPädagogik, 30*, 18–35. https://doi.org/10.21240/mpaed/30/2018.02.27.X

Williamson, B. (2016). Digital education governance: Data visualization, predictive analytics, and 'real-time' policy instruments. *Journal of Education Policy, 31*(2), 123–141. https://doi.org/10.1080/02680939.2015.1035758

Winter, R. (2015). Kritische Theorie jenseits der Frankfurter Schule? Zur aktuellen Diskussion und Bedeutung einer einflussreichen Denktradition. In R. Winter & P. V. Zima (Hrsg.), *Kritische Theorie heute* (S. 23–46). Transcript. https://doi.org/10.1515/9783839405307-001

Wolf, E., & Thiersch, S. (2021). Optimierungsparadoxien: Theoretische und empirische Beobachtungen digital mediatisierter Unterrichtsinteraktionen. *MedienPädagogik, 42*, 1–21. https://doi.org/10.21240/mpaed/42/2021.03.07.X

Lernen als postdigitale Erfahrung

Patrizia Breil

Inhaltsverzeichnis

1 Einleitung 176
2 Digitale Bildung und Postdigitalität 177
3 Intra-aktive Verstrickung in postdigitalem Unterricht 179
4 Lernen als Erfahrung 181
5 Postphänomenologische Pädagogik 185
6 Schluss 189
Literatur 190

Zusammenfassung

Dass sich schulischer Unterricht digitaler Medien annehmen muss, steht – zumindest aus bildungspolitischer Sicht – außer Frage. Was sich jedoch konkret hinter der Aufforderung nach einer Digitalisierung des Bildungswesens verbirgt, liegt weniger auf der Hand. Mögliche Ausarbeitungen einer zu erwerbenden digitalen Kompetenz umfassen bislang den kompetenten Umgang mit der konkreten digitalen Technik ebenso wie die Befähigung zur Reflexion dessen, wie sich die lebensweltliche Gemeinschaft und Gesellschaft unter den Bedingungen der Digitalität entwickelt. Unter Rückbezug auf das Konzept der Postdigitalität, das die Normalität einer Verstrickung von analogen und digitalen Praktiken unterstreicht, zeigt sich, dass die Forderung nach einer Berücksichtigung *der* Digitalität zum Großteil keine lebensweltliche Entsprechung hat. Theoretische Zugänge, die dem Postdigitalen Rechnung tragen, sind z. B. posthumanistische

---

P. Breil (✉)
SFB 1567 Virtuelle Lebenswelten, Ruhr-Universität Bochum, Bochum, Deutschland

© Der/die Autor(en), exklusiv lizenziert an Springer Fachmedien Wiesbaden GmbH, ein Teil von Springer Nature 2024
M. Pieper, T. Neuhaus (Hrsg.), *Bildung und Digitalität*, ars digitalis, https://doi.org/10.1007/978-3-658-44228-6_9

und phänomenologische Theorien, in denen Lernende in situationaler Verschränkung mit Technik als einer Ko-Konstrukteurin der Lernerfahrung adressiert werden. In kritischer Auseinandersetzung mit den genannten Theorien argumentiert der Aufsatz für die besondere Eignung postphänomenologischer Ansätze zur Analyse von postdigitalen Lernerfahrungen. Die postphänomenologische Analyse der multistabilen Struktur von Mensch-Technik Relationen eröffnet den Blick auf digitale Medien, die sowohl Gegenstand des Lernprozesses als auch methodisches Mittel bildungsbezogener Reflexion sind.

Schlüsselwörter

Digitalität · Postdigitalität · Postphänomenologie · Phänomenologie · Digitale Bildung

1 Einleitung

Dass sich schulischer Unterricht digitaler Medien annehmen muss, steht – zumindest aus bildungspolitischer Sicht – außer Frage. Was sich jedoch konkret hinter der Aufforderung nach einer Digitalisierung des Bildungswesens oder der „Bildung in einer digitalen Welt" (KMK, 2016) bzw. dem „Lehren und Lernen in einer digitalen Welt" (KMK, 2021) verbirgt, liegt weniger auf der Hand. Mit der infrastrukturellen Ausstattung von Bildungseinrichtungen scheint die Aufgabe nicht gelöst zu sein, vor allem dann nicht, wenn die Geräte im tatsächlichen Unterricht keinerlei Verwendung finden. Verschiedentlich formulierte Kompetenzen im Bereich digitaler Bildung fokussieren auf einen kompetenten, proaktiven und souveränen Umgang mit digitalen Medien in- und außerhalb schulischer Umgebungen. Schulisches Lehren und Lernen in der digitalen Welt ist demzufolge nicht nur geprägt von einem regen Einsatz digitaler Medien, sondern reflektiert auch im Großen darauf, wie sich die lebensweltliche Gemeinschaft und Gesellschaft unter den Bedingungen der Digitalität entwickelt. Die Rede von *der* Digitalität suggeriert dabei, dass Digitales und Analoges trennscharf voneinander abgrenzbar ist – eine Annahme, die sich in der Realität kaum halten lässt. Mit dem Konzept der *Post*digitalität soll diesem Umstand Rechnung getragen werden: Wo der Umgang mit digitalen Geräten zur Normalität geworden ist und lange nicht mehr vom Nimbus des Revolutionären umgeben ist, kann von Postdigitalität gesprochen werden. Der Fokus auf *das* Digitale fällt jedoch hinreichend schwer, wenn es immer weniger leicht isoliert oder überhaupt ausfindig gemacht werden kann.

Die grundlegende ‚messiness', die postdigitalen Zuständen aufgrund ihrer Komplexität und prinzipiellen Undifferenziertheit zugeschrieben wird, erfordert einen entsprechenden theoretischen Zugang. Durch den posthumanen Fokus auf (u. a.) Mensch-Technik Verhältnisse bieten sich zunächst posthumanistische Analysen als Reflexionsfolie an. Gegenüber der posthumanistischen Dritten-Person-Perspektive gelingt es mit der phänomenologischen Erste-Person-Perspektive, die Erfahrung der am Unterricht Teilnehmenden in postdigitalen Verstrickungen in den Blick zu nehmen. Wo die klassische phänomenologische Theorie, die in der phänomenologischen Pädagogik das Lernen als Erfahrung adressiert, noch kein angemessenes begriffliches Instrumentarium bereitstellt, um die Erfahrung von und mit neuen Technologien zu analysieren, liefert die Postphänomenologie ein Verständnis von Mediation und Relation, mit der unterrichtliche Situationen in all ihrer Differenz in den Fokus rücken.

In diesem Aufsatz soll gezeigt werden, inwiefern die Postphänomenologie einen geeigneten Ausgangspunkt für die Analyse postdigitaler Verhältnisse darstellt. Aufbauend auf der reichhaltigen Tradition der phänomenologischen Pädagogik stehen dabei zunächst die Erfahrungen von Lernenden im Vordergrund, wenngleich auch die Erfahrungen von Lehrenden und weiteren Akteur:innen unter einer postphänomenologischen Perspektive adressiert werden könnten. Konkret wird bei den angesprochenen Lernerfahrungen zunächst von formalen Lernsituationen in unterrichtlicher Umgebung ausgegangen. Mit der Verwendung des Wortes *Technik* wird bei den Ausführungen nicht auf Technik im Sinne bestimmter Fertigkeiten referiert, sondern gemeint sind vielmehr technische Geräte. Dabei sind als digitale Geräte im engen Sinne computergestützte digitale Geräte zu verstehen.

Zu Beginn des Aufsatzes stelle ich bildungspolitische Forderungen nach Digitalisierung erstens Ergebnissen von digitalisierungsbezogenen Langzeitstudien gegenüber und setze diese Ausgangslage zweitens in Bezug zum Konzept der Postdigitalität (Kap. 2). Nachfolgend werden posthumanistische (Kap. 3) und phänomenologische (Kap. 4) Ansätze auf ihre Eignung für eine Analyse postdigitaler unterrichtlicher Lernerfahrungen hin befragt. In Kap. 5 argumentiere ich für die grundsätzliche Eignung einer postphänomenologischen Perspektive für ebenjenes Unterfangen und skizziere zentrale Konzepte und deren potenzielle Nutzbarkeit für lerntheoretische Fragestellungen.

2 Digitale Bildung und Postdigitalität

Die bildungspolitische Forderung nach der Digitalisierung der deutschen Bildungslandschaft macht eine theoretische erziehungswissenschaftliche Beschäftigung mit Digitalität unumgänglich. Gerade im Hinblick auf Unterrichtsgestaltung beläuft sich diese Beschäftigung allerdings oftmals auf ein einseitig instrumentalistisches Verständnis digitaler Medien, deren bloßer Einsatz schon hinreichen soll, um die Rede von einem „digitalisierten Unterricht" zu rechtfertigen. Der Grund für den Fokus auf digitale Standardisierung und Skalierung, der in der Tendenz pädagogische Prozesse auf Messbares zu reduzieren droht, könnte darin zu suchen sein, dass prinzipiell unklar bleibt, was denn nun eigentlich mit Digitalisierung von Schulen und Unterricht gemeint sein soll (vgl. Schiefner-Rohs, 2021, S. 107).

Zu Beginn kann hier die nahe liegende Annahme geäußert werden, dass es sich zunächst um eine Frage der Ausstattung handelt und eine digitalisierte Schule eine Schule ist, die mit digitalen Endgeräten ausgestattet ist. Digitalisierter Unterricht wäre dann ein Unterricht, in dem digitale Medien zumindest zugegen sind. Rein infrastrukturell scheitert eine solche Vorstellung an der heterogenen Ausgangslage in Bezug auf den tatsächlichen

Gerätevorrat in Schulen und privaten Haushalten gleichermaßen (vgl. Eickelmann et al., 2019, Kap. V; Feierabend et al., 2022, Kap. 2). Zugleich wird durch diesen Blick eine zweite Dimension der Digitalisierung eröffnet, nämlich die zwischen dem *Haben* und *Nutzen* von digitalen Endgeräten. Dass ein Klassenzimmer mit Beamer und Whiteboard ausgestattet ist, d. h. eine entsprechende Ausstattung *hat*, bedeutet nicht, dass Lehrpersonen und Lernende diese Geräte auch *nutzen* (vgl. die Unterscheidung zwischen digitaler Spaltung und digitaler Ungleichheit, z. B. Kutscher & Iske, 2021). Vorhandenheit allein stellt somit nur eine notwendige, aber keine hinreichende Bedingung für die Digitalisierung von Schulen dar, wenn Digitalisierung sich in handlungspraktischen Konsequenzen niederschlagen soll.

Dass auch das bloße *Nutzen* von digitalen Endgeräten nicht unbedingt von lerntheoretischer Relevanz ist, zeigt der Blick auf die Art und Weise, *wie* die Geräte genutzt werden. So erreichen laut der internationalen Vergleichsstudie ICILS aus dem Jahr 2018 nur 1.9 % der Achtklässler*innen die höchste und 22 % die zweithöchste Kompetenzstufe und sind so in der Lage, „selbständig und reflektiert digitale Medien in unterschiedlichen Fähigkeitsbereichen zu nutzen" (Eickelmann et al., 2019, S. 13). Was hier in Anlehnung an die KMK-Strategie *Bildung in der digitalen Welt* (KMK, 2016) als gebildeter Umgang mit digitalen Medien angesehen wird, ist ein reflektierter und aktiv produzierender Umgang mit digitalen Medien, der – so die Forderung der KMK-Ergänzung *Lehren und Lernen in der digitalen Welt* (KMK, 2021) – im schulischen Unterricht erlernt und außerhalb der Schule gelebt werden soll. Die zugrunde liegende Annahme hinter dieser Forderung ist, dass digitale Geräte und Prozesse aus der menschlichen Lebenswelt nicht mehr wegzudenken sind und deswegen Teil schulischer Bildung sein müssen. Die Digitalisierung der schulischen Bildung im Sinne eines Prozesses hat somit zum Ziel, die Ubiquität des Digitalen, d. h. die Digitalität der menschlichen Lebenswelt im Sinne eines gesellschaftlichen Zustands, in schulischem Unterricht bei der Arbeit mit digitaler Technik reflexiv einzuholen und zu gestalten (vgl. die Unterscheidung von Digitalisierung und Digitalität bei Stalder, 2016).

Das zunächst nicht-erziehungswissenschaftliche Konzept der Postdigitalität bietet einen Reflexionshorizont, vor dem Digitalität in ihrer Omnipräsenz abseits eines konkreten Einsatzes digitaler Technologien erfasst werden kann. Grundaussage postdigitaler Theorie ist, dass das Digitale längst keine Besonderheit mehr darstellt und sein innovatives Potenzial eingebüßt und abgegeben hat (vgl. Negroponte, 1998). Mit der Allgegenwärtigkeit des Digitalen geht einher, dass sich analoge und digitale Wirklichkeiten kaum mehr trennen lassen (Engel & Karpowitz, 2022, S. 130), weil es das Analoge in seiner Reinform nicht (mehr) gibt. Bereits beim Obsteinkauf im Supermarkt vermischen sich analoge (z. B. Bananen tragen) und digitale Prozesse (z. B. Bananen wiegen) bis zur Ununterscheidbarkeit (z. B. der Strichcode, der auf die Bananen geklebt wird). Vor diesem theoretischen Hintergrund ist auch digitale und analoge Technik nicht mehr trennscharf voneinander abzugrenzen und virtuelle Andere und natürlich Menschliches und das soziale Leben sind vielfach verwoben (Jandrić et al., 2018, S. 893). Die vermeintlich intuitive und bildungspolitisch geforderte Integration von digitalen Medien in den Unterricht zum Zwecke der Digitalisierung geht dann aber haarscharf an der Herausforderung vorbei, wenn davon auszugehen ist, dass digitale Medien immer schon konstitutiver Bestandteil des Unterrichts sind; und zwar unabhängig davon, ob sie aktiv genutzt werden oder nicht.

Postdigitalität geht nicht mit einer Verunglimpfung, sondern vielmehr mit einer Anerkennung der zentralen lebensweltlichen Stellung des Digitalen einher. Das *Post-* der Postdigitalität meint nicht Überwindung des Digitalen, sondern sein Weiterdenken mit dem Nimbus der Normalität und Omnipräsenz (Jandrić et al., 2018, S. 894). Gerade diese Verwobenheit macht es jedoch hinreichend schwer, das Postdigitale begrifflich zu fassen: „The postdigital is hard to define; messy; unpredictable; digital and analog; technological and non-technological; biological and informational. The postdigital is both rupture in our existing theories and their continuation" (Jandrić et al., 2018, S. 895). Die Frage nach der Digitalisierung des Unterrichts oder schulischer Bildung im Allgemeinen ist eine, die über den Medieneinsatz und einzelne Unterrichtseinheiten hinaus gestellt werden muss. Postdigitale Bildung anerkennt die Rolle digitaler Medien als Rahmenbedingung sämtlicher schulischer Prozesse – auch dann, wenn in der Schule kein einziges computergestütztes digitales Gerät vorzufinden ist (Wampfler, 2022, S. 40).

Gegenstand postdigitaler Bildung ist die „postdigitale Hervorbringung von Lehr-Lernsubjekten in Schule und Unterricht in ihrer Materialität und Medialität" (Engel & Karpowitz, 2022, S. 131). Die grundlegende Digitalität unterrichtlichen Handelns beginnt dabei etwa dort, wo die Schüler*innen auf dem Weg zur Schule via Smartphone ein Busticket lösen, Vokabeln lernen oder im Klassenchat nach Hausaufgaben fragen. Auch schulintern läuft ggf. ein Großteil der Kommunikation über digitale Geräte, vom Vertretungsplan bis zur Wissensorganisation auf bestenfalls schuleigenen digitalen Plattformen. Von Interesse ist angesichts dieser Vielzahl an postdigitalen Praktiken vor allem die „kritische Analyse von Unsichtbarkeit und Untrennbarkeit von Digitalem bzw. digitalen Logiken in/mit der analogen Lebensrealität der Schüler*innen in schulischen (Lern-)Kulturen" (Engel & Karpowitz, 2022, S. 131). Gerade da, wo die Digitalität nicht offensichtlich ist, ist ihr Einfluss zu analysieren.

3 Intra-aktive Verstrickung in postdigitalem Unterricht

Um der ‚messiness' postdigitaler Lebenswelten theoretisch beikommen zu können, ist ein Perspektivwechsel erforderlich. Wenn ‚das Digitale' nicht auf digitale Endgeräte eingeschränkt werden kann und auch vermeintlich Analoges durchaus digital durchwirkt sein kann, bietet sich der Blick auf die Durchwirkung selbst an. Im Hinblick auf den Menschen, dessen Lebenswelt zunehmend digital ist, wird fraglich, ob diese Durchwirkung das Produkt einer unidirektionalen und intentionalen Bewegung des Menschen in Richtung Welt ist. Eher ist auch den konkreten digitalen Technologien selbst, die ihrerseits kaum jenseits ihres Verhältnisses mit Mensch, Ding und Umwelt zu verstehen sind, eine gewisse Handlungsmacht zuzuschreiben. Strategien zum Lehren und Lernen in einer (post)digitalen Welt müssen sich dann nicht nur die Frage stellen, wie Lehrer*innen und Schüler*innen sich zur digitalen Medienlandschaft verhalten sollen, sondern auch, wie sich die digitalen Medien zu den sie nutzenden und nicht nutzenden Menschen verhalten. Die zentrale lerntheoretische Konsequenz dieser Perspektivverschiebung liegt in der Anerkennung der ko-konstitutiven Beteiligung von digitalen Medien an der Herausbildung der Lernenden (Jandrić et al., 2018, S. 137).

Diese Figur des Menschen als Akteur unter anderen ist bereits aus dem postanthropozentrischen Weltbild des kritischen Posthumanismus bekannt (vgl. Herbrechter, 2014, S. 270). In Verbindung mit der antihumanistischen Absage an die Vormachtstellung des Menschen und der postanthropozentrischen Ablehnung einer Hierarchie der Arten stellt der Posthumanismus einen Kulminationspunkt dar, an dem der Mensch als situativ verwoben und ontologisch gleichrangig wie Tier, Ding oder Maschine verstanden wird (vgl. Braidotti, 2018, S. 154–155). Teil dieser Verwobenheit ist die Anerkennung einer wechselseitigen Konstitutionsleistung. So wie der Mensch etwa Technik hervorbringt, ist diese an der Konstitution des Menschen maßgeblich beteiligt. Das Humane gibt es nicht ohne seine technischen Bedingungen (Wimmer, 2018, S. 352). Der Mensch ist hierbei weder etwas per se Besonderes und Höhergestelltes noch unabhängig und autonom in seiner umweltlichen Situierung. Zentral für posthumanistische Zugänge ist die Reflexion der Relationen zwischen den situativ vernetzten Akteur*innen. Statt einer Opposition ist hier eine hierarchiefreie Differenz zu erwarten:

> „Das vermeintlich Eigene als etwas ursprünglich Fremdes zu erkennen, das erst zu etwas Eigenem wurde, das ist die Gegenbewegung zum humanistischen Entfremdungsdiskurs, der unter dem Schein des Fremden immer etwas ursprünglich Eigenes vermutet oder etwas Feindliches, von dem man sich befreien muss. Das Technische ist damit nicht das Gegenteil des Humanen, sondern gehört zu seinem Kern, der allerdings nie ein Wesens-Kern gewesen sein wird". (Wimmer, 2018, S. 352)

Es gilt, ein Bewusstsein dafür zu schaffen, dass der eigene situative Standpunkt nur einer unter vielen ist. Andere und Anderes können als different vom Selbst betrachtet werden, ohne dabei die Zugehörigkeit dieses und dieser Anderen zum Selbst infrage zu stellen.

Diese grundsätzliche, wenngleich nicht ontologische Zugehörigkeit des (z. B. technischen) Anderen steht in Konflikt mit solchen Vorstellungen, die Technik als das Andere betrachten, das künstlich in unterrichtliche Prozesse eingebunden werden muss (Wimmer, 2018, S. 333). Eine Lerntheorie, die der konstitutiven Funktion digitaler Technik Rechnung trägt, müsste demgegenüber „diese neuen Subjektivitäten stützen und dazu befähigen, sich kritisch und kreativ mit diesen neuen systemischen Umgebungen auseinanderzusetzen" (Herbrechter, 2014, S. 274), um „neue partizipatorische Formen der Pädagogik" hervorzubringen (Herbrechter, 2014, S. 277). Gefordert ist keine Vertreibung und keine Aneignung des Fremden, sondern dessen Anerkennung als different und zugehörig zugleich. Sämtliche teleologischen Bildungskonzeptionen sind in einer solchen posthumanistischen Grundausrichtung nicht unterzubringen. Posthumanistische Bildungsprozesse zeichnen sich durch eine Vielzahl an Akteur*innen aus sowie dadurch, dass es kein fertiges Bildungssubjekt geben kann. Das posthumanistische Bildungssubjekt ist im Werden und steht unter dem Einfluss seiner situativen Bedingungen.

Posthumanistische Zugänge eignen sich für die Analyse postdigitaler Strukturen insofern, als die Relation zwischen Mensch und digitaler Technik zu den grundlegenden Gegenständen posthumanistischer Forschung gehört; so z. B. prominent diskutiert an der Figur des Cyborgs (vgl. Haraway, 1985). Der Fokus auf Relationalität könnte dabei die undifferenzierte analog-digitale Verfasstheit von Mensch-Technik Relationen einschließen. So steht bspw. in der von den Neuen Materialismen inspirierten Figur der intra-aktiven Verschränkung die Ko-Konstitution verschiedener Akteur:innen ebenso im Vordergrund wie die übergreifende Bedeutungskonstitution – auch in pädagogischen Situationen (vgl. Sheridan et al., 2020). In der Konsequenz fordert ein solcher Fokus ein Neudenken schulischen Unterrichtens. Der bildungspolitische Fokus auf einzelne Schüler*innen und Lehrer*innen einerseits und Unterrichtsgegenstände oder Lehr- und Lerninhalte andererseits ist aus posthumanistischer Perspektive kaum haltbar und wird den Anforderungen bzw. Verhältnissen einer postdigitalen Lebenswelt nicht gerecht.

Gerade posthumanistische Konzepte wie die des Cyborgs oder generell die Vorstellung eines posthumanen Menschen oder eines ‚more-than-human' sind in ihrer attraktiven Radikalität jedoch eine hinreichend große Herausforderung für theoretische Überlegungen, die an der konkreten lehrenden oder lernenden Person ansetzen. Der theoretische Zugang zur postdigitalen Beschaffenheit schulischer Realität und außerschulischer Lebenswelt muss daher einem doppelten Anspruch genügen: Er muss einerseits *post*-anthropozentrisch sein und die ko-konstitutive (Durch-)Wirkung digitaler Technik anerkennen und er muss andererseits am Erfahrungssubjekt als Ausgangspunkt der Theoriebildung festhalten; ein Erfahrungssubjekt, das nicht ‚more-than-human' oder posthuman ist, sondern ‚just human' (vgl. Dörfler & Rothfuß, 2023). Mit der menschlichen Erfahrung als Ausgangspunkt ihrer Analysen bietet sich die Phänomenologie als eine geeignete Dialogpartnerin an.

4 Lernen als Erfahrung

Als Erfahrungswissenschaft befasst sich die Phänomenologie mit der Frage danach, wie Phänomene in der Erfahrung erscheinen. Es geht um das *Was* und *Wie* der Erfahrung, d. h. um dasjenige, das erfahren wird, und um die Gegebenheitsweise dessen in der Erfahrung. Maßgeblich hierfür ist die Auffassung, dass alle Erkenntnis in Erfahrung fundiert ist und sich daher jede Wissenschaft – so die Aufforderung in Husserls Krisis-Schrift – initial mit dem Wie der Gegebenheit ihrer Gegenstandsbereiche auseinandersetzen muss.

Im Zentrum der phänomenologisch orientierten Pädagogik steht nicht mehr das Endergebnis des Lernens, die Schüler*innenleistung, sondern der Lernprozess (vgl. Meyer-Drawe, 2019a, S. 268–269). Das *Wie* des Lernens wird in seinem Zustandekommen untersucht. Der phänomenologische Blick auf die Erfahrung in statu nascendi ist immer auch ein Blick auf den Leib als ermöglichende Bedingung jedweder Erfahrung. Kurz, es handelt sich bei der Phänomenologie um eine „Philosophie der Erfahrung auf der Grundlage der Inkarniertheit des Subjekts" (Thompson, 2020, S. 125). Das Subjekt in seiner Situierung geht jedem Lernprozess voraus in seinen leiblichen und damit „vorsprachlichen Verwicklungen des Denkens, Wahrnehmens und Handelns mit einer anmutenden Welt" (Meyer-Drawe, 2019b, S. 432).

Lernen setzt ein leibliches Zur-Welt-sein voraus, das bedingend ist für die Empfänglichkeit des Lernenden für eine Welt außer sich. Dieses leibliche Zur-Welt-sein macht nicht nur lernen möglich, sondern bringt auch mit sich, dass die Lernende sämtliche Erfahrungen immer schon vor einem individuellen, situativen Horizont macht. Lernen ist also nichts, das anderswo geschieht, sondern etwas, das an der alltäglichen Situierung des und der Einzelnen ansetzt. Lerntheoretisch bedeutet das, dass alles Lernen vor dem Hintergrund eines schon Gewussten geschieht, dass es gleichzeitig aber auch Nicht-Gewusstes gibt (vgl. Meyer-Drawe, 2019a, S. 275). Dieser Umschlagpunkt, an dem sich die Mengen von Nicht-Gewusstem und Gewusstem gegengleich ändern, markiert die Geburtsstunde der Lernerfahrung.

Nicht jede Wahrnehmung ist eine Lernerfahrung. Nicht alles, was man sehen, hören oder anderswie wahrnehmen kann, hat das Potenzial, bestehende Selbst-Welt-Verhältnisse nachhaltig in Frage zu stellen oder gar zu ändern. Günther Buck klassifiziert ‚negative' Erfahrungen als bildend, d. h. solche, aus denen die Erfahrenden im Positiven eine Lehre ziehen (vgl. Buck & Brinkmann, 2019, S. 11–12). Die und der Einzelne kann nicht lernen, ohne Erfahrungen zu machen. Umgekehrt bedeutet das aber auch, dass ein ereignisreiches Leben nicht notwendigerweise Lernprozesse anstößt: „Der Unbelehrbare ist […] einer, der keine Erfahrungen macht, obwohl ihm so manches passiert" (Buck & Brinkmann, 2019, S. 12). Erst die negative Erfahrung, die den bisherigen Horizont angreift, vermag Lernprozesse auszulösen. Auch für Käte Meyer-Drawe spielt Negativität eine große Rolle: „Die Produktivität des Lernprozesses liegt in seiner *Negativität: Lernen ist Umlernen*" (Meyer-Drawe, 2019a, S. 278). Bisherige Erfahrungshorizonte werden modifiziert, die vorgängige Situierung der oder des Lernenden verändert sich mit der Lernerfahrung. Bei dieser Negativität handelt es sich jedoch um eine anders gelagerte Negativität als bei derjenigen Bucks. Während Bucks Lernende zwar ‚negative' Erfahrungen machen, sind diese gleichzeitig eingebunden in einen kohärenten und verstehenden Lebensvollzug. Meyer-Drawes Lernende hingegen sind nicht nur über ihr anfängliches Nicht-Wissen und die Umstrukturierung der eigenen Erfahrungshorizonte mit Negativität konfrontiert. Wichig ist vielmehr, dass die Lernenden der Erfahrung ausgesetzt sind und ungewollt von dieser ergriffen werden können. Christiane Thompson zeigt vor diesem Hintergrund überzeugend auf, dass der Streit um die bildende Erfahrung im Eigentlichen ein Streit um die „Kohärenz und Kontingenz des Subjekts" ist (Thompson, 2020, S. 129). Der von Meyer-Drawe mitgedachte Widerfahrnischarakter des Lernens belegt die Empfänglichkeit und Offenheit der Lernenden für Ansprüche außer sich. In Anlehnung an Bernhard Waldenfels' responsive Phänomenologie sehen sich die Lernenden beständig Ansprüchen ausgesetzt, auf die sie reagieren müssen. Die Negativität des Lernprozesses besteht darin, dass sie jederzeit von einem solchen fremden Anspruch ereilt werden können. Die Lernenden entscheiden nicht selbst darüber, wann und ob sie ihre Erfahrungshorizonte überdenken; die bildende Erfahrung geschieht ihnen.

So wie das Lernen nicht in der alleinigen Kontrolle der Lernenden liegt, findet es auch nicht im klassischen Sinne *in* ihm statt. Es geht nicht um einseitige Anpassung des Lernenden an seine Umwelt, sondern um eine Lernerfahrung im *Zwischen*, in der sich Lernende und Umwelt neu positionieren. In dieser Hinsicht wird den Lernenden der phänomenologisch orientierten Pädagogik ihre Handlungsmacht weitgehend geraubt. Die Welt und alles in ihr beeinflusst aktiv das subjektive Zur-Welt-sein. Zwar ist dieses phänomenologische Subjekt nicht autonom im eigentlichen Sinne, aber trotzdem stellt es noch den Ausgangspunkt der wissenschaftlichen Untersuchung dar. Was der Phänomenologie im Gesamten, insbesondere der Phänomenologie Husserls, vorgeworfen wird, nämlich Subjektzentrierung, hält sich hierin nur noch insofern, als vom Subjekt aus gedacht wird, ohne diesem Subjekt einen wie auch immer gearteten Handlungsprimat gegenüber Anderen oder der Umwelt zu geben. Erfahrung zu untersuchen bedeutet, Erfahrung von einer Erfahrenden aus zu untersuchen, „Erfahrung ist je meine Erfahrung" (Buck & Brinkmann, 2019, S. 10), Erfahrung ohne Erfahrende gibt es nicht.

Der Widerfahrnischarakter der Lernerfahrung hängt nicht zuletzt an einem Einbruch des Fremden, der in frühen bildungstheoretischen Positionen bis hin zur phänomenologisch orientierten Pädagogik verschiedene Rollen spielt (vgl. Lippitz, 2011). Das Fremde hat in der Begegnung eine konstitutive Funktion: „Das Bildungssubjekt [...] wird konstituiert in den Spannungsfeldern von Selbst- und Fremdbestimmung, von Egologie und Alterität, von Selbstsein und Anderssein, von Ich und dem Anderen" (Lippitz, 2011, S. 273). Konkret bedeutet das, dass die Lernerfahrung nicht grundsätzlich Selbstwerdung ist, sondern maßgeblich fremd- und anderswerden (vgl. Lippitz, 2019, S. 56). Unter einer phänomenologischen Perspektive ist die oder der Lernende kein Subjekt, das sich bildungssuchend an die Welt wendet, sondern ein Subjekt, das mit seiner Umwelt in Interaktion steht und auf deren Ansprüche antworten muss. Die Lernerfahrung offeriert keine Lesart der autonomen Selbstermächtigung mehr, sondern konfrontiert Lernende auch nach der Lernerfahrung noch mit „Unsicherheit, mit Vorläufigkeit und mit mehr oder weniger ausgeprägter Fremdheit und Alterität zwischen uns und den Mitmenschen, in uns selbst, zu den anderen Lebewesen und den Dingen" (Lippitz, 2011, S. 285).

Die Figur des Lernens als Erfahrung sowie der systematische Zusammenhang von Lernerfahrungen und Alterität bieten verschiedene Anknüpfungspunkte, um über die Rolle von digitaler, computergestützter Technik in Lernprozessen nachzudenken. Einerseits kann die Technik selbst Gegenstand der Erfahrung werden und als solche die Rolle des Fremden einnehmen, über das das Eigene sich selbst fremd werden kann. Andererseits ist Technik aber ebenso Mittel der Erfahrung, also z. B. ein Gerät, *durch* das etwas erfahren wird, das entsprechend die Erfahrung verändert oder überhaupt erst ermöglicht. James Mcguirk und Marc Fabian Buck (2019) untersuchen etwa, wie Erfahrung beim Einsatz von augmented reality (AR) Technik in Bildungskontexten verändert wird. Virtuelle Realität definieren Mcguirk und Buck als geschlossene, computergenerierte Umwelten, in denen eine Interaktion mit anderen virtuellen Entitäten prinzipiell möglich ist, während AR sich durch eine grundlegende Vermischung von unvermittelter und medial vermittelter Erfahrung auszeichnet (Mcguirk & Buck, 2019, S. 406). In ihrem Beitrag kritisieren die

Autoren den Einsatz von AR-Technik in pädagogischen Situationen vor allem in zweierlei Hinsicht. Zum einen sei mit AR-Technik keine normale, synästhetische Erfahrung möglich, da sich die Präsentation des augmentierten Lerngegenstandes auf rein visuelle Qualitäten beschränke (Mcguirk & Buck, 2019, S. 411–412). Wie in Mcguirks und Bucks Text bereits angedeutet, wäre es sicher lohnend, über die besondere Rolle der Imagination im Umgang mit augmentierten Objekten nachzudenken. An dieser Stelle sei hingegen darauf hingewiesen, dass die gewählten Beispiele eine allzu einseitige Verwendungsweise von AR-Technik im Unterricht widerspiegeln. Ohne Zweifel ist das Dinosaurierskelett im Naturkundemuseum eindrücklicher, weil eine gewisse Haptik – auch wenn das Skelett nicht berührt werden darf – Teil der Erfahrung ist, wie sie es bei dem äquivalenten AR-Skelett (noch) nicht ist. Es gibt jedoch genügend Unterrichtsgegenstände, deren unvermittelte Erfahrung situativ nicht möglich ist – sei es auch nur aus Mangel an einem Naturkundemuseum –, oder die durch die entsprechende Technik überhaupt erst erfahrbar gemacht wird. Beim Sichtbarmachen von Blutkörperchen in Blutbahnen geht es nicht um eine bloße Substituierung, die von der Technik erbracht wird, sondern darum, dass bisher Unerfahrbares erfahrbar gemacht wird. Der analysierende Blick auf die medial vermittelte Erfahrung darf sich derart nicht nur auf einen bloßen Abgleich mit einer unvermittelten Erfahrung beschränken, deren Existenz sowieso zunehmend in Zweifel gezogen werden kann. Darüber hinaus sollte computergestützte Technik daraufhin untersucht werden, welche Art von Erfahrungen mit ihr ermöglicht wird und wie ihre konstitutive Rolle im Zustandekommen dieser Erfahrung zugeschrieben werden kann.

Ein zweiter Kritikpunkt Mcguirks und Bucks beläuft sich auf die Feststellung, dass der Unterrichtsgegenstand mit AR-Technik notwendig in den Fokus der Aufmerksamkeit gerückt wird und so womöglich ein sonst freies und weniger gerichtetes Assoziieren unterdrückt (Mcguirk & Buck, 2019, S. 412). Fraglich ist, ob diese erzwungene Aufmerksamkeit auf einen bestimmten Gegenstand nicht mitunter ein Merkmal bestimmter pädagogischer Situationen ist, in der ein Unterrichtsgegenstand analysiert werden soll. Der Fokus auf den Lerngegenstand wäre damit unabhängig davon, ob die Aufmerksamkeit medial vermittelt ist oder nicht; die Hemmung einer freien Assoziation ist dann ein didaktisch-methodisches Problem, aber keines der zum Einsatz kommenden Technik.

Insbesondere pädagogisch-phänomenologische Theorien haderten, so die Autoren, mit der Trennung von unmittelbarer und medialisierter Erfahrung. Das von VR- und AR-Technik implizierte Darbietungs-Aufnahme-Verhältnis suggeriere eine Einseitigkeit, die nicht mit dem phänomenologischen wechselseitigen Verhältnis von Subjekt und Welt vereinbar sei (Mcguirk & Buck, 2019, S. 416). Zwar werden technische Gegenstände als Ko-Konstituenten des Weltzugangs thematisiert, so etwa in Merlau-Pontys Beispiel des Federhuts, doch liegt der Fokus dieser Untersuchungen zumeist auf der Flexibilität der leiblichen Erfahrung und weniger auf dem spezifischen Einfluss der konkreten Technik auf die Erfahrung. Zusätzlich führt der historisch bedingt fehlende Fokus auf computergestützte Erfahrungen dazu, AR-Erfahrungen phänomenologisch begrifflich schwer fassen zu können, sodass auch die phänomenologisch orientierte Pädagogik zunächst keinen verstehenden Zugang zu derlei Erfahrungen verspricht.

Der gesuchte Fokus auf Mensch-Technik Relationen, der an der Erfahrung der und des Einzelnen ansetzt, markiert die Ausgangsbedingung postphänomenologischer Analysen. Aufgrund der postphänomenologischen Wurzeln in Theoriesträngen, die traditionell für Fragen des Lernens fruchtbar gemacht wurden, sowie aufgrund des postphänomenologischen Fokus auf aktuelle Technik lässt sich annehmen, dass die Postphänomenologie eine geeignete Perspektive auf postdigitale Lernprozesse liefern kann, die im nächsten Kapitel entfaltet wird.

5 Postphänomenologische Pädagogik

Die phänomenologisch orientierte Pädagogik blickt auf eine lange Tradition zurück. Setzt man Aloys Fischers Deskriptive Pädagogik des frühen 20. Jahrhunderts an ihren Anfang, wie es Malte Brinkmann vorschlägt (Brinkmann, 2019), wird deutlich, dass die phänomenologische Pädagogik nicht nachträglich aus der philosophischen Phänomenologie entsteht, sondern sich parallel dazu als eigenständige Disziplin entwickelt. Werden heute Lernprozesse einer phänomenologischen Analyse unterzogen, geschieht dies vor dem Hintergrund einer reichhaltigen Forschungslandschaft, die gleichermaßen bildungstheoretisch wie phänomenologisch ist und nicht etwa nachträglich an pädagogische Sachverhalte adaptiert wurde.

Als Erfahrungswissenschaft ist die phänomenologische Pädagogik eine Wissenschaft der Spezifika der Lernerfahrung. Ihr kommt die Aufgabe zu, Lernerfahrungen nicht in einem vermeintlich objektiven Vakuum unter Optimalbedingungen zu analysieren, sondern Lernerfahrungen unter heterogenen und sich wandelnden Bedingungen zu befragen. Dazu gehören auch institutionelle sowie gesellschaftliche Rahmenbedingungen wie beispielsweise vorgegebene Klassengrößen, (bildungs-)politische Lebenswelten – und digitale Technik. Per Definitionem ist es damit Aufgabe einer phänomenologischen Pädagogik, der (post-)digitalen Lebenswelt von Schüler*innen und Lehrer*innen adäquat zu begegnen. Oben (Kap. 4) wurden jedoch Analysen rezipiert, die von einer Art Überforderung phänomenologischer Zugänge mit Fragen nach technisch gestützten Lernprozessen berichten. Als Kern des Problems wurde dabei das von der Technik induzierte klare Darbietungs-Aufnahme Verhältnis herauskristallisiert (Mcguirk & Buck, 2019, S. 416), das mit der phänomenologischen Konzeption einer wechselseitigen Selbst-Welt-Konstitution kollidiert und wenig Spiel- bzw. Interaktionsraum bietet. Mit der Postphänomenologie hat sich eine phänomenologische Position etabliert, die explizit auf Herausforderungen reagiert, die mit technisch vermittelten Erfahrungen einhergehen. Anders als die Phänomenologie, der ein gewisser Technikpessimismus nachgesagt wird, rückt die Postphänomenologie explizit und ausschließlich Mensch-Technik-Welt Relationen ins Zentrum ihrer Untersuchungen. In Anlehnung an die Methoden der Science and Technology Studies sind diese Untersuchungen empirische Fallstudien konkreter lebensweltlicher Gegebenheiten (Rosenberger & Verbeek, 2015, S. 10). Gegenüber etwa posthumanistischen Ansätzen, die zweifelsohne ein großes pädagogisches Potenzial haben, besticht die postphänomenologische Pädagogik mit Blick auf postdigitale Lebenswelten dadurch, dass ihr Gegenstandsbereich nicht erst auf pädagogisch relevante Sachverhalte eingegrenzt werden muss, weil sie von Beginn an genau an der Stelle ansetzt, die von Interesse ist und an der Lernen in actu geschieht: an der Schnitt- bzw. Überschneidungsstelle von Mensch, Welt und Technik, die Erfahrungsräume öffnet und verändert.

Mediation – Was also ist Postphänomenologie? Zentrale Prämisse postphänomenologischer Untersuchungen ist zuvörderst, dass alle Erfahrung und Handlung technisch mediiert ist, „*human activity from immemorial time and across the diversity of cultures has always been technologically embedded*" (Ihde, 1990, S. 20). Im Gegensatz zur Phänomenologie, die die unmittelbare Erfahrung in der Tendenz auch als unvermittelte Erfahrung versteht, wirft die Postphänomenologie ihren Blick dezidiert auf die Unmittelbarkeit vermittelter Erfahrung. Die Zwangsläufigkeit der Vermittlung kann, muss aber nicht an computergestützte, technische Geräte gebunden sein. Die Mediation ist dann auch zentraler Untersuchungsgegenstand der Postphänomenologie, der lebensweltlich erfahrbar wird: „It is in practices of interacting with technologies where the phenomenon of technological mediation occurs and can be studied. Human-world relations are practically ‚enacted' via technologies" (Rosenberger & Verbeek, 2015, S. 12).

So wie die Technologie der Schifffahrt unsere Wahrnehmung eines Meeres verändert hat – unabhängig davon, ob wir auf dem Meer ein Schiff sehen, auf einem stehen oder nicht –, so ändert die bloße Existenz des Internets und hypertextueller Enzyklopädien wie Wikipedia die Art und Weise, wie über Wissen, Bildung und Lernen nachgedacht wird; unabhängig davon, ob die konkreten Anwendungen im Unterricht Verwendung finden oder nicht. Auch Lernpraktiken sind technisch mediiert. Eine postphänomenologische Pädagogik fokussiert Erfahrungen in pädagogischen Umgebungen auf ihre technische Bedingtheit und Vermitteltheit hin.

Multistabilität – Zentral ist weiterhin die Anerkennung der Nicht-Neutralität von Technik. Damit ist gemeint, dass technische Geräte durchaus einen gewissen Aufforderungscharakter haben, der sich zusätzlich jedoch von Situation zu Situation unterschieden kann. Mit dem Konzept der Multistabilität soll diese situative Unterscheidung begrifflich gefasst werden: „This refers to the idea that any technology can be put to multiple purposes and can be meaningful in different ways to different users" (Rosenberger & Verbeek, 2015, S. 25). Unterschieden werden dabei nicht nur die verschiedenen Arten und Weisen, wie unterschiedliche Nutzer*innen einem technischen Gerät begegnen, sondern auch die unterschiedlichen Perspektiven, die eine einzelne Nutzerin dem technischen Gerät gegenüber einnehmen kann (Whyte, 2015). Der Multistabilität von Technik wird mit einer relationalen Ontologie Rechnung getragen: Worum es sich bei einer spezifischen Technik handelt, was sie ist, entscheidet sich in jeder situativen Anwendung neu. Im Gegensatz zur Phänomenologie betreibt die nicht-essenzialistische Postphänomenologie daher keine Wesenssuche. Statt der husserlschen freien Variation schlägt Robert Rosenberger die ‚variational cross examination' vor (Rosenberger, 2020). Untersucht wird darin nicht das Wesenhafte, das in jeder Variation gleich bleibt, sondern dasjenige, das sich ändert.

Relationen – Die Variationen, in denen ein technisches Gerät erscheinen kann, hängt nicht zuletzt auch mit den verschiedenen Relationen zusammen, die ein Mensch gegenüber der Technik bzw. gegenüber der Welt qua Technik einnimmt. Don Ihde (1990) unterscheidet vier grundsätzliche Relationen: Embodiment-, hermeneutische, Alteritäts- und Hintergrundrelationen. Unter *Embodiment Relationen* sind die aus der klassischen Phänomenologie bekannten Verbindungen gemeint, bei denen z. B. der Hut oder Hammer in das Körperschema integriert werden. Ein Lernprozess, der klassischerweise auf einer solchen Verkörperungsrelation basiert, ist das Schreibenlernen, sowohl auf Papier als auch auf einem Tablet. Der Stift wird als Erweiterung des Körpers begriffen, sodass die Bewegung zur Schreibfläche sich nicht an den Fingerkuppen, sondern an der Stiftspitze orientiert. In *hermeneutischen Relationen* liefert die vermittelnde Technik eine Information über die wahrzunehmende Welt, die die Betrachtenden erst interpretieren müssen. So erfordert beispielsweise das Verstehen von Wetterkarten eine gewisse Interpretationsleistung und lässt Ungeübte ratlos zurück. Im schulischen Kontext sind technische Geräte, mit denen Lernende in eine hermeneutische Relation treten z. B. sämtliche Messapparate, die bei Experimenten zum Einsatz kommen. Bei *Alteritätsrelationen* ist die Technik nicht vermittelndes Bindeglied, sondern dasjenige Weltliche, das Gegenstand der intentionalen Bezugnahme ist. Ein Quasi-Anderes ist in diesem Sinne z. B. ein geliebtes Sammlungsobjekt oder das Fahrrad, dessen Kette beim Fahren abgesprungen ist und das entsprechend wieder instand gesetzt wird. In Lernkontexten ist das Quasi-Andere die formale Seite eines Texts oder die soziale Plattform, die in den Blick genommen wird. Im Zentrum der Relation steht nicht der medial vermittelte Weltzugang, sondern die intentionale Bezugnahme auf das Medium selbst. Demgegenüber agieren in *background relations* die technischen Geräte aus dem Hintergrund, ohne ins Bewusstsein derjenigen zu treten, die sich in der technisch mediierten Umgebung aufhalten – so etwa im Fall einer Klimaanlage. Gerade eine solche Hintergrundrelation zeichnet sich durch eine große Anschlussfähigkeit für die postdigitale Herausforderung aus, dass (digitale) Geräte Erfahrungsräume auch dann strukturell beeinflussen, wenn sie nicht explizit wahrgenommen werden. Im Schulkontext wären hier nicht nur die Klima- und Belüftungsanlage oder smarte Beleuchtungssysteme zu besprechen, sondern ggf. auch die Smartphones der Schüler*innen und Lehrer*innen, die in deren Taschen ihrer Benutzung harren.

Mit einem Fokus auf die den Relationen zugrunde liegenden Intentionalitäten stellt Peter-Paul Verbeek heraus, dass die ihde'schen Relationen vor allem eine menschliche Intentionalität widerspiegeln, d. h. Menschen sich auf die Technik oder mit der Technik auf die Welt beziehen (vgl. Verbeek, 2008, S. 389). Demgegenüber verfolgt Verbeek das Ziel, auch technische Intentionalität anzuerkennen. Mit der *Cyborg Relation* in Erweiterung der *Embodiment Relation* weist Verbeek auf Mensch-Technik Verbindungen hin, in denen die physische Grenze zwischen Mensch und Technik aufgelöst wird, so z. B. bei einem Herzimplantat. Die Zugewandtheit des Menschen auf seine Welt ist dann Produkt einer neuen Einheit, die nicht in ihre Einzelbestandteile zerlegt werden kann. Mit den *Komposit Relationen* erweitert Verbeek Ihdes *hermeneutische Relationen* um die Intentionalität der technischen Geräte. Bei der interpretativen Auswertung der Technik müsse berücksichtigt werden, dass auch die Technik sich in nicht-neutraler Art und Weise auf die Welt bezieht. Die endgültige Auswertung ist also nicht allein beeinflusst von der menschlichen Interpretation, sondern von einer Mischung dieser mit der vorläufigen spezifischen intentionalen Bezugnahme des technischen Geräts auf die Welt (vgl. Verbeek, 2008, 392 f.). Beispielhaft gesprochen: Dass Menschen eine gewisse Temperatur als kalt empfinden liegt auch daran, dass der Nullpunkt auf dem Thermometer dort ist, wo er ist. Im schulischen Kontext ist daher die Komposithaftigkeit des mediierten Bezugs auf den Unterrichtsgegenstand stets mitzureflektieren. Mit Bezug auf neue technische Geräte, wie z. B. aus den Bereichen des ambient assisted living oder der smart glasses, stellen Rosenberger und Verbeek außerdem heraus, dass Technik mitunter aktiv in die menschliche Lebensgestaltung eingreift oder der menschlichen Wahrnehmung teils neue Komponenten hinzufügt (vgl. Rosenberger & Verbeek, 2015, S. 21). Gerade Augmentierungen können in unterrichtlichen Situationen neuartige Formen des Experiments ermöglichen.

Während der Fokus auf die Intentionalität von Technik nahelegt, ihr Akteurinneneigenschaften zuzuschreiben, verzichtet die Postphänomenologie auf solche Zuschreibungen und verortet das Konzept der Agency in der Mitte der Mensch-Technik Relation. Die konkrete Handlung ist gleichermaßen von Mensch und Technik beeinflusst. Im Gegensatz zu posthumanistischen Zugängen, die von symmetrischen Verschränkungen ausgehen, halten postphänomenologische Analysen an der Ersten-Person-Perspektive fest und fokussieren die entstehende und erfahrene Interaktion (Rosenberger & Verbeek, 2015, S. 19). Durch die Anerkennung nicht-menschlicher Intentionalität und der entsprechenden Prämisse einer ko-konstituierten Handlungs- und Bedeutungssituation kann die Postphänomenologie trotz ihres Ausgangspunktes beim erfahrenden Subjekt als postanthropozentrische Theorie betrachtet werden.

Vereinzelt wird bereits das inhärent pädagogische Potenzial postphänomenologischer Konzeptionen sichtbar gemacht. Stephen Relf und Jennifer Sappey (2011) etwa zeigen anhand der Beobachtung verschiedener virtueller Lerngruppen die Nicht-Neutralität von Technik auf. Auch die Sinnlichkeit der am Unterricht beteiligten Technik kann mit der Postphänomenologie differenziert untersucht werden (Röhl, 2015).

Lernen erschöpft sich nicht in der bloßen Betrachtung eines Lerngegenstands. Auch der Zugang zum Lerngegenstand selbst, die Verbindung des Lernenden mit seiner Umgebung ist maßgeblicher Teil der Lernerfahrung und liegt nicht allein in der Verantwortung der Lernenden. Mit der Postphänomenologie kann deutlich herausgestellt werden, dass Technik dabei in mindestens zweierlei Art eine wichtige Rolle spielt. Zunächst sind technische Geräte als Mediatoren in Lernerfahrungen zentral. Auch dann, wenn die Technik weder selbst betrachtet werden soll noch bewusst eingesetzt wird, um den Lernprozess zu mediieren, ist das Mit- und Zueinander der Lernenden und ihrer Umgebungen technisch mediiert. Genau hier setzt die Forderung einer postdigitalen Pädagogik an, an der Anerkennung der Bedeutung von Digitalität für Schule, Lernen und Sozialität unabhängig vom konkreten Medieneinsatz. Die Postphänomenologie liefert mit ihren differenzierten Relationen ein konkretes, begriffliches Instrumentarium, mit dem diese scheinbar unsichtbare Beeinflussung theoretisch eingeholt werden kann. Der alleinige Fokus auf Mensch-Technik-Welt Relationen stellt dabei für die Belange der Pädagogik einen Vorteil denjenigen Theorien gegenüber dar, die einen breiteren Fokus auf situative Vernetzungen zwischen menschlichen und nicht-menschlichen Akteur*innen legen. Darüber hinaus sind technische Geräte – von der erfahrungswissenschaftlichen Postphänomenologie her betrachtet – immer Medium für einen Zugang zur Welt. Über den Einsatz von Technik werden Dinge, Andere, Tiere, Maschinen anders oder überhaupt erst erfahrbar gemacht. Digitalisierung kann vor diesem Hintergrund als Erfahrungsmodifikation oder -transformation gedeutet werden, die entsprechend vielfältige Möglichkeiten zu einer differenzierten Selbstverortung bietet. Ausgehend von dem phänomenologisch-pädagogischen Konzept des Lernens als Erfahrung stellt die Postphänomenologie entscheidende Konzepte bereit, mit denen die Lernerfahrung in ihrer technischen Vermitteltheit ernst genommen und analysiert werden kann. Die Technik ist dabei nicht das feindliche Gegenüber, sondern dasjenige, mit dem das für Bildungserfahrungen konstitutive Fremdwerden neu und anders vermittelt werden kann.

Postdigitale Lebenswelten mögen ‚messy' sein, aber nicht allein wegen der unbestreitbaren Ubiquität der digitalen Technik, sondern auch, weil eben jene Technik je nach situativer Vernetzung unterschiedliches bedeuten und sein kann.

6 Schluss

Die lebensweltliche Relevanz digitaler Geräte für eine Vielzahl von Menschen ist kaum anzuzweifeln. Dort, wo der Umgang mit solchen Geräten zur Normalität geworden ist, kann von Digitalität gesprochen werden. Und mehr als das: Dort, wo Analoges und Digitales ununterscheidbar verwoben ist, vielleicht immer schon verwoben war, kann von Postdigitalität gesprochen werden. Das Leben in postdigitalen Lebenswelten ist stark geprägt von solchen Zuständen der Verschränkung. Eine Bildung für und in diesen Lebenswelten hat diesem Umstand Rechnung zu tragen. (Post-)Phänomenologisch-pädagogische Zugänge ermöglichen einen Fokus auf die stets mediierte Erfahrung des Menschen in einer Lebenswelt, in der die Mediation selbst zunehmend aus dem Blick gerät.

Das phänomenologisch-pädagogische Verständnis von Lernen als Erfahrung fokussiert auf den Lernprozess, in dem bisherige Erfahrungshorizonte verändert und umgelernt werden. Ein solches Umlernen geschieht auf Basis einer Erfahrung, die eine neue Perspektive auf bereits Gewusstes oder überhaupt eine Erfahrung eines Nicht-Gewussten ermöglicht. Eine Bildungstheorie, die sich die Analyse des Lernerfahrung zum Ziel gesetzt hat, ist notwendig mit der Aufgabe betraut, auch technisch mediierte und postdigitale Lernerfahrungen zu analysieren. Alle Erfahrungen sind – so die postphänomenologische Prämisse – mediiert; zunehmend durch digitale Technik, die mit ihrer eigenen intentionalen Struktur den Lernprozess maßgeblich beeinflusst. Mit (post-)phänomenologisch-pädagogischen Zugängen können die Lernerfahrungen der Lernenden in ihrer teils unsichtbaren technischen Vermitteltheit in den Blick genommen werden, ohne den Lernenden eine autonome und alleinig zentrale Stellung im Lernprozess zu geben. In der wechselseitig intentional verstrickten Mensch-Technik Relation konstituieren Lernende und technische Geräte sich und ihre Lernsituation gegenseitig – gewollt oder nicht.

Literatur

Braidotti, R. (2018). Jenseits des Menschen: Posthumanismus. In APuZ-Redaktion (Hrsg.), *Der neue Mensch* (S. 153–163). Bundeszentrale für politische Bildung.

Brinkmann, M. (2019). *Phänomenologische Erziehungswissenschaft von ihren Anfängen bis heute. Eine Anthologie.* Springer VS. https://doi.org/10.1007/978-3-658-17082-0

Buck, G., & Brinkmann, M. (2019). *Lernen und Erfahrung. Epagogik.* Springer VS. https://doi.org/10.1007/978-3-658-17098-1

Dörfler, T., & Rothfuß, E. (2023). „Just human"– Eine phänomenologische und philosophisch-anthropologische Perspektive auf unser leibliches Mensch-Umwelt-Verhältnis. *Geographica Helvetica, 78*(2), 223–240.

Eickelmann, B., Bos, W., Gerick, J., Goldhammer, F., Schaumburg, H., Schwippert, K., Senkbeil, M., & Vahrenhold, J. (Hrsg.) (2019). *ICILS 2018 #Deutschland. Computer- und informationsbezogene Kompetenzen von Schülerinnen und Schülern im zweiten internationalen Vergleich und Kompetenzen im Bereich Computational Thinking.* Waxmann. https://www.waxmann.com/?eID=texte&pdf=4000Volltext.pdf&typ=zusatztext. Zugegriffen am 18.12.2023.

Engel, J., & Karpowitz, L. (2022). Postdigitale Lernkulturen im Kontext qualitativer Subjektivierungsforschung: „Is the medium still the message?". In C. Kuttner & S. Münte-Goussar (Hrsg.), *Praxistheoretische Perspektiven auf Schule in der Kultur der Digitalität* (S. 129–153). Springer VS. https://doi.org/10.1007/978-3-658-35566-1_7

Feierabend, S., Rathgeb, T., Kheredmand, H., & Glöckler, S. (2022). *JIM-Studie 2022. Jugend, Information, Medien. Basisuntersuchung zum Medienumgang 12- bis 19-Jähriger.* https://www.mpfs.de/fileadmin/files/Studien/JIM/2022/JIM_2022_Web_final.pdf. Zugegriffen am 18.12.2023.

Haraway, D. (1985). Manifesto for cyborgs. Science, technology, and socialist feminism. *Socialist Review, 80,* 65–108.

Herbrechter, S. (2014). Posthumanistische Bildung? *Jahrbuch für Pädagogik, 1,* 267–281. https://doi.org/10.3726/265764_267

Ihde, D. (1990). *Technology and the lifeworld. From garden to Earth.* Indiana University Press.

Jandrić, P., Knox, J., Besley, T., Ryberg, T., Suoranta, J., & Hayes, S. (2018). Postdigital science and education. *Educational Philosophy and Theory, 50*(10), 893–899. https://doi.org/10.1080/00131857.2018.1454000

KMK – Kultusministerkonferenz. (2016). *Bildung in der digitalen Welt. Strategie der Kultusministerkonferenz.* https://www.kmk.org/fileadmin/Dateien/pdf/PresseUndAktuelles/2018/Digitalstrategie_2017_mit_Weiterbildung.pdf. Zugegriffen am 18.12.2023.

KMK – Kultusministerkonferenz. (2021). *Lehren und Lernen in der digitalen Welt. Die ergänzende Empfehlung zur Strategie „Bildung in der digitalen Welt".* https://www.kmk.org/fileadmin/veroeffentlichungen_beschluesse/2021/2021_12_09-Lerhen-und-Lernen-Digi.pdf. Zugegriffen am 18.12.2023.

Kutscher, N., & Iske, S. (2021). Diskussionsfelder der Medienpädagogik: Medien und soziale Ungleichheit. In U. Sander, F. von Gross, & K.-U. Hugger (Hrsg.), *Handbuch Medienpädagogik* (S. 1–12). Springer VS. https://doi.org/10.1007/978-3-658-25090-4_80-1

Lippitz, W. (2011). Bildung und Alterität. In G. Mertens, U. Frost, W. Böhm, L. Koch, & V. Ladenthin (Hrsg.), *Handbuch der Erziehungswissenschaft. Band I. Grundlagen Allgemeine Erziehungswissenschaft* (S. 273–288). Schöningh.

Lippitz, W. (2019). Bildung, Kultur und Alterität. Bildungsphilosophische Interpretationen. In M. Brinkmann (Hrsg.), *Phänomene der Erziehung und Bildung. Phänomenologisch-pädagogische Studien* (S. 45–81). Springer VS.

Mcguirk, J., & Buck, M. F. (2019). Leibliche (Lern-)Erfahrung qua Augmented Reality. In M. Brinkmann, J. Türstig, & M. Weber-Spanknebel (Hrsg.), *Leib – Leiblichkeit – Embodiment.*

Pädagogische Perspektiven auf eine Phänomenologie des Leibes (S. 405–432). Springer VS. https://doi.org/10.1007/978-3-658-25517-6_22

Meyer-Drawe, K. (2019a). Lernen als Umlernen. In M. Brinkmann (Hrsg.), *Phänomenologische Erziehungswissenschaft von ihren Anfängen bis heute. Eine Anthologie* (S. 265–286). Springer VS. (Originalwerk veröffentlicht 1982). https://doi.org/10.1007/978-3-658-17082-0_13

Meyer-Drawe, K. (2019b). Lernen als Erfahrung. In M. Brinkmann (Hrsg.), *Phänomenologische Erziehungswissenschaft von ihren Anfängen bis heute. Eine Anthologie* (S. 423–434). Springer VS. (Originalwerk veröffentlicht 2003). https://doi.org/10.1007/978-3-658-17082-0_21

Negroponte, N. (1998). Beyond digital. *Wired, 12*. https://www.wired.com/1998/12/negroponte-55/. Zugegriffen am 18.12.2023.

Relf, S., & Sappey, J. (2011). The student, technology and learning: a postphenomenological analysis. In T. Bastiaens & M. Ebner (Hrsg.), *Proceedings of ED-MEDIA 2011 – World conference on educational multimedia, hypermedia & telecommunications* (S. 2530–2538). Association for the Advancement of Computing in Education (AACE).

Röhl, T. (2015). Auffordern. Postphänomenologische Überlegungen zur Materialität schulischen Unterrichtens. In T. Alkemeyer, H. Kalthoff, & M. Rieger-Ladich (Hrsg.), *Bildungspraxis. Körper – Räume – Objekte* (S. 233–260). Velbrück Wissenschaft.

Rosenberger, R. (2020). On variational cross-examination: A method for postphenomenological multistability. *AI & Society*. https://doi.org/10.1007/s00146-020-01050-7

Rosenberger, R., & Verbeek, P.-P. (2015). A field guide to postphenomenology. In R. Rosenberger & P.-P. Verbeek (Hrsg.), *Postphenomenological investigations. Essays on human-technology relations* (S. 9–41). Lexington Books.

Schiefner-Rohs, M. (2021). Lehrer*innenbildung (in) der Postdigitalität: erste Impulse zur Diskussion. In R. Arnold, C. G. Tutor, & R. Ulber (Hrsg.), *Professionalisierungsprozesse in der Lehrkräftebildung. Rückblicke – Einblicke – Ausblicke* (S. 105–116). Schneider Verlag Hohengehren.

Sheridan, M. P., Lemieux, A., Do Nascimento, A., & Arnseth, H. C. (2020). Intra-active entanglements: What posthuman and new materialist frameworks can offer the learning sciences. *British Journal of Educational Technology, 51*(4), 1277–1291. https://doi.org/10.1111/bjet.12928

Stalder, F. (2016). *Kultur der Digitalität*. Suhrkamp.

Thompson, C. (2020). Erfahrung. In G. Weiß & J. Zirfas (Hrsg.), *Handbuch Bildungs- und Erziehungsphilosophie* (S. 121–131). Springer VS. https://doi.org/10.1007/978-3-658-19004-0_11

Verbeek, P.-P. (2008). Cyborg intentionalities: Rethinking the phenomenology of human-technology relations. *Phenomenology and the Cognitive Sciences, 7*, 387–395. https://doi.org/10.1007/s11097-008-9099-x

Wampfler, P. (2022). Postdigitaler Unterricht an der Grundschule. Eine Einführung. In B. Brandt, L. Bröll, & H. Dausend (Hrsg.), *Digitales Lernen in der Grundschule III. Fachdidaktiken in der Diskussion* (S. 40–53). Waxmann.

Whyte, K. P. (2015). What is multistability? A theory of the keystone concept of postphenomenological research. In J. K. B. O. Friis & R. P. Crease (Hrsg.), *Technoscience and Postphenomenology. The Manhattan Papers* (S. 69–81). Lexington Books.

Wimmer, M. (2018). Antihumanismus, Transhumanismus, Posthumanismus: Bildung nach ihrem Ende. In APuZ-Redaktion (Hrsg.), *Der neue Mensch* (S. 237–265). Bundeszentrale für politische Bildung.

„Weil wir das halt schon können und die Lehrer nicht so". Anerkennungs- und bildungstheoretische Potenziale im Kontext schülerischer Subjektivation unter Bedingungen von Digitalität

10

Lilli Riettiens

Inhaltsverzeichnis

1	Einleitung	194
2	„Weil wir das halt schon können und die Lehrer nicht so". Ausgangspunkte	196
3	Zur Ontologie schülerischer Subjekte im Lichte ihrer Nicht/Anerkennbarkeit	198
4	Bildung als Entfremdung (m)eines ontologischen Horizonts. Fazit und weiterführende Überlegungen	201
	Verwendete und zitierte Literatur	205

Zusammenfassung

Angesichts einer fundamentalen Durchdrungenheit der Gegenwart durch das Digitale ist die Erziehungswissenschaft herausgefordert, sich diesem regelrechten Strukturwandel zu widmen. Schließlich touchiert er nicht nur deren Kernfragen und -themen, sondern durchdringt und transformiert sie, wodurch unter anderem disziplinäre Neu-Orientierungen und -Verortungen erforderlich werden. Öffentliche Debatten um auf großen Sprachmodellen basierender KI haben jüngst dazu geführt, nach einer möglicherweise notwendig werdenden Transformation unseres Verständnisses von Lernen und Bildung unter Bedingungen von Digitalität zu fragen. So gewinnen zum einen Transfer, Reflexion und Verknüpfung an Bedeutung, während zum anderen (erneut) Fragen nach Subjektivation in den Fokus rücken. Insbesondere mit Blick auf den formalen Kontext Schule erscheint dieses Wechselverhältnis von Information, Wissen und subjektivierender Orientierung im Spannungsfeld von Digitalisierung und Digitalität

L. Riettiens (✉)
Johannes Gutenberg-Universität Mainz, Mainz, Deutschland
E-Mail: L.Riettiens@uni-mainz.de

verdichtet: Einerseits bewegen sich schulische Akteur_innen zunehmend in unterschiedlichen Bildungskontexten zwischen Informalität und Formalität. Andererseits werden sie innerhalb dieser Kontexte diskursiv als spezifische Subjekte adressiert und *gebildet*. Vor dem Hintergrund dieser Problematisierungen befragt der Beitrag anerkennungs- und subjektivationstheoretische Überlegungen hinsichtlich ihres bildungstheoretischen Potenzials und macht Bildung als Entfremdung eines jeweiligen ontologischen Horizonts lesbar.

Schlüsselwörter

Wissen · Orientierung · Ontologie · Bildung · Widerstand · Entfremdung

1 Einleitung

Zunehmend zeichnet sich eine Beschäftigung mit dem Zusammenhang von Bildung und Digitalität ab, der sich insbesondere in der Frage „nach den Herausforderungen der ‚Bildung' durch ‚Digitalität'" verdichtet (Aßmann & Ricken, 2023, Vf.). Nach Zeiten, in denen der Blick vor allem auf Digitalisierung gerichtet war, vorrangig gelesen als Antreiberin und Phänomen von (technischem) Fortschritt und Innovation sowie „als Anwendungsproblematik und didaktische Herausforderung" (Aßmann & Ricken, 2023, Vf.) zugleich, „knüpfen die Ausführungen zur Digitalität vielfach erst dort an, wo die Befassung in technischer Hinsicht bereits uninteressant geworden scheint: bei den Menschen selbst" (Hofhues & Riettiens, 2024, S. 318). Angesichts jener fundamentalen Durchdrungenheit der Gegenwart durch das Digitale sind auch Bildungs- und Erziehungswissenschaft herausgefordert, sich diesem regelrechten Strukturwandel zu widmen, touchiert er schließlich nicht nur deren Kernfragen und -themen, sondern durchdringt und transformiert sie, wodurch unter anderem disziplinäre Neu-Orientierungen und -Verortungen erforderlich werden (Aßmann & Ricken, 2023; Verständig, 2023). So haben doch jüngst die öffentlichen Debatten um auf großen Sprachmodellen basierender KI dazu geführt, nach einer möglicherweise notwendig werdenden Transformation unseres Verständnisses von Lernen und Bildung unter Bedingungen von Digitalität zu fragen, scheint angesichts solcher ‚künstlich intelligenten' Entwicklungen doch das Wissen im Sinne einer (eigenen) Verfügbarkeit von Informationen in den Hintergrund zu rücken, während die Fähigkeit zum Transfer, zur Reflexion und Verknüpfung an Bedeutung gewinnt. „Es geht darum, sich im Wissen zu orientieren" (Verständig 2023, S. 394), so Dan Verständig, womit (unter anderem) er ebenso die subjektivierenden Weisen unter den Bedingungen von Digitalität in den Fokus rückt und damit allzu deutlich macht, dass es angesichts jener Entwicklungen nicht ausreicht, „Kompetenzen in der Anwendung digitaler Technologien (‚Skills') in den Fokus" (Braun et al., 2021, S. 2 f.) zu rücken. Insbesondere mit Blick auf den formalen Kontext Schule erscheint dieses Wechselverhältnis von Information, Wissen und (subjektivierender) Orientierung im Spannungsfeld von Digitalisierung und Digitalität verdichtet: Einerseits bewegen sich schulische Akteur_innen zunehmend in unterschiedlichen Bildungskontexten zwischen Informalität und Formalität, innerhalb derer es um eine Aneignung von Informationen und Wissen geht. Andererseits werden sie innerhalb dieser Kontexte diskursiv als spezifische Subjekte gebildet. Entsprechend avancieren schulische Akteur_innen in diesem Kontext – so die Hypothese des vorliegenden Beitrags – zu Bildungssubjekten im doppelten Wortsinn.

Referenzpunkt meiner vornehmlich theoretischen Ausführungen sind exemplarische Auszüge aus leitfadengestützten Interviews mit Schüler_innen der Sekundarstufe I, die im Rahmen des BMBF-geförderten Projektes *Ganztag digital. Digitale Medien und Medienbildung in der sozialen Welt der Ganztagsschule* (Förderkennzeichen 01JD1829(A-D))[1] zu ihrem Medienhandeln und der Relevanz digitaler Medien in verschiedenen Bildungskontexten befragt wurden. Darin berichten die Befragten, dass sich seitens der Lehrkräfte regelrecht auf eine vermeintlich bereits vorhandene technisch-funktionale Bedienfähigkeit der Schüler_innen verlassen würde, die sich jene in informellen Kontexten angeeignet hätten und die nun im Formalen nutzbar gemacht werden solle: „[…] weil wir das halt schon können und die Lehrer nicht so […]" (Schüler_in 2, 15 Jahre, 9. Klasse, Gymnasium). Mit dem Anliegen, in jenem Geschehen das Erzeugen, Aufrechterhalten und Verändern „soziale[r] Ordnungen im praktischen Zusammenspiel von Körpern, Dingen und Artefakten" (Alkemeyer et al., 2019, S. 116) sichtbar und anschließend bildungstheoretisch fruchtbar zu machen, bieten sich anerkennungstheoretische Ansätze an, innerhalb derer Anerkennung als Re/Adressierung operationalisiert wird (Reh & Ricken, 2012; Ricken 2013; Kuhlmann & Ricken, 2022). Im Gegensatz zu Adressierungsforschungen, die die Re/Adressierungs-Praktiken allerdings in actu beobachten und später rekonstruieren (vgl. dazu u. a. Reh & Ricken, 2012; Friedler-Ebke, 2021; Kuhlmann & Ricken, 2022), handelt es sich im vorliegenden Untersuchungszusammenhang um diejenigen (wahrgenommenen und) erzählten Adressierungen, die den Befragten in der Retrospektive bedeutsam erschienen, die sie zu berichten suchten als sie nach ihrem Umgang mit digitalen Medien in informellen wie formalen Bildungskontexten gefragt wurden. Während eine ethnografisch und praxistheoretisch ausgerichtete Forschung zu Re/Adressierungen Annäherungen an ein Subjektivationsgeschehen zulassen, da hier die Verkettungen jenes Geschehens in den Blick geraten (Reh & Ricken, 2012, S. 44), zeichnet sich der vorliegende Beitrag durch sein bildungstheoretisches Moment aus, indem er die von den Erzählenden relevant gesetzten Adressierungen in grundlagentheoretische Überlegungen verwickelt. Denn dass die Schüler_innen im Rahmen kleinerer Narrationen selbst zu Wort kommen, eröffnet ein interessantes Spannungsfeld aus „Erlebnis, Erfahrung und Erinnerung", innerhalb dessen sich „das Sosein des Subjekts" (Fuchs, 2014, S. 196) konfiguriert.

---

[1] Förderkennzeichen 01JD1829(A-D); Verbundprojektleitung: Prof'in Dr'in Angela Tillmann (TH Köln); weitere beteiligte Personen auf Leitungsebene: Prof. Dr. Kai-Uwe Hugger (Universität zu Köln), Prof. Dr. Ivo Züchner (Universität Marburg), Prof. Dr. Dr. Kai Kaspar (Universität zu Köln) sowie Dr. Harald Gapski (Grimme Institut). Ich danke allen Beteiligten für die kollegiale Zusammenarbeit.

Den Ausgangspunkt bilden im Folgenden also zunächst exemplarische Interviewauszüge (Abschn. 2), in denen sich zeigt, dass die Schüler_innen auf die Adressierungen mit anzustrebenden oder vermeintlich erwartbaren Kompetenzen durchaus unterschiedlich reagieren: Während einige berichten, regelrecht stolz zu sein, verweigern sich andere und reagieren widerständig. Jene Adressierungen als Operationalisierungen von Nicht/Anerkennung theoretisierend, gerät in Abschn. 3 das subjektivierende Potenzial von Re/Adressierungen in den Blick. Denn auf der Grundlage machtvoller Normen der Anerkennbarkeit werden die schulischen Akteur_innen zu spezifischen Subjekten gemacht, wodurch deutlich wird, dass es (auch) im schulischen Kontext keinesfalls ausschließlich um die Aneignung von Fähigkeiten geht, wie so häufig in Bezug auf eine vor allem technisch verstandene Digitalisierung postuliert. Schließlich befrage ich jene anerkennungs- und subjektivationstheoretischen Überlegungen hinsichtlich ihres bildungstheoretischen Potenzials, wobei Bildung als Entfremdung eines jeweiligen ontologischen Horizonts lesbar wird (Abschn. 4).

2 „Weil wir das halt schon können und die Lehrer nicht so". Ausgangspunkte

Das von 2019 bis 2022 vom BMBF geförderte Verbundprojekt *Ganztag digital. Digitale Medien und Medienbildung in der sozialen Welt der Ganztagsschule* ging der Frage nach, wie verschiedene Bildungsorte, -settings und -prozesse im Kontext der Ganztagsschule zusammenspielen und sich verzahnen lassen, um Medienbildung zu ermöglichen. Im Rahmen der qualitativ ausgerichteten Teilstudie wurden im Juni 2021 29 leitfadengestützte Interviews mit Schüler_innen im Alter von 10 bis 15 Jahren geführt sowie egozentrierte Netzwerkkarten erhoben, um zu untersuchen, wie sich das digitale Medienhandeln von Kindern und Jugendlichen im Kontext der Ganztagsschule im Spannungsfeld von Be- und Entgrenzung tatsächlich gestaltet. Es handelte sich um Schüler_innen der Klassenstufen 5, 7 und 9 von insgesamt fünf der am Projekt teilnehmenden Schulen, worunter sich vier Gymnasien und eine Sekundarschule befanden (zur näheren Beschreibung von Vorgehen und Ergebnissen s. Hugger et al., 2023).

In Abgrenzung zum Erkenntnisinteresse innerhalb des Projektes, das sich vielmehr auf Grenzziehungen im Rahmen von Interaktionspraxen bezog, sind im Folgenden die erzählten Adressierungen und die darin enthaltenen – teils widerständigen – Differenz-Setzungen in ‚Wir' (Schüler_innen) und ‚Die' (Lehrkräfte) vor dem Hintergrund anerkennungstheoretischer Überlegungen von Interesse. So finden sich beispielsweise zahlreiche Verweise darauf, dass die Lehrkräfte den Schüler_innen Aufgaben überantworteten, die mit der Bedienung digitaler Medien zu tun hatten: „Also manche Lehrer sagen, wenn wir einen Film gucken wollen, dass wir das machen sollen. Also wir den Beamer hochfahren sollen und so, weil wir das halt schon können und die Lehrer nicht so." (Schüler_in 2, 9. Klasse). Als Begründung wird daran anschließend angeführt, dass „manche Lehrer zumindest nicht so drin sind in dem Thema" (ebd.). Auch ein_e Fünftklässler_in berichtet davon, dass Lehrkräfte „eigentlich davon immer aus[gingen], dass wir das wissen" (Schüler_in 19, 5. Klasse). Hier zeichnen sich Differenz-Setzungen in ‚Wir' und ‚Die' seitens der Schüler_innen ab, die sich am Umgang mit digitalen Medien festmachen. Scheint es zunächst so, als ginge es (lediglich) um zumindest wahrgenommene Adressierungen durch die Lehrkräfte, so offenbart sich beim näheren Hinsehen doch ebenso, dass die interviewten Schüler_innen diese Setzungen durchaus auch selbst vor- und annehmen. Wiederkehrend äußern sie sich darüber, dass „wir […] halt eigentlich alle [wissen], wie man mit einem Computer oder einem Handy umgeht" (Schüler_in 26, 7. Klasse) und schließlich wüssten auch die Lehrkräfte „genau […], dass wir Schüler uns besser auch damit auskennen" (Schüler_in 13, 7. Klasse). Während jenes kollektive ‚Wir' mal Schüler_innen, mal ‚Kinder' umfasst – „weil viele Kinder können halt auch besser mit dem Computer umgehen als die Lehrer" (Schüler_in 26, 7. Klasse) –, so stehen in Abgrenzung dazu stets ‚die Lehrkräfte', deren Großteil nach Aussage der interviewten Schüler_innen „damit [mit digitalen Medien; L. R.] einfach nicht klarkomme[]" (Schüler_in 26, 7. Klasse). Zwar wird einigen wenigen Lehrkräften insbesondere aufgrund ihres Alters oder – vermutlich damit zusammenhängend – ihres frühen ‚Karrierestadiums' (Referendariat) Medienkompetenz im Sinne einer Bedienfähigkeit attestiert, diese werden allerdings als klare Gegensätze zu den „ältere[n] Lehrer[n]" (Schüler_in 24, 7. Klasse) konstruiert – „die verstehen das noch nicht so" (Schüler_in 13, 7. Klasse). Die Nutzung digitaler Medien sei jedoch auch bei denjenigen, die sich nicht auskennen, unvermeidbar,

> „weil natürlich, wenn wir, der Großteil, irgendwie drei Viertel meiner Klasse mit iPad arbeitet und da unsere Ergebnisse haben und der [gemeint ist hier der Physiklehrer der Klasse; L. R.] sich irgendwie eine Note bilden muss, muss der irgendwie auf One Note gucken, was wir da hochgeladen haben. Deswegen muss der quasi schon irgendwie diese digitalen Medien benutzen. […] [H]ätten wir alle keine iPads und würden da unsere Ergebnisse nicht hochladen, würde der die glaube ich nicht benutzen." (Schüler_in 1, 9. Klasse).

In diesem Kontext äußern einige Schüler_innen den Wunsch, Fortbildungsangebote für Lehrkräfte zu schaffen, damit „den Lehrern beigebracht wird, wie man halt mit Medien umgeht" (Schüler_innen 26, 7. Klasse). Hierin wird teils die Möglichkeit zur Verbesserung des Unterrichts gesehen,

> „weil das den Unterricht glaube ich auch leichter machen würde und viel Zeit ersparen würde, erst mal sich vorzubereiten und: Wie projiziere ich jetzt meinen Bildschirm an das Whiteboard, damit ihr alle seht, was ich hier markiere im Text zum Beispiel oder wie man die Aufgabe rechnet. […] Da gehen mal gut und gerne 15 bis 20 Minuten drauf. Wenn man nur anderthalb Stunden hat pro Unterrichtsstunde; das ist dann schon relativ viel. Also da würde ich mir tatsächlich wünschen, dass da einfach besser geschult wird, weil das wird einfach den Unterricht besser [machen]" (Schüler_in 1, 9. Klasse).

Gleichsam finden sich in den Interviews Beschreibungen von solchen Situationen, in denen die Schüler_innen den Lehrkräften im Umgang mit digitalen Medien helfen, was für einige von ihnen beispielsweise mit Stolz verbunden ist: „Ich war natürlich stolz darauf, dass ich bei „*Teams*" sozusagen ein bisschen der Ansprechpartner war für die Lehrer, wenn die da Probleme hatten" (Schüler_in 7, 7. Klasse). Wenngleich sich hier wohl nicht unmittelbar von einer Umkehrung pädagogischer Verhältnisse sprechen lässt, so scheinen die Schüler_innen die entsprechenden Situationen doch zumindest sehr positiv zu erleben, wenn *sie* den Lehrkräften im Kontext digitaler Medien ‚etwas beibringen' können: „So lerne ich jetzt nicht wirklich was von den Lehrern, sondern auch die mal was von uns so. Ist auch mal was Schönes", sagt ein_e Siebtklässler_in lachend und fügt hinzu: „Medien und wir bringen denen da mal was bei" (Schüler_in 13, 7. Klasse).

Neben derartigen Aussagen, die sich durchaus wiederkehrend im Datenmaterial finden, wecken insbesondere folgende zwei Interviews mein Interesse: Innerhalb des einen berichtet der_die Schüler_in davon, nicht diejenige Person sein zu wollen, die „den Lehrern das zeigt" (Frage der Interviewerin an Schüler_in 26, 7. Klasse). Zwar beschreibt der_die Interviewte, dass Mitschüler_innen den Lehrkräften im Umgang mit digitalen Medien durchaus helfen würden, sie_er dies aber nicht selbst tun wolle: „Manchmal möchte ich auch, dass die Lehrer das selber herausfinden." (Schüler_in 26, 7. Klasse). Im zweiten Interview berichtet ein_e Neuntklässler_in, dass es in der Schule verboten sei, das Handy zu nutzen, da Lehrkräfte die Befürchtung hätten, dass beispielsweise kompromittierende Fotografien gemacht würden: „So einen Mist, der eigentlich gar nicht passieren würde, weil zum Beispiel so ab der Neunten würde niemand mehr einfach Fotos von jemandem machen und das ins Internet stellen […], *weil man ja kein Kind mehr ist*. Und die Lehrer denken das dann immer noch." (Schüler_in 18, 9. Klasse; Herv. L. R.).

Im Folgenden sind es nun sowohl die erzählten affirmativen Momente als auch die widerständigen, die ich zunächst vor anerkennungs- und subjektivationstheoretischem Hintergrund zu theoretisieren suche.

3 Zur Ontologie schülerischer Subjekte im Lichte ihrer Nicht/Anerkennbarkeit

Die angeführten Aussagen der Schüler_innen verdichten sich in Differenz-Setzungen zwischen ‚Wir' (Schüler_innen, ‚Kinder') und ‚Die' (Lehrkräfte) im Kontext digitaler Medien, wobei die Interviewten sowohl von Adressierungen durch die Lehrkräfte als bereits ‚medienkompetent' berichten als auch von ihren eigenen nahezu durchweg bestätigenden Reaktionen darauf. In praxistheoretisch informierter Perspektive meinen Adressierungen dabei nicht nur sprachliche Akte, sondern auch jene „implizierte[r] Adressiertheit":

> „Im Angesprochenwerden bzw. stillschweigenden Angesprochensein wird jemand von einem oder einer anderen als ein spezifischer jemand identifiziert und im Geltungshorizont unterschiedlicher Normen positioniert. Als wer jemand – von wem und vor wem – angesprochen wird und wie dieser Angesprochene darauf antwortet, gibt daher Aufschluss darüber, zu wem jemand von anderen gemacht wird und sich – in der readressierenden Antwort – selbst macht." (Ricken, 2014, S. 125)

Menschen werden demnach im „performativen Akt der Anerkennung [...] als je bestimmte – bspw. gendered, ableized und racialized – Subjekte adressiert und darin mit Anerkennungsordnungen ‚verwoben'" (Kuhlmann & Ricken, 2022, S. 100). Hierdurch rücken Anerkennung und Adressierung ins Sichtfeld subjektivationstheoretischer Ansätze und lassen Rückschlüsse auf die ihnen zugrunde liegenden Normen der Anerkennbarkeit zu und damit auf die „als gültig behauptete[n] Ordnungen [...], die als Rahmungen der jeweiligen Äußerungsakte fungieren und in diesen Akten immer wieder neu hergestellt werden müssen" (Ricken, 2014, S. 126). Jene Normen schaffen also einen „legitimen Ort[] innerhalb der Sphäre der gesellschaftlichen Ontologie" und entscheiden somit bereits „im Voraus darüber [...], wer Subjekt wird und wer nicht" (Butler, 2018, S. 17). Subjektformierung wird in dieser Logik verstehbar als abhängig vom jeweiligen (historischen) Kontext, gibt dieser doch Rahmen und Grenzen vor, innerhalb derer sich überhaupt erst subjektive Ontologien stilisieren lassen. Mitzudenken ist demnach „eine ursprüngliche Verletzlichkeit gegenüber dem Anderen [...], der [als Preis] für das Dasein zu zahlen ist", das entsprechend „immer von anderswo gewährt wird" (Butler, 2015, S. 25). Auf diese Weise rückt die Machtförmigkeit eines Aushandlungsfeldes in den Blick, dem stets auch das Potenzial der Zurückweisung und des Widerstands innewohnt und gleichsam – und darauf komme ich in Abschn. 4 zurück – der Umstand sowie bisweilen gar die Reflexion, dass auch ‚ich' Anerkennung (nicht) zuteil werden lasse.

Angesichts jener Performativität und mit Blick auf den hier behandelten formalen Kontext Schule wird die Ergiebigkeit dieses theoretischen Ansatzes besonders deutlich, denn in den Re/Adressierungen zwischen Schüler_innen und Lehrkräften scheint die maßgeblich zugrunde liegende pädagogische (Differenz-)Ordnung auf, die auf die Schulzeit als eine Zeit verweist, „in der Menschen eine sehr spezifische Schwelle der Verletzlichkeit überschreiten" (Butler, 2014a, S. 183). Hier verbinden sich institutionalisierte Formen von Macht und Normen mit einer „beinahe unfreiwillige[n] Empfänglichkeit" (Butler, 2014a, S. 184; vgl. dazu auch Kuhlmann & Ricken, 2022) in einem von Butler als *schooling* bezeichneten Prozess (Butler, 2014b, S. 177): Um zu einem anerkennbaren Schüler_innen-Subjekt zu werden, müssen sich Kinder und Jugendliche in der Schule „einem Normalisierungsprozess unterwerfen" (Butler, 2014a, S. 185). Sie werden in einem „Geschehen[] wechselseitiger Adressierungen" (Reh & Ricken, 2012, S. 50) zu (*bestimmten*) Schüler_innen, wobei es sich bei der „pädagogische[n] Leistungsordnung" (Ricken, 2014, S. 127) um die vorherrschende Norm der Anerkennbarkeit handelt. Diese kreist „um die Differenz ‚besser-schlechter'" (Ricken, 2014, S. 127), was insbesondere an „Indizien für Verständnis, Lernbereitschaft, Aufgeschlossenheit und wohl auch Intelligenz" (Ricken, 2014, S. 130) festgemacht wird, die wiederum selbst kontinuierlich in den jeweiligen Situationen hervorgebracht werden. Und auch die Lehrkräfte müssen in jenem wechselseitigen Adressierungsgeschehen als solche an/erkannt werden. Re/Adressierungen werden damit verstehbar „als spezifische Selbst- und Fremdpositionierung[en]" (Reh & Ricken, 2012, S. 47), entlang derer die – in diesem Falle – schulischen Akteur_innen auf Grundlage intelligibler Normen der Anerkennbarkeit zu spezifischen Subjekten *gemacht* werden.

Mit Blick auf die zitierten erzählten Adressierungen sowie ‚Eigeneinschätzungen' seitens der Schüler_innen zeigt sich, dass sich eine der zugrunde liegenden Normen der Anerkennbarkeit[2] um das Narrativ einer vermeintlich generationen- oder altersabhängigen – wenn nicht gar -spezifischen – Kompetenz im Umgang mit digitalen Medien rankt. Die Schüler_innen empfinden sich seitens der Lehrkräfte einerseits als bereits ‚medienkompetent' adressiert und positioniert, andererseits bestätigen sie dies in zahlreichen Passagen und verweisen dabei insbesondere auf ‚Generation' bzw. Alter. Hier zeichnet sich ein gewissermaßen komplexes Wechselverhältnis zwischen einer (subjektivierenden) Adressierung als Angehörige_r einer (bisweilen imaginierten) Gruppe und gleichsam als Individuum ab. Denn während Lehrkräfte die Schüler_innen offenbar einerseits mit ‚Generationalem' und damit Überindividuellem adressieren, so tun sie dies in Bezug auf *eine_n Schüler_in*, die_der im Zuge der Adressierung, „dass wir das machen sollen" (Schüler_in 2, 9. Klasse), sichtbar gemacht wird. Sie stehen gewissermaßen in der Bringschuld, wodurch der „eröffnete Selbst-Spielraum […] faktisch verschlossen bleibt: […] es bleiben nur Unterwerfung oder Widerstreit bzw. -stand" (Reh & Ricken, 2012, S. 48), weshalb eine in pädagogischen Kontexten meist angestrebte Selbstständigkeit in jenem Moment „nur als Widerstand zugelassen" (Reh & Ricken, 2012, S. 48) wird. Jener Adressierung *als* etwas oder jemand ist demnach konstitutiv die Gefahr der Entsubjektivierung eingeschrieben (vgl. dazu auch Butler, 2015, 2018). Die akzeptierende und bisweilen stolze Reaktion scheint entsprechend Ausdruck der ‚Annahme' jener subjektivierenden Adressierung als ‚medienkompetente_r Schüler_in' zu sein. Die Adressierten erhalten hier gewissermaßen die Möglichkeit, ihre Fähigkeiten ‚unter Beweis zu stellen' und sich als „Träger dieser Leistungen" (Ricken & Reh, 2017, S. 253) zu präsentieren. Eine weniger affirmative als vielmehr widerständige Re-Adressierung lässt mehrere Deutungen zu: Zum einen ließe sie sich als Vermeidung lesen, um nicht sichtbar werden zu lassen, dass den entsprechenden Schüler_innen selbst ‚die Kompetenz' zur an sie gestellten Aufgabe fehlt. Auf dem „sozial wie sachlich dimensionierte[n] Kontinuum der Kenntnisse und Fähigkeiten" würden die Schüler_innen dadurch eher als ‚bockig' eingestuft als als „verwerfbares ‚Fähigkeitenbündel'" (Ricken & Reh, 2017, S. 253). Zum anderen ist der Widerstand lesbar als Rückzug auf eine klassische pädagogische Ordnung, innerhalb derer die Lehrkraft diejenige ist, die etwas ‚weiß' und ‚zeigt'. Dem zugrunde liegt aller Voraussicht nach auch ein normativer Anspruch an sie, sich ‚besser' auszukennen als die Schüler_innen, was wiederum auf den Umstand verweist, dass auch Lehrkräfte in jenem Gefüge als solche (und spezifische) anerkannt werden müssen. Insbesondere im Kontext von ‚Medienkompetenz' erscheinen diese anerkennungstheoretischen Perspektiven künftig ergiebig, zeichnen sich doch bereits seit geraumer Zeit Diskussionen über die ‚Medienkompetenz' von Lehrkräften ab (vgl. dazu u. a. Kuttner & Münte-Goussar, 2022; Biermann & Ver-

---

[2] Wichtig und gleichsam geradezu selbstverständlich ist an dieser Stelle der Verweis darauf, dass „es immer mehr als eine Version einer Norm oder mehr als eine Norm [gibt], die auf das Kind einwirken, während sie oder er sich bemüht, sich selbst in ihrer_seiner kulturellen Umgebung zu etablieren" (Butler, 2014a, S. 186).

ständig, 2022; Weiß & Bader, 2010). Hier wäre beispielsweise zu fragen, inwieweit jene wechselseitigen Nicht/Anerkennungen und damit Selbst- und Anderenpositionierungen womöglich das pädagogisch-hierarchische Verhältnis beeinflussen und damit Einfluss auf das „(wenn auch noch momenthafte[]) Subjektivationsgeschehen" (Ricken, 2014, S. 125) haben.

4 Bildung als Entfremdung (m)eines ontologischen Horizonts. Fazit und weiterführende Überlegungen

Der Beitrag hat ausgewählte Interviewpassagen von Schüler_innen zu ihrem Umgang mit digitalen Medien in der Schule zum Ausgangspunkt von subjektivations- und anerkennungstheoretischen Überlegungen gemacht. In der Betrachtung der (erzählten) Re/Adressierungen zeichnen sich insbesondere drei Differenzlinien ab: Erstens offenbart sich ein Wechselverhältnis von Adressierung und Readressierung, entlang dessen Kinder und Jugendliche innerhalb eines (pädagogisch-)hierarchisch strukturierten Gefüges überhaupt erst zu Schüler_innen gemacht werden. Auf Basis intelligibler Normen der Anerkennbarkeit werden sie als solche subjektiviert, wobei auch sie die Lehrkräfte als solche an/erkennen müssen. Zweitens fällt innerhalb jenes Geschehens auf, dass sich die jeweiligen Re/Adressierungen in einem Spannungsfeld von Kollektivität und Individuation bewegen. So empfinden sich die Schüler_innen einerseits auf Basis einer vermeintlich ‚kollektiven (Medien-)Kompetenz' adressiert, die die Lehrkräfte ihnen qua Alter und ‚Generation' zusprechen, während die Adressierung „mach Du das mal" nicht nur eine_n Schüler_in aus dem Kollektiv heraushebt, sondern deren_dessen individuelle Nicht/Leistung zusätzlich vor den Anderen sichtbar macht. Unterdessen oszillieren auch die Schüler_innen zwischen der Ansprache von Lehrkräften und sich selbst als Kollektiv („[…] weil wir das halt schon können und die Lehrer nicht so […]"; Schüler_in, 15 Jahre, 9. Klasse, Gymnasium) sowie als Individuen. Diese Differenz-Setzungen bringen drittens (erzählte) Readressierungen hervor, mittels derer sich die Schüler_innen ins Verhältnis zu den Lehrkräften, zu ihren Mitschüler_innen, aber auch zu sich selbst setzen. Dabei zeichnen sich zum einen Affirmationen ab, wenn die adressierten Schüler_innen die Adressierungen gewissermaßen ‚annehmen', während ebenso von einer widerständigen Readressierung berichtet wird.

(In)Wie(fern) also lassen sich nun Anerkennungs- und Bildungstheorie in ihrer Verschränkung fruchtbar machen, um jene (erzählten) Momente der Affirmation und des Widerstandes in den Blick zu nehmen? Zwar machen die in Abschn. 3 verhandelten theoretischen Ansätze die konstitutive Wechselseitigkeit von Werden und Unterwerfung auf Grundlage intelligibler Normen der Anerkennbarkeit zu einer ihrer zentralen Figuren, gleichsam hebt unter anderem Judith Butler hervor, dass Subjekte dennoch „nicht deterministisch durch Normen festgelegt" (Butler, 2018, S. 34) sind. Vielmehr geht es darum, „Handlungsmacht dort einsetzen zu sehen, wo die Verhältnisse in den Blick geraten, die das Subjekt ‚hervorbringt und von denen es hervorgebracht wird' (Sattler, 2009, S. 11)"

(Riettiens, 2022a, S. 94). Dies geschieht vor allem im „scheiternden Versuch, anzuerkennen oder anerkannt zu werden", weshalb gerade die Nicht-Erfüllung jenes Begehrens „Zusammenbrüche in der Praxis der Anerkennung" zur Folge haben kann (Butler, 2018, S. 36). Denn auf diese Weise wird in Butlers Lesart das Stellen epistemologischer Fragen möglich, womit ein reflexives Moment gemeint ist, innerhalb dessen sich zum einen die Frage nach den Normen selbst breit macht, „denen mein Sein unterliegt und die die Macht haben, mich als anerkennungsfähiges Subjekt einzusetzen oder auch auszusetzen" (Butler, 2018, S. 35). Hierin liegen sowohl Notwendigkeit als auch Gefahr, sich selbst fraglich zu werden, denn: Hinterfrage ich solche Normen – und Butler spricht in Anlehnung an Michel Foucault von einem Wahrheitsregime –, dann bedeutet dies nicht nur, dass ich „meine Fähigkeit in Frage stelle[], die Wahrheit über mich selbst zu sagen, von mir selbst Rechenschaft zu geben", sondern dann hinterfrage ich ebenso dasjenige Konstitutive, „durch welches mir mein eigener ontologischer Status zugewiesen wird" (Butler, 2018, S. 34). Ganz grundlegend setze ich dadurch also „die Möglichkeit des Anerkanntwerdens durch andere aufs Spiel" (Butler, 2018, S. 35). Jene erste Frage lautet entsprechend: „Wer kann ich sein angesichts des Wahrheitsregimes, das die Ontologie für mich festlegt?" (Butler, 2018, S. 37). Ganz gleich also, wie sehr ich mir wünsche, ein „in mir selbst abgeschlossenes, solipsistisches Subjekt [zu sein], das nur für sich selbst Fragen stellt" (Butler, 2018, S. 46), so besteht eine erste Reflexion im Verstehen dessen, dass das ‚Du' und mein Begehren nach dessen Anerkennung konstitutiv sind für mein Sein. Zum anderen ist die Frage nach dem ‚Du' Teil jenes reflexiven Moments auf dem Weg zur Handlungsfähigkeit des Subjekts. Denn ergänzt durch die grundlegende Frage „Wer bist Du?" (Butler, 2018, S. 37) rückt die Reflexion dessen in den Blick, was der_die Andere in meinem Antlitz wird bzw. werden kann und ich in seinem_ihrem. Dabei offenbart sich bereits in der fragenden Anrede, dass das Er/Kennen des ‚Du' niemals und notwendigerweise vollständig möglich ist – dass das ‚Ich' und das ‚Du' niemals in eins fallen werden, niemals ganz verstehbar füreinander sind. Auf diese Weise wird nicht nur dem ‚Du' ein Ort eingeräumt. Vielmehr lässt sich durch das Stellen beider Fragen zur gewissermaßen epistemologischen Erkenntnis gelangen, dass jene konstitutiven Normen ebenso „jedem dyadischen Austausch voraus[gehen]" (Butler, 2018, S. 34) und ihn bedingen und damit bereits die Bedingungen festlegen, „unter denen es zu einer Begegnung zwischen mir und dem Anderen kommen kann" (Butler, 2018, S. 38).

Nun scheint, dass derartige anerkennungstheoretische Überlegungen zu Reflexionen epistemologischer und ontologischer Bedingungen des Seins[3] einen Beitrag zur Fundierung oder gar Vertiefung eines bildungstheoretischen Verständnisses von potenziellen Transformationen eines Verhältnisses des ‚Ich' zur Welt leisten könnten. Krisenhaften Ausgangspunkt bilden dabei das Scheitern des Begehrens, anerkannt zu werden oder anzuerkennen, und dessen Reflexion ebenso wie das Erkennen einer radikalen ‚Andersheit' und existenziellen Eingebundenheit in Normen, die weder die meinigen noch die des ‚An-

---

[3] Siehe zu Karen Barads Kritik an Butlers vermeintlicher Trennung von Epistemologie und Ontologie (Bauer et al., 2020; Barad, 2020).

deren' sind. In jener Beobachtung von ‚Ich' und Welt und dem Brüchigwerden meiner Gewissheiten (Schäfer, 2007; Riettiens, 2022b) und damit auch der mich festlegenden Ontologien liegt also die Erfahrung einer Begrenztheit, die „grundsätzlich nicht ‚in den Griff [zu] bekommen'" (Jörissen & Marotzki, 2009, S. 25) und damit gleichsam produktiv ist, verlangt jener unauflösbare Widerstreit doch einerseits „nach der Einsetzung neuer Normen […], womit der normative Horizont in seiner Gegebenheit in Frage gestellt wird" (Butler, 2018, S. 36), und fordert andererseits meine bisherige Art und Weise heraus, mich selbst ins Verhältnis zur Welt zu setzen.

Mit jenen Überlegungen möchte ich zu zwei Ausblicken kommen, die den Fokus auf die in diesem Beitrag fokussierten Schüler_innen zurückbringen sowie auf die übergeordnete Thematik von Bildung und Digitalität:

Ausblick eins
Thorsten Fuchs und Christine Wiezorek postulieren, dass sich eine bildungstheoretische Beschäftigung mit Kindheit und Jugend ganz grundlegend mit Fragen der „*Genese von Selbst-, Fremd- und Weltverhältnissen*" (Fuchs & Wiezorek, 2021, S. 135; Herv. i. O.) auseinandersetzen und im Zuge dessen auch „Blockierungen, Verfestigungen und ähnliche Prozesse, die keine Transformationen mit sich führen" (Fuchs, 2015, S. 29), in den Blick nehmen sollte. Legt man die oben angeführte anerkennungstheoretische Lesart nun allerdings ebenso an eine transformatorische Bildungsprozesstheorie an, wird deutlich, dass es sich bei der Maßgabe der Transformation als Bildung um eine der Theorie zugrunde liegende Norm handelt (vgl. u. a. Fuchs, 2015; Koller 2016; Mollenhauer, 1983; Ruhloff 2000; Rieger-Ladich 2014). Wenn Fuchs und Wiezorek also vorschlagen, Jugend genereller als Phase „kritisch problematisierenden Abarbeiten[s] an Selbst-, Fremd- und Weltverhältnissen" (Anderer) (Fuchs & Wiezorek, 2021, S. 132) zu verstehen: Müsste nach jener Maßgabe also im Grunde weniger von Bildung als von Sozialisation gesprochen werden, bei der es sich mit Klaus Hurrelmann zwar um eine aktive Realitätsverarbeitung handelt, allerdings „bei gleichbleibender Grundstruktur" (Hurrelmann, 2012, S. 91)? Die in Abschn. 2 angeführten widerständigen Readressierungen seitens der Schüler_innen wären vor diesem Hintergrund zunächst also eher insofern als bildungsrelevantes Geschehen einzustufen, als es sich um Momente der (Werte-)Verfestigung und der sich einspielenden Gewissheiten handeln könnte, die im weiteren Lebensverlauf wiederum die Grundlage von Irritation und Erschütterung böten (Riettiens, 2022b; Koller, 2018; Kokemohr, 2007; Schäfer, 2007). In bildungstheoretischer Lesart wohnt jenen Widerständigkeiten jedoch ebenso das Potenzial eines Bildungsvorhaltes inne, „der an den Vorhalt in der Musik erinnert, bei dem ein dissonanter, d. h. akkord-fremder Melodieton auf betonter Zählzeit eingeführt wird, um erst in einer darauf folgenden Zählzeit in einen akkordeigenen Ton aufgelöst zu werden" (Koller, 2007, S. 77; Riettiens, 2019). Denn würden aufgrund jener Adressierungen seitens der Lehrkräfte die Normen der Nicht/Anerkennbarkeit innerhalb des formalen Bildungskontextes Schule irritiert, dann läge hier womöglich ein produktiver Anstoß zu einer transformierten Sicht auf Selbst und Welt seitens der Schüler_innen.

Zudem offenbart sich hier ein weiterer forscherischer Anknüpfungspunkt, der mich zum zweiten Ausblick führt: Anhand der exemplarischen Aussagen in Abschn. 2 wird deutlich, dass sich einige Schüler_innen zu unrecht als ‚Kinder' mit fehlendem Reflexionsvermögen adressiert empfinden, die „einfach Fotos von jemandem machen und das ins Internet stellen" (Schüler_in 18, 9. Klasse) würden. Eben hier liegen Ansätze, Kindheit und Jugend vor dem Hintergrund anerkennungs- und bildungstheoretischer Überlegungen als Konzepte zu schärfen, denn: Wenn es sich weniger um „Generationenbeziehungen" handelt, als vielmehr um „Praktiken der Unterscheidung zwischen Kindern und Erwachsenen" (Honig, 2013, S. 25), dann wohnt dem forscherischen Blick auf (unterstellte) Reflexionsgrade im Zuge eines wechselseitigen Re/Adressierungsgeschehens das Potenzial inne, Kindheit und Jugend auf der Folie affirmativer und/oder widerständiger Re/Adressierungen zu definieren und damit gleichsam Aussagen über Bildungsbedeutsamkeiten zu treffen. Jugend könnte dann womöglich im Unterschied zu Kindheit als Phase des Abarbeitens an Selbst-, Fremd- und Weltverhältnissen (Anderer) gedeutet werden. Denn die sich im obigen Zitat abzeichnende Empörung lässt sich als empfundene Diskrepanz zwischen Selbst- und Fremdpositionierung lesen, was insbesondere mit Blick auf den Übergang von Kindheit zu Jugend relevant erscheint und damit einen Beitrag zur Kindheits- und Jugendforschung leisten könnte.[4] Dies bringt mich nun zurück zur insbesondere anfangs adressierten Frage zum womöglich Besonderen in/an Bildung unter Bedingungen von Digitalität:

Ausblick zwei
Angesichts einer tiefgehenden Durchdrungenheit der Gegenwart durch das Digitale ist es ebenso ergiebig wie notwendig, dem Wechselspiel von Re/Adressierung, Manifestation und Transformation vor den jeweils intelligiblen Normen (der Nicht/Anerkennbarkeit) unter Bedingungen der Digitalität bildungstheoretisch nachzuspüren. So zeigen die in diesem Beitrag unternommenen Überlegungen *einerseits*, dass erziehungswissenschaftliche Reflexionen über die vielschichtigen sozialen Aushandlungsprozesse auf Sinndeutungen und damit auf den Aufbau orientierender Haltungen verweisen. Hard- und Software bringen mit ihren (rechenbasierten) Architekturen „eine spezifische Medialität hervor[]" und lassen damit auf der einen Seite „ein spezifisches Weltbild entstehen", womit sie auf der anderen Seite „auch die eigene Verortung in der Welt betreffen" (Verständig, 2023, S. 386), denn: Es sind unter anderem jene Architekturen, die die Normen der Anerkennbarkeit in der digitalen Gegenwart mitbestimmen und damit auch Einfluss auf soziale Aushandlungsprozesse nehmen. Eine bloße Kompetenzorientierung wird also bei Weitem überstiegen. Dies ist insbesondere für die pädagogische Praxis bedeutsam, lassen sich im Zuge der Digitalisierung derartige kompetenzorientierte Bewegungen doch deutlich beobachten:

---

[4] Vgl. dazu auch die Ausführungen von Wiebke Friedler-Ebke (2021), die ‚negative Subjektivierungserfahrungen' im Kontext Schule fokussiert und sich der Frage widmet, inwieweit eine dahingehende „reflektierte[] Aufarbeitung" seitens der Lehrkräfte Potenzial für eine Modifikation von „Forschungs- und Professionalisierungsformate[n]" (Friedler-Ebke, 2021, S. 48) böte.

Wenngleich sich hier historische Kontinuität zeigt, so schreiben sich Vorstellungen von Optimierbarkeit durch (Kompetenz-)Messung und vermeintliche (Kompetenz-)Messbarkeit immer stärker in die digitale Gegenwart ein und fort. Dabei erscheint das „Konstrukt der Kompetenz als funktionales Äquivalent" (Pollmanns & Gruschka, 2013, S. 59) zu ‚Bildung', wobei es auf Grundlage eines vornehmlich technischen Verständnisses digitaler Medien zunehmend sowohl um Fragen von Medienkompetenz im Sinne einer Bedienfähigkeit als auch um „Vorstellung[en] optimierbaren Lernens bzw. optimierbarer Lernender" (Hofhues & Riettiens, 2024, S. 320) geht. Vor dem Hintergrund anerkennungstheoretischer Perspektiven sollte ‚Bildung' allerdings vielmehr als Entfremdung von (m) einem ontologischen Horizont verstanden werden (Riettiens, 2022a), was mich zum abschließenden Punkt führt, denn: *Andererseits* wird durch die in diesem Beitrag vorgenommenen Überlegungen ebenso die Notwendigkeit deutlich, Fragen nach epistemologischen Voraussetzungen subjektiver Ontologien unter Bedingungen von Digitalität woanders ansetzen zu lassen als bisher (vgl. u. a. Kitchin, 2014; Krasmann, 2020; Maalsen, 2023). Zwar betont bereits Butler, dass die intelligiblen Normen der Anerkennbarkeit „bis zu einem gewissen Grad unpersönlich und indifferent" funktionieren (Butler, 2018, 37). Ohne etwaigen Mystifizierungen zu verfallen, scheint jene Opazität jedoch noch vervielfacht, wenn algorithmische Systeme in die Normen und Bedingungen der Nicht/Anerkennbarkeit eingemischt sind und vermeintliche Bestimmtheiten re-produzieren (Chun, 2017; Verständig, 2023), mit denen wir in Berührung kommen und von denen wir berührt werden.

Verwendete und zitierte Literatur

Aßmann, S., & Ricken, N. (2023). *Bildung und Digitalität: Analysen – Diskurse – Perspektiven.* Springer Fachmedien. https://doi.org/10.1007/978-3-658-30766-0

Alkemeyer, T., Buschmann, N., & Etzemüller, T. (2019). *Gegenwartsdiagnosen. Kulturelle Formen gesellschaftlicher Selbstproblematisierung in der Moderne.* transcript.

Barad, K. (2020). Agentieller Realismus. In S. Bauer, T. Heinemann, & T. Lemke (Hrsg.), *Science and technology studies: klassische Positionen und aktuelle Perspektiven* (S. 574–642). Suhrkamp.

Bauer, S., Heinemann, T., & Lemke, T. (2020). *Science and technology studies: klassische Positionen und aktuelle Perspektiven.* Suhrkamp.

Biermann, R., & Verständig, D. (2022). Digitalisierung und Schule: Medienbildung und -kompetenz als schulische Zielvorstellungen. In I. C. Kuttner & S. Münte-Goussar (Hrsg.), *Praxistheoretische Perspektiven auf Schule in der Kultur der Digitalität* (S. 21–43). Springer Fachmedien. https://doi.org/10.1007/978-3-658-35566-1_2

Braun, T., Büsch, A., Dander, V., Eder, S., Förschler, A., Fuchs, M., et al. (2021, November 29). Positionspapier zur Weiterentwicklung der KMK-Strategie ‚Bildung in der digitalen Welt'. *MedienPädagogik: Zeitschrift für Theorie und Praxis der Medienbildung*, 1–7. https://doi.org/10.21240/mpaed/00/2021.11.29.X

Butler, J. (2014a). Epilog. In B. Kleiner & N. Rose (Hrsg.), *(Re-)Produktion von Ungleich- heiten im Schulalltag. Judith Butlers Konzept der Subjektivation in der erziehungswissenschaftlichen Forschung* (S. 181–187). Budrich. https://doi.org/10.2307/j.ctvdf0dpb.13

Butler, J. (2014b). Epilogue. In B. Kleiner & N. Rose (Hrsg.), *(Re-)Produktion von Ungleich- heiten im Schulalltag. Judith Butlers Konzept der Subjektivation in der erziehungswissenschaftlichen Forschung* (S. 175–180). Budrich. https://doi.org/10.2307/j.ctvdf0dpb.12

Butler, J. (2015). *Psyche der Macht: das Subjekt der Unterwerfung*. Suhrkamp.

Butler, J. (2018). *Kritik der ethischen Gewalt. Adorno Vorlesungen*. Suhrkamp.

Chun, W. H. (2017). *Updating to remain the same: habitual new media*. MIT Press.

Friedler-Ebke, W. (2021, März 9). Adressierung und Readressierung in der schulischen Praxis. *PraxisForschungLehrer*innenBildung. Zeitschrift für Schul- und Professionsentwicklung*, 48–62. https://doi.org/10.11576/pflb-4195

Fuchs, T. (2014). *Bildung und Biographie Eine Reformulierung der bildungstheoretisch orientierten Biographieforschung*. transcript.

Fuchs, T. (2015, November 27). ‚Hauptsache anders', ‚Hauptsache neu'?: Über Normativität in der Theorie transformatorischer Bildungsprozesse. *Vierteljahrsschrift für wissenschaftliche Pädagogik*, 14–37. https://doi.org/10.30965/25890581-091-01-90000002

Fuchs, T., & Wiezorek, C. (2021). Bildungstheoretische Ansätze in der Kindheits- und Jugendforschung. In H.-H. Krüger, C. Grunert, & K. Ludwig (Hrsg.), *Handbuch Kindheits- und Jugendforschung* (S. 1–28). Springer Fachmedien. https://doi.org/10.1007/978-3-658-24801-7_3-1

Hofhues, S., & Riettiens, L. (2024). Digitalität. In M. Dederich, & J. Zirfas (Hrsg.), *Optimierung. Ein interdisziplinäres Handbuch* (S. o. S.) (S. 317–321). Metzler.

Honig, M.-S. (2013). Das Kind der Kindheitsforschung. Gegenstandkonstitution in den childhood studies. In M.-S. Honig (Hrsg.), *Ordnungen der Kindheit. Problemstellungen und Perspektiven der Kindheitsforschung* (S. 25–51). Juventa.

Hugger, K.-U., Tillmann, A., & Riettiens, L. (2023). Medienbildungsrelevante Kompetenzen bei Lehrkräften in der Kritik – wie Schü-ler:innen den krisenhaften digitalen Wandel an Schulen erleben. K. Bock, T. Franzheld, C. Grunert, K. Ludwig, N. Pfaff, A. Schierbaum, & W. Schröer, *Pädagogische Institutionen des Jugendalters in der Krise* (S. o. S.). Springer VS.

Hurrelmann, K. (2012). Jugendliche als produktive Realitätsverarbeiter: Zur Neuausgabe des Buches „Lebensphase Jugend". *Kurzbeiträge Diskurs Kindheits- und Jugendforschung, 1*, 89–100.

Jörissen, B., & Marotzki, W. (2009). *Medienbildung – eine Einführung: Theorie – Methoden – Analysen*. Klinkhardt. https://doi.org/10.36198/9783838531892

Kitchin, R. (2014). Big Data, new epistemologies and paradigm shifts. *Big Data & Society*, 1–12. https://doi.org/10.1177/2053951714528481

Kleiner, B., & Koller, H.-C. (2013). Transformatorische Bildungsprozesse und Subjektivation – exemplarische Analyse eines Schülerinterviews. In K. Müller-Roselius & U. Hericks (Hrsg.), *Bildung – Empirischer Zugang und theoretischer Widerstreit* (S. 15–33). Barbara Budrich. https://doi.org/10.2307/j.ctvdf067c.4

Kokemohr, R. (2007). Bildung als Welt- und Selbstentwurf im Anspruch des Fremden. Eine theoretisch-empirische Annäherung an eine Bildungsprozesstheorie. In H.-C. Koller, W. Marotzki, & O. Sanders (Hrsg.), *Bildungsprozesse und Fremdheitserfahrung* (S. 13–68). transcript. https://doi.org/10.1515/9783839405888-001

Koller, H.-C. (2007). Probleme einer Theorie transformatorischer Bildungsprozesse. In H.-C. Koller, W. Marotzki, & O. Sanders (Hrsg.), *Bildungsprozesse und Fremdheitserfahrung* (S. 69–82). transcript. https://doi.org/10.1515/9783839405888-002

Koller, H.-C. (2016). Ist jede Transformation als Bildungsprozess zu begreifen?: Zur Frage der Normativität des Konzepts transformatorischer Bildungsprozesse. In D. Verständig, J. Holze, & R. Biermann (Hrsg.), *Von der Bildung zur Medienbildung* (S. 149–161). Springer Fachmedien. https://doi.org/10.1007/978-3-658-10007-0_8

Koller, H.-C. (2018). *Bildung anders denken: Einführung in die Theorie transformatorischer Bildungsprozesse*. Verlag W. Kohlhammer.

Krasmann, S. (2020). *The logic of the surface: On the epistemology of algorithms in times of big data* (S. 2096–2109). Information, Communication & Society. https://doi.org/10.1080/1369118X.2020.1726986

Kuhlmann, N., & Ricken, N. (2022). Subjektivierung von Schüler*innen. https://doi.org/10.36198/9783838559384

Kuttner, C., & Münte-Goussar, S. (2022). *Praxistheoretische Perspektiven auf Schule in der Kultur der Digitalität*. Springer Fachmedien. https://doi.org/10.1007/978-3-658-35566-1

Maalsen, S. (2023). Algorithmic epistemologies and methodologies: Algorithmic harm, algorithmic care and situated algorithmic knowledges. *Progress in Human Geography*, 197–214. https://doi.org/10.1177/03091325221149439

Marotzki, W. (1990). *Entwurf einer strukturalen Bildungstheorie: biographietheoretische Auslegung von Bildungsprozessen in hochkomplexen Gesellschaften*. Deutscher Studienverlag.

Mollenhauer, K. (1983). *Vergessene Zusammenhänge: über Kultur und Erziehung*. Juventa.

Pollmanns, M., & Gruschka, A. (2013). Bildung als empirische statt als bloß normative Grundkategorie der Unterrichtsforschung. In K. Müller-Roselius & U. Hericks (Hrsg.), *Bildung. Empirischer Zugang und theoretischer Widerstreit* (S. 55–83). Barbara Budrich.

Reh, S., & Ricken, N. (2012). Das Konzept der Adressierung. Zur Methodologie einer qualitativ-empirischen Erforschung von Subjektivation. In I. Miethe & H.-R. Müller (Hrsg.), *Qualitative Bildungsforschung und Bildungstheorie* (S. 35–56). Budrich. https://doi.org/10.2307/j.ctvd7w919.5

Ricken, N. (2013). Anerkennung als Adressierung Über die Bedeutung von Anerkennung für Subjektivationsprozesse. In T. Alkemeyer, G. Budde, & D. Freist (Hrsg.), *Selbst-Bildungen. Soziale und kulturelle Praktiken der Subjektivierung* (S. 69–99). Transcript. https://doi.org/10.1515/transcript.9783839419922.69

Ricken, N. (2014). Adressierung und (Re-)Signifizierung. Anmerkungen zum Zusammenhang von sozialer Herkunft und schulischer Leistung aus praktikentheoretischer Perspektive. In B. Kleiner & N. Rose (Hrsg.), *(Re-)Produktion von Ungleichheiten im Schulalltag: Judith Butlers Konzept der Subjektivation in der erziehungswissenschaftlichen Forschung* (S. 119–133). Budrich. https://doi.org/10.2307/j.ctvdf0dpb.9

Ricken, N., & Reh, S. (2017). Prüfungen – systematische Perspektiven der Geschichte einer pädagogischen Praxis. Einführung in den Thementeil. *Zeitschrift für Pädagogik*, 247–258. https://doi.org/10.25656/01:18538

Rieger-Ladich, M. (2014, November 25). Walter White aka „Heisenberg": Eine bildungstheoretische Provokation. *Vierteljahrsschrift für wissenschaftliche Pädagogik*, 17–32. https://doi.org/10.30965/25890581-090-01-90000003

Riettiens, L. (2019). Between imagination and experience. Creole travellers in late 19th and early 20th century Europe. *Paedagogica Historica*, 38–54. https://doi.org/10.1080/00309230.2018.1481438

Riettiens, L. (2022a). „Erfolgreich und souverän mit Daten umgehen". Kritische Perspektiven auf (Subjekt-)Bildung in einer datafizierten Gegenwart. *merzWissenschaft. Medien + Erziehung. Themenheft: Digitalität und Souveränität. Braucht es neue Leitbilder der Medienpädagogik?, 66*(6), 85–94.

Riettiens, L. (2022b). Kreuzfahrt-Reisen bildet? Kreuzfahrtreisende zwischen Optimierung, Disziplinierung und (Subjekt-)Bildung. In P. D. Knobloch & J. Drerup (Hrsg.), *Dipcin, & Dilek, On the Beaten Track* (S. 129–140). Springer. https://doi.org/10.1007/978-3-662-63374-8_9

Ruhloff, J. (2000). Wie ist ein nicht-normativer Bildungsbegriff zu denken? In C. Dietrich & H.-R. Müller (Hrsg.), *Bildung und Emanzipation. Klaus Mollenhauer weiterdenken* (S. 117–125). Juventa.

Sattler, E. (2009). *Die riskierte Souveränität. Erziehungswissenschaftliche Studien zur modernen Subjektivität.* transcript.

Schäfer, A. (2007). Bildungsprozesse – Zwischen erfahrener Dezentrierung und objektivierender Analyse. In H.-C. Koller, W. Marotzki, & O. Sanders (Hrsg.), *Bildungsprozesse und Fremdheitserfahrung* (S. 95–108). transcript. https://doi.org/10.1515/9783839405888-004

Verständig, D. (2023). Vom Prinzip der Universalität zur Unberechenbarkeit des Sozialen. In S. Aßmann & N. Ricken (Hrsg.), *Bildung und Digitalität* (S. 385–402). Springer Fachmedien. https://doi.org/10.1007/978-3-658-30766-0_14

Weiß, S., & Bader, H. J. (2010). Wodurch erwerben Lehrkräfte Medienkompetenz? Auf der Suche nach geeigneten Fortbildungsmodellen. In B. Herzig, D. M. Meister, H. Moser, & H. Niestyo (Hrsg.), *Jahrbuch Medienpädagogik 8* (S. 329–346). VS Verlag für Sozialwissenschaften. https://doi.org/10.1007/978-3-531-92135-8_18

Medienbildung als Bestandteil professioneller Sportlehrkräftebildung – Selbstverständlichkeiten hinterfragen und Unsichtbares sichtbar machen

11

Laura Lehnhoff

Inhaltsverzeichnis

1 Digitale Medien im Kontext von Bewegung, Spiel und Sport 210
2 Medienwissenschaftliche Perspektive als Grundlage einer fachspezifischen
  Medienbildung 218
3 Medienbildung als Bestandteil professioneller Sportlehrer*innenbildung 220
4 Fazit 229
Literatur 230

Zusammenfassung

Die Auseinandersetzung mit dem Verhältnis zwischen Körper, Sport, Bewegung und digitalen Technologien birgt Bildungs- und Reflexionspotenziale für angehende Sportlehrer*innen, die über die Aneignung von Gewissheiten in Form von Wissensbeständen und bewegungsbezogenem Können hinausgehen. Dabei können Subjektivierungsprozesse hinsichtlich ihrer Bedingungen, Möglichkeiten und Selbstverständlichkeiten in einer „Kultur der Digitalität" (Stalder, 2016) offengelegt werden. Ausgehend von Beispielen aus der sportunterrichtlichen Praxis und dem fachdidaktischen Diskurs zum

L. Lehnhoff (✉)
Fakultät für Sportwissenschaft – Lehr- und Forschungsbereich Sportpädagogik, Ruhr-Universität Bochum, Bochum, Deutschland
E-Mail: laura.lehnhoff@ruhr-uni-bochum.de

Einsatz digitaler Medien im Fach Sport illustriert der Beitrag Leerstellen, erkennbare Potenziale sowie Herausforderungen für aktuelle Gestaltungsprozesse der Sportlehrkräftebildung.

Schlüsselwörter

Medienbildung · Sportpädagogik · Medienkonstellationen · Subjektivierungsprozesse · Körper · Virtuelle Realität

1 Digitale Medien im Kontext von Bewegung, Spiel und Sport

Der Erziehungs- und Bildungsauftrag des Schulsports steht unter dem Zeichen des Doppelauftrags „Entwicklungsförderung durch Bewegung, Spiel und Sport und Erschließung der Bewegungs-, Spiel- und Sportkultur" (Ministerium für Schule und Weiterbildung des Landes Nordrhein-Westfalen, 2014a, S. 6) und zielt auf eine mehrperspektivische und reflektierte Sport- und Bewegungspraxis, in der die „körperbetonte, spielerisch-sportliche Bewegung in unterschiedlichen Formen und Zugangsweisen" (ebd.) im Vordergrund steht.[1] Damit geht der Auftrag des Schulsports über die historisch gewachsene und verbreitete Annahme hinaus, der Sportunterricht ziele ausschließlich auf ein an normierten Sportarten ausgerichtetes sportmotorisches Lernen:

> „Schulsport ist [...] in seinen pädagogisch bedeutsamen Wirkungen nicht auf die körperliche und die motorische Dimension der Entwicklung beschränkt, sondern versteht sich als wichtiger Ansatzpunkt ganzheitlicher Erziehung. Die Bewegungen, um die es im Schulsport geht, aktualisieren immer auch soziale Bezüge, Emotionen, Motive, Kognitionen und Wertvorstellungen. Insofern verdienen Unterrichts- und Erziehungsprozesse im Schulsport nachdrücklich das Attribut ‚ganzheitlich'". (Ministerium für Schule und Weiterbildung des Landes Nordrhein-Westfalen 2014a, S. 6)

Angestrebt wird eine umfassende Handlungsfähigkeit der Schüler*innen in der Bewegungs-, Spiel- und Sportkultur, „die Möglichkeit der Partizipation an entsprechenden Aktivitäten, die Einsicht in ihre Veränderbarkeit und Gestaltbarkeit wie auch die Fähigkeit zur reflexiven Bearbeitung und Beurteilung der vielfältigen Phänomene moderner Sport- und Bewegungskulturen" (Schulsport NRW, 2023).

Längst angekommen in einer Kultur der Digitalität ergibt sich somit auch im Fach Sport die Frage, wie Lehrkräfte mit entsprechenden Entwicklungen vor dem Hintergrund des zu erfüllenden Erziehung- und Bildungsauftrags des Schulsports umgehen und Lehr-/Lernprozesse im Zusammenhang mit digitalen Medien gestalten (sollten). An zwei Bei-

---

[1] Der übergeordnete Bildungsauftrag gilt für alle Bundesländer. Es wird sich hier exemplarisch auf die Richtlinien des Landes Nordrhein-Westfalen bezogen.

spielen sollen im Folgenden die Komplexität medialisierter[2] Praktiken und damit einhergehende Wechselwirkungen deutlich gemacht werden.[3]

1.1 Digitale Medien im Sportunterricht

Beispiel 1: „Ist das so richtig?"
An einem Gymnasium sollen die Schüler*innen einer 7. Klasse zur Vorbereitung auf die anstehende Leistungsüberprüfung, in der die maximal erreichte Sprunghöhe benotet wird, die Hochsprungtechnik ‚Fosbury-Flop' üben (rücklings Überspringen der Hochsprunglatte). In den vorherigen Stunden wurden die Bewegungsmerkmale der Technik besprochen und Übungsreihen durchlaufen. Hierbei lag ein Schwerpunkt auf der Überstreckung der Hüfte (Brückenposition) im Moment der Lattenüberquerung, um ein ‚Reißen' der Latte mit dem Gesäß zu verhindern. In der Stunde der dargestellten Unterrichtssituation sollen sich die Schüler*innen mit ihren Schul-iPads gegenseitig filmen, um mithilfe des visuellen Feedbacks selbstständig Fehler in ihrer Bewegungsausführung erkennen und beheben zu können.

> „Mara lässt sich bei einer Vorübung filmen, bei der sie von einem Sprungbrett rücklings in Brückenhaltung über eine Schnur auf eine dicke Matte springt. Neben ihr führt Lena auf einem weiteren Sprungbrett gleichzeitig dieselbe Übung aus. Mara erkennt in ihrer Videoaufnahme die gewünschte Bogenförmigkeit ihres Körpers im Moment der Flugphase, was sie lautstark kundtut, während Lena zwar das Seil überwindet, ohne es zu berühren, jedoch nicht mit der gewünschten Überstreckung wie es bei Mara zu erkennen ist. Mara rennt, gefolgt von Lena, mit dem iPad zur Lehrkraft und fragt: „Ist das so richtig?" Beide Schülerinnen verfolgen über das iPad gebeugt die Videosequenz zusammen mit der Lehrkraft, die das Video im Moment der Flugphase stoppt und kommentiert: „Ja super, bei dir Mara ist das schon sehr gut! Guck, man sieht richtig die Brücke". Zurück an der Übungsstation berichtet Mara den anderen Mitschülerinnen, dass sie die Brücke geschafft habe und auch von der Lehrerin darin bestätigt worden sei, „richtig im Hohlkreuz" zu sein. Mara führt die Übung dann mit einer anderen Mitschülerin durch, die die Hüftstreckung ebenfalls beherrscht. Beim Betrachten des Videos freuen sich die beiden lauthals, da sie „voll synchron" seien und das „voll cool aussähe". Lena vollzieht weitere Sprünge, bei denen sie weiterhin kein einziges Mal das Seil berührt, ihre Bewegungsausführung verändert sich allerdings nicht. Nach einigen gefilmten Sprüngen setzt sie sich auf die Bank, geht dann aber zurück zur Gruppe und bietet sich als Filmende an. Sie motiviert Mara weiter zu üben, da sie das ja „schon super" mache. In der selbstgewählten Rolle als Filmende wartet Lena geduldig, bis Mara erneut zum Sprung ansetzt und weist andere wartende Mitschülerinnen darauf hin, dass jetzt erst einmal Mara an der Reihe sei. Lena filmt jeder ihrer Sprünge und schaut sie sich mit ihr

---

[2] Der Begriff der Medialisierung wurde in Anlehnung an Hug und Leschke (2022) gewählt, um eine thematische Akzentuierung vorzunehmen. Im Fokus stehen somit Veränderungen medialer Konstellationen, „Spielräume und Entwicklungspotenziale einzelner Akteure in medialen Kontexten" (ebd., S. 156) sowie „mediale Partizipationsmöglichkeiten und Handlungsspielräume" (ebd.).

[3] Es handelt es sich um Ausschnitte ethnografischer Untersuchungen eines Dissertationsprojekts zum Thema „Medienbildung im Fach Sport", welches im Lehr- und Forschungsbereich Sportpädagogik der Ruhr-Universität Bochum angesiedelt ist.

zusammen an. Mara wirkt sehr motiviert und wird auffallend häufig von ihren Mitschülerinnen gelobt, wobei einige ihr den Vortritt in der Warteschlange anbieten. Lena bleibt in der Rolle der Filmenden. Mara resümiert begeistert am Ende der Stunde: „Boar das war richtig gut heute!‘"

Im Vordergrund der Stunde steht das Üben und Überprüfen einer sportspezifischen Technik im Bewegungsfeld „Laufen, Springen, Werfen" (Ministerium für Schule und Weiterbildung des Landes Nordrhein-Westfalen, 2019, S. 18) mit Hilfe des Videofeedbacks. Das Filmen der Ausführungen forciert ein Bewegungslernen, das auf ein ideales Bewegungsbild ausgerichtet ist, und Können von Nicht-Können unterscheidet, (nachträglich) sichtbar macht und dokumentiert. Durch Praktiken des Filmens und Gefilmtwerdens entstehen vielfältige Wechselwirkungen. Die Videoaufnahme wird nicht nur als Beweismittel des eigenen Könnens (bei Mara) angeführt und dokumentiert gleichzeitig das Nicht-Können anderer (Lena), sondern erzeugt im Verlauf eine neue Perspektive (Synchronität der Bewegungsausführung), die hohe Anerkennung von der Gruppe erfährt. Lena kann auch dieser Perspektive nicht gerecht werden und steigt aus. Dabei entdeckt sie in der Rolle der Filmenden offensichtlich eine Möglichkeit, sich auf andere Weise zurück ‚ins Spiel' zu bringen: Sie wird zur Regisseurin und Bewerterin und inszeniert mittels Kameraführung, Feedback und Reglementierung der Mitschüler*innen die ‚Bühnensituation' und Maras Position als Hauptdarstellerin und ‚Star' aktiv mit. Dabei scheint ausschließlich das Kriterium ‚Brückenposition' und dessen ästhetische Wirkung Relevanz zu haben. Das Unterrichtsziel, mit Hilfe der Videoaufnahmen selbstständig Fehler zu entdecken und sie zu beheben, tritt in den Hintergrund. Mara beweist in exponierter Stellung fortlaufend ihr ‚Können', wobei sich die vermeintlich ‚Schwächere' das Medium, durch das sie zunächst eine Abwertung erfahren hat, zu Nutze macht und so eine entscheidende Rolle als „Mitspieler[in]" (Brümmer, 2014, S. 70) einnehmen kann. Eine optimierte Bewegungsausführung oder Sprunghöhe lässt sich in der Situation weder bei Lena noch bei Mara feststellen.

Beispiel 2: „Sagt mal bitte, ob das gut aussieht"
Die Schüler*innen des Sportkurses der Einführungsphase (Jgst. 10) eines Gymnasiums erhalten ein Aufgabenblatt, auf dem ein Einleitungstext zu lesen ist, der auf die Problematik des Fitnesstrends auf Social Media Plattformen verweist. Darunter ist ein Screenshot eines Fitnessvideos von Pamela Reif[4] zu sehen. Der Fitnesskult auf Instagram sei gefährlich, denn er gebe vor, es gehe um Gesundheit, obwohl eigentlich Schönheitsideale im Vordergrund stünden, heißt es im Einleitungstext. Die Schüler*innen werden beauftragt, ein „authentisches 20-minütiges ganzheitliches Fitness-Video" (inklusive Aufwärm- und Dehnprogramm) zu entwickeln und zu gestalten, das sich deutlich von „kommerziellen Workouts à la Pamela Reif" unterscheide. Bewertet werde letztlich die Funktionalität der

---

[4] Pamela Reif ist eine deutsche Influencerin mit großer Reichweite auf unterschiedlichsten Social Media Plattformen. Sie produziert Fitness-Videos, die auf YouTube frei zugänglich sind.

Übungen und deren Modifikationen sowie deren gesundheitlich korrekte Ausführung und sinnvolle Abfolge. Zudem stelle die videografische Gestaltung (Schnitt, Ton, Beschriftungen) ein weiteres Bewertungskriterium dar. Im Bewegungsfeld „Den Körper wahrnehmen, Bewegungsfähigkeiten ausprägen" (Ministerium für Schule und Weiterbildung des Landes Nordrhein-Westfalen, 2014b, S. 21) wird mit diesem Vorhaben das Erstellen, Durchführen und Präsentieren eines Fitnessprogramms aus gesundheits- sowie leistungsorientierter Perspektive beabsichtigt. Die Schüler*innen sollen unterschiedliche Belastungsgrößen sowie unterschiedliche Dehnübungen im Hinblick auf sportliche Anforderungssituation zur Gestaltung eines Trainings kennen, erläutern und in Form eines Fitnessworkouts umsetzen (ebd.). Ebenfalls abverlangt wird den Schüler*innen technologisches Anwendungswissen hinsichtlich der Bearbeitung der Videos (Schnitt, Ton etc.). Das Gestalten von Fitnessvideos biete sich an, so die Lehrkraft in einem informellen Gespräch, da dies an die Lebenswelt der Schüler*innen anknüpfe und sie motiviere. Insbesondere käme es aber auch darauf an, den Schüler*innen zu zeigen, dass Social Media Inhalte in vielerlei Hinsicht ‚fake' seien, da sie beispielsweise vermitteln würden, man müsse nicht einmal schwitzen, um einen trainierten Körper zu erreichen.

„Eine Mädchengruppe hat ein Tablet auf einem kleinen Kasten positioniert und so ausgerichtet, dass die Sprossenwand den Hintergrund bildet. Mittig liegt eine Fitnessmatte. Im Hintergrund werden ein Eiweiß-Shaker sowie eine Sporttasche positioniert, aus der ein Handtuch mit dem Slogan eines Fitnessstudios heraushängt. Die Mädchen tragen enge Leggings, einige von ihnen bauchfreie Sporttops, auf denen Labels von Sportmarken zu erkennen sind, die eindeutig der Fitnessszene zugeordnet werden können. Emily ist an der Reihe. Ihre Gruppenmitglieder stehen bereits hinter dem Tablet. Emily führt einen Unterarmstütz aus. Das Video wird gestartet und sie verharrt 40 Sekunden in der Position. Die anderen beobachten die Ausführung durch den Screen, ein Gruppenmitglied kommentiert: „Lächle mal mehr!". Nach 40 Sekunden rufen die Mädchen hinter der Kamera, sie sei fertig. Nun ist Anna an der Reihe. Sie betritt die Matte mit einem Springseil. Sophie fragt verwundert: „Wieso denn Seil springen?". Jule zuckt mit den Schultern. Anna startet mit den Sprüngen. Nach 20 Sekunden tritt sie auf das Seil und muss erneut starten. Auch in den folgenden Versuchen gelingt es ihr nicht, die Sprünge 40 Sekunden ohne Fehler durchzuhalten. Sie versucht es mehrfach, während die anderen Mädchen hinter dem iPad stehen und sie über den Bildschirm beobachten. Zwei Mädchen beginnen unterdrückt zu lachen und drehen sich weg. „Jetzt mach einfach! Ist doch egal", ruft ihr Emily zu. Anna gerät zunehmend unter Druck, ihr Gesichtsausdruck wirkt wie eingefroren. Die Abstände, in denen sie auf das Seil tritt, werden nun immer kürzer. Sophie ruft hinter dem iPad her: „Mach doch einfach so einen Zwischenhüpfer!". Ihre Mitschülerinnen lassen das Video die gesamte Zeit laufen und fordern sie immer wieder auf, es noch einmal zu versuchen. Hektisch führt Anna das Seil wieder nach hinten, scheitert jedoch erneut. „Dann gucken wir jetzt halt alle nicht", schlägt Emily vor und fordert die Gruppe auf, sich wegzudrehen. Sie halten sich kichernd die Augen zu, während sie sich vom Bildschirm abwenden. Dennoch gelingt Anna so gut wie kein Sprung mehr. Die Schüler*innen entscheiden, dass nun erst einmal jemand anderes gefilmt werden solle. Sophie positioniert sich in einer Stretching-Position auf der Matte. Sie fordert ihre Mitschüler*innen auf: „Sagt mal bitte, ob das gut aussieht". Was genau mit „gut" gemeint ist, wird nicht weiter kommuniziert. „Ja sieht gut aus!", antwortet Jule, während die anderen Mädchen weiterhin hinter der Kamera stehen und zuschauen. Anna wirft jedoch ein, dass die

Übung anders auszuführen sei und zeigt Sophie, welche Hand wohin ausgerichtet werden müsse. Sie tritt immer wieder hinter dem Tablet hervor, geht zu ihr und korrigiert ihre Ausführung. Die anderen Mädchen werden ungeduldig, unterbrechen jeweils die Aufnahme, wenn Anna ins Bild tritt. Emily ruft: „Oh, ist doch egal! Mach das doch einfach so wie vorher, das sah gut aus, so sieht das jetzt komisch aus." Anna ist jedoch weiterhin unzufrieden mit Sophies Ausführung. Diese sei so nicht richtig. Sie habe sich die Übungen zuhause alle genau angeschaut. Es sei auf jeden Fall die andere Hand gewesen, die man nach hinten führen müsse. Sophie entscheidet: „Egal, ich dreh mich einfach um, dann sieht man das eh nicht". Nach der Ausführung geht sie zum iPad und schaut sich die Aufnahme an. Sie zoomt an ihr Gesicht heran und geht daraufhin zurück zur Matte, richtet ihre Haare, indem sie sie bis auf zwei vordere Strähnen über die Schultern lang nach hinten zieht und begibt sich erneut in Position. Nach 40 Sekunden ruft Jule, sie sei fertig. Sophie lächelt still sitzend mehre Sekunden in die Kamera, steht dann langsam auf und verlässt den Filmbereich mit auffallend langen Schritten."

Das Beispiel (2) zeigt, wie sich durch die Kamera, deren Funktionen und mit ihr assoziierter Praktiken ein anderer, von der Lehrkraft nicht intendierter Bedeutungshorizont einschleicht. Das Phänomen ‚Fitnessvideo' ist für Schüler*innen eng mit Vorstellungen über eine bestimmte Ästhetik verbunden, die hier eine enorme Bedeutung erhält. Die Raumgestaltung (Platzierung von typischen Hilfsmitteln und Zubehör) und die Auswahl körperbetonter Fitness-Bekleidung deuten auf die Reproduktion der durch Social Media Plattformen bekannten Bestimmungsmerkmale zur videografischen Gestaltung von Fitnessvideos hin. Den meisten Schüler*innen geht es offensichtlich in erster Linie um deren Selbstdarstellung und Wirkung im Video. Anna hingegen orientiert sich an der funktionsgerechten Ausführung sowie einer gesundheitsbewussten Gestaltung des Trainingsprogramms, wodurch sie in der peer-group eine Außenseiterrolle erhält. Ihre Übungsauswahl geht mit Bewegungen einher, die, im Gegensatz zur Übungsauswahl der Mitschülerinnen, ein kontrolliertes Erscheinungsbild erschweren. Auch wird das Springseil von ihren Mitschülerinnen nicht als für die Fitnessszene passendes Gerät anerkannt. Annas mehrmalige Fehlversuche widersprechen den Perfektionserwartungen der anderen, wodurch Annas Außenseiterrolle verstärkt wird. Auch ein Wegschauen der Mitschülerinnen kann die Situation für Anna nicht entspannen, schließlich schaut und dokumentiert die Kamera weiter. Die Positionierung der Kamera erzeugt einen nahezu bereinigten ‚Drehort', eine Bühne mit hoher Aufmerksamkeitsrelevanz. Die Akteurin steht im Fokus, muss abliefern und Perfektion zeigen, während sich alle anderen hinter der Kamera als Zuschauende positionieren, kommentieren und bewerten. Auch diese implizite Logik durchkreuzt Anna, indem sie die ‚Bühne' betritt, während Sophie in Aktion gefilmt wird. Dabei gibt sie sich als Expertin für die ‚richtige' Bewegungsausführung aus. Sophie hingegen nutzt die Perspektive der Kamera, um Ungenauigkeiten unsichtbar zu machen und sich selbst in Szene zu setzen.

Die dargestellten Bespiele machen zum einen auf das Problem aufmerksam, dass ein dominierendes Fachverständnis, das die Bewegungspraxis des Sportunterrichts auf ein Trainieren und Optimieren ausrichtet durch ein instrumentelles Medienverständnis verstärkt wird. Zum anderen bleiben nicht intendierte Wirkungen und Wechselwirkungen medialisierter Praktiken unsichtbar und unreflektiert, welche jedoch hinsichtlich der Erfahrungen und Erwartungen der Schüler*innen höchst relevant sind. Zu klären ist demnach, ob und inwiefern diese Probleme im fachdidaktischen Diskurs verhandelt werden und mit welchen Zielsetzungen und Wirkversprechen digitale Medien für den Sportunterricht diskutiert werden.

1.2 Tendenzen des fachdidaktischen Diskurses

Veröffentlichungen, die sich mit Unterrichtskonzeptionen und Praxisempfehlungen explizit an Sportlehrkräfte richten, schreiben digitalen Medien eine generelle Wirkmacht in Form einer Entlastung der Lehrkraft und einer Unterstützung der Schüler*innen zu (Dober, 2019; Wendeborn, 2022). Entsprechende Wirksamkeitsannahmen äußern sich in vorherrschenden Narrativen wie *Effektivität, Optimierung, Selbstständigkeit, Schüler*innenorientierung, Motivation* und *Objektivität*. Besonders verbreitet ist die Gegenüberstellung von Digitaltechnologien und Bewegungszeit, welche durch die sinngemäße Forderung *Bewegungszeit vor Medienzeit* zum Ausdruck kommt. Demzufolge sollen digitale Technologien dann eingesetzt werden, wenn sie zur Unterrichtseffizienz im Sinne erhöhter Bewegungszeit beitragen (Bohr et al., 2021). Unter dieser Zielsetzung wird insbesondere der Einsatz von Videoaufnahmen fokussiert, da er der „objektive[n] Visualisierung von Bewegungsbildern" (ebd., S. 407) diene und die Schüler*innen bei der Entwicklung einer Bewegungsvorstellung unterstütze (ebd.). Beim Filmen von Bewegungshandlungen der Schüler*innen selbst stehen größtenteils Feedbackprozesse mit dem Ziel eines selbstständigen Übens und optimierten Trainierens im Vordergrund (Krick & Nowak, 2022). Diese Prozesse sollen durch bestimmte Kamerafunktionen (Standbild, Slowmotion, Splitscreen etc.) unterstützt werden, um im Sinne eines Ist-Sollwert-Vergleichs zu ermitteln, welche Teilbewegungen noch nicht dem vorgegebenen Idealbild entsprechen (Mödinger et al., 2020; Bohr & Kaczmarek, 2021).

Neben einem stark fokussierten Techniklernen werden auch sogenannte Gestaltungsprozesse angeführt, die die „Optimierung eines angestrebten Endproduktes" (Krieger & Veit, 2019, S. 2) z. B. hinsichtlich Synchronität oder Raumaufstellung bei Gruppenchoreografien durch Videoaufnahmen unterstützen sollen. Auch die Produktion von Erklärvideos und Tutorials bzw. Lernfilmen wird unter dem Aspekt der medialen Gestaltung geführt und im Sinne einer Motivationssteigerung als besonders schüler*innenorientiert beschrieben (Alberts et al., 2019; Mertens, 2020; Weigandt, 2022). Insbesondere in der Oberstufe biete sich so die Möglichkeit, „das Bewegungslernen im Allgemeinen und die konkret betrachtete Bewegung auf sowohl analytischer wie auch gestalterischer Ebene vertiefend zu durchdringen" (Kurschus et al., 2022, S. 37). Grundlegendes Ziel ist auch hier die Optimierung von Bewegungsausführungen, welche jedoch um eine Ausbildung sogenannter digitaler Kompetenzen ergänzt werden soll.

Während hierbei der Fokus oftmals auf einem technischen Anwendungswissen liegt, geht es anderen Autoren um ein „Lernen über Medien" (Greve et al., 2020, S. 495), das in den Praxisempfehlungen jedoch weitaus weniger vertreten ist (Jastrow et al., 2022) und für das konkrete Umsetzungsvorschläge größtenteils ausbleiben. Betont wird die Notwendigkeit einer Reflexion der auf Social Media Plattformen vermittelten Körperbilder und damit verbundener medialer Inszenierungspraktiken. Mit der hierfür vorgeschlagenen Rezeption und Produktion von z. B. Fitness- oder Tanzvideos (Reil et al., 2022) wird eine fachspezifische Reflexions- und Kritikfähigkeit angestrebt. Da intransparente Absichten, ungeprüfte Inhalte und eine ausschließliche Körperfokussierung auf Social Media Plattformen zum „digitalen Problemfall für Kinder und Jugendliche" (Wendeborn, 2022, S. 534) würden, sollen Schüler*innen vor der Übernahme „medial inszenierter, teilweise unrealistischer Körperideale" (ebd., S. 535) sowie ungeprüfter Inhalte bewahrt und diesbezüglich aufgeklärt werden.

Somit werden im Sportunterricht einerseits unter einem instrumentell verstandenen Medieneinsatz die vielfältigen Körper der Schüler*innen mittels entsprechender Technologien an vorgegebenen Leitbildern überprüft (*Lernen mit Medien*). Andererseits wird aus techniseparatistischer Sicht ein Ausbilden anwendungsbezogener Kompetenzen sowie ein Reflektieren über digitalisierungsbedingte Entwicklungen als in den Sportunterricht zu integrierende medienpädagogische Aufgabe (*Lernen über Medien*) verortet (Rode, 2021a).

Der technologisch verstärkte defizitäre und vergleichende Blick (z. B. Fehlersehen durch Zeitlupe, Vergleiche im Splitscreen) scheint der Steigerung sportlicher Leistungsfähigkeit und der Verbesserung körperlicher Funktionen im Sinne eines „Bodytunings" (Gugutzer, 2013, S. 68) zuträglich und somit als essenzieller Bestandteil des Faches Sport akzeptiert. Zudem wird dem Sportunterricht mit Blick auf die sich rasant entwickelnde Fitnesskultur eine Art bewahrpädagogische Aufklärungsverpflichtung zugeschrieben. Praktiken, die im Sinne eines „Bodystylings" (Gugutzer, 2013, S. 67) auf die Ästhetisierung des Körpers abzielen, und mittlerweile eine dominante Körperstrategie von Jugendlichen darstellen (Dimitriou, 2022), werden – im Gegensatz zu angestrebten Optimierungsprozessen im Sinne eines ‚Bodytunings' – für Schüler*innen als Problem markiert.

Die in der Fachkultur Sport vorherrschende Optimierungslogik hinsichtlich körperlicher Leistungsfähigkeit und Gesundheit scheint somit nahtlos anschlussfähig an ein instrumentelles Medienverständnis. Da entsprechende „Positionen zu digitaler Bildung [...] implizit oder explizit jeweils auch ein Verständnis des Subjekts sowie des Verhältnisses zwischen Subjekt und Technik bzw. Subjekt, Technik und Sozialem [entwerfen]" (Allert & Asmussen, 2017, S. 31) lassen die dargestellten Tendenzen der unterrichtlichen Praxis sowie der sportdidaktischen Praxisempfehlungen zwei „Subjektfiguren" (Macgilchrist, 2017, S. 145) erkennen, die für Schüler*innen im Sportunterricht im Umgang mit digitalen Medien konstituiert werden und hinsichtlich eines transformatorischen Bildungsverständnisses (Koller, 2012) kritisch zu reflektieren sind.

Eine zentrale Figur stellt der*die „Nutzer*in" (ebd., S. 148) dar, dessen*deren sogenannte digitale Kompetenzen ausgebildet werden sollen, um digitale Medien zweckgebunden – im Falle des Sportunterrichts zur Optimierung von Bewegungszeit, -techniken oder Lernprodukten – einsetzen zu können (ebd.). Auch für Schüler*innen, die diese Rolle nicht zum verordneten Ziel der Selbstoptimierung besetzen können oder wollen (Lena in

Bsp. 1), wird diese Figur aufrechterhalten. Hervorgehoben wird die Funktion der Partizipation am Unterrichtsgeschehen, indem der*die Filmende als „Brücke zum aktiven Sporttreiben" (Bohr et al., 2021, S. 412) zur Unterstützung der sich bewegenden Schüler*innen konstituiert wird.

Die zweite erkennbare Figur ist der*die „Kritiker*in" (Macgilchrist, 2017, S. 148). Kennzeichen dieser Subjektfigur ist die kritische Reflexion und Bewertung der Gefahren und Risiken sowie die Reflexion der eigenen Medienanwendung (ebd.). Vorschläge zur Auseinandersetzung mit Social Media Phänomenen richten sich hauptsächlich auf die medialen Inhalte, wie z. B. ungeprüfte, aus sportwissenschaftlicher Sicht ‚falsche' Inhalte oder ‚Fake-Phänomene'. Zwar sollen die Schüler*innen in die Lage versetzt werden, vermittelte Körperbilder kritisch zu reflektieren, dies geschieht jedoch im Lichte gesetzter Vorstellungen über gesunde und leistungsfähige Körper sowie unter Missachtung relevanter Körperstrategien Jugendlicher. So konstatiert Rode (2021b, S. 19), dass sich „die digitalen jugendlichen Bilderwelten offenbar besonders für pauschalisierende, normierende und wertende Zuschreibungen anbieten [würden]", wie sich in der Aufgabenstellung des zweiten Unterrichtsbeispiels zeigte. Um digitale Technologien, die Umgangsweisen mit ihnen und ihre Wirkungen „als Ergebnis sozialer Aushandlungsprozesse" (ebd. 2021a, S. 41) verstehen zu können, wäre jedoch eine grundsätzlich offene, wertfreie und differenziertere Reflexion notwendig (ebd. 2021b).

Subjektfiguren wie der*die Nutzer*in oder der*die Kritiker*in, so Macgilchrist (2017, S. 145), „konturieren die gesellschaftliche Konfiguration, in der wir uns derzeit befinden und in der ein lebbares, legitimes Leben ermöglicht wird". Eine so verstandene digitale Bildung entspricht einem „erkennend-einordnend[en] Lernen" (Allert & Asmussen, 2017, S. 42) in häufig wenig reflektierten, fachspezifischen Bestimmtheitsräumen. Digitale Bildung wird somit im aufgezeigten fachdidaktischen Diskurs größtenteils instrumentell und als Mittel zum Zwecke einer „Optimierung des Bestehenden" (ebd., S. 29) verstanden.

Es sind allerdings auch Ansätze zu vernehmen, in denen das Verhältnis zwischen Körper, Sport, Bewegung und den Bedingungen, Selbstverständlichkeiten und Möglichkeiten der Digitalität thematisiert werden (Steinberg & Bonn, 2021). So wird beispielsweise der Einfluss digitaler Technologien auf ästhetisch-expressive Lehr-/Lernprozesse und medialbewegungsbezogene Praktiken der Schüler*innen im Schulsport hinterfragt (Zühlke et al., 2020). Rode (2019) legt eine subjektivierungstheoretische Perspektive auf das Phänomen Self-Tracking. Bonn (2020, 2021) eröffnet sportdidaktische Überlegungen zur Selbstvermessung mit Selftracking als Gesellschaftsphänomen. Digitale Medien werden demzufolge als Mitwirkende in Konstellationen von Körper, Medien und Selbst betrachtet (Stern, 2019). Somit geraten auch Adressierungen in Medienkonstellationen in den Blick und eröffnen Fragen wie „Welchen Aufforderungscharakter hat das technische Setting? Wer wird darin adressiert und wer ausgeschlossen? [...]" (Klinge & Przybylka, 2021, S. 56).

Diese Überlegungen werden nur spärlich in Konzeptionen für die Sportlehrkräftebildung überführt. Janetzko (2021) schlägt ein Lehrkonzept vor, das einen kritisch-reflektierten Medien- sowie Subjektbegriff zugrunde legt. Materialitäten, Praktiken und Subjektpositionierungen werden als bedeutsam für die sich vollziehende Praxis erachtet und damit einhergehende Subjektivierungseffekte offengelegt. Ansätze wie diese, sind bisher nur vereinzelt auszumachen, aber höchst relevant für die Entwicklung von Konzeptionen zur Medienbildung im Fach Sport.

1.3 Zwischenfazit

Zwar ist im fachdidaktischen Diskurs eine Auseinandersetzung mit Digitalisierungsprozessen zu vernehmen, eine Abkehr von einer instrumentell verstandenen digitalen Bildung hin zu einer Bildung in einer Kultur der Digitalität ist allerdings weder in entsprechenden Empfehlungen zur Unterrichtsgestaltung erkennbar, noch in der Sportlehrkräftebildung verankert (Rode, 2021a). Durch entsprechende Empfehlungen für die Unterrichtspraxis und Konzeptionen einer durch digitale Medien gestützten Ausbildung werden angehende Sportlehrkräfte in ihrem fachspezifischen Habitus (als Sportler*in) bestärkt (Klinge, 2004). Digitalisierungsbezogene Irritationen und Verschiebungen geraten nur selten in den Fokus von Lehr-/Lernprozessen und werden damit häufig weder im Sinne einer fachbezogenen Medienreflexion sichtbar, noch für Bildungsprozesse fruchtbar gemacht. Ausgebildet wird zum (Be-)Lehren in Bestimmtheitsräumen, ohne sich mit den Verflechtungen und Wechselwirkungen einer digital geprägten Welt auseinanderzusetzen.

Während die einen Schüler*innen damit einhergehende Effekte als Entfähigung erfahren, erleben andere diese als Befähigung (Alkemeyer & Buschman, 2017). Um diese ‚blinden Flecken' der digitalisierungsbezogenen Entwicklungen im Fach Sport in der Ausbildung angehender Sportlehrkräfte aufzudecken, wurde das Medienkonstellationsmodell des Medienwissenschaftlers Andreas Weich als Grundlage für ein Seminar herangezogen (Kap. 3), das im Folgenden vorgestellt wird.

2 Medienwissenschaftliche Perspektive als Grundlage einer fachspezifischen Medienbildung

Die Reflexion des Fach- und Selbstverständnisses trägt maßgeblich zur Professionalisierung von Lehrkräften bei. Anzunehmen ist, dass sich das Fach-, Selbst- und Medienverständnis gegenseitig bedingen. Sollen Sportlehrkräfte auf Grundlage eines „reflektierte[n] Welt- und Selbstverhältniss[es]" (Gapski, 2019, S. 26) in Schule tätig werden, ist die Auseinandersetzung mit Subjektivierungsprozessen in einer Kultur der Digitalität unerlässlich. Für entsprechende Reflexionsprozesse bietet das Medienkonstellationsmodell nach Weich (2020) eine strukturierende Grundlage. Es knüpft an medienwissenschaftliche Theorien an und liefert eine „Heuristik zur Analyse, Reflexion und Gestaltung medialer Wirklichkeiten" (ebd. 2023, S. 3). Insbesondere die interdisziplinäre Ausrichtung und das Anliegen, Analyseperspektiven und Fragen in Bezug auf Medienkonstellationen zu entwickeln (ebd.), macht das Modell besonders geeignet für die fachspezifische Medienbildung angehender Lehrkräfte.

2.1 Medien als Konstellationen

Abb. 11.1 zeigt das Medienkonstellationsmodell, welches Medialität als das Zusammenspiel von Materialitäten, Wissen und Praktiken, Inhalten sowie Subjektpositionen und damit als „Produkt heterogener Konstellationen" (Weich, 2023, S. 4) betrachtet, in denen die Elemente in vielseitigen Wechselbeziehungen zueinanderstehen, sich beeinflussen und gegenseitig bedingen.

Als *Materialitäten* werden die materiell essenziellen Bestandteile einer Medienkonstellation beschrieben: Medientechnologien und deren Bestandteile, Infrastrukturen, räumliche Umgebungen und die Körperlichkeit der an der Medienkonstellation Beteiligten. Unter *Inhalt* ist das im Medium über verschiedene Kanäle Dargestellte bzw. Gezeigte zu verstehen. Als weiteres Element werden das zur Hervorbringung von und zur Teilhabe an der Medienkonstellation sowie ihrer Bestandteile notwendige *Wissen* beschrieben. Darunter gefasst wird ebenso das Wissen, das in Medienkonstellationen eingebracht oder (re-)produziert wird oder über sie hinausgeht (ebd., S. 7 f.). Mit *Praktiken* sind symbolische und/oder körperliche Handlungen der an der Medienkonstellation beteiligten Akteure gemeint. Schließlich werden mit der Betrachtung der *Subjektpositionen* Funktionsstellen (im Sinne von Anforderungsprofilen) ins Auge gefasst, die für menschliche Akteure in der Medienkonstellationen vorgesehen oder möglich sind. So beeinflusst beispielsweise die Materialität einer Medienkonstellation immer auch mögliche Praktiken und Subjektpositionen. Für eine*n filmende*n Schüler*in (Bsp. 1 Lena) ergeben sich beispielsweise über die Position der Nutzer*in hinausgehend Möglichkeiten (und damit auch Machtpositionen), die sich wiederum auf die Subjektpositionierung des*r Gefilmten (Bsp. 1 Mara) auswirken können oder abhängig sind vom Wissen über bestimmte Praktiken (Bsp. 2). Das Modell nimmt somit nicht Einzelmedien in den Blick, sondern die „vielgestaltigen ko-konstitutiven Verflechtungen digitaler und analoger Elemente" (Weich,

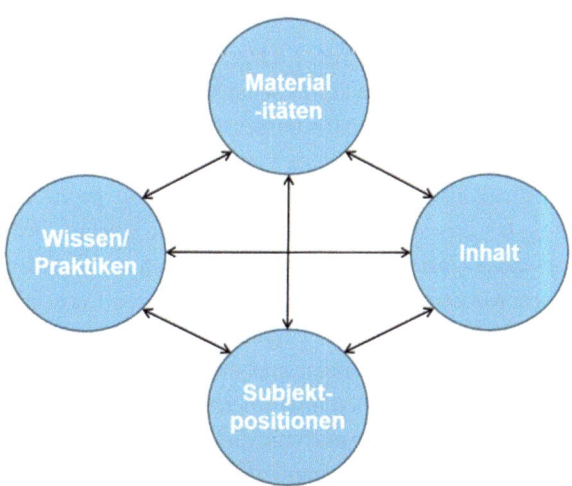

Abb. 11.1 Das Medienkonstellationsmodell Nach Weich (2020), S. 6

2023, S. 6) von Medienkonstellationen und kann Tiefenstrukturen offenbaren, die in einer Medienkonstellation für unterschiedliche Subjekte von Bedeutung sind (Weich et al., 2020).

2.2 Subjektpositionen im Fokus von Bildungsprozessen

Es ist von zunehmenden Komplexitätssteigerungen und Verflechtungen zwischen Subjektivierungsweisen und Medien auszugehen (Missomelius, 2021). Das Subjekt muss somit als ein in Medienkonstellationen hervorgebrachtes aufgefasst werden: „Wir können das Individuum nicht mehr als ganzheitliches, zentriertes, stabiles und vollendetes Ich oder als autonomes, rationales ‚Selbst' betrachten […]" (Stuart Hall, 2000, S. 82, zitiert nach Missomelius, 2021, S. 130). Im Sinne des Medienkonstellationsmodells wird das Subjekt durch die an der Medienkonstellation beteiligten Elemente verschieden positioniert. Ausgegangen wird von Subjektpositionen, die es (un-)bewusst, bereit- oder widerwillig bekleiden, aber auch ablehnen kann.

Wenn angenommen wird, dass „Medienkonstellationen […] die medialen Strukturen von Bildung dar[stellen]" (Weich, 2022, S. 466), kann Bildung „als Fähigkeit des Reflektierens der Subjektpositionierung und des bewussten Auswählens verschiedener Medienkonstellationen als Selbst- und Weltverhältnisse" (ebd.) konturiert werden. Bildung ist die „unabgeschlossen-prozesshafte Transformation von Sichtweisen auf Welt und Selbst" (Missomelius, 2021, S. 24) und ein Prozess, in dem mit Krisen konstruktiv umgegangen wird (ebd.). Eine in diesem Sinne verstandene Sportlehrkräftebildung zielt also nicht vordergründig auf die Ausbildung und den Erwerb definierter Kompetenzen, sondern wird vielmehr verstanden als ein „Sichfremdwerden" (Dörpinghaus, 2003, S. 9).

3 Medienbildung als Bestandteil professioneller Sportlehrer*innenbildung

Unter Einbezug der zuvor dargestellten medienwissenschaftlichen Perspektive wurde in Lehrveranstaltungen zum Thema Medienbildung eine umfassende Reflexion des Medien-, Fach- und Selbstverständnisses angehender Sportlehrkräfte angestrebt. Leitend waren Fragen zur Interdependenz von Körpern und digitalen Medien. Wie werden Subjekte in Medienkonstellationen hervorgebracht bzw. positioniert und welchen unmittelbaren Einfluss hat dies auf das körperlich-leibliche Erleben? Angestrebt wurde damit weder die tendenzielle Unsichtbarkeit digitaler Medien als Werkzeuge, die im Hintergrund eines Lehr-/Lernprozesses zum Zwecke eines gesetzten Lernziels ihren Dienst verrichten, noch eine „Einarbeitung im Sinne vorgefasster Subjektpositionen" (Stern, 2019, S. 53). Vielmehr standen das Wahrnehmen und die Reflexion von Angebotsräumen sowie Irritationen in Medienkonstellationen im Vordergrund der Lehrveranstaltung.

Medienbildung wird somit verstanden als das Offenlegen reflexiver Potenziale von medialen Räumen, sodass implizit eingeschriebene Machtverhältnisse und Vorstellungen Reflexionen zugänglich gemacht werden können (Jörissen & Marotzki, 2009). Wie werden (z. B. zweigeschlechtliche) Körpernormierungen des außerschulischen Sports in Technologien verhandelt, die im Schulsport zum Einsatz kommen? Wie werden Personen und Körper positioniert, auch diejenigen, die nicht den geschlechterbinären Strukturen des Sports entsprechen oder „als gesundheitlich gefährdete Körper" (Heckemeyer, 2021, S. 234) gelten und damit dem angelegten Leistungsideal widersprechen?

Entsprechende Fragen und Reflexionsprozesse können für (angehende) Sportlehrkräfte als höchst relevant angesehen werden, da in der eigenen Sport- und Bewegungssozialisation begründete Vorstellungen häufig wenig reflektiert auf den Sportunterricht übertragen werden. Eine durch Technologien verstärkte Ausrichtung der Lehr-/Lernprozesse auf Optimierung und Effizienz birgt die Gefahr der einseitigen Erfahrung funktionalistischen Bewegens der Schüler*innen. Die eingangs vorgestellten Beispiele verdeutlichen, dass ein wiederholtes Nicht-Passen hinsichtlich in Medienkonstellationen vorgeschlagener Subjektpositionen von enormer Bedeutung sein kann. Ein Scheitern wird am eigenen Leib spür- und vor allem sichtbar oder liegt (erkennbar) in der eigenen Körperlichkeit begründet. Öffentlich sichtbare Degradierungen und die Einverleibung entsprechender Deutungs-, Wahrnehmungs- und Handlungsmuster können die Folge sein.

3.1 Erfahrungen in der Virtuellen Realität als Reflexionsanlass

Die Auseinandersetzung mit der noch relativ unbekannten Technologie der Virtuellen Realität (VR) diente als Aufhänger, um Suchbewegungen im Fremden und Neuen zu ermöglichen (Wiesche et al., 2023). Zuvor wurde durch die Seminarleitung eine Auswahl von Anwendungen getroffen, die unterschiedliche Perspektiven körperlicher Bewegungen und Erfahrungen ermöglichen: Fitness- und Bewegungsanwendungen (*FitXR, BeatSaber, Oh Shape*), Sportartensimulationen (*Eleven Table Tennis, The Climb, Carve Snowboarding, Creed: Rise to Glory*) sowie Anwendungen, die Explorationen und Gestaltungen (*Richie's Plank Experience, Tilt Brush*) ermöglichen. In Dreiergruppen agierte eine Person im simulierten Raum, während die anderen die Rolle der Beobachter*innen einnahmen und sich mit Reflexions- und Impulsfragen auseinandersetzten. Die Fragesammlung wurde im Laufe der Semester 2021–2023 auf Grundlage des Medienkonstellationsmodells entwickelt und je nach Schwerpunkt der Seminare modifiziert.[5] Die Studierenden wurden dabei hinsichtlich ihrer Körper- und Bewegungserfahrungen, beeindruckender und irritierender Momente, wahrgenommener und zugewiesener ‚Rollen' sowie ihres Umgangs damit befragt. Zum Abschluss der VR-Einheiten trugen sie ihre verschrifteten Notizen zusammen und werteten ihre Ergebnisse in weiteren Seminareinheiten unter Einbezug des

---

[5] Dies geschah in Zusammenarbeit mit der Medienkulturwissenschaftlerin Nicola Przybylka (M.A.) im Rahmen des Forschungsprojekts „DiAL:OGe – Digitalisierung in der Ausbildung von Lehramtsstudierenden: Orientierung und Gestaltung ermöglichen" der Ruhr-Universität Bochum (Förderkennzeichen 01JA2040).

Medienkonstellationsmodells aus. Aufgrund der stark variierenden Erfahrungen der Studierenden kristallisierten sich im gemeinsamen Auswertungsprozess Spannungsfelder heraus, von denen hier vier exemplarisch ausgewählt werden:

1. zwischen Vertrautheit und Fremdgefühl
2. zwischen Selbstbestimmung und Fremdbestimmung
3. zwischen Bestätigung und Neuorientierung
4. zwischen Selbstwahrnehmung und Fremdwahrnehmung

Anhand von Aussagen Studierender wird im Folgenden aufgezeigt, welche Vorstellungen, Denk-, Handlungs- und Wahrnehmungsmuster sich daraus in Bezug auf ihr Medien-, Fach- und Selbstverständnis ableiten lassen.

3.1.1 Zwischen Vertrautheit und Fremdgefühl

> „Man war in den Anwendungen eigentlich immer eine eher sportliche Figur, die einem selbst ein positives Gefühl gegeben hat. Außerdem wurde man gelegentlich auch gecoacht und auch motiviert, um besser zu werden. Negative Gefühle kamen dabei nicht auf." (P.1.m)

Der Student besetzt die wahrgenommene Subjektposition des zu trainierenden und zu motivierenden Sportlers mit positivem Gefühl. Er geht davon aus, dass der*die User*in in den meisten Anwendungen eine „sportliche Figur" (P.1.m) sei. Dabei werden außer in der Anwendung *Creed: Rise to Glory* (Boxkampf), in der ein Teil des eigenen Körpers als sportiver, männlicher Unterkörper dargestellt ist, ausschließlich die virtuell dargestellten Hände sichtbar. Auch in vielen weiteren Aussagen Studierender zeigt sich, dass die durch die Anwendungen vorgeschlagene bzw. durch die Studierenden wahrgenommene Subjektposition des*r trainierenden und zu optimierenden Sportlers*in bereitwillig und motiviert eingenommen wird. Ein selbstverständliches Bekleiden dieser Subjektposition in Verbindung mit einem in der Regel beschriebenem positiven und vertrauten Gefühl lässt auf eine entsprechende Passung mit dem Selbstverständnis als Sportler*in schließen (Haverich, 2020).

Eine Studentin beschreibt hingegen ein neuartiges Körper- bzw. Selbsterleben in der virtuellen Realität, das sich von ihren Erfahrungen im alltäglichen Bewegungshandeln unterscheidet:

> „Beeindruckend war, dass ich das Gefühl hatte, in der virtuellen Welt stärker zu sein als in der realen Welt. Ich konnte einfach so Blöcke zerschlagen und meinen muskulösen Boxgegner k.o. schlagen. Wenn ich jetzt darüber nachdenke, fällt mir auf, dass man bei solchen Bewegungen gar keinen Widerstand gespürt hat – das hat dem realistischen Gefühl aber komischerweise trotzdem keinen Abbruch getan." (P.2.w)

Die Position des starken und überlegenen Subjekts wird hier als neue Erfahrung beschrieben. Erst im Nachgang wird der Studentin bewusst, dass eine für sie als notwendig erachtete Bedingung für das Gefühl des Starkseins, nämlich ein spürbarer Widerstand, in der Medienkonstellation nicht gegeben ist. Die Bedingungen der Digitalität wirken somit grundlegend an der Erfahrung mit, beeinflussen die Wahrnehmung und bringen in diesem Fall das Subjekt als sich stark erlebend hervor. Dies scheint die Studentin erst im Nachgang zu realisieren. Im Moment des praktischen Vollzugs spielte diese Abweichung von bisherigen Erfahrungen hinsichtlich des ‚realistischen Gefühls' jedoch keine Rolle. P.2.w. schlüpft in eine andere Rolle, die hier – anders als bei einem spielerischen „So-tun-als-ob" (Wiesche et al., 2023, S. 105) – als real Handelnde erlebt wird. Im Gegensatz dazu beschreibt P.3.m ein Unterlegenheitsgefühl, das sich für ihn aufgrund der Darstellung des Gegners ergibt:

> „Der gegnerische Boxer war körperlich sehr stark austrainiert und viel größer als ich. Dementsprechend hatte ich irgendwie die ganze Zeit das ungute Gefühl, körperlich unterlegen zu sein." (P.3.m)

Die Position des Starken, die sich für P.2.w in der virtuellen Boxarena ergibt, eröffnet sich für P.3.m nicht. Er nimmt die visualisierte Darstellung des Gegenübers als ‚überlegen' wahr, und reagiert auf den virtuellen (Symbol-)Körper mit einem ‚unguten Gefühl'.

Durch die Gegenüberstellung unterschiedlicher Erlebnisse und Eindrücke in der VR standen die sich eröffneten Subjektpositionen und mögliche Erklärungen für unterschiedliche Wahrnehmungen im Zentrum der Diskussionen. Mit Hilfe des Medienkonstellationsmodells wurden die Wechselwirkungen zwischen Inhalten, Wissen, Praktiken, Materialitäten und Subjektpositionen anschaulich, wobei der Körper als wahrnehmender und durch Vorerfahrungen geprägter Körper und wesentlicher Bestandteil von Medienkonstellationen in den Blick geriet.

3.1.2 Zwischen Selbstbestimmung und Fremdbestimmung

> „Ich bin der, der das Werkzeug (VR, Controller) nutzt. Aber gleichzeitig bin auch ich irgendwie derjenige, der ‚genutzt' wird. Jedoch bin ich der, der kreativ mit dem Werkzeug werden kann und entscheidet, was ich damit anfange." (P.4.m)

P.4.m differenziert zwischen dem Medium VR als (neutrales) benutzbares Werkzeug und als ermöglichendes und zugleich eingrenzendes Mitwirkendes. Das Selbst wird als dasjenige erlebt, das in Medienkonstellationen die Entscheidungen trifft. Andere Aussagen Studierender schwanken zwischen einem Erleben vollkommener Selbstbestimmung als unabhängige Nutzer*innen der Technologie und einem Austesten von Spielräumen sowie einem damit verbundenen Wahrnehmen und Erfahren von Begrenzungen:

> „Die Spiele geben dem Spieler das Gefühl von vollkommener Freiheit. In der Snowboard-Anwendung konnte ich einfach fahren, wie ich wollte. Ich hatte keine bestimmte Rolle, die ich einnehmen musste." (P.5.m)

> „Ich hatte ein Gefühl der Neugier: Was passiert, wenn ich mich anders verhalte? Ich habe irgendwie versucht, die Konsequenzen zu testen. Man konnte z. B. nicht abseits der Piste fahren oder beispielsweise beim Boxen den Kampfrichter schlagen." (P.6.m)

Während zum einen keinerlei Einschränkungen wahrgenommen werden und sich ein Gefühl von „vollkommener Freiheit" (P.5.m) einstellt, werden zum anderen antizipierte Grenzen und Spielräume getestet.

Im Austausch über unterschiedlichste Erfahrungen konnten im Seminar kulturelle Einschreibungen und Grenzen der Technologie thematisiert werden, die beispielsweise auch auf Unternehmensphilosophien hinweisen. Implizite Selbstverständlichkeiten, Werte, Vorstellungen von Körpern und Bewegung, Spiel und Sport wurden nicht nur auf der Ebene der Inhalte (z. B. unzulässige Gewalt gegen Schiedsrichter), sondern beispielsweise auch hinsichtlich der Materialität (z. B. Gestaltung und Funktionsweise der Controller und VR-Brillen) diskutiert.

3.1.3 Zwischen Bestätigung und Neuorientierung

> „Es müsste diskutiert werden, inwiefern man durch die VR-Anwendungen den Bezug zur Realität verliert und es demnach eventuell zum Verlust der wirklichen Erfahrung des Körpers kommt, denn falsche Bewegungsausführungen führen in der VR trotzdem zum Erfolg, wodurch man die Sportart dann nicht richtig lernt." (P.7.m)

Hier offenbart sich die Befürchtung eines Verlusts des traditionellen Sportartenlernens. Nur ein solches Sporttreiben wird von P.8.m als „wirkliche Erfahrung des Körpers" und „richtiges" Lernen beschrieben. Das dominierende Fachverständnis (Abschn. 1.2) kommt hier klar zum Vorschein. Besonders deutlich werden die bestehenden Vorstellungen des ‚richtigen Sports' in der Anwendung *Tilt Brush*, in der sich der*die User*in mithilfe unterschiedlichster Tools (Stifte, Pinsel, Farbpaletten, Effekte, Symbole etc.) durch das Bewegen der Controller eine eigens gestaltete Umgebung schaffen kann.

> „In Tilt Brush war ich irgendwie unsicher, was ich überhaupt machen soll. Klar konnte man sich frei bewegen und dabei etwas in den Raum malen, aber das Spiel hatte überhaupt kein Ziel und war eher langweilig. Mit Sport hatte das auch nichts zu tun." (P.8.m)

Der Student ist irritiert darüber, dass ihm von der Anwendung weder eine klare Rolle noch ein zu erreichendes Ziel vorgeschlagen wird, was seinem Selbstverständnis als Sportler widerspricht. Solche Krisenmomente der Überforderung und Irritation ergeben sich, „wenn das Individuum in Medienkonstellationen eintritt, die Subjektpositionen erfordern, deren Anforderungen nicht mit der jeweiligen Individualsituation zusammenpassen" (Weich, 2022, S. 466). Das von P.8.m beschriebene „sich frei bewegen"-Können wird zwar beiläufig erwähnt, aber als sinnentleert erachtet. Auch bei anderen Studierenden zeigt sich ein Ausweichverhalten gegenüber einer solchen Situation der Unbestimmtheit und Vieldeutigkeit. Nicht selten ist zu beobachten, dass Studierende verhältnismäßig kurz in der Anwendung bleiben und diese mit Wertungen wie ‚langweilig' und ‚sinnfrei' abbrechen. Nur einzelne Studierende setzen sich mit dieser offenen Situation auseinander und entdeckten spannende Momente (siehe Abb. 11.2):

Abb. 11.2 Explorieren in *Tilt Brush*

„Es war aufregend sich im Mittelpunkt einer selbst gestalteten Umgebung bewegen zu können und sich diese aus ganz unterschiedlichen Perspektiven anschauen zu können." (P.9.w)

„Man konnte die Kunstwerke dann auch ganz klein ziehen und drauf herumtrampeln oder vergrößern und quasi in ihnen und durch sie hindurchlaufen. Mit der Zeit wurde ich auch freier und habe ganz große Bewegungen oder mal die Augen zu gemacht. Danach hab ich mich dann oft über die entstandenen Linien gewundert. Das war irgendwie cool." (P.10.m)

Auch in der Auseinandersetzung mit Sportsimulationen deutet sich an, dass Irritationen des bekannten und automatisierten Bewegungshandelns nicht per se mit einer negativen Bewertung quittiert, sondern in Frage gestellt bzw. neu verhandelt werden. Ein Student lässt beispielsweise von bekannten Bewegungsmustern ab und richtet sein Bewegungshandeln unter den Bedingungen der spezifischen Medienkonstellation neu aus:

„Beim Tischtennis habe ich zunächst versucht, so zu spielen wie ich es auch im realen Leben machen würde, z. B. im Hinblick auf die Schnelligkeit und Härte des Schlages. Ich musste aber schnell feststellen, dass die Intensität in dem Spiel deutlich niedriger sein muss, um Punkte zu erzielen und die Platte zu treffen, und habe somit meine Strategie geändert." (P.11.m)

Die beschriebene „Strategie" (P.11.m) deutet auch auf eine beobachtete nahezu omnipräsente Leistungsorientierung der Sportstudierenden im Kontext von Bewegung, Spiel und Sport hin, welche bereits bei P.1.m anklingt. In der Anwendung *Beat Saber*, in der es darum geht, auf den Spielenden zufliegende Blöcke im Rhythmus der Musik zu zerschlagen, zeigt sich eine ausgeprägte Bewegungsfreude. Ein Studierender macht äußerst variantenreiche und raumgreifende Bewegungen, die er mit dem gesamten Körper zum

Rhythmus der Musik ausführt, bis ihn ein Mitstudent darauf aufmerksam macht, dass er nicht alle Punkte erreiche, wenn er die Blöcke nicht in vorgegebener Pfeilrichtung zerschlage. Der Student erklärt, die Pfeile nicht gesehen zu haben und absolviert die nächste Runde mit wesentlich variantenärmeren, monotoneren Bewegungen. Auf Nachfrage, welche Runde ihm mehr Freude bereitet habe, spricht er sich zwar für die erste Spielrunde aus, doch jetzt, wo er wisse, dass es die Pfeile gebe, könne er sie nicht mehr ignorieren, sonst könne er ja schließlich nicht gewinnen. Der Wettkampf wird hier klar der Exploration der Freiräume vorgezogen.

Nicht nur bei Sportsimulationen zeigt sich die große Relevanz des Kriteriums ‚Bewegungsintensität'. Ist diese hoch und kommt der*die User*in ins Schwitzen, wird die Anwendung als sinnvoll und positiv bewertet, womit sich die Leitidee der Leistung und Optimierung bestätigt. Diese Bewertungen werden nicht nur anhand beobachteter und erlebter Bewegungszeit oder -intensität vorgenommen, sondern aufgrund einverleibter Selbstverständlichkeiten von Sport:

> „Die Erfahrungen sind komplett unterschiedlich. Die Anwendung Richie's Plank Experience war eher gemütlich, Klettern war sportlicher." (P.12.m)

In der Anwendung *Richie's Plank Experience* begibt sich der*die Anwender*in in der VR mittels eines Fahrstuhls auf ein Hochhaus, auf dem in schwindelerregender Höhe ein frei schwebendes Brett überlaufen werden kann. In der Anwendung *The Climb* klettert der*die User*in in der VR aus vermeintlich eigener Kraft bis in schwindelerregende Höhen eines Gebirges, im Seminarraum bewegt er*sie ausschließlich die Arme und dies ohne Widerstand oder Kraftaufwendung. Die Gegenüberstellung von „gemütlich" (P.12.m) und „sportlicher" (P.12.m) des Studierenden beruht demnach auf vorhandenen Vorstellungen oder Vorerfahrungen.

Die in den Aussagen und Beobachtungen deutlich werdenden Tendenzen verweisen auf einen äußerst stark einverleibten „Habitus (als Sportler/in)" (Klinge, 2002, 157), der nahezu nicht reflektiert oder in Frage gestellt wird. Studierende machten schnell Gamification-Elemente, Punkte, Ranglisten etc. für das dominierende Leistungsbestreben verantwortlich, richteten jedoch unter Einbezug des Medienkonstellationsmodells ihren Fokus auch auf ihr praktisches Wissen als Sportler*in, welches in den Medienkonstellationen wirksam wurde. Rückschlüsse auf die gesellschaftlich verankerte Sport- und Bewegungskultur und deren Einflüsse auf das Verständnis des Faches Sport standen unmittelbar zur Diskussion.

3.1.4 Zwischen Selbstwahrnehmung und Fremdwahrnehmung

Die einverleibten sozialen Strukturen des organisierten Sports schlagen sich nicht nur in einer ausgesprochen homogenen Körperlichkeit der Sportstudierenden nieder, sondern auch in klaren Haltungen über die Legitimität ihrer „Sportkörper" (Rumpf, 1983, S. 333). Disabilisierte Körper sind trotz langjähriger Inklusionsdebatten bis heute kaum in der Lehrkräftebildung für das Fach Bewegung und Sport präsent (Heckemeyer, 2021). Die

Dominanz dieser Vorstellungen und die starke Sportartenorientierung (am ‚nichtbehinderten' Sport) in fachpraktischen Lehrveranstaltungen bildet demnach ein zentrales Referenzfeld für die Bewegungserfahrungen angehender Sportlehrkräfte (ebd.). Durch entsprechende Impulsfragen (*Für wen ist die Anwendung geeignet? Inwiefern werden Personen oder Körper ausgeschlossen?*) sollten Studierende zur Reflexion über die in Medienkonstellationen vorherrschenden Vorstellungen hinsichtlich legitimer oder illegitimer Körper angeregt werden.

> „Man hatte nicht wirklich das Gefühl zu klettern, da man sich quasi nur mit den Händen fortbewegt hat. Auf Dauer war das etwas eintönig. Menschen, die eine körperliche Behinderung aufweisen, haben durch die VR allerdings eine Chance, Sportarten, die sie eigentlich nicht ausführen können, auszuprobieren." (P.13.m)

Es klingt an, dass die Bewegungsqualität der Anwendung *The Climb* als gering im Vergleich zum ‚echten' Klettern erlebt wird. Dennoch sieht der Student P.13.m die Chance, körperlich eingeschränkten Personen eine neue Erfahrung zu ermöglichen, selbst wenn er sie als „eintönig" einstuft. Die eigenen (körperlichen) Voraussetzungen werden als Normalität aufgefasst und der Technologie eine Art Ausgleichsfunktion zugeschrieben. Somit erscheint Diversität als etwas, das – in diesem Falle technisch – überwunden oder kompensiert werden soll.

Solche Erfahrungen stoßen Reflexionen über Normalitätsvorstellungen von Körpern an, die in (digitalen) Medien eingeschrieben sind. Sie decken damit verbundene Selbstpositionierungen und ‚blinde Flecken' im Hinblick auf einen inklusiven, diversitätssensiblen Sportunterricht im Kontext von Digitalität auf.

3.2 Weiterführende Analysen

Innerhalb der identifizierten Spannungsfelder konnten Reflexionsprozesse bezüglich eines Medien-, Fach- und Selbstverständnisses in Gang gesetzt werden, die zu ersten Erkenntnissen und weiteren Fragen führten. Auf dieser Grundlage setzten sich die Studierenden mit weiteren Medienkonstellationen auseinander.

Am Beispiel verschiedener Tracking-Apps testeten sie den eigenen Umgang mit Hilfe o. g. Impulsfragen über mehrere Wochen und analysierten die Inhalte und Darstellungsweisen der Applikationen. Unter dem Aspekt der Selbst- und Fremdbestimmung analysierten sie die von den Apps vorgeschlagenen Subjektpositionen und arbeiteten ihren eigenen Umgang mit impliziten wie expliziten Einforderungen zur Selbstoptimierung heraus. Sie stellten die Frage nach alternativen Verwendungsweisen und testeten das ‚GPS-Drawing' (siehe Abb. 11.3) als eine Möglichkeit, eine Tracking-App explorativ und gestalterisch zu nutzen.

Andere testeten Apps, die zur Tanz- und Bewegungsgestaltung auffordern. Sie fragten nach Identifikationsangeboten (z. B. durch bildliche Repräsentationen der Geschlechter) und danach, welche dieser Positionen sie selbstverständlich, zögernd oder widerwillig be-

Abb. 11.3 Mit GPS-Tracking gestalten

Abb. 11.4 Bewegungssimulation via Smartphone-Tracking mit der App. *JustDanceNow*

setzen (siehe Abb. 11.4 und 11.5). Im Hinblick auf das Spannungsfeld Vertrautheit und Fremdheitsgefühl stellten sie fest, dass sie sich mit konkreten Bewegungsvorgaben, wie sie in der App *JustDanceNow* mittels Smartphone-Tracking gefordert werden, stärker identifizieren konnten als beispielsweise in der Auseinandersetzung mit Anforderungen, die Exploration und Gestaltungsspielraum ermöglichen (z. B. *#digitanz – Mr. Griddle* oder *CocoonDance – MoveApp)*. In der weiteren Auseinandersetzung mit den Anwendungen konzentrierten sie sich zunehmend auf eingeschriebene Funktionslogiken und damit verbundene Vorstellungen über Körper, Geschlecht und Leistung.

Andere Gruppen befassten sich mit Applikationen zur Bewegungsanalyse und der Frage, welche Subjektpositionen für wen und welche Körper ermöglicht werden. So

Abb. 11.5 *„Bin ich der Mann oder die Frau?"* – Analyse von Identifikationsangeboten

wurde die Funktion des Splitscreens (als Möglichkeit eines Vergleichs der eigenen Bewegungsausführung mit der eines Idealbildes) beispielsweise hinsichtlich möglicher Spielräume im Sinne einer Neuorientierung befragt.

Die aus dieser Phase hervorgegangenen Erfahrungen und Erkenntnisse wurden abschließend im Kontext des Schulsports diskutiert, indem Studierende beispielsweise ausgewählte Praxisempfehlungen hinsichtlich ihres expliziten oder implizit zugrunde liegenden Medien- sowie Fachverständnisses befragten und erste Ideen für eine handlungsorientierte Medienreflexion im Sportunterricht formulierten.

4 Fazit

Der vielfach publizierte instrumentelle und solutionistische Umgang mit digitalen Medien im Sportunterricht begünstigt die Passfähigkeit von habitualisierten Einstellungen angehender Sportlehrer*innen und verstärkt das bestehende fachkulturelle Problem: die historisch gewachsene und habitualisierte Orientierung am organisierten Sport. Die Beispiele aus der sportunterrichtlichen Praxis verdeutlichen die Komplexität medialisierter Praktiken und die Notwendigkeit entsprechende Wechselwirkungen in hoher Auflösung sichtbar zu machen. Nur so können für Schüler*innen höchst bedeutsame Subjektivierungsprozesse offengelegt werden.

Mit dem vorgestellten Seminar werden Impulse geliefert, wie Sportstudierende zur Reflexion ihres Medien- und Fachverständnisses angeregt und bisherige Wahrnehmungs- und Erfahrungsstrukturen irritiert bzw. ‚aufgebrochen' werden können. Dabei hatten die Fremdheitserfahrungen in der Virtuellen Realität eine erkenntnisrelevante Bedeutung. Sportstudierende machten Erfahrungen außerhalb eines Lernens in gesetzten Bestimmtheitsräumen, sodass Bildungsprozesse als Auseinandersetzung mit Unbestimmtheit ermöglicht wurden (Allert & Asmussen, 2017). Die durch die Impulsfragen und deren Beantwortung veranschaulichte Mehrperspektivität eröffnete weitreichende Spannungsfelder, auf deren Grundlage angenommene Selbstverständlichkeiten sowie Subjektpositionierungen in ganz unterschiedlichen Medienkonstellationen erkannt und in Frage gestellt wurden.

Die Summe und Durchschlagskraft der Erfahrungen war allerdings nicht bei allen Studierenden ausreichend, um ein einverleibtes ‚enges' Fach- und daran anschlussfähiges instrumentelles Medienverständnis grundlegend zu erweitern. Es zeichnet sich ab, dass insbesondere bei stark ausgeprägtem Habitus als Sportler*in die Bewusstwerdung des Selbstverständlichen nicht automatisch zu Bildungsprozessen im Sinne eines konstruktiven Umgangs mit Krisen führt.

Sollen Schüler*innen im Sinne des Erziehungs- und Bildungsauftrags des Schulsports ganzheitlich und vor dem Hintergrund aktueller gesellschaftlicher Herausforderungen gefördert werden, muss es in der Sportlehrer*innenbildung umso mehr darum gehen, eine kritisch-konstruktive, forschende Haltung gegenüber (digitalen) Medien zu stärken und angehende Sportlehrkräfte zu einer innovativen Gestaltung von Lehr-/Lernprozessen zu motivieren. Lehrkräfte, die sich nicht ausschließlich als Nutzer*innen oder Kritiker*innen sondern als „Gesellschaftsgestalter*innen" (Macgilchrist, 2017, S. 160) wahrnehmen, „‚beugen' selbstverständliche Erwartungen an die digitale Welt […] und werfen Fragen auf, wie digitale Bildung anders aussehen könnte" (ebd., S. 162). Unabdingbar hierfür ist die breit angelegte curriculare Verankerung einer medienwissenschaftlichen Perspektive in der Sportlehrer*innenbildung.

Literatur

Alberts, H., Hatje, M., & Hildebrandt-Stramann, R. (2019). Schüler*innen drehen einen Lernfilm im Turnen. *Sportunterricht, 68*(1), 30–35.

Alkemeyer, T., & Buschman, N. (2017). Befähigen. Praxistheoretische Überlegungen zur Subjektivierung von Mitspielfähigkeit. In M. Rieger-Ladich & C. Grabau (Hrsg.), *Pierre Bourdieu: Pädagogische Lektüren* (S. 271–297). Springer.

Allert, H., & Asmussen, M. (2017). Bildung als produktive Verwicklung. In H. Allert, M. Asmussen, & C. Richter (Hrsg.), *Digitalität und Selbst. Interdisziplinäre Perspektiven auf Subjektivierungs- und Bildungsprozesse* (S. 27–68). transcript.

Bohr, F., & Kaczmarek, C. (2021). „Apps" zum Bewegungslernen. Einige Beispiele. *Sportunterricht, 70*(9), 416–418.

Bohr, F., Grigoroiu, V., Wendeborn, T., & Woznik, T. (2021). Digitale Medien im Sportunterricht. Eine Bestandsaufnahme. *Sportunterricht, 70*(9), 403–408.

Bonn, B. (2020). Digitaler und evidenzbasierter Sportunterricht mit Self-Tracking? *Sportunterricht, 69*(11), 500–504.

Bonn, B. (2021). Die App als Coach? Auf der Suche nach dem Pädagogischen beim Selftracking. *IMPULSE, 26*(1), 22–27.

Brümmer, K. (2014). *Mitspielfähigkeit. Sportliches Training als formative Praxis* (Praktiken der Subjektivierung). transcript.

Dimitriou, M. (2022). Körperstrategien. Fitness und Gesundheit als Lebensstilprämissen. *Schüler, 21*, 18–21.

Dober, R. (2019). Medieneinsatz im Sportunterricht. *Schüler unterstützen – Lehrkräfte entlasten. SportPraxis (Sonderheft)*, 7–12.

Dörpinghaus, A. (2003). Bildung. Plädoyer wider die Verdummung. *Forschung & Lehre, 16*(9), 3–14.

Gapski, H. (2019). Mehr als Digitalkompetenz. Bildung und Big Data. *APuZ, 27-28*, 24–29.

Greve, S., Thumel, M., Jastrow, F., Schwedler, A., Krieger, C., & Süßenbach, J. (2020). Digitale Medien im Sportunterricht. *Sportunterricht, 69*(11), 494–499.

Gugutzer, R. (2013). Der Kult um den Körper. Idealtypische Körperpraktiken der Selbstoptimierung. *Erwachsenenbildung, 2*(59), 67–70.

Hall, S. (2000). *Cultural Studies. Ein politisches Theorieprojekt. Ausgewählte Schriften.* Argument.

Haverich, A. K. (2020). *Sportlehrer*in-Werden. Rekonstruktion über die Passungsverhältnisse von Sportstudierenden im universitären Feld der Lehramtsbildung.* Klinkhardt.

Heckemeyer, K. (2021). Wer gilt als un_sportlich und in_kompetent?. Körpervorstellungen und Körpernormierungen in der Lehrpersonenbildung für das Fach Bewegung und Sport. In S. O. Dankwa, S.-M. Filep, U. Klingovsky, & G. Pfruender (Hrsg.), *Bildung.Macht.Diversität* (S. 227–242). transcript.

Hug, T., & Leschke, R. (2022). Von Der Medialisierung der Welt und der Mediatisierung des Diskurses. Sondierungen im Spannungsfeld von Begriffspolitik in medialen Infrastrukturen und begriffsanalytischen Differenzierungen. *MedienPädagogik* (Occasional Papers), 137–161. https://doi.org/10.21240/mpaed/00/2022.10.31.X

Janetzko, A. (2021). Digitale Lehr-Lern-Praktiken und ihre Subjekte. *Zeitschrift für Studium und Lehre in der Sportwissenschaft, 4*(3), 6–11.

Jastrow, F., Greve, S., Thumel, M., Diekhoff, H., & Süßenbach, J. (2022). Digitale Medien im Sportunterricht der Grundschule. Ein systematisches Review. In J. Schwier & M. Seyda (Hrsg.), *Bewegung, Spiel und Sport im Kindesalter* (S. 133–144). transcript.

Jörissen, B., & Marotzki, W. (2009). *Medienbildung – Eine Einführung.* Klinkhardt.

Klinge, A. (2002). Was bildet eigentlich in der Sportlehrer(aus-)bildung? In P. Elflein, P. Gieß-Stüber, R. Laging, & W. D. Miethling (Hrsg.), *Qualitative Ansätze und Biographieforschung in der Bewegungs- und Sportpädagogik* (Jahrbuch der Bewegungs- und Sportpädagogik in Theorie und Forschung, Bd. 1, S. 153–158). Afra.

Klinge, A. (2004). Lernen mit dem Körper – Anmerkungen zu einer fachspezifischen Besonderheit. In E. Beckers & T. Schmidt-Millard (Hrsg.), *Jenseits von Schule: Sportpädagogische Aufgaben in außerschulischen Feldern. Handbuch der Bewegungs- und Sportpädagogik in Theorie und Forschung* (Bd. 3, S. 92–104). Butzbach-Griedel.

Klinge, A., & Przybylka, N. (2021). Digitalisierung in dem Sportlehrer*innenbildung: alte Fragen neu gestellt. Zum Verhältnis von Fachlichkeit und Medien im Fach Sport. *Zeitschrift für Studium und Lehre in der Sportwissenschaft, 4*(3), 54–60.

Koller, H.-C. (2012). *Bildung anders denken. Einführung in die Theorie transformatorischer Bildungsprozesse.* Kohlhammer.

Krick, F., & Nowak, D. (2022). Digitale Medien im Sportunterricht. *Sportunterricht, 71*(1), 23–31.

Krieger, C., & Veit, J. (2019). Digitale Medien im Sportunterricht. *WIMASU Wissen.* https://wimasu.de/digitalemedien. Zugegriffen am 17.02.2022.

Kurschus, M., Rudolf, M., & Siller, S. (2022). Bewegungen sehen und verstehen. Wie lernen Schüler:innen Bewegung mithilfe von Videos? Was so leicht scheint, ist ein komplexer Vorgang, der altersentsprechend begleitet werden muss. Ein Vorschlag für ein Kompetenzstufenmodell. *Sportpädagogik, 46*(6), 35–37.

Macgilchrist, F. (2017). Die medialen Subjekte des 21. Jahrhunderts: Digitale Kompetenzen und/oder Critical Digital Citizenship. In H. Albert, M. Asmussen, & C. Richter (Hrsg.), *Digitalität und Selbst. Interdisziplinäre Perspektiven auf Subjektivierungs- und Bildungsprozesse* (S. 145–187). transcript.

Mertens, M. (2020). Nutzung des Erklärvideos. „Richtig aufwärmen im Sport" zur Verzahnung von Theorie und Praxis im Sportunterricht. *Sportunterricht, 69*(12), 564–567.

Ministerium für Schule und Bildung des Landes Nordrhein-Westfalen. (2019). *Sport. Kernlehrplan für die Sekundarstufe I Gymnasium in Nordrhein-Westfalen.* https://www.schulentwicklung.nrw.de/lehrplaene/lehrplan/210/g9_sp_klp_3426_2019_06_23.pdf. Zugegriffen am 23.03.2023.

Ministerium für Schule und Weiterbildung des Landes Nordrhein-Westfalen. (2014a). *Rahmenvorgaben für den Schulsport in Nordrhein-Westfalen*. Düsseldorf. https://www.schulentwicklung.nrw.de/lehrplaene/upload/klp_SI/HS/sp/Rahmenvorgaben_Schulsport_Endfassung.pdf. Zugegriffen am 23.03.2023.

Ministerium für Schule und Weiterbildung des Landes Nordrhein-Westfalen. (2014b). *Sport. Kernlehrplan für die Sekundarstufe II Gymnasium in Nordrhein-Westfalen*. https://www.schulentwicklung.nrw.de/lehrplaene/lehrplan/63/KLP_GOSt_Sport.pdf. Zugegriffen am 23.03.2023.

Missomelius, P. (2021). *Bildung – Medien – Mensch* (Studien des Georg-Eckert-Instituts zur internationalen Bildungsmedienforschung, Bd. 151). V&R unipress.

Mödinger, M., Woll, A., & Wagner, I. (2020). Mehrwert oder Spielerei? Der Einfluss visuellen Feedbacks durch digitale Endgeräte auf das motorische Lernen bei Schüler*innen im Sportunterricht – ein systematischer Forschungsüberblick. In C. Maurer, K. Rincke, & M. Hemmer (Hrsg.), *Fachliche Bildung und digitale Transformation – Fachdidaktische Forschung und Diskurse. Fachtagung der Gesellschaft für Fachdidaktik 2020* (S. 99–102). Universität Regensburg.

Reil, A., Auerbach, P., & Nettersheim, A. (2022). Tanzvideos selbstbewusst gestalten und reflektieren. Erstellung einer Choreografie durch den Einsatz der App InShot. *Sportunterricht, 71*(12), 549–555.

Rode, D. (2019). Selbst-Bildung im und durch Self-Tracking. Ein analytisch-integrativer Systematisierungsversuch zur Subjektkultur des ‚neuen Spiels' digitaler Selbstvermessung. In D. Rode & M. Stern (Hrsg.), *Self-Tracking, Selfies, Tinder und Co. Konstellationen von Körper, Medien und Selbst in der Gegenwart* (S. 151–182). transcript.

Rode, D. (2021a). Digitalisierung als kultureller Prozess – Grundlegende Bestimmungen und sportpädagogische Anschlüsse jenseits der Technologie. In C. Steinberg & B. Bonn (Hrsg.), *Digitalisierung und Sportwissenschaft* (Brennpunkte der Sportwissenschaft, Bd. 41, S. 38–62). Academia.

Rode, D. (2021b). Alles #Belfie, #Thighgap und #Gymselfie oder was? Bilderwelten digitalisierter Jugendsportkulturen – Impulse für eine sozialwissenschaftliche Forschungsperspektive. In Fakultätentag Sportwissenschaft und Staatskanzlei des Landes Nordrhein-Westfalen (Hrsg.), *Körper, Sport und Digitalität – Bewegungserleben von Kindern und Jugendlichen* (S. 18–22). WWU Münster.

Rumpf, H. (1983). Beherrscht und verwahrlost. Über den Sportkörper, den Schulkörper und die ästhetische Erziehung. *Zeitschrift für Pädagogik, 29*(3), 333–346.

Schulsport NRW. (2023). *Der Auftrag des Schulsports*. https://www.schulsport-nrw.de/schulsportpraxis-und-fortbildung/rechtsgrundlagen/rahmenvorgaben/21-der-auftrag-des-schulsports.html. Zugegriffen am 23.03.2023.

Stalder, F. (2016). *Kultur der Digitalität*. Suhrkamp.

Steinberg, C., & Bonn, B. (2021). Sportwissenschaft zwischen Digitalisierung und (Post-) Digitalität? Zu diesem Band. In C. Steinberg & B. Bonn (Hrsg.), *Digitalisierung und Sportwissenschaft*. (Brennpunkte der Sportwissenschaft, Bd. 41, S. 7–18). Academia.

Stern, M. (2019). Körper – Medien – Selbst in neuen Sportpraktiken. In D. Rode & M. Stern (Hrsg.), *Self-Tracking, Selfies, Tinder und Co. Konstellationen von Körper, Medien und Selbst in der Gegenwart* (S. 37–54). transcript.

Weich, A. (2020). Hervorbringung von Medienkonstellationen statt Nutzung didaktischer Werkzeuge. Versuch einer medienkulturwissenschaftlichen Didaktik der Bildungsmedien am Beispiel von Videokonferenzen als Unterrichtsform. *Medienimpulse, 58*(2), 1–32.

Weich, A. (2022). Bildungsbezogene Medienkonstellationsanalyse. Konturen einer vermittelnden Herangehensweise angesichts der Grenze zwischen Subjekt und Medium. *Vierteljahrsschrift für wissenschaftliche Pädagogik, 98*, 457–473.

Weich, A. (2023). Medienkonstellationsanalyse. In S. Stollfuß, L. Niebling, & F. Raczkowski (Hrsg.), *Handbuch Digitale Medien und Methoden*. Springer VS. https://doi.org/10.1007/978-3-658-36629-2_28-1

Weich, A., Koch, K., & Othmer, J. (2020). Medienreflexion als Teil „digitaler Kompetenzen" von Lehrkräften? – Eine interdisziplinäre Analyse des TPACK – und DigCompEdu-Modells. *k:ON – Kölner Online Journal für Lehrer*innenbildung, 1*(1), 43–64.

Weigandt, K. (2022). So bringen wir uns das bei! Schuffle-Schritte und Jump-Style-Moves per Video lernen: Schüler:innen erstellen selbstständig Bewegungstutorials zu ausgewählten Schritten und entwickeln gemeinsam einen Bewegungspool. *Sportpädagogik, 46*(6), 16–22.

Wendeborn, T. (2022). Der Zusammenhang zwischen Fachlichkeit und Digitalisierung im Sportunterricht. Ein Strukturierungsangebot. *Sportunterricht, 71*(22), 532–536.

Wiesche, D., Klinge, A., & Przybylka, N. (2023). Eintauchen, Abtauchen und Wiederauftauchen: Fruchtbare Bildungsmomente in Bewegung, Spiel und Sport in Virtuellen Realitäten. In E. Balz & T. Bindel (Hrsg.), *Bildungszugänge im Sport. Bildung und Sport* (Bd. 29, S. 97–108). Springer VS.

Zühlke, M., Steinberg, C., Rudi, H., & Jenett, F. (2020). #digitanz.lite – Ergebnisse der Begleitforschung zum Einsatz digitaler kreativer Tools im Sportunterricht und deren Bedeutung für die Lehrer*innenbildung. In K. Kaspar, M. Becker-Morzek, S. Hofhues, J. König, & D. Schmeinck (Hrsg.), *Bildung, Schule, Digitalisierung* (S. 71–76). Waxmann.

Nachweise der Apps

CocoonDance Company. (2023). *CocoonDance – MoveApp*. https://apps.apple.com/de/app/cocoondance-moveapp/id1538426960. Zugegriffen am 23.03.2023.

Hochschule Mainz. *Mr Griddle* (Browserbasierte Anwendung). https://lite.digitanz.de/. Zugegriffen am 23.03.2023.

Ubisoft Entertainment. (2023). *JustDanceNow*. https://justdancenow.com/. Zugegriffen am 23.03.2023.

VR Anwendungen

Meta. (2023). *FitXR – Boxen, HIIT und Tanz-Workouts*. https://www.oculus.com/experiences/quest/2327205800645550/?locale=de_DE. https://store.steampowered.com/app/1098100/OhShape/. Zugegriffen am 23.03.2023.

Valve Corporation. (2023a). *Creed: Rise to Glory™*. https://store.steampowered.com/app/804490/Creed_Rise_to_Glory/. Zugegriffen am 23.03.2023.

Valve Corporation. (2023b). *Richie's plank: Experience*. https://store.steampowered.com/app/517160/Richies_Plank_Experience/?l=german. Zugegriffen am 23.03.2023.

Valve Corporation. (2023c). *Eleven Table Tennis*. https://store.steampowered.com/app/488310/Eleven_Table_Tennis/?l=german. Zugegriffen am 23.03.2023.

Valve Corporation. (2023d). *Beat Saber*. https://store.steampowered.com/app/620980/Beat_Saber/. Zugegriffen am 23.03.2023.

Valve Corporation. (2023e). *Tilt Brush*. https://store.steampowered.com/app/327140/Tilt_Brush/. Zugegriffen am 23.03.2023.

Valve Corporation. (2023f). *Adventure Climb VR*. https://store.steampowered.com/app/1040430/Adventure_Climb_VR/. Zugegriffen am 23.03.2023.

Valve Corporation. (2023g). *snowboarding*. https://store.steampowered.com/app/1668670/snowboarding/. Zugegriffen am 23.03.2023.

12 Reflexionen zum Digitalisierungsprozess in der Frühpädagogik am Beispiel des Einsatzes digitaler Bilderbücher in Kindertageseinrichtungen

Juliane Engel, Katarina Groth und Zainab Fakhir

Inhaltsverzeichnis

1	Einleitung	236
2	Studiendesign	240
3	Einblicke in die Kita-Praxis zum Digitalisierungsprozess am Beispiel des Einsatzes digitaler Bilderbücher	241
4	Diskussion, Fazit und Ausblick	250
	Literatur	254

Zusammenfassung

Der Beitrag beleuchtet, mit blitzlichtartigen Einblicken in die Praxis, den Digitalisierungsprozess in Kindertageseinrichtungen. Er behandelt dabei die Frage, wie digitale Medien am Beispiel digitaler Bilderbücher in der frühpädagogischen Praxis konzeptionell gerahmt werden und wie diese im Kita-Alltag konkret zum Einsatz kommen. Dazu werden zunächst Aussagen vorgestellt, die im Zuge von Interviews mit Kita-Leitungen und Gruppendiskussionen mit pädagogischen Fachkräften von be-

---

J. Engel (✉)
Kinder und Kinderbetreuung, Deutsches Jugendinstitut, München, Deutschland
E-Mail: engel@dji.de

K. Groth
Staatsinstitut für Frühpädagogik und Medienkompetenz (IFP), München, Deutschland
E-Mail: katarina.groth@ifp.bayern.de

Z. Fakhir
Familienhilfe und Kinderschutz, Deutsches Jugendinstitut, München, Deutschland
E-Mail: fakhir@dji.de

suchten Einrichtungen entstanden sind. Sie sollen illustrieren, welche Reflexions- und Aushandlungsprozesse innerhalb des Kita-Teams sowie subjektiven Haltungen des pädagogischen Personals zur konzeptionellen Implementierung digitaler Medien bzw. digitaler Bilderbücher in den Einrichtungen führten. Die daran anschließenden videogestützten Beobachtungssequenzen, die während eines pädagogischen Angebots sowie innerhalb von Freispielzeiten entstanden sind, liefern eine Gegenüberstellung unterschiedlicher digitaler Bilderbuch-Arrangements. Es können hierbei unterschiedliche Herangehensweisen, Strukturiertheitsgrade sowie differenzierte Formate der kindlichen Beschäftigung mit digitalen Bilderbüchern aufgezeigt werden. Die kontextsensitiven Bedingungen dieser Situationen sowie die jeweiligen organisationskulturellen Rahmungen der Kitas spielen hierbei eine wesentliche Rolle. Die gegebenen Einblicke in die Praxis sollen aufzeigen wie der Digitalisierungsprozess in den Kitas aufgegriffen wird und dass es hierbei unterschiedliche Wege der einrichtungsspezifischen Bearbeitung gibt.

Schlüsselwörter

Digitale Bilderbücher · Kita · Videogestützte Beobachtungen · Fokusgruppen · Interviews

1 Einleitung

1.1 Hintergrund

Im Zeitalter des digitalen Wandels ist das Heranwachsen von Kindern von einer zunehmend digitalisierten Welt geprägt. Die Veränderungen gesellschaftlicher Lebensformen infolge der Digitalisierung stellen den gesamten Bildungssektor, bereits beginnend in der Frühpädagogik, vor neue Herausforderungen. Kindertageseinrichtungen sind somit gefordert sich mit den Auswirkungen von Digitalisierung auseinanderzusetzen. Hält Digitalisierung bzw. Digitalität in den Kitas Einzug, so geht es nicht in erster Linie um die Umwandlung von analogen in digitale Formate (Digitalisierung), sondern um die Auswirkungen einer digital geprägten Lebenswelt auf die soziale und kulturelle Lebenspraxis in jeglichen Situationen (Digitalität) (Hauck-Thum & Noller, 2021; Reichert-Garschhammer, 2020). Der digitale Wandel führt somit auch zu Veränderungen von Bildungs- und Lernprozessen. Der Schweizer Kultur- und Medienwissenschaftler Felix Stalder spricht in seiner Theorie der „Kultur der Digitalität" (2016) davon, dass Digitalität als Kultur verstanden werden muss, welche die Bildungserfahrungen grundlegend verändert. Dies betrifft nicht nur den Primar- und Sekundarbereich sowie weiterführende Schulen, sondern auch den Elementarbereich. Bis dato ist jedoch unklar wie diesen Veränderungen in der Kindertagesbetreuung begegnet werden soll. Hier ist das Thema der Digitalisierung weniger präsent als in den anderen Bereichen. Die Ständige Wissenschaftliche Kommission (SWK) der Kultusministerkonferenz (KMK) hat 2022 ein Gutachten zur „Digitalisierung im Bildungssystem: Handlungsempfehlungen von der Kita bis zur Hochschule" vorgelegt (SWK, 2022), in dem explizit auch die Digitalisierung in der frühen Bildung „gleichberechtigt zu den anderen Bildungsbereichen" (SWK, 2022, S. 19) thematisiert wird. Die SWK betont in ihrem Gutachten einen dringenden Handlungsbedarf hinsichtlich der Vorbereitung von Kindern (und Erwachsenen) auf die digitale Welt sowie der Verbesserung von Lehr- und Lernprozessen mithilfe der Digitalisierung. Wie sich Bildungs- und Lehr-Lernprozesse durch die Digitalisierung (Hauck-Thum & Noller, 2021) im Elementarbereich verändern, welche Auswirkungen dies auf die frühpädagogische Arbeit hat, wie Fachkräfte und Kinder digitale Medien in ihre alltäglichen Aktivitäten und Interaktionen einbauen und wie die Digitalität den Bildungsraum Kita verändert wurde bisher noch unzureichend thematisiert.

1.2 Forschungsstand

Die Forschung zu Digitalisierung in Kitas hat sich bisher v. a. mit der technischen Ausstattung von Kitas, mit der Einstellung von pädagogischen Fachkräften und Eltern, der Qualifizierung frühpädagogischen Personals sowie der Häufigkeit der Nutzung digitaler Medien befasst (Anders et al., 2021; BMFSFJ, 2017; Cohen & Hemmerich, 2019; Friedrichs-Liesenkötter, 2020; Knauf, 2019; mpfs, 2020; Schmid, 2019; Stiftung Haus der kleinen Forscher, 2017). Der konkrete Einsatz sowie der Umgang von Kita-Fachkräften und Kindern mit digitalen Medien wurde bisher wenig untersucht. Befragungen zeigen, dass im frühpädagogischen Arbeitsfeld dem Thema Digitalisierung häufig noch mit Skepsis und Unsicherheit begegnet wird (Knauf, 2019; Schmid, 2019). Auch wenn sich Fachkräfte hinsichtlich ihrer Verantwortung zur Vorbereitung der Kinder auf eine immer stärker digitalisierte Schule bewusst sind (Groth et al., 2022), so sind sie trotzdem unsicher, ob digitale Medien in der frühpädagogischen Arbeit mit den Kindern überhaupt eingesetzt werden sollten: Denn zum einen herrscht Unklarheit darüber, ob die Nutzung digitaler Medien der frühkindlichen Entwicklung schaden könnte (Fröhlich-Gildhoff & Fröhlich-Gildhoff, 2017) und zum anderen soll die Kita als eine Art Schutzraum vor dem zunehmenden Konsum digitaler Medien dienen. Diese Vorbehalte gegenüber dem Einsatz digitaler Medien in der Kita werden nicht nur von Fachkräften, sondern auch von Eltern geäußert (Cohen et al., 2021; Cohen & Hemmerich, 2019; Lienau & Frense, 2022). Weiter herrscht Unkenntnis darüber wie digitale Medien sinnvoll in der unmittelbaren pädagogischen Arbeit mit den Kindern eingesetzt werden sollten (Friedrichs-Liesenkötter, 2020). Erhebungen zeigen, dass ein Großteil der Kita-Fachkräfte über keine oder nur wenig hinreichende medienpädagogische Qualifikationen verfügen (Anders et al., 2021; Nieding et al., 2020). Zudem mangelt es an technischer Ausstattung in den Kitas (Reichert-Garschhammer, 2020). Es existieren zwar meist digitale Geräte, die für die Nutzung durch die Fachkräfte vorgesehen sind (d. h. der Einsatz digitaler Technologien für organisatorische und kommunikative Zwecke oder in der mittelbaren pädagogischen Arbeit wie beispielsweise der Bildungsdokumentation in den Kitas nimmt zu), aber es fehlt an technischer Infrastruktur (z. B. WLAN in den Gruppenräumen) und digitalen Endgeräten (z. B. Tablets) für die Nutzung durch die Kinder im Kita-Alltag (Anders et al., 2021; Autorengruppe Bildungsberichterstattung, 2020; Cohen & Hemmerich, 2019; Knauf, 2020; Nieding et al., 2020). Ein weiterer Grund der für den geringen Einsatz digitaler Medien in der frühpädagogischen Arbeit mit den Kindern von den Fachkräften angegeben wird ist die, durch den Fachkräftemangel bedingte, fehlende Zeit um sich mit dem breiten Spektrum an Einsatzmöglichkeiten und deren Auswirkungen auf Bildungsprozesse auseinanderzusetzen (Groth et al., 2022).

1.3 Ausgangslage

Um den Digitalisierungsprozess, der vermehrt auch von politischer Seite gesehen und benannt wird, auch im Elementarbereich Einzug finden zu lassen, entstanden in den letzten Jahren einige privat wie auch öffentlich finanzierte Modellprojekte (Reichert-Garschhammer, 2020, S. 20–21). Diese Projekte hatten zum Ziel Kitas finanziell und beratend bei der Implementierung digitaler Medien zu unterstützen. Dies beinhaltete beispielsweise den Auf- und Ausbau von technischer Infrastruktur mit Hard- und Software (z. B. WLAN, Tablets, Apps) inklusive technischem Support und/oder die Schulung pädagogischer Fachkräfte im Umgang mit digitalen Medien. Hierbei ging es v. a. um den Abbau vorherrschender Bedenken und Ängste sowie die Stärkung entsprechender Kompetenzen durch Hinweise und Ideen zum konkreten Einsatz digitaler Medien im Kita-Alltag. Wie sich in der Handreichung von Groth und Kolleginnen (2022) gezeigt hat, ist die Teilnahme an solchen Modellprojekten ein ausschlaggebender Faktor für eine erfolgreiche Auseinandersetzung und Implementierung digitaler Medien in der Kita. Die Verankerung des Themas digitale Medienbildung in allen Bildungs- und Orientierungsplänen der Länder, sowie in den Ausbildungslehrplänen der Länder oder in kindheitspädagogischen Studiengängen (Friedrichs-Liesenkötter, 2020; SWK, 2022) könnte dies noch weiter vorantreiben.

Mit Blick auf die derzeitige Nutzung digitaler Medien in der pädagogischen Praxis, lässt sich festhalten, dass es hierbei verstärkt um kindliches Medienverhalten sowie eine kindgerechte Mediennutzung geht (Braches-Chyrek et al., 2021) und dass bei deren Einsatz digitale Formate „meist noch" an die vorhandenen analogen Aktivitäten im Feld der Frühpädagogik angepasst werden (Cohen & Hemmerich, 2019). Kitas beginnen sich allmählich mit dem Digitalisierungsprozess auseinanderzusetzen und lassen diesen in ihren Alltag Einzug finden, indem digitale Medien meist additiv in der pädagogischen Arbeit mit jungen Kindern eingesetzt werden. Der Übertrag der „Kultur der Digitalität" in Bildungs- und Betreuungseinrichtungen und ihren Alltag (dies gilt für alle Bildungsinstitutionen) und ein damit einhergehendes Um- bzw. Weiterdenken des (frühkindlichen) Lernens und Bildens ist ein langwieriger Prozess, der auf unterschiedlichen Ebenen umgesetzt werden muss. Nicht nur auf der Ebene der Kita, der Fachkräfte und der Kinder, sondern auch auf vielen anderen Ebenen wie den Eltern, den Trägern aber auch den Ländern sowie dem Bund bedarf es einer interagierenden Auseinandersetzung mit dem Thema und eines intensiven Austauschs, um den Prozess erfolgreich voranzubringen. Zudem wird nicht auf allen Ebenen das gleiche unter Digitalisierung verstanden und unterschiedliche Stellschrauben an verschiedenen Stellen als wichtig erachtet. Befragungen auf Trägerebene beispielsweise zeigen, dass Digitalisierung hier stark unter arbeitsorganisatorischen Gesichtspunkten, also zur Arbeitserleichterung von Verwaltungsprozessen gesehen wird (Nieding et al., 2020). Auf Bund- und Länderebene wird durch die Bereitstellung von finanziellen Mitteln eher die technische Ausstattung der Kitas aber auch die Weiterqualifizierung des pädagogischen Personals fokussiert (z. B. Digitalisierungszuschuss in der letzten Förderphase des Bundesprogramms Sprach-Kitas). Von Seiten der Bildungsforschung wird gefordert, dass der Digitalisierungsprozess hinsichtlich der pädagogischen Arbeit mit dem Kind vorangetrieben werden sollte, um hier nicht den Anschluss zu verpassen.

Bereits jetzt ist ein Digitalisierungsprozess in den Kitas erkennbar, der jedoch von Einrichtung zu Einrichtung unterschiedlich stark ausgeprägt ist und das heterogene Verständnis, das diesem Thema zugrunde liegt widerspiegelt. Während sich die einen Kitas erst allmählich an diesen Prozess heranwagen und digitale Medien sehr dosiert und meist ergänzend einsetzen haben andere Kitas digitale Medienbildung bereits in ihr Kitakonzept aufgenommen und stellen den Kindern digitale Medien eigenverantwortlich und frei zugänglich zur Verfügung.

Die o. g. Ergebnisse zum Einsatz digitaler Medien in der Kindertagesbetreuung basieren hauptsächlich auf quantitativen und qualitativen Befragungen. Es fehlt jedoch an Studien die sich die Verwendung digitaler Medien im Kita-Alltag in situ, also zum Zeitpunkt des Geschehens, anschauen. An dieser Leerstelle setzte das Projekt, welches diesem Beitrag zugrunde liegt und unter Punkt 1.4 näher erläutert wird, an.

1.4 Projektvorstellung und Forschungsfrage

Vor dem Hintergrund der skizzierten Diskurse beschäftigte sich das Projekt „Digitale Bilderbücher in der alltagsintegrierten, sprachlichen Bildung"[1] mit der zentralen Forschungsfrage, wie digitale Bilderbücher in der frühpädagogischen Praxis eingesetzt werden und welche jeweilige konzeptionelle Rahmung dem praktischen Einsatz digitaler Bilderbücher zu Grunde liegt. Ziel des Projekts war es zum einen herauszuarbeiten, welche subjektiven Haltungen und Einstellungen die professionellen Akteure der Frühpädagogik mit Blick auf digitale Me-

---

[1] Das Projekt „Digitale Bilderbücher in der alltagsintegrierten, sprachlichen Bildung" wurde von Mai 2021 bis Dezember 2022 am Deutschen Jugendinstitut unter der Leitung von Dr. Katja Flämig durchgeführt. Das Projekt wurde vom Bundesministerium für Familie, Senioren, Frauen und Jugend (BMFSFJ) im Rahmen des Bundesprogramms Sprach-Kitas „Weil Sprache der Schlüssel zur Welt ist" gefördert.

dien, in unserem Fall insbesondere auf digitale Bilderbücher in ihrem pädagogischen Alltag einnehmen. Zum anderen war der Anspruch damit verbunden, Implementierungsprozesse digitaler Bilderbücher in den Kita-Alltag nachzuzeichnen und hierbei mögliche Aushandlungsprozesse innerhalb des pädagogischen Teams zu skizzieren. Ein weiterer zentraler Fokus des Projekts war es dann den konkreten, praktischen Gebrauch und situativen Einsatz digitaler Bilderbücher während des Kita-Alltag zu erfassen.

Der folgende Beitrag soll am Beispiel des Einsatzes digitaler Bilderbücher die subjektiven Haltungen der pädagogischen Fachkräfte aufzeigen und veranschaulichen wie unterschiedlich pädagogische Fachkräfte und Kinder – basierend auf der jeweiligen Organisationskultur der Kita die den Einsatz digitaler Medien entscheidend prägt und bestimmt (Weihmayer et al., 2023) – dieses digitale Medium in ihrem Kita-Alltag verwenden. Ziel des Beitrags ist es insofern zu beschreiben, wie in den Kitas der Digitalisierungsprozess aufgegriffen und praktisch umgesetzt wird. Die skizzierten Diskurse dienen hierbei als sensibilisierender Bezugsrahmen für die dargestellten Beispiele, ohne dass dabei eine normative Perspektive eingenommen werden soll.

2 Studiendesign

2.1 Methodisches Vorgehen

Um den Einsatz digitaler Bilderbücher in Situ mit den jeweiligen Strukturen und Dynamiken der Situationen zu beobachten und die subjektiven Haltungen der pädagogischen Fachkräfte und Kita-Kulturen die diesen Situationen zugrunde liegen zu erfassen, wurde ein qualitatives Forschungsvorgehen gewählt. Neben leitfadengestützten Interviews (Helfferich, 2011; Kruse, 2015) mit den Leitungskräften der Kindertageseinrichtungen wurden Fokusgruppen (Schulz et al., 2012) mit den pädagogischen Fachkräften durchgeführt. Die Interviews und Fokusgruppen dienten dazu, Angaben zum Implementierungsprozess aus der Perspektive der Fachkräfte, die subjektiven Haltungen der Fachkräfte, aber auch die strukturelle Einbettung der digitalen Bilderbücher im Kita-Alltag zu erheben. Zusätzliche mehrtägige videogestützte Beobachtungen in den Kitas vor Ort ermöglichten zudem gezielt jene Situationen festzuhalten, in denen digitale Bilderbücher im Kita-Alltag zum Einsatz kamen (Schulz, 2014). Das transkribierte und anonymisierte Datenmaterial aus den Interviews und Fokusgruppen wurde offen und induktiv kodiert (Kelle & Kluge, 2010) und iterativ erschlossen. In einem nächsten Schritt wurden ausgewählte Sequenzen tiefer gehend analysiert und interpretiert (Kruse, 2015). Die verschriftlichten Beobachtungen aus den Videos wurden mithilfe der Videointeraktionsanalyse (Tuma et al., 2013) ausgewertet, wobei auch hier ausgewählte Sequenzen einer tiefer gehenden Analyse unterzogen wurden. Sequenzanalytische Verfahren der Gesprächsanalyse ermöglichten zudem, die geordnete Verlaufslogik von Praktiken der Kinder und der pädagogischen Fachkräfte auszuwerten. Die gewählte Methodenpluralität (Leitfadengestützte Interviews, Fokusgruppen und videogestützte Beobachtungen) erlaubte es, den Einsatz digitaler Bilderbücher als Gesamtbild, d. h. unter Beachtung situativer, subjektiver und organisatorischer Aspekte, zu betrachten und dabei eine Anschlussfähigkeit zu relevanten Diskursen wie dem Umgang mit dem Digitalen zu erfassen.

2.2 Sample

Zur Durchführung dieses beschriebenen Forschungsvorgehens wurde die absichtsvolle Fallauswahl von Einrichtungen in Anlehnung an Glaser und Strauss (1970) im Rahmen des Theoretical Samplings umgesetzt. Das Sample setzte sich aus vier Einrichtungen zusammen, die wir im Forschungsansatz der Einzelfallstudie jeweils als Fall behandeln (Brüsemeister, 2008; Hering & Jungmann, 2019; Hildebrandt, 1984). Die Einrichtungen gehören sowohl konfessioneller als auch öffentlicher Trägerschaft an. Bei der Auswahl der Einrichtungen wurde neben der heterogenen Trägerschaft auch darauf geachtet, dass sich die Kitas sowohl im ländlichen als auch im städtischen Raum befanden und unterschiedliche konzeptionelle Rahmungen verfolgen. Ein weiteres wichtiges Kriterium für das Sample war die Selektion von Einrichtungen, die zum Zeitpunkt der Erhebung bereits Erfahrungen im Umgang und Einsatz digitaler Medien/Bilderbücher in ihrer Einrichtung hatten. Für die videogestützten Beobachtungen waren alle jene Situationen von Interesse, in denen digitale Bilderbücher praktisch eingesetzt wurden. Um diese zu erfassen, begleiteten die Forscherinnen jeweils ca. eine Woche lang den Kita-Alltag. In den durchgeführten Interviews wurden vier Leitungskräfte sowie zehn pädagogische Fachkräfte befragt. Der erzeugte Datenkorpus wurde fallspezifisch sortiert und ausgewertet.

3 Einblicke in die Kita-Praxis zum Digitalisierungsprozess am Beispiel des Einsatzes digitaler Bilderbücher

Mithilfe der nachfolgenden Interviewausschnitte wird aufgezeigt, wie die besuchten Kitas den Digitalisierungsprozess für sich bearbeiten und einen passenden Umgang damit finden. Anhand weniger aber dafür eindrücklicher Aussagen wird deutlich, welche Aushandlungsprozesse es im Team bedarf, welche subjektiven Haltungen hinter dem Thema der Digitalität in der Frühpädagogik stehen und welche konzeptionellen Gestaltungsansätze hierfür – individuell-institutionell abhängig – in den Kitas erarbeitet wurden. Daran anschließend wird der Blick in die Praxis geworfen. Es werden unterschiedliche praktische Einsatzformate des gleichen Mediums, nämlich des digitalen Bilderbuchs (wiedergegeben auf Tablets) illustriert, die die Handhabung und daran abgeleitet den aktuellen Stand des Digitalisierungsprozesses der jeweiligen Kita verdeutlichen. Die Einblicke in den konkreten Umgang und die Nutzung digitaler Bilderbücher in der Praxis verdeutlichen wie sich die in den Interviews und Fokusgruppen berichteten diskursiven Aushandlungsprozesse und subjektiven Haltungen der jeweiligen Einrichtungen in der praktischen Umsetzung niederschlagen.

3.1 Reflexions- und Aushandlungsprozesse sowie subjektive Haltungen des pädagogischen Personals zur konzeptionellen Implementierung digitaler Bilderbücher

Die Gruppendiskussionen mit den pädagogischen Fachkräften und die Interviews mit den Kita-Leitungen zeigen einrichtungsübergreifend den identifizierten Bedarf auf, digitale Medien nicht nur als Organisationselement in den Kita-Alltag zu integrieren, sondern auch als pädagogisches Mittel einzusetzen und Kinder bereits in jungen Jahren damit vertraut zu machen. Hierbei berufen sich die Einrichtungen einstimmig auf den digitalen Wandel in der Gesellschaft und auf ihre pädagogische Verantwortung in ihrer Arbeit darauf Bezug zu nehmen. Eine pädagogische Fachkraft führt dies folgendermaßen aus:

> „Weil, ich finde schon, dass das auch eben zur Lebenswirklichkeit der Kinder heute einfach gehört, weil, digitale Medien ziehen sich ja bei denen einfach durch, durch das gesamte Leben von Anfang an. Und deswegen finde ich eigentlich so digitale Bilderbücher immer ziemlich ähm gut, also für jede Situation, welche DA auch immer aufkommen mag." (Fokusgruppe Apfelbaum[2])

Die Aussagen der pädagogischen Fachkraft sind von der Überzeugung geprägt, dass digitale Medien bereits von Anfang an eine hohe Bedeutung in der Lebenswirklichkeit der Kinder haben und somit auch einen selbstverständlichen Teil der frühpädagogischen Praxis darstellen sollen. Mit digitalen Bilderbüchern sind dabei eine Vielzahl an pädagogischen Einsatz- und Integrationsmöglichkeiten im Kita-Alltag verbunden, was das Potenzial dieses Mediums in ihrer Argumentation untermauert.

Dass die Haltungen und Perspektiven des frühpädagogischen Personals auf die Implementierung digitaler Bilderbücher in den pädagogischen Alltag im Team jedoch nicht immer vorbehaltlos ausfielen und, dass damit auch vor allem zu Beginn der inhaltlichen Auseinandersetzung Aushandlungsprozesse im Team verbunden waren, zeigen folgende Schilderungen einer Kita-Leitung:

> „Im Team war es so, dass (.) dass äh (..) am Anfang (.) auch (.) ne gewisse Distanz war. Also dass man gesagt hatte: „Boah, müssen wir dat jetzt auch noch machen? Müssen wir dat jetzt auch noch machen? Wat sollen wir denn noch alle machen?" Ja? Und da waren einige, die waren fitter, und andere, die waren weniger fit. Ist auch heute noch so. Und dann versuche ich natürlich immer als Leiter, auch zu sagen: „Wir müssen nicht alles können, (.) sondern wir können auch sagen: Der oder diejenige können uns unterstützen!" Ja? Und die da fit drin sind, die können uns dann mitnehmen." (Kita-Leitung Apfelbaum)

Aus dieser Beschreibung geht deutlich hervor, dass es aus Leitungsperspektive Überzeugungsarbeit benötigte, um das Team für dieses Thema zu gewinnen und sie darin zu

---

[2] Für alle Namen von Einrichtungen und Personen wurden Pseudonyme verwendet, damit kein Rückschluss auf die Kita, die interviewten und beobachteten Fachkräfte sowie die beobachteten Kinder möglich ist.

bestärken, digitale Medien in ihren pädagogischen Alltag zu integrieren und sich gegenseitig in den digitalen Fertigkeiten und Kenntnissen zu unterstützen. Dies wurde auch von den anderen Kita-Leitungen übereinstimmend bestätigt auch wenn sich hier von Kita zu Kita unterschiedliche Herangehensweisen gezeigt haben, beispielsweise alle Kolleg*innen von vornherein oder eher sukzessive das ganze Team in diesem Prozess mitzunehmen.

Während sich also ein einrichtungsübergreifender Konsens über die Integration digitaler Medien im pädagogischen Alltag entwickelte, zeigen sich mit Blick auf die konkrete konzeptionelle Gestaltung des Themas der Digitalisierung starke Unterschiede, die nicht zuletzt auf differenzierte organisationskulturelle Rahmungen zurückzuführen sind.

So lassen sich unterschiedliche Formen und Formate der konzeptionellen Integration und Nutzung digitaler Medien resp. digitaler Bilderbücher in den Kindertageseinrichtungen identifizieren. Diese beziehen sich im Wesentlichen darauf, ob Kinder bspw. eigenständig in der Freispielzeit digitale Bilderbücher nutzen dürfen oder ob die Beschäftigung mit digitalen Bilderbüchern als pädagogische Angebote gerahmt werden. So führt die Leitung der Kita Gartenzwerge bspw. die Notwendigkeit einer pädagogischen Strukturierung digitaler Bilderbuch-Arrangements aus:

„Mm, bei dem Tablet haben wir festgestellt (...), dass wir wirklich, oder uns vorher zusammengesetzt ham, überlegt haben: Wie wollen wir das machen? Und wenn man eine kleine Gruppe, die Kinder sind nie alleine am (.) Tablet, sondern immer mit drei – je nachdem, was sie gerade machen –, drei, vier Kindern und einer (.) pädagogischen Fachkraft. Ist mit dabei." (Kita-Leitung Gartenzwerge)

Der Einsatz digitaler Bilderbücher über das Medium des Tablets ist in dieser Kita von einer spezifischen pädagogischen Rahmung abhängig, die im Team vorher reflektiert und entwickelt wurde: Der Umgang und die Nutzung des Tablets gestaltet sich nach den Schilderungen der Leitung voraussetzungsvoll, da es dafür stets eine Kindergruppe und eine pädagogische Fachkraft bedarf, die sich gemeinsam mit dem Tablet beschäftigen.

Auf ganz andere Weise wird die Nutzung von Tablets in der Einrichtung Apfelbaum konzipiert, wobei dessen Beschäftigung als mögliche Freispielbeschäftigung für die Kinder betrachtet wird:

„Also es ist ein gleichberechtigtes Medium neben allen anderen Freispielaktionen. Also es wird jetzt nicht besonders in den Vordergrund gestellt, es wird auch nicht äh ganz an den Rand gedrängt. Ich sage, wir müssen ja gucken mit den Ressourcen, wir haben zwei Tablets für vier Gruppen. Wir haben einen Fotoapparat für vier Gruppen. Man muss sich also auch schon mal absprechen und sagen, ich würde gerne den Fotoapparat heute zu uns in die Gruppe nehmen, ich hätte gerne das Tablet heute." (Fokusgruppe Apfelbaum)

Die Ausführungen der Fachkraft lassen also auf einen besonders unaufgeregten und selbstverständlichen Umgang mit Tablets in der Kita schließen. Tablets erhalten „als gleichberechtigtes Medium" insofern den Status analoger Freispielaktivitäten, was einen normalen und weniger exklusiven Charakter von digitalen Medien nochmals unterstreicht.

Auch in der Kita Sternenhimmel wird versucht, Kinder weitestgehend selbstständig und eigenverantwortlich mit digitalen Medien umgehen zu lassen. Dies wird insbesondere auf die generelle konzeptionelle Ausrichtung der Kita zurückgeführt:

> „Und das ist ja auch so, dass, was ja auch bei der Montessori so dahintersteckt, dass sie eben das, was sie gerade lernen wollen, sich holen und da gar nicht so viel die Erwachsenen mit zu tun haben. (…) Wir sind eigentlich zum größtenteils dabei, helfen und zeigen, wenn sie es wollen. Aber ansonsten tun sie und machen ihre eigenen Erfahrungen. Und dann gibt man vielleicht einen kleinen Anreiz, was noch gehen würde, und dann lässt man sie wieder austesten und ausprobieren." (Fokusgruppe Sternenhimmel)

Die konzeptionelle Gestaltung digitaler Medien wird in dieser Einrichtung, den Aussagen einer pädagogischen Fachkraft zufolge, also über das vorliegende Einrichtungskonzept der Montessori-Pädagogik hergeleitet. Die Kinder sollen durch diesen Ansatz selbstständig Erfahrungen sammeln, die Rolle der Fachkraft ist die der Unterstützerin, wenn Bedarf besteht.

Insgesamt zeigen also die kurzen und nur exemplarisch gewählten Einblicke in die Gruppendiskussionen und Interviews, dass einerseits ein Konsens darüber vorliegt, dass Kinder bereits im vorschulischen Bereich unterstützt werden sollen mit digitalen Medien umzugehen und diese in den pädagogischen Alltag zu integrieren. Mit Blick auf die konzeptionellen Gestaltungsformate zeigt sich andererseits aber auch, dass Form und Format der Integration in den Kita-Alltag sehr heterogen aufgefasst werden. Die konzeptionelle Gestaltung kann generell als Ergebnis von Reflexions- und Aushandlungsprozessen betrachtet werden, die stark an organisationskulturelle Logiken und Rahmen gebunden sind (Weihmayer et al., 2023). Wie sich dies konkret in der praktischen Umsetzung zeigt, wird im Folgenden dargestellt.

3.2 Einsatz digitaler Bilderbücher im Kita-Alltag: Gegenüberstellung unterschiedlicher digitaler Bilderbuch-Arrangements

In den vier besuchten Einrichtungen konnten insgesamt ein äußerst heterogener Einsatz und Umgang der Akteure mit digitalen Bilderbüchern identifiziert werden. Sowohl das Medium, hier waren vor allem Tablet, Laptop und Beamer im Einsatz, als auch die praktische Integration in den Kita-Alltag waren stark von der jeweiligen Einrichtung und deren konzeptioneller Gestaltungen geprägt. Die Beschäftigung und Auseinandersetzung mit digitalen Bilderbüchern waren dementsprechend unterschiedlich strukturiert und gerahmt. So konnten auf der einen Seite Arrangements beobachtet werden in denen die Kinder die Möglichkeit hatten eigenständig digitale Bilderbücher zu nutzen. Auf der anderen Seite zeigten sich auch digitale Arrangements, die stark von der Fachkraft und ihrer strukturierenden Rolle geprägt waren. Im Folgenden wird dieses Spektrum unterschiedlich stark pädagogisch vorgegebener und gerahmter digitaler Arrangements aufgezeigt und gegenübergestellt. Dazu werden Videosequenzen von drei besuchten Einrichtungen präsentiert, die stellvertretend und damit charakteristisch für die jeweilige Einrichtung mit Blick auf die Integration und Implementierung digitaler Medien im Kita-Alltag stehen und die konzeptionelle Rahmung der Einrichtungen (verdeutlicht durch die oben dargestellten Gesprächsausschnitte) widerspiegeln:

Mit einem Beispiel aus der Kita Gartenzwerge wird zunächst illustriert, wie digitale Bilderbücher in Form eines pädagogischen Angebots gezielt und strukturiert eingesetzt werden. Daraufhin werden mit den Beobachtungen in der Kita Sternenhimmel und schließlich mit dem Beispiel in der Kita Apfelbaum Situationen illustriert, in denen sich Kinder selbstständig und eigenverantwortlich mit digitalen Bilderbüchern innerhalb der Freispielzeit beschäftigen. Den Einblicken gemein ist die Nutzung digitaler Bilderbücher mittels einer App, die über das Medium des Tablets wiedergegeben werden.

3.2.1 Digitales Bilderbuch-Arrangement als pädagogisches Angebot

Die beiden folgenden Einblicke in ein pädagogisches Arrangement der digitalen Bilderbuchbetrachtung sind in der Kita Gartenzwerge entstanden. Die städtische Kindertageseinrichtung betreut Kinder im Alter von 2–6 Jahren in einer Mischung aus offenem und geschlossenem Gruppenstrukturkonzept. Sie befindet sich in einer Großstadt mit hohem Migrationsanteil. Die Einrichtung setzt seit 2018 digitale Medien ein. Insgesamt stehen für alle drei Gruppen zwei Tablets zur Verfügung. Laut Aussagen der pädagogischen Fachkräfte und der Kita-Leitung befindet sich die Kita noch am Anfang des Digitalisierungsprozesses. Es wird auf einen wohldosierten und stark strukturierten Umgang mit digitalen Medien, immer in Begleitung mit einer pädagogischen Fachkraft, Wert gelegt.

Fr. Yildiz ist mit den Kindern Ünal, Emir und Tom in einem kleinen Raum, der in der Einrichtung als Bibliothek bezeichnet wird und mit Bücherregalen, einem kleinen Sofa und Tisch ausgestattet ist. Der kleine Couchtisch steht vor dem Sofa, auf dem die Kinder nebeneinandersitzen. Frau Yildiz kniet neben dem Tisch auf dem Boden. Auf dem Tisch ist ein Tablet aufgestellt und die digitale Bilderbuch-App „Oh wie schön ist Panama" (Mixtvision Games) ist geöffnet. Die nachfolgenden Szenen stellen Ausschnitte der gemeinsamen Betrachtung des digitalen Bilderbuches dar.

Die Kinder sitzen auf dem Sofa und schauen konzentriert wirkend auf den Bildschirm des Tablets. Aus den Lautsprechern des Geräts ertönt eine Stimme, die die Geschichte des Bilderbuchs erzählt. Immer dann, wenn die Erzählstimme verklingt dürfen die Kinder auf einem am unteren Bildschirm-Eck erscheinenden Pfeil tippen. Dies löst den Wechsel des Bildes aus und nimmt die Funktion des Umblätterns ein. Während der Bilderbuchbetrachtung haben sich bis zu diesem Zeitpunkt Ünal und Emir mit dem „Weiter-Tippen" abgewechselt. Die Kinder rutschen hierfür vom Sofa vor zum Tisch ans Tablet, tippen auf den Pfeil und rutschen sofort wieder zurück zum Sofa und setzen sich wieder auf ihren Platz. (Kita Gartenzwerge)

Die Sequenz beschreibt ein digitales Arrangement, in dem eine kleine Kindergruppe gemeinsam mit einer pädagogischen Fachkraft zusammen das digitale Bilderbuch „Oh wie schön ist Panama" ansehen. Die Rahmenbedingungen dieser Szene deuten auf ein exklusives Arrangement hin: Die digitale Bilderbuchbetrachtung findet in einem separaten Raum mit einer vorab festgelegten Gruppe an Kindern und klaren Regeln (z. B. wie am Tablet umgeblättert wird und von wem) statt. Ünal, Emir und Tom sitzen auf einem Sofa. Ihre Kinderkörper sind mit etwas Distanz zum Tablet ausgerichtet. Kontrastiv zu der im Abstand des Tablets platzierten Kinder befindet sich die pädagogische Fachkraft Frau Yildiz, die unmittelbaren Zugriff und damit direkte Kontrolle auf das Tablet hat. Der Modus des Arrangements ist an ein spezifisches Vorgehen gebunden, bei dem nicht die Fachkraft, sondern die Erzählstimme der App das Bilderbuch vorliest und die Kinder die Funktion des digitalen Umblätterns übernehmen. Das Abklingen der Erzählstimme wird hierbei von den Kindern als Hinweis interpretiert, die neue Bilderbuchseite aufzurufen. Das digitale Umblättern erfolgt ohne offensichtliche Absprachen. Vielmehr zeigt sich hier ein verinnerlichtes Tun, das von den Kindern als bekanntes Vorgehen interpretiert werden kann und sich sowohl auf den Zeitpunkt als auch auf das Umblättern (als technische Bedienung der App) erstreckt. Die Funktion der App des automatischen Vorlesens der Geschichte durch die Erzählstimme bewirkt, dass die pädagogische Fachkraft (wie die Kinder) ebenfalls den Status einer Zuhörenden einnimmt und insofern Teil des Publikums darstellt. Zusätzlich ermöglicht das Vorlesen durch die App, dass die Fachkraft die Kinder beim Verfolgen der Geschichte beobachten kann.

Nachdem die Geschichte zu Ende vorgelesen ist fragt Frau Yildiz die Kinder: „Und? wie hat euch die Geschichte gefallen?" Die Kinder meinen: „Gut" und rutschen weiter vor in Richtung Tablet und damit auch näher zur Fachkraft. Frau Yildiz fragt weiter: „Gut? Was ist da passiert, Tom?" und klappt dann das Tablet zu, sodass es flach auf dem Tisch liegt. Die Kinder reden währenddessen durcheinander. Frau Yildiz geht kurz darauf ein und fragt noch einmal: „So. Was ist denn passiert, mit dem Tiger und dem Bär?" Emir antwortet gleich: „Pilze gesammelt!" Tom meint ebenfalls: „Pilze gesammelt." Frau Yildiz hakt noch einmal nach: „Die haben Pilze gesammelt? Und wen haben die dann getroffen?" Tom antwortet freudig lächelnd: „Igel und den Hasen." Frau Yildiz lächelt ebenfalls und meint: „Ehrlich, und?" Tom bestätigt noch einmal. Frau Yildiz fragt: „Und? Was ist dann passiert?" Tom antwortet: „Weiß ich gar nicht." […] Ünal führt weiter aus: „Und dann ist die Geschichte zu Ende gegangen." Frau Yildiz fragt weiter: „Was haben die zusammen gemacht? Der Igel, der Hase, Tiger und Bär?" Die Kinder rutschen unruhig hin und her. Emir meint: „Die kann übernachten!" Frau Yildiz hakt noch einmal nach. „Die haben da übernachtet?" Emir nickt bestätigend. Frau Yildiz fragt darauf hin: „Haben die alle zusammen im Bett geschlafen? Oder wo haben die sich das gemütlich gemacht?" Ünal meint, immer noch auf dem Tisch vorgebeugt: „In Couch". Frau Yildiz meint: „Auf der Couch, ne […]." (Kita Gartenzwerge)

Im Anschluss an die automatische Bilderbucherzählung der App bespricht Frau Yildiz mit den Kindern den Inhalt der gehörten Geschichte. In einem dialogischen Verfahren zwischen einer fragenden Fachkraft und den antwortgebenden Kindern werden die Themen der Geschichte ko-produktiv zwischen Frau Yildiz, Ünal, Emir und Tom wiedergegeben und durch den Einsatz gezielter Sprachlehrstrategien die Situation auch zur sprachlichen Bildung der Kinder genutzt.

Insgesamt zeigt sich also eine gemeinsame Auseinandersetzung mit der digitalen Bilderbuchgeschichte, die im Wesentlichen davon geprägt ist, die Geschichte gemeinsam zunächst anzuhören und im Nachgang zu besprechen, indem die Inhalte und Themen kooperativ hervorgebracht werden. Frau Yildiz nimmt, auch im Vergleich zu ihrer vorhergehenden Rolle als Mitzuhörerin der Geschichte, hier eine strukturierende und moderierende Rolle ein, indem sie durch ihre Fragen, die sich auf den Verlauf der Geschichte beziehen, eine gezielte Nachbesprechung vornimmt und die Kinder zur Wiedergabe der Inhalte auffordert sowie als sprachliches Vorbild die kindlichen Äußerungen förderlich modelliert. Die Rekonstruktion des bereits Gehörten führt also zu einer aktiven Auseinandersetzung mit der Geschichte durch die Kinder, die durch die Fachkraft geprägt ist.

In Kontrast dazu stehen die nachfolgenden Beobachtungen aus den Kitas Sternenhimmel und Apfelbaum, die jeweils in der Freispielzeit entstanden sind.

3.2.2 Digitales Bilderbuch-Arrangement als interaktive, gemeinsame (Spiel-)Beschäftigung

Die folgenden beiden Beobachtungsausschnitte entstanden in der Kita Sternenhimmel. Die Einrichtung unter konfessioneller Trägerschaft liegt im ländlichen Raum und verfolgt eine teiloffene Konzeption. In der Einrichtung werden ca. 100 Kinder im Alter von 1–6 Jahren betreut. Seit 2017 arbeitet die Einrichtung mit digitalen Medien. Der Umgang mit den digitalen Medien ist hierbei vom Montessori Kita-Konzept geprägt. In jeder Gruppe stehen den Kindern Tablets zur freien Verfügung. Sie sind damit nicht unmittelbar an eine spezifisch pädagogische Rahmung gebunden.

Die Vorschulkinder Timo und Frieda sitzen während der Freispielzeit im Gruppenraum an einem Tisch und blicken vornübergebeugt auf ein Tablet, welches Frieda vor sich in den Händen hält. Gegenüber von Frieda sitzt ebenfalls am Tisch die pädagogische Fachkraft Frau Martin arbeitend vor einem aufgeklappten Laptop. Im Rücken von Timo und Frieda eröffnet sich der Gruppenraum, in dem mehrere Kinder angeregt spielen. Die Geräuschkulisse ist insgesamt laut und dynamisch. Frau Martin zeigt nun Frieda, wie sie die App „Die große Wörterfabrik" (Mixtvision Mediengesellschaft mbH) auf dem Tablet starten kann und bittet Timo, Frieda die App zu erklären. Nachdem Frieda mehrmals die Seiten des digitalen Buches weitergeblättert hat, indem sie auf der Tablet-Oberfläche die Hand von rechts nach links gezogen hat, erscheint eine Seite auf der ein gezeichneter Müllcontainer abgebildet ist, in dem und an dem mehrere ebenfalls gezeichnete Müllbeutel liegen bzw. angelehnt sind.

Frieda tippt gleich auf einen großen Müllbeutel, rechts neben dem Container. Timo führt aus „Und dann, wenn solche Papiere kommen." Sie tippt weiter auf andere Stellen und meint: „Ja, Papiere!" Timo bestätigt: „Ja, dann musst du warten, bis die sich verteilt haben. Die müssen sich erst groß verteilen, Frieda. Und dann, wenn die groß sind, musst du die richtigen Zahlen antippen. Okay?" Timo beugt sich weiter vor über das Tablet [...], Frieda tippt weiter vorsichtig auf den Bildschirm. Als sie auf eine untere Stelle des Containers tippt, erscheinen wie zufällig mehrere Papierschnipsel, auf denen Wortteile geschrieben stehen. Frieda ruft freudig überrascht: „Ja" und Timo meint gleich: „Jetzt musst du die Richtigen zusammenfinden. Okay? Die Richtigen zusammenfinden, okay? Du musst einfach, du musst einfach irgendeins zusammenfinden […]." Währenddessen tippt Frieda wieder zaghaft auf der Bildschirmoberfläche umher, Timo beugt sich weiter vor und tippt nun direkt auf einen Papierschnipsel. Auch Frieda versucht zwei Papierschnipsel zusammenzufügen. Timo korrigiert: „Nein Frieda, du musst das hier schon drauf tun. Siehst du?" und tippt wieder auf das Tablet. Frieda tippt wieder auf einen Papierschnipsel, wobei sich zwei davon zu dem Wort: „Hundekacke" verbinden. Das zusammengefügte Wort wird vorgelesen und automatisch links neben dem Container positioniert. Timo klatscht bestätigend in die Hände. Frieda fügt nun weitere Wortteile zueinander. Diese „fliegen" nacheinander neben den Container und sind als Wörter untereinander sichtbar. Als Frieda das letzte Wort zusammensetzt und dieses unterhalb der anderen Wörter erscheint, meint Timo: „Alle Wörter geschafft. JA. Weißt du es noch? Drück einfach mal drauf." Frieda drückt auf ein Wort und eine Erzählstimme liest das Wort vor. Die Kinder sprechen daraufhin die jeweils vorgelesenen Wörter nach und lachen dabei. (Kita Sternenhimmel)

Das digitale Arrangement ist gekennzeichnet durch zwei Kinder, die sich vertieft mit den interaktiven Anwendungen einer Bilderbuch-App beschäftigen, die auf einem Tablet wiedergegeben werden. Anders als im Beispiel zuvor steht nicht der Inhalt der Geschichte, sondern die Aufgaben die auf jeder Seite gelöst werden können im Vordergrund. Auffallend an diesem Kinder-Tablet-Arrangement sind Ort und Zeit der Beschäftigung, nämlich im Gruppenraum während der Freispielzeit: Die am Tisch sitzenden und über das Tablet gebeugten Kinder suggerieren durch ihre körperliche Positionierung eine konzentrierte Beschäftigung. Die Haltung der Kinder (ruhig sitzend und fokussiert auf das Tablet) können als Gegenentwurf zu der insgesamt dynamischen und lauten Geräuschkulisse des restlichen Gruppenraums interpretiert werden. Damit zeichnet sich das digitale Setting als Teil der Freispielzeit aus, wobei unterschiedliche Aktivitäten im gleichen Raum stattfinden, denen sich die Kinder zuwenden. Die Bezugnahme auf die abgespielte App „Die große Wörterfabrik" zeigt sich zwischen Frieda und Timo unterschiedlich: Während Frieda zunächst explorativ die aufgeschlagene Seite tippend erkundet, weist Timo auf spezifische interaktive (Spiel-)Elemente der Seite hin und erklärt Frieda die dahinterstehende Logik „Und dann, wenn die groß sind, musst du die richtigen Zahlen antippen. Okay?". Friedas offenen und interessierten Suchbewegungen nach möglichen interaktiven (Spiel-)Elementen stehen also Timos hinweisgebende, systematische Ausführungen und Erläuterungen zur vorgegebenen Logik der Bilderbuchseite entgegen. Timo weist sich insofern als Experte dieser App und dessen Anwendungen aus. Friedas weitere Ausführungen (zaghaftes Tippen) werden im weiteren Verlauf von Timo korrigiert, indem er nun selbst aktiv eingreift, zielsicher auf die Papierschnipsel tippt und die Herangehensweise der Aufgabe und der ausführenden Aktivität (wie schiebt man die Schnipsel zusammen) Frieda mitteilt. Die Bestätigung seiner Anwendungen und damit auch seiner Expertise erfolgt durch die Erfüllung der Aufgabe und seinen Hinweisen sich die Wörter durch ein kurzes Antippen von einer Erzählstimme noch einmal vorlesen lassen zu können. Friedas Annahme der aufgerufenen Expertise von Timo wird auch hier deutlich, indem sich die Kinder mehrfach die zusammengesetzten Wörter vorlesen lassen und somit die unterschiedlichen digitalen Funktionen und Potenziale der App auf dieser Seite anwenden und nutzen.

3.2.3 Digitales Bilderbucharrangement als (technische) Auseinandersetzung mit dem Tablet

In Vergleich dazu soll nachfolgend ein weiterer Einblick in eine Freispielzeit einer anderen Einrichtung gegeben werden. Auch hier beschäftigen sich Kinder mit einem Tablet, allerdings zeichnen sich die interaktiven Tätigkeiten mit der App in einem anderen Modus aus.

Der folgende Beobachtungsausschnitt entstand in der Kita Apfelbaum. Die Einrichtung liegt in einer Großstadt und betreut ca. 80 Kinder zwischen 2 und 6 Jahren. Zwei Tablets liegen in der Einrichtung für die Kinder in einem Medienbereich zur freien Verfügung. Die pädagogischen Fachkräfte legen hierbei Wert auf einen sorgfältigen und vorsichtigen Umgang mit den digitalen Geräten.

Hugo, Karl und Paul sitzen nebeneinander angelehnt (Karl in der Mitte) auf einem sehr breiten Spielsofa, das Platz für viele Kinder bietet. Dort sitzt auch die Praktikantin Lisa etwas abseits, schaut die Kinder an und blickt darüber hinaus in den Raum. […] Karl hält ein Tablet, ummantelt von einem Schaumstoffrahmen, auf seinem Schoß und tippt in hoher Frequenz auf unterschiedliche Stellen des Bildschirms, ohne dass damit eine gewisse Strategie offensichtlich wäre. Hugo schaut von links auf das Tablet, führt seinen Finger nah an den Screen heran und sagt: „Karl, ich habe schon gesagt, ich habe eine Kiste entdeckt, hier". Dabei tippt Hugo gezielt einmal auf den Tablet-Bildschirm und zieht den Finger dann wieder zurück. Karl tippt weiter in hoher Frequenz scheinbar wahllos auf dem Bildschirm herum. Inzwischen ist eine Erzählstimme zu hören: „Bernd, Schweinchen und Hase suchen ihren Freund mit dem Rüssel, überall schauen sie nach. Sie suchen und suchen …" Karl tippt weiter in schneller Folge auf den Bildschirm, Paul schaut von rechts und Hugo von links hinein. (Kita Apfelbaum)

Die Sequenz ist gerahmt durch ein entspannt wirkendes Arrangement. Die Kinder befinden sich in einem separaten Raum (Medienbereich), sitzen in gemütlicher Haltung auf einem großen Sofa und blicken gemeinsam in ein Tablet, welches sich in Karls Händen befindet. Er sitzt in der Mitte, sodass Hugo (rechts) und Paul (links) ebenfalls hineinsehen können. Karls Beschäftigung mit dem Tablet ist geprägt durch ein wiederkehrendes und schnelles Antippen unterschiedlicher Stellen des Tablet-Bildschirms, wobei hier die ausführenden Tätigkeiten selbst im Vordergrund stehen und eine systematische sowie inhaltliche Auseinandersetzung mit der digitalen Bilderbuch-App eine eher untergeordnete Rolle spielen. Dies wird insbesondere durch Hugos am Inhalt der Geschichte orientierenden Aussage „ich habe eine Kiste entdeckt" und seiner kurzzeitigen Interaktion mit dem Tablet, des zielgerichteten Antippens einer spezifischen Stelle auf der Oberfläche, deutlich. Hugos spezifische, inhaltsgeleitete Bezugnahme steht in direktem Kontrast zu Karls aufrechterhaltender, unsystematischer Tipp-Aktivität, die auch durch die nun einsetzende Erzählerstimme der App nicht unterbrochen wird, was abermals für eine Nicht-Beachtung des digitalen Bilderbuch-Inhalts spricht.

Nach ein paar Sekunden greift Hugos Arm nochmals in den Bildschirmbereich und tippt mit dem Daumen oben links gezielt auf den Screen. Er ist kaum dazu gekommen, da wird Hugos Arm durch Karls Hand abgewehrt. Hugo zieht den Arm zurück. Karl tippt weiter rhythmisch tippend auf eine Bildschirmstelle, während die Erzählstimme (in hoher Lautstärke mit repetitiver Musikuntermalung) zu hören ist. Karl zieht das Tablet näher zu sich heran und „umarmt" es lächelnd mit beiden Armen. […] (Kita Apfelbaum)

Die unterschiedlichen kindlichen Logiken sich mit dem digitalen Bilderbuch auseinanderzusetzen werden auch im weiteren Verlauf deutlich, wobei nun Hugo wiederholt versucht, die gezielte Beschäftigung mit dem digitalen Bilderbuch wiederaufzunehmen und an einer spezifischen Stelle auf den Bildschirm tippt. Dies wird durch Karls Verteidigung des Tablets abgewehrt, wobei der Modus, der vom Inhalt der Geschichte losgebundenen Aktivitäten, deutlich durch das Weitertippen Karls trotz ansetzender Erzählerstimme, aufrechterhalten und die dominierende Interaktion in diesem Arrangement bleibt. Dies liegt einerseits daran, dass das Tablet nach wie vor in der Kontrolle von Karl liegt, andererseits aber auch an der Tatsache, dass Karl trotz der wiederkehrenden Versuche Hugos, ebenfalls mit dem Tablet zu interagieren und der immer wieder einsetzenden Erzählerstimme, die den Inhalt der Geschichte wiedergibt seine Ausführungen weiterhin durchsetzt. Deutlich wird hier also, wie digitale Bilderbücher auch losgebunden von Inhalt und Thema der Geschichte verwendet werden und die App eine untergeordnete Rolle spielt. Auch geht es nicht um die Bewältigung einer in der App integrierten interaktiven Aufgabe im Sinne eines Lernspiels, wie im Beispiel zuvor. Das digitale Bilderbuch scheint in dieser Lesart beliebig austauschbar zu sein, ohne dass es scheinbar einen Effekt und Einfluss auf die Beschäftigung selbst hätte. In den Fokus rückt vielmehr die Auseinandersetzung mit dem Medium selbst: Dies wird insbesondere durch das unsystematische Vorgehen Karls mit dem Tablet deutlich, dass er sowohl gegenüber Hugo durchsetzt, der versucht auf Inhalte aufmerksam zu machen als auch gegenüber der Erzählerstimme, die den Inhalt der Geschichte vorliest.

4 Diskussion, Fazit und Ausblick

4.1 Diskussion der dargestellten Praxisbeispiele

Die Gegenüberstellung der unterschiedlichen digitalen Arrangements „Digitales Bilderbuch-Arrangement als pädagogisches Angebot", „Digitales Bilderbuch-Arrangement als interaktive, gemeinsame (Spiel-)Beschäftigung" und „Digitales Bilderbucharrangement als technische Auseinandersetzung mit dem Tablet" macht deutlich, wie ausdifferenziert sich Kinder mit digitalen Bilderbüchern in der Praxis auseinandersetzen. Dabei spielt es eine große Rolle, ob digitale Bilderbücher einen Teil der Freispielzeit darstellen und Kinder diese eigenständig und eigensinnig verwenden oder ob digitale Bilderbücher als pädagogisches Arrangement, beispielsweise als gemeinsame Lesesituation und zur sprachlichen Bildung wie mit analogen Bilderbüchern auch, gerahmt werden. Mit Blick auf die Intensität der inhaltlichen Auseinandersetzung zeigen die Einblicke, dass sich die Kinder im pädagogischen Arrangement zunächst passiv (zuhören) und dann aktiv (Geschichte wiedergeben) mit dem Inhalt auseinandersetzen. Durch das Besprechen der Geschichte und den Einsatz gezielter Sprachlehrstrategien durch die Fachkraft (z. B. durch das Stellen von geschlossenen und offenen Fragen zur Anregung der Sprachproduktion und Wortschatzerweiterung oder durch korrektives Feedback und sprachliche Erweiterungen zur Modellierung der kindlichen Äußerungen) wird das digitale Arrangement somit auch als Angebot zur sprachlichen Bildung genutzt. Dieses Arrangement, gerahmt als Angebot zur sprachlichen Bildung, ließe sich genauso auch analog durchführen.

Bei der eigenständigen Verwendung in der Freispielzeit zeigen die Kinder verstärkt ein explorierendes Verhalten. Hier treten die Kind-App bzw. Kind-Tablet Interaktionen, also die Auseinandersetzung mit interaktiven digitalen Spielen oder die Exploration der dargestellten Bildoberfläche in den Vordergrund, der Inhalt der Geschichte wird zweitrangig. Dabei erarbeiten sich die Kinder eigenständig und eigensinnig ein Arrangement, das mitunter zu unterschiedlichen Interessen und Bedürfnissen innerhalb der Kindergruppe führt. Nicht zuletzt spielen hier auch Aushandlungsprozesse mit Blick auf Kontrolle, Verfügungsgewalt und Deutungshoheit des Mediums eine Rolle. Diese Aushandlungsprozesse können auf die Rahmenbedingungen des Settings zurückgeführt werden, wobei mehrere Kinder parallel auf ein Tablet zugreifen und die anwesende Fachkraft bzw. Praktikantin eine passive Haltung einnimmt.

Das zunehmende in den Hintergrund rücken des pädagogischen Personals in den dargestellten Situationen führt also in der direkten Gegenüberstellung zu einer sukzessiven Fokusverschiebung weg vom Inhalt der Geschichte (Kita Gartenzwerge), über interaktive Spiel- und Aufgabenfunktionen der App (Kita Sternenhimmel) hin zur Auseinandersetzung mit dem Medium selbst (Kita Apfelbaum). Die einrichtungsbezogenen Perspektiven auf eine „angemessene" Integration digitaler Bilderbücher bzw. digitaler Medien in den pädagogischen Alltag spiegeln sich also auch in den praktischen Einblicken digitaler Arrangements und deren unterschiedlichen Rahmenbedingungen wider. Im Wesentlichen ist damit die Frage verbunden, ob die Tablets von pädagogischen Fachkräften genutzt werden, um gezielte pädagogische Angebote mit den Kindern durchzuführen oder ob digitale Bilderbücher als Teil der Freispielzeit, parallel zu anderen (analogen) Aktivitäten eigenständig von den Kindern genutzt werden, was die vorgestellten Gesprächssequenzen angedeutet haben. Insofern geben die Aussagen erste Anhaltspunkte, welche Haltung die Einrichtung gegenüber digitalen Medien einnimmt und welche Absichten damit in Verbindung stehen. Die tatsächliche Integration, sowie die Effekte dieser konzeptionellen Auseinandersetzung und Idee von digitalen Medien bzw. Bilderbüchern liefern dann die konkreten Einblicke in Form der Beobachtungssituationen.

4.2 Fazit

Die Einblicke unserer Studie in die Praxis zeigen auf der einen Seite einheitliche Beweggründe (digitaler Wandel, Lebenswelt der Kinder, Vorbereitung für die Schule) und Zugangswege (Teilnahme an Modellprojekten) zur Zuwendung digitaler Medien in der Kita. Auf der anderen Seite sind die konzeptionelle Gestaltung und die praktischen Umsetzungsformate digitaler Medien in den besuchten Kitas sehr verschieden, was wohl auch an dem unterschiedlich ausgeprägten Digitalisierungsprozess der Kitas liegt. Zudem hängt der praktische Umgang mit digitalen Medien auch mit der jeweiligen Organisationskultur der Kita zusammen. Diese entsteht durch prozesshafte Aushandlungs- und Reflexionsprozesse zwischen den pädagogischen Fachkräften der Einrichtungen, wobei der konkrete, einrichtungsspezifische Umgang und die Handhabung von Digitalität anhand von ihren geteilten Haltungen erarbeitet und entwickelt wird (Weihmayer et al., 2023). Regelmäßige Neuverhandlungen führen zu einer ständigen Weiterentwicklung und somit zu einem Fortschreiten des Digitalisierungsprozesses einer jeden Kita. Die Ergebnisse von organisationskulturellen Prozessen lassen ein heterogenes Bild in frühpädagogischen Settings erkennen, was womöglich mit Blick auf das föderale Bildungssystem in Deutschland und die sehr diverse Kita-Landschaft nicht verwunderlich scheint.

Betrachtet man allgemein den Einsatz digitaler Medien auf der Ebene der unmittelbaren pädagogischen Arbeit in Kitas so geht es größtenteils um den Einsatz bestimmter digitaler Technologien (z. B. die Digitalkamera oder das Tablet). Es zeigt sich, dass aktuell digitale Medien v. a. als Werkzeuge in der pädagogischen Arbeit (z. B. für das gezielte trainieren bestimmter Kompetenzen wie etwa dem Mengenverständnis) verwendet werden (Knauf, 2019). Sie werden eingesetzt, wenn sie einen gewissen Mehrwert versprechen oder bestimmte Potenziale, beispielsweise zur mathematischen oder sprachlichen Bildung (Egert et al., 2022; Cordes et al., 2020; Krommer 2018), in ihnen gesehen werden. Dies trifft auch auf den Schulbereich zu, in dem digitale Medien oft als Werkzeuge eingesetzt werden, um den Unterricht bzw. das Vermitteln von Lerninhalten zu verbessern (Hauck-Thum, 2021). Der Gedanke digitale Medien in der Kita (oder auch der Schule) einzusetzen, weil sie mittlerweile zur Lebenswelt der Kinder gehören scheint noch abwegig.

Betrachtet man den aktuellen Stand der Forschung und die hier aufgezeigten Ergebnisse, so ist eine verstärkte Auseinandersetzung mit dem Thema und ein beginnender Digitalisierungsprozess in den Kitas erkennbar. Hierbei steht vor allem die Bereitstellung einer funktionierenden Infrastruktur (z. B. Einrichten von WLAN in Gruppenräumen, Anschaffung von technischen Geräten, Datenschutz, usw.) und der Erwerb zentraler Kompetenzen zum Einsatz digitaler Medien im Vordergrund.

4.3 Ausblick

Für die Entwicklung von einer Digitalisierung zur Digitalität im Feld der Frühpädagogik benötigt es tiefgreifende Veränderungen. Laut Felix Stalder (2021) entsteht Digitalität dann, „wenn der Prozess der Digitalisierung eine gewisse Tiefe und eine gewisse Breite erreicht hat und damit ein neuer Möglichkeitsraum entsteht, der geprägt ist durch digitale Medien" (Stalder, 2021, S. 4). Wie einleitend erwähnt, erfordert der Digitalisierungsprozess, dass an unterschiedlichen Stellen und auf verschiedenen Ebenen des Kita-

Systems (Kita/Fachkraft, Eltern, Träger, Land und Bund), mehrere Stellschrauben gedreht und verändert werden müssen: Die SWK (2022) fordert in Ihrem Gutachten, dass erstens digitale Medienbildung als Bildungsziele in die Rahmen- und Orientierungspläne aller Länder aufgenommen werden sollen (S. 33), dass zweitens alle Kitas mit der notwendigen technischen Infrastruktur ausgestattet werden, über digitale Lehr-Lernmaterialien verfügen und medienpädagogische Konzepte vorliegen (S. 34) und drittens die digitale Medienbildung in den Lehrplänen aller Länder verankert werden und bereits beschäftigtes Personal intensiv fort- und weitergebildet werden sollte (S. 35). Zudem können Veränderungen auf einer Ebene auch andere Ebenen beeinflussen (z. B. kann die Mediennutzung in der mittelbaren pädagogischen Arbeit sich auch auf die pädagogische Arbeit mit den Kindern oder Eltern auswirken; siehe Knauf, 2020). Daher ist es wichtig, dass der Digitalisierungsprozess auf allen Ebenen mitgedacht wird. Weiter bedarf es einer stärkeren bildungspolitischen Rahmung. So wünschen sich Träger und Expert*innen einen „DigitalPakt Kita" und damit mehr finanzielle und inhaltliche Unterstützung durch den Bund (Nieding et al., 2020). Zentrale Säulen für eine Weiterentwicklung des Digitalisierungsprozesses scheinen somit eine vorhandene und funktionierende Technik zu sein, gewisse Grundkompetenzen im Umgang mit digitalen Medien, Motivation und Interesse der pädagogischen Fachkräfte und ein zur Verfügung stehender Support, der sich nicht nur auf IT-Wissen beschränkt, sondern sich auch über Einsatzmöglichkeiten und geeignete Apps für den Kita-Bereich erstreckt. Von zentraler Bedeutung hierbei ist, dass diese Veränderungen auch von Trägern und Stakeholdern getragen und aktiv vorangetrieben werden. Die Nutzung dieser neu aufgebauten Infrastruktur kann dann zu einer Digitalität in der Kita führen, welche in einem nächsten Schritt auch die Wissensvermittlung und Wissenserschließung verändert. Uta Hauck-Thum (2021) fass dies folgendermaßen zusammen: „Um Kindern Bildungserfahrungen in der Kultur der Digitalität zu ermöglichen, benötigen sie anregende Räume, Gelegenheiten und ausreichend Zeit zur kreativen und produktiven Auseinandersetzung mit relevanten Themen und zum wechselseitigen Austausch mit menschlichen und technischen Akteuren. Digitale und analoge Medien kommen dabei gleichermaßen zum Einsatz, um Kinder im Rahmen kreativer Erfahrungsverarbeitung zum Nachdenken über die Welt, zum kritischen Reflektieren und zum kommunikativen Austausch anzuregen." (S. 77). Das bedeutet also, dass das Digitale, das Analoge nicht verdrängt, sondern hier fruchtbare Synergien entstehen. In den Interviews der hier vorgestellten Studie wurde dieser Aspekt auch von den pädagogischen Fachkräften hervorgehoben: In diesem Prozess geht es nicht um „ersetzten", sondern um „ergänzen" (Groth et al., 2022). Auch Felix Stalder (2017) merkt an, es sollte nicht „[...] das „Digitale" vom „Analogen", das „Immaterielle" vom „Materiellen" abgegrenzt werden. Auch unter den Bedingungen der Digitalität verschwindet das Analoge nicht, sondern wird neu be- und teilweise sogar aufgewertet" (S. 304). Das ist eine wichtige Botschaft für Kitas, die dem Thema offen, aber noch unsicher gegenüberstehen. Insofern eröffnet sich noch ein längerer Weg für die Akteure der Frühpädagogik, wenn sie sich auf den Weg zur Digitalität in ihrem Arbeitsfeld machen möchten.

Literatur

Anders, Y., Kluczniok, K., Bucholz, S., Erdem-Möbius, H., Hummel, T., Kurucz, C., Pietz, S., Resa, E., Then, S., & Roßbach, H.-G. (2021). *Policy Brief zum Zwischenbericht der wissenschaftlichen Evaluation des Bundesprogramms „Sprach-Kitas: Weil Sprache der Schlüssel zur Welt ist". Die Bedeutung der zusätzlichen Fachberatungen und Kita-Tandems für die Implementation des neuen Querschnittsthemas Digitalisierung.* https://fis.uni-bamberg.de/bitstream/uniba/57851/3/fisba57851.pdf. Zugegriffen am 20.03.2023.

Autorengruppe Bildungsberichterstattung. (2020). *Bildung in Deutschland 2020: Ein indikatorengestützter Bericht mit einer Analyse zu Bildung in einer digitalisierten Welt.* wbv Media. https://doi.org/10.3278/6001820gw

Braches-Chyrek, R., Moran-Ellis, J., Röhner, C., & Sünker, H. (Hrsg.). (2021). *Handbuch Kindheit, Technik und das Digitale.* Barbara Budrich. https://doi.org/10.3224/84742490

Brüsemeister, T. (2008). *Qualitative Forschung: Ein Überblick* (2. Aufl.). Springer VS. https://doi.org/10.1007/978-3-531-91182-3

Bundesministerium für Familie, Senioren, Frauen und Jugend (BMFSFJ). (2017). *Kindertagesbetreuung: Zoom. Zoom auf: Fachkräfte.* https://kita.rlp.de/fileadmin/kita/01_Themen/08_Qualitaet_und_Evaluation/Kita_Zoom_Fachberatung_BMFSFJ_2017.pdf. Zugegriffen am 24.03.2022.

Cohen, F., & Hemmerich, F. (2019). *Nutzung digitaler Medien für die pädagogische Arbeit in der Kindertagesbetreuung.* Kurzexpertise im Auftrag des Bundesministeriums für Familie, Senioren, Frauen und Jugend. Unter Mitarbeit von H. Erdem, S. Köpke, & J. Malchow (Hrsg.) v. Bundesministerium für Familie, Senioren, Frauen und Jugend.

Cohen, F., Oppermann, E., & Anders, Y. (2021). (Digitale) Elternzusammenarbeit in Kindertageseinrichtungen während der Corona Pandemie. Digitalisierungsschub oder verpasste Chance? *Zeitschrift für Erziehungswissenschaft, 24*(2), 313–338. https://doi.org/10.1007/s11618-021-01014-7

Cordes, A.-K., Hartig, F., & Egert, F. (2020). Metaanalyse zu Nutzung und Wirkung digitaler E-Books zur Sprachförderung in Kindertageseinrichtungen. In Staatsinstitut für Frühpädagogik (Hrsg.), *Bildung, Erziehung, Betreuung von Kindern in Bayern* (S. 30–33). IFP-Infodienst, Nr. 25.

Egert, F., Hartig, F., & Cordes, A.-K. (2022). Metaanalyse zur Wirksamkeit von Bildungs- und Förderaktivitäten mit digitalen Medien in Kindertageseinrichtungen. *Frühe Bildung, 11*(2), 73–84. https://doi.org/10.1026/2191-9186/a000562

FriedrichsLiesenkötter, H. (2020). Digitalisierung in der frühkindlichen Bildung: von der digitalen Platzvergabe bis zu Medienerziehung und bildung. In N. Kutscher, T. Ley, U. Seelmeyer, F. Siller, A. Tillmann, & I. Zorn (Hrsg.), *Handbuch Soziale Arbeit und Digitalisierung* (S. 422–456). Beltz Juventa.

Fröhlich-Gildhoff, K., & Fröhlich-Gildhoff, M. (2017). Digitale Medien in der Kita – die Risiken werden unterschätzt! *Frühe Bildung, 6*(4), 225–228. https://doi.org/10.1026/2191-9186/a000332

Glaser, B. G., & Strauss, A. L. (1970). Theoretical sampling. In N. K. Denzin (Hrsg.), *Sociological methods. A sourcebook* (S. 105–114). Aldine.

Groth, K., Engel, J., Fakhir, Z., & Weihmayer, L. S. (2022). *Digitale Bilderbücher in der Kita. Handreichung basierend auf zentralen Ergebnissen des Projekts „Digitale Bilderbücher in der alltagsintegrierten sprachlichen Bildung".* Deutsches Jugendinstitut. https://doi.org/10.36189/DJI202230

Hauck-Thum, U. (2021). Grundschule und die Kultur der Digitalität. In U. HauckThum & J. Noller (Hrsg.), *Was ist Digitalität? Philosophische und pädagogische Perspektiven* (S. 73–82). Springer. https://doi.org/10.1007/978-3-662-62989-5

HauckThum, U., & Noller, J. (2021). *Was ist Digitalität? Philosophische und pädagogische Perspektiven.* Springer. https://doi.org/10.1007/978-3-662-62989-5

Helfferich, C. (2011). *Die Qualität qualitativer Daten. Manual für die Durchführung qualitativer Interviews* (4. Aufl.). Springer VS. https://doi.org/10.1007/978-3-531-92076-4

Hering, L., & Jungmann, R. (2019). Einzelfallanalyse. In N. Baur & J. Blasius (Hrsg.), *Handbuch Methoden der empirischen Sozialforschung* (2. Aufl., S. 619–632). Springer VS. https://doi.org/10.1007/978-3-658-21308-4_1

Hildebrandt, B. (1984). *Methodik der Einzelfallstudie: theoretische Grundlagen, Erhebungs- und Auswertungsverfahren, vorgeführt an Fallbeispielen* (Bd. 3756). Fernuniversität Hagen.

Kelle, U., & Kluge, S. (2010). *Vom Einzelfall zum Typus. Fallvergleich und Fallkontrastierung in der qualitativen Sozialforschung* (2., überarb. Aufl.). Springer VS. https://doi.org/10.1007/978-3-531-92366-6

Knauf, H. (2019, Oktober). *Digitalisierung in Kindertageseinrichtungen: Ergebnisse einer Fragebogenerhebung zum aktuellen Stand der Nutzung digitaler Medien.* Bielefeld Working Paper 3. https://doi.org/10.25656/01:17999

Knauf, H. (2020). Digitalisierung in Kindertageseinrichtungen. Das Beispiel Bildungsdokumentation aus der Perspektive pädagogischer Fachkräfte in Deutschland und Neuseeland. *Zeitschrift für Pädagogik, 66*(2), 233–250. https://doi.org/10.25656/01:25793

Krommer, A. (2018). *Wider den Mehrwert. Argumente gegen einen überflüssigen Begriff.* http://www.axelkrommer.com/2018/09/05/wider-den-mehrwert-oder-argumente-gegen-einen-ueberfluessigen-begriff/. Zugegriffen am 20.03.2023.

Kruse, J. (2015). *Qualitative Interviewforschung. Ein integrativer Ansatz* (2., überarb. u. erg. Aufl.). Beltz.

Lienau, T., & Frense, E. (2022). Vom Reizthema zum Qualitätsmerkmal – Die Coronapandemie als Gamechanger frühkindlicher Medienerziehung? *MedienPädagogik, 46*, 93–125. https://doi.org/10.21240/mpaed/46/2022.01.16.X

Medienpädagogischer Forschungsverbund Südwest (mpfs). (2020). *miniKIM-Studie 2020: Kleinkinder und Medien.* http://www.mpfs.de/fileadmin/files/Studien/miniKIM/2020/lfk_mniKIM_2020_211020_WEB_barrierefrei.pdf. Zugegriffen am 20.03.2023.

Nieding, I., Blanc, B., & Goertz, L. (2020). *Digitalisierung in der frühen Bildung. Die Perspektive von Kita-Trägern.* IAQ-Report 2020-04.

ReichertGarschhammer, E. (2020). *Nutzung digitaler Medien für die pädagogische Arbeit in der Kindertagesbetreuung.* Expertise des IFP im Auftrag des BMFSFJ. https://www.kita-digital-bayern.de/files/media/public/downloads/Endfassung-Kurzexpertise-IFP-Digitalisierung-Kindertagesbetreuung.pdf. Zugegriffen am 20.03.2023.

Schmid, M. (2019). *Nutzung von digitalen Medien und ELearning durch pädagogische Fachkräfte in Kitas: Auswertungsbericht zur OnlineBefragung.* Institut für Bildung, Erziehung und Betreuung in der Kindheit.

Schulz, M. (2014). Ethnographische Beobachtung. In A. Tillmann, S. Fleischer, & K.-U. Hugger (Hrsg.), *Handbuch Kinder und Medien* (S. 225–236). Springer Fachmedien. https://doi.org/10.1007/978-3-531-18997-0

Schulz, M., Mack, B., & Renn, O. (2012). *Fokusgruppen in der empirischen Sozialwissenschaft: Von der Konzeption bis zur Auswertung.* Springer VS. https://doi.org/10.1007/978-3-531-19397-7

Stalder, F. (2016). *Kultur der Digitalität.* Suhrkamp.

Stalder, F. (2017). Auf der Suche nach neuen Waffen: Überwachung, Commons und die Kultur der Digitalität. In C. Kappes, J. Krone, & L. Novy (Hrsg.), *Medienwandel kompakt 2014–2016* (S. 303–307). Springer VS. https://doi.org/10.1007/978-3-658-17501-6

Stalder, F. (2021). Was ist Digitalität? In U. HauckThum & J. Noller (Hrsg.), *Was ist Digitalität? Philosophische und pädagogische Perspektiven* (S. 3–8). Springer. https://doi.org/10.1007/978-3-662-62989-5

Ständige Wissenschaftliche Kommission der Kultusministerkonferenz (SWK). (2022). *Digitalisierung im Bildungssystem: Handlungsempfehlungen von der Kita bis zur Hochschule.* Gutachten der Ständigen Wissenschaftlichen Kommission der Kultusministerkonferenz (SWK).

Stiftung Haus der kleinen Forscher. (2017). *Wie nutzen Erzieherinnen und Erzieher digitale Geräte in Kitas? Eine repräsentative Telefonumfrage.* https://www.stiftung-kinder-forschen.de/fileadmin/Redaktion/3_Aktuelles/Presse/171213_Ergebnisse_zur_Telefonbefragung_Digitales.pdf. Zugegriffen am 20.03.2023.

Tuma, R., Schnettler, B., & Knoblauch, H. (2013). *Videographie. Einführung in die interpretative Videoanalyse sozialer Situationen.* Springer Fachmedien. https://doi.org/10.1007/978-3-531-18732-7

Weihmayer, L. S., Flämig, K., & Groth, K. (2023). Herumdoppeln oder Zuhören? Organisationskulturelle Betrachtungen zum Einsatz digitaler Bilderbücher in der Kita. *MedienPädagogik. Zeitschrift für Theorie und Praxis der Medienbildung, 52,* 85–107. https://doi.org/10.21240/mpaed/52/2023.02.05.X

Bildung und Qualifizierung von Pflegeeltern in Form von E-Learning

13

Theresa Becker

Inhaltsverzeichnis

1 Einleitung 258
2 Bildung und Qualifizierung 259
3 Qualifizierung von Pflegeeltern 262
4 Qualifizierung von Pflegeeltern in Form von E-Learning 264
5 Fazit 269
Literatur 272

Zusammenfassung

Der Beitrag beginnt mit einer Einleitung, in der sich mit Digitalisierung, sowie (Post-)Digitalität und ihren Diskursen in der Sozialen Arbeit beschäftigt und das in der Überschrift genannte Thema eingebettet wird, woraufhin die Forschungsfragen aufgeworfen werden. Anschließend setzt sich der Beitrag mit Bildung und Qualifizierung und ihren verschiedenen Verständnissen auseinander, grenzt sie voneinander ab und unterscheidet sie. Daraufhin wird sich mit Qualifizierung von Pflegeeltern befasst und erläutert, warum es diese bedarf und was sie (nicht) umfassen sollte. Mittlerweile wird sie auch in Form von E-Learning angeboten, womit sich vor dem Hintergrund von (Post-)

Die Originalversion des Kapitels wurde revidiert. Ein Erratum ist verfügbar unter
https://doi.org/10.1007/978-3-658-44228-6_14

T. Becker (✉)
Fachbereich Erziehungswissenschaften, Institut für Erziehungswissenschaft,
Philipps-Universität Marburg, Hessen, Deutschland
E-Mail: theresa.becker@uni-marburg.de

© Der/die Autor(en), exklusiv lizenziert an Springer Fachmedien Wiesbaden
GmbH, ein Teil von Springer Nature 2024, korrigierte Publikation 2024
M. Pieper, T. Neuhaus (Hrsg.), *Bildung und Digitalität*, ars digitalis,
https://doi.org/10.1007/978-3-658-44228-6_13

Digitalität auseinandergesetzt wird. Bspw. entwickelt, erprobt und implementiert der St. Elisabeth Verein e.V. Marburg (Fachbereich Pflegefamilien), gefördert durch das Hessische Ministerium für Soziales und Integration, zurzeit ein E-Learning-Programm, das im Rahmen eines Promotionsprojektes am Fachbereich Erziehungswissenschaften der Philipps-Universität Marburg evaluiert wird. Evaluationsstudien geben Aufschluss darüber, welche Chancen und Risiken mit einer Qualifizierung von Pflegeeltern in Form von E-Learning verbunden sind und zu welchen Resultaten sie führen kann. U. a. kann sie eine (Weiter)Entwicklung von Kompetenzen bewirken, was im Fazit vor dem Hintergrund von Bildung diskutiert wird. Im Wort „bewirken" deutet sich an, dass die Evaluationsstudien eine bestimmte Perspektive auf Resultate Sozialer Arbeit einnehmen, nämlich die der Wirkung. Es bedarf weiterer Forschung und die Einnahme zusätzlicher Perspektiven, wie die des Nutzens, um genauer zu prüfen, inwieweit Qualifizierung von Pflegeeltern in Form von E-Learning einen Bildungsprozess ermöglichen kann, was abschließend erläutert wird.

Schlüsselwörter

Digitalisierung · (Post-)Digitalität · Soziale Arbeit · Bildung · Qualifizierung · Pflegeeltern · E-Learning

1   Einleitung

„Die Digitalisierung durchdringt nach und nach alle Arbeits- und Lebensbereiche" (Kretschmer, 2020, S. 7). Der Begriff der Digitalisierung kann sowohl die Umwandlung von Informationen von einer analogen in eine digitale Speicherform als auch die Veränderungen meinen, die digitale Technologien auf individueller, organisationaler und gesellschaftlicher Ebene hervorrufen (Bengler & Schmauder, 2016, S. 75 f.). Der Begriff der Digitalisierung bezeichnet insofern einen Prozess. Das Analoge und Digitale stehen hier in einem Dualismus (Steinberg & Bonn, 2021, S. 9).

„Die Digitalität hingegen ist das, was entsteht, wenn der Prozess der Digitalisierung eine gewisse Tiefe und eine gewisse Breite erreicht hat und damit ein neuer Möglichkeitsraum entsteht, der geprägt ist durch digitale Medien" (Stalder, 2021, S. 4). Insofern entwickelt sich eine neue Kultur (ebd.). Das Analoge und Digitale sind hier miteinander verwoben (Steinberg & Bonn, 2021, S. 9).

Darüber hinaus geht der Begriff der Post-Digitalität, in dem steckt, dass das Analoge und Digitale miteinander verschmolzen sind (ebd., S. 10). Unterschiede lösen sich auf und sind redundant, denn das Digitale ist inhärent geworden (Schmidt, 2020, S. 58 f.). Im Wort „post" steckt aber auch, dass sich mit diesem Zustand differenziert und kritisch auseinandergesetzt wird (Knox, 2019, S. 359) in „tradition of ‚post' theorising" (ebd.).

In der Sozialen Arbeit wird in den letzten Jahren zunehmend ein Diskurs um Digitalisierung geführt, wohingegen sich der um Digitalität erst entwickelt (Seelmeyer & Kutscher, 2021, S. 17). Auseinandersetzungen mit Post-Digitalität scheinen in der Sozialen Arbeit noch auszustehen.

Die Soziale Arbeit umfasst viele verschiedene Handlungsfelder. Insgesamt zeigt sich, dass der Digitalisierung in manchen Handlungsfeldern optimistisch, in anderen skeptisch gegenübergestanden wird und sie Fragen aufwirft. Nicht in allen Handlungsfeldern liegen Erkenntnisse vor und es besteht ein Forschungsdesiderat, das unterschiedlich ausgeprägt ist (Kutscher & Siller, 2020, S. 440 f.).

Ein Handlungsfeld sind die Hilfen zur Erziehung, ein Kernbereich der Kinder- und Jugendhilfe (Richter, 2018, S. 825). Die Hilfen zur Erziehung sind in den §§ 27 bis 35 SGB VIII rechtlich verankert und können unterteilt werden in ambulante, teilstationäre und stationäre Hilfen zur Erziehung (Seithe, 2007, S. 576–581). Generell zeigt sich dort, dass die Digitalisierung zu Herausforderungen in der beruflich-professionellen, sowie alltäglich-lebensweltlichen Dimension führt und die Grenzen zwischen diesen Sphären verschwimmen lässt (Witzel, 2020, S. 500–503).

Zu den stationären Hilfen zur Erziehung zählen die Heimerziehung (§ 34 SGB VIII) und die Vollzeitpflege (§ 33 SGB VIII). Es liegen nur wenige Erkenntnisse zu Digitalisierung in der Heimerziehung vor, sodass eine große Forschungslücke vorliegt (Feyer et al., 2020, S. 3). Dies wird erst recht für die Vollzeitpflege gelten, denn zur Heimerziehung gibt es grundsätzlich mehr Studien als zur Vollzeitpflege (Ehlke & Schröer, 2020, S. 148).

In Deutschland wurde die Vollzeitpflege im Jahr 2021 87329 Mal in Anspruch genommen (Statistisches Bundesamt, 2022, S. 19, 27). Vor und während der Vollzeitpflege haben Pflegeeltern einen Anspruch auf Beratung und Unterstützung (§ 37a SGB VIII). Allerdings erfahren Beratung und Unterstützung eine Modifikation bzw. Umwandlung in Qualifizierung (Köhler et al., 2017, S. 63). Beratung und Unterstützung von Pflegeeltern ist Aufgabe des Jugendamtes, das diese Aufgabe auch an freie Träger delegieren kann (ebd.). Mittlerweile finden sich auch Angebote der Qualifizierung in Form von E-Learning.

Im Folgenden sollen Antworten auf die Fragen gefunden werden, was Bildung und Qualifizierung bedeutet und unterscheidet, warum es Qualifizierung von Pflegeeltern (in Form von E-Learning) bedarf, was diese (nicht) umfassen sollte, welche Chancen sie bietet und Risiken sie birgt, zu welchen Resultaten sie führen und inwieweit sie einen Bildungsprozess ermöglichen kann. Insofern werden Erkenntnisse zu Digitalisierung in der Vollzeitpflege im Bereich der Qualifizierung von Pflegeeltern gebündelt, vor dem Hintergrund von (Post-)Digitalität, sowie Bildung diskutiert und dem Forschungsdesiderat begegnet.

2   Bildung und Qualifizierung

Bildung stellt einen „Schlüsselbegriff der Pädagogik" (Lederer, 2013, S. 15) dar. Im Laufe der Zeit erhielt er verschiedene Bedeutungs- und Konnotationsschwerpunkte (Lederer, 2014, S. 56). *Es existiert somit, dies sei an dieser Stelle nachdrücklich festgehalten, keine verbindliche Definition und entsprechend auch kein letztgültiges Verständnis von Bildung.*

Hieraus leiten sich freilich sowohl die Notwendigkeit als auch die Legitimation ab, zumindest unverzichtbare Kernkriterien und Essentialia im Sinne eines kleinsten gemeinsamen Nenners von ‚Bildung' aufzuzeigen (ebd., S. 73). Bildung meint sowohl den Prozess als auch das Ergebnis der Entwicklung von Persönlichkeit im Sinne einer Selbstentfaltung, Selbstermächtigung, Selbstbestimmung und Selbsterkenntnis, sowie die Entwicklung von Fähigkeiten zur Solidarität, Kritik und Reflexion (ebd., S. 308 ff., 313 ff.). Sich zu bilden oder gebildet zu sein bedeutet demnach, sich zu emanzipieren, autonom und mündig zu sein, sich seiner gewahr zu werden, Innenschau zu halten, über sich selbst und die Welt zu reflektieren, human und mitmenschlich zu sein, die Welt mitzugestalten für sich und andere, sowie kritisch und unangepasst zu sein (ebd.). Dem Bildungsbegriff liegt somit ein humanistisch-aufklärerisch-reflexiv-kritisches Verständnis zugrunde (ebd., S. 321). Er ist schwer zu operationalisieren, sodass stattdessen Begriffe, die eine bessere Operationalisierbarkeit aufweisen, verhandelt werden (ebd., S. 77). In diesen Verhandlungen kommt das „Spannungsverhältnis zwischen Zweckfreiheit und Zweckgebundenheit von Bildung" (ebd., S. 99) zum Ausdruck.

Qualifizierung kann definiert werden als „Prozess des Erwerbs und der Weiterentwicklung von Qualifikationen" (Dehnbostel et al., 1992, S. 12). Bei Qualifikationen handelt es sich um ein „Bündel von Kenntnissen und Fertigkeiten" (Bolder, 2009, S. 813). Dieses Bündel wird in der Regel zertifiziert und mit einem Titel, z. B. Meister versehen (ebd.). Qualifikationen stellen somit eine Positionsbestimmung dar (Lederer, 2013, S. 36) und fokussieren auf die Verwertbarkeit (Raithel et al., 2009, S. 39). Der Begriff hat einen geringen Selbstbezug, ist arbeitsweltlich verhaftet und berufs- bzw. fachbezogen (Salman, 2009, S. 148).

Neben diesen „harten" wurden auch „weiche" Qualifikationen diskutiert, was zur Entwicklung des Konzepts der Schlüsselqualifikationen führte (Reutter, 2009, S. 41). Hiernach können Basis- und Horizontqualifikationen, Breitenelemente und Vintage-Faktoren unterschieden werden (Mertens, 1974, S. 36). Basisqualifikationen sind übergeordnete Qualifikationen, die bei verschiedenen Anforderungen benötigt werden. Beispielhaft werden logisches Denken oder Lernfähigkeit genannt (ebd., S. 41). Horizontqualifikationen sind horizonterweiternde Qualifikationen. Sie umfassen das Wissen über, die Gewinnung, das Verstehen und Verarbeiten von Informationen (ebd., S. 41 f.). Ein Beispiel: Eine Schülerin erhält die Aufgabe, ein Referat zu halten. Sie wird eine Idee haben, was das bedeutet (Wissen über Informationen). Um das Referat vorzubereiten, geht sie vielleicht in die Bibliothek, sucht nach Büchern und leiht sich welche aus oder setzt sich an den Computer, nutzt eine Suchmaschine und stößt auf Artikel (Gewinnung von Informationen). Nun sollte sie die Sprache, in der die Texte geschrieben sind, verstehen (Verstehen von Informationen) und in der Lage dazu sein, sich auf die Inhalte zu konzentrieren, die für ihr Referat relevant sind (Verarbeiten von Informationen). Breitenelemente sind Qualifikationen, die in verschiedenen Tätigkeitsfeldern immer wieder eine Rolle spielen. Beispielhaft werden Grundrechenarten genannt (ebd., S. 42). „Vintage-Faktoren dienen […] der Aufhebung intergenerativer Bildungsdifferenzen" (ebd.). Bspw. haben Personen, die die Schule vor längerer Zeit verlassen haben, einen anderen Englischunterricht erhalten als Personen, die die Schule vor kürzerer Zeit verlassen haben. Sie können nun ein Angebot der Erwachsenenbildung wahrnehmen, um die aus der Lehrplandiskrepanz entstandene Bildungsdifferenz auszugleichen (ebd.). Zu dieser Systematisierung von Schlüsselqualifikationen haben sich noch weitere gesellt (Lederer, 2014, S. 359, 361).

Der Begriff der Schlüsselqualifikationen ist zwar auch arbeitsweltlich verhaftet, aber berufs- und fachübergreifend. Er hat somit etwas mehr Selbstbezug (Salman, 2009, S. 148). Allerdings wird sowohl bei den „harten" als auch den „weichen" Qualifikationen die „individuelle Entwicklung an [...] abstrakten Zweck-Mittel-Relationen orientiert" (ebd., S. 142). Daher ist der Qualifikations- vom Bildungsbegriff deutlich abzugrenzen und nicht damit gleichzusetzen (ebd., S. 141).

Auf den Diskurs um Schlüsselqualifikationen folgte der um Kompetenzen. Dieser Begriff lässt sich somit als Nachfolgebegriff der Qualifikationen betrachten (Lederer, 2014, S. 345, 361). Qualifizierung kann insofern auch definiert werden als Prozess der (Weiter)Entwicklung von Kompetenzen.

Bei Kompetenzen handelt es sich ebenfalls um ein Bündel von Fähigkeiten und Fertigkeiten (Nieke, 2020, S. 355), der Kompetenzbegriff ist aber breiter angelegt und inhaltsoffener als der Qualifikationsbegriff (Lederer, 2013, S. 36). Er ist somit weniger arbeitsweltlich verhaftet (Salman, 2009, S. 148). Kompetenzen fokussieren auf die Person (Raithel et al., 2009, S. 39) und stellen eine Dispositionsbestimmung dar (Lederer, 2013, S. 36). Der Begriff hat daher wesentlich mehr Selbstbezug als der der Qualifikationen (Salman, 2009, S. 159). Kompetenzen lassen sich ebenfalls unterschiedlich systematisieren (Lederer, 2014, S. 359). Eine gängige Systematisierung unterscheidet Kompetenzen in der Dimension des Wissens, Könnens und der Haltungen (Spiegel, 2021, S. 84 ff.). Den Kompetenzdimensionen können weitere Kompetenzen zugeordnet werden, sie können sich aber auch zu diesen zusammensetzen und Bestandteile derer sein (ebd.). Interkulturelle Kompetenz z. B. umfasst kognitive, verhaltensbezogene und affektive Aspekte. U. a. zählt zu den kognitiven Aspekten die Kenntnis über fremde Kulturen, zu den verhaltensbezogenen die Fähigkeit, mit Angehörigen fremder Kulturen in Dialog zu treten, zu den affektiven das Interesse an und die Akzeptanz gegenüber fremden Kulturen (Scheitza, 2009, S. 93). Dies lässt sich in Wissen, Können und Haltungen übersetzen. Grundsätzlich sind Kompetenzen verbunden mit Performanz, Handlungs- und Selbstorganisationsfähigkeit (Lederer, 2013, S. 36 ff.). Sie dienen insofern der Herstellung von Beschäftigungsfähigkeit (Employability) und Marktförmigkeit des Individuums (ebd., S. 42).

Der Kompetenz- und Bildungsbegriff sind demnach teils kompatibel, teils inkompatibel. Kompatibel sind sie dahingehend, dass Kompetenzen Bezug nehmen auf das Selbst und die Person im Gesamten und ein eigen- und selbstständiges Handeln ermöglichen (ebd., S. 48 f.). Wissen und Bildung sind kompatibel, wenn Wissen reflektiert, in seiner Bedeutung eingeschätzt und in Sinnzusammenhänge eingefügt werden kann (Lederer, 2014, S. 311). Entsprechendes wird für das Können und die Haltungen gelten. Kompetenzen und Bildung sind inkompatibel, wenn sie bloß auf Performanz und Nutzbarmachung einer Person ausgerichtet sind und bildungsfeindlichen Zwecken dienen (Lederer, 2013, S. 49). Somit können Kompetenzen zwar bildendes Potenzial haben, aber sie können darin gestärkt oder geschwächt werden (Lederer, 2014, S. 24). Dem Begriff liegt schließlich ein ökonomisch-instrumentell-funktionales Verständnis zugrunde, was eine Abgrenzung vom Bildungsbegriff nötig macht (ebd., S. 24, 519 f.).

Bildung und Qualifizierung im Sinne des Prozesses der (Weiter)Entwicklung von Qualifikationen oder Kompetenzen unterscheiden sich also. Bildung ist „der weit übergeordnete und umfassendere Begriff und Kompetenz(en) somit (nur) Teilmenge(n) von Bildung" (ebd., S. 571). Dies scheint für Qualifikationen nicht zu gelten.

3   Qualifizierung von Pflegeeltern

Auch in der Vollzeitpflege findet sich der Begriff der Qualifizierung wieder. Er wird dort nicht nur bei Fachkräften verwendet, sondern auch bei Pflegeeltern (Erzberger & Szylowicki, 2020, S. 9). Der Begriff rutscht so von der Arbeits- in die Lebenswelt und muss „in spezieller Weise ‚eingefärbt' werden" (ebd., S. 14).

Pflegeeltern sind zu qualifizieren, weil sie gefordert sind, adäquat mit ihren Pflegekindern, die eine besonders vulnerable Gruppe darstellen (Bovenschen, 2011, S. 233), und weiteren Beteiligten, wie Fachkräften und Herkunftseltern umzugehen (Van Santen et al., 2019, S. 177).

Qualifizierung von Pflegeeltern darf „die Gestaltung der Pflegefamilie als Familie nicht stören" (Helming et al., 2011, S. 451). Denn sie birgt den Implikationen des Qualifizierungsbegriffs entsprechend die Gefahr, dass die Familie „zur Produktionsstätte der geplanten Hilfe und zum Dienstleister des Amtes" (Wolf, 2012, S. 414) wird, sie als Organisation betrachtet und behandelt wird, obwohl sich die zwei Gesellungsformen grundsätzlich unterscheiden (ebd., S. 406). Unterschiede lassen sich dahingehend feststellen, dass Familienmitglieder dauerhafter und weniger austauschbar sind, sie körperlicher und weniger zweckbestimmt miteinander umgehen als Organisationsmitglieder (ebd., S. 406–411). Diese Unterschiede bringen die „besondere Leistungsfähigkeit von Familienerziehung" (ebd., S. 412) mit sich. Sie wird konterkariert, wenn die Unterschiede nicht berücksichtigt werden und steuernde, strategische, zweckrationale, lineare, finanzielle Aspekte in das Familienleben einfließen, was sich als „Kolonialisierung des Familienlebens" (ebd., S. 395) bezeichnen lässt (ebd., S. 412 ff.).

Qualifizierung von Pflegeeltern kann in Form von Fortbildung, Gruppenarbeit, Beratung oder Supervision (Niedersächsisches Ministerium für Soziales, Gesundheit und Gleichstellung, 2016, S. 9–14 ff.) angeboten werden. Im Zusammenhang hiermit finden sich sogar verhaltensorientierte Trainings (Helming et al., 2011, S. 470). Nicht nur zwischen diesen Angebotsformen, sondern auch innerhalb einer Angebotsform zeigen sich Unterschiede. So kann eine Fortbildung vor (pre-service) oder während (in-service) der Vollzeitpflege angeboten werden (Benesh & Cui, 2017, S. 550). Weiterhin kann sie aus einer Sitzung (single-session) oder mehreren Sitzungen (multi-session) bestehen. Neben der Anzahl kann sich auch die Dauer der Sitzungen und somit die Gesamtdauer unterscheiden (ebd., S. 549 f.). Die Fortbildung kann sich zudem an Einzelne oder Gruppen richten (ebd.), in Präsenz oder in Form von E-Learning oder Blended-Learning stattfinden

(s. Abschn. 4 in diesem Beitrag). Auch die Themen, die behandelt werden, können verschieden sein (ebd.). Sie lassen sich grob den vier Komplexen Pflegeeltern, Pflegekind, Herkunftseltern und Recht zuordnen (Niedersächsisches Ministerium für Soziales, Gesundheit und Gleichstellung, 2016, S. 9–16). Dabei können unterschiedliche Methoden genutzt werden, wie Vorträge oder Rollenspiele (Benesh & Cui, 2017, S. 550). Eine Fortbildung unterscheidet sich auch durch die durchführenden Fachkräfte (Pacifici et al., 2005, S. 249), die genutzten Materialien (Pacifici et al., 2006, S. 1331) und die Bedarfe (Delaney et al., 2012, S. 504). In Amerika zeigt sich: „training varies from state to state, and even from one county to the next" (Pacifici et al., 2006, S. 1331). Entsprechendes wird für Deutschland gelten.

So bergen manche Qualifizierungsangebote die Gefahr, dass die Familie als Produktionsstätte, Dienstleister und Organisation betrachtet und behandelt wird, vermutlich mehr, andere weniger. Dies macht eine Differenzierung nötig. Die Qualifizierungsangebote lassen sich anhand des zugrunde liegenden Paradigmas differenzieren. Manche folgen einem Instruktionsparadigma, das mehr eine Kontrolle von und weniger eine Hilfe für Pflegeeltern bedeutet. Sie stützen sich auf ein vom Kostenträger verbindlich gemachtes Curriculum. Hier wird vorab festgelegt, was für Pflegeeltern interessant bzw. relevant ist und angenommen, dass sie wissenschaftliches Wissen benötigen. Dieses sollen sie teilweise unterstützt durch Fachkräfte in den Alltag übersetzen (Hildenbrand, 2012, S. 123 ff., 127 f.).

Andere folgen einem Problemlöseparadigma, das weniger eine Kontrolle von und mehr eine Hilfe für Pflegeeltern bedeutet. Sie sind freiwillig und am Einzelfall, einem Pflegekind und den beteiligten Familienkonstellationen orientiert, knüpfen an aktuellen Konflikten, damit einhergehendem Leidensdruck und lebenspraktischen Erfahrungen an (ebd., S. 125 f., 127 f.).

Zuletzt gibt es Angebote, die diese beiden Denkweisen verknüpfen (ebd., S. 126 f.). *Von den bisher vorgestellten Konzepten einer ‚Qualifizierung' von Pflegeeltern halten wir (mit der erwähnten Einschränkung) jene für tragfähig, die das Problemlöseparadigma betonen und curriculare Elemente auf jene Bereiche beschränken, die curriculumfähig sind* (ebd., S. 129).

In den Qualifizierungsangeboten sollen Pflegeeltern somit weniger Wissen und mehr Haltungen, sowie Können erwerben (Erzberger & Szylowicki, 2020, S. 13 f., 17 f.).

Ristau-Grzebelko (2009, S. 87–90) beschreibt einige Kompetenzen in der Dimension des Wissens und Könnens. Abgesehen davon lassen sich im deutschsprachigen Raum keine weiteren Kompetenzen finden, anders im englischsprachigen Raum. Dort wird angenommen, dass Pflegeeltern zwölf Kompetenzen benötigen und in Qualifizierungsangeboten erwerben sollten (Buehler et al., 2006, S. 526). Die erste Kompetenz „providing a safe and secure care environment" umfasst, dass Pflegeeltern ihren Pflegekindern körperlichen Schutz und emotionale Sicherheit bieten können, sodass sie vor Misshandlung, Vernachlässigung und Gefährdungen zu Hause, in der Nachbarschaft oder Schule geschützt sind (ebd., S. 528). Hinter der zweiten Kompetenz „providing a nurturing environment" steckt, dass Pflegeeltern ihren Pflegekindern mit Akzeptanz, Fürsorge,

Wertschätzung, Liebe, Empathie, Toleranz begegnen und deren Aufbau von Beziehungen unterstützen können, wie Buehler et al. (2006, S. 532 f.) unter Bezugnahme auf verschiedene Quellen darlegen. Die dritte Kompetenz „promoting educational attainment and success" ermöglicht den Pflegeeltern, die Bildungskarrieren ihrer Pflegekinder unterstützen zu können (ebd., S. 535 f.), die vierte Kompetenz „meeting physical and mental healthcare needs", deren körperliche und mentale Gesundheit unterstützen und auf diesbezügliche Bedarfe eingehen zu können (ebd., S. 536 ff.). Die fünfte Kompetenz „promoting social and emotional development" beinhaltet, dass die Pflegeeltern die soziale und emotionale Entwicklung ihrer Pflegekinder fördern können (ebd., S. 538), die sechste Kompetenz „valuing diversity and supporting children's cultural needs", dass sie deren kulturelle Hintergründe berücksichtigen und auf diesbezügliche Bedarfe eingehen können (ebd., S. 539 f.). Die siebte Kompetenz „supporting permanency planning" bedeutet, dass Pflegeeltern geplante Rückführungen oder Verselbstständigungen unterstützen können, wie Buehler et al. (2006, S. 540 f.) unter Bezugnahme auf verschiedene Quellen darlegen, die achte Kompetenz „managing ambiguity and loss", dass sie mit Ambiguitäten, Veränderungen und Verlusten umgehen können (ebd., S. 541 f.). Hinter der neunten Kompetenz „growing as a foster parent" verbirgt sich, dass Pflegeeltern ihre Kompetenzen (weiter)entwickeln wollen (ebd., S. 542 f.), hinter der zehnten Kompetenz „managing the demands of fostering", dass sie für das Wohlbefinden der verschiedenen Familienmitglieder sorgen und deren Beziehungen pflegen können (ebd., S. 543 ff.). Die elfte Kompetenz „supporting relationships between children and their families" macht es den Pflegeeltern möglich, die Beziehungen zwischen Pflegekindern und Herkunftseltern pflegen zu können, die zwölfte Kompetenz „working as a team member" mit Fachkräften kooperieren zu können (ebd., S. 545 f.).

Es ist unklar, inwieweit diese Kompetenzen und Kompetenzdimensionen in Qualifizierungsangeboten erworben werden und zu welchen Resultaten diese führen (ebd., S. 550). Denn die Qualifizierungsangebote werden nur selten evaluiert (Festinger & Baker, 2013, S. 2148, 2152). In Deutschland lässt sich bisher nur eine Studie finden, bei der die Pflegeelternschule des Sozialpädagogischen Fortbildungsinstituts Berlin-Brandenburg evaluiert wurde (Kröger, 2008). Die übrigen Evaluationsstudien finden sich im englischsprachigen Raum (Benesh & Cui, 2017, S. 549 f.; Dorsey et al., 2008, S. 1407 f.). Unter Bezugnahme auf verschiedene dieser Quellen legen Pacifici et al. (2005, S. 243) dar, dass sich Qualifizierung von Pflegeeltern positiv auf die Pflegeeltern, Pflegekinder, Herkunftseltern und die Stabilität des Pflegeverhältnisses auswirken kann.

4 Qualifizierung von Pflegeeltern in Form von E-Learning

Mittlerweile wird Qualifizierung von Pflegeeltern auch in Form von E-Learning angeboten. Ein Beispiel ist das E-Learning-Programm „EMPOWERYOU". Es richtet sich an Pflege- und Adoptiveltern und soll dazu dienen, die Pflege- und Adoptivkinder vor Reviktimisierungserfahrungen zu schützen. Es behandelt Themen, wie Emotionen, Identität u. v. m. und sieht sechs Module vor, die u. a. Präsentationen, Hörspiele und Übungen beinhalten. Ihre Bearbeitungszeit beträgt ca. 90 min. Das E-Learning-Programm ist online zu finden unter: https://www.empoweryou-programm.de/ Es befindet sich noch in Evaluation (Van Noort et al., 2022, S. 236–239).

Ein weiteres Beispiel ist das E-Learning-Programm des St. Elisabeth-Vereins e.V. Marburg (Fachbereich Pflegefamilien), das durch das Hessische Ministerium für Soziales und Integration gefördert wird. Es richtet sich an Pflegeeltern, die zurzeit Pflegekinder haben. Es behandelt Themen, wie Recht, Bindung u. v. m. und sieht sechs Module vor, die wiederum aus mehreren Kapiteln bestehen. Die Kapitel beinhalten u. a. Erklärfilme, Übungen und Fragen. Ihre Bearbeitungszeit schwankt zwischen ca. 15 bis 70 min, wobei Möglichkeiten der Reflexion und Vertiefung weitere Zeit in Anspruch nehmen können. Das E-Learning-Programm ist online zu finden unter: https://pflegefamilien-akademie.de/e-learning-fuer-pflegefamilien/ Zurzeit stehen noch nicht alle Module und Kapitel zur Verfügung. Sie werden nach und nach entwickelt, erprobt, implementiert und im Rahmen eines Promotionsprojektes am Fachbereich Erziehungswissenschaften der Philipps-Universität Marburg evaluiert (Becker et al., 2023, S. 156 ff.).

Weitere Beispiele finden sich im englischsprachigen Raum, die mitunter schon evaluiert wurden. Zwei von ihnen sind pre-service- (Delaney et al., 2012, S. 506; White et al., 2014, S. 48 f.), drei in-service-Angebote (Pacifici et al., 2005, S. 244, 249; Pacifici et al., 2006, S. 1329; Buzhardt & Heitzman-Powell, 2006, S. 300, 313). Vier Angebote stellen einzelne Module dar, die die Themen „anger problems", „lying and sexualized behavior", „legal issues and challenging behaviour", „child abuse and neglect" behandeln. Sie nehmen ca. zwischen 30–120 min in Anspruch (Pacifici et al., 2005, S. 244, 247, 2006, S. 1333, 1339; Buzhardt & Heitzman-Powell, 2006, S. 305, 313; Delaney et al., 2012, S. 506). Ein Angebot behandelt mehrere solcher Themen und ist als Blended Learning angelegt. Dabei werden Präsenz- und Onlinelernen verknüpft und abgewechselt. Insgesamt wird 12 h in einer Gruppe in Präsenz und 10–12,5 h online gelernt (White et al., 2014, S. 49 f.).

Hier zeigt sich, dass die Qualifizierungsangebote in Präsenz und in Form von E-Learning nicht mehr nur in einem Dualismus stehen, sondern langsam miteinander verwoben werden. Es scheint, als beginnt die Digitalisierung in der Vollzeitpflege im Bereich der Qualifizierung von Pflegeeltern eine gewisse Tiefe und Breite zu erreichen und eine Kultur der Digitalität zu entstehen. Hiermit ist sich im Sinne der Post-Digitalität, differenziert und kritisch auseinanderzusetzen, auch wenn es bis zum Eintreten dieses Zustands im genannten Bereich noch dauert. Die Evaluationsstudien geben Aufschluss darüber, welche Chancen und Risiken mit einer Qualifizierung von Pflegeeltern in Form von E-Learning verbunden sind, was nachfolgend beleuchtet werden soll.

4.1 Chancen

Es wurde bereits erwähnt, dass Qualifizierung von Pflegeeltern in verschiedenen Formen angeboten werden kann und sich nicht nur zwischen den Angebotsformen, sondern auch innerhalb der gleichen Angebotsform Unterschiede zeigen (s. Abschn. 3 in diesem Beitrag).

Qualifizierung von Pflegeeltern in Form von E-Learning kann die Chance einer Vereinheitlichung und Standardisierung bieten (Delaney et al., 2012, S. 506, 512). Dies kommt gerade Pflegeeltern aus ländlicheren Gebieten zugute, die in ihrer Auswahl von Qualifizierungsangeboten eingeschränkter sind und diese schwerer erreichen können. Für Pflegeeltern eröffnet Qualifizierung in Form von E-Learning die Chance, dass sie Kosten für die An- und Abreise oder die Betreuung ihrer Kinder sparen können (Pacifici et al., 2006, S. 1331).

Nicht nur im Hinblick auf den Ort, auch auf die Zeit bietet Qualifizierung von Pflegeeltern in Form von E-Learning Flexibilität (Buzhardt & Heitzman-Powell, 2006, S. 305). In diesen Qualifizierungsangeboten lässt sich sogar Zeit einsparen (Delaney et al., 2012, S. 503, 506). Qualifizierung von Pflegeeltern in Form von E-Learning ist somit niedrigschwelliger. Dies kann die Inanspruchnahme erhöhen (Buzhardt & Heitzman-Powell, 2006, S. 299) und Abbrüche reduzieren (White et al., 2014, S. 71). Zudem können Pflegeeltern eher etwas wiederholen (Delaney et al., 2012, S. 506, 513).

Die Evaluationsstudien zeigen, dass Pflegeeltern mit diesen Qualifizierungsangeboten sehr zufrieden sind (Pacifici et al., 2005, S. 249, 2006, S. 1329; Buzhardt & Heitzman-Powell, 2006, S. 311). Ihre Zufriedenheit ist mit der Zufriedenheit von den Vergleichsgruppen bestehend aus Pflegeeltern, die an den zugehörigen Qualifizierungsangeboten in Präsenzform teilnehmen, vergleichbar (Delaney et al., 2012, S. 512; White et al., 2014, S. 70). Dementsprechend weisen zwei Studien geringe Dropout-Raten bei der Qualifizierung von Pflegeeltern in Form von E-Learning (Buzhardt & Heitzman-Powell, 2006, S. 313) und Blended Learning auf. Die Dropout-Raten sind bei letzterem geringer als bei der Vergleichsgruppe, was mit der Orts- und Zeitflexibilität und der Zeitersparnis erklärt wird (White et al., 2014, S. 66, 70).

Weiterhin kann Qualifizierung von Pflegeeltern in Form von E-Learning zu einer (Weiter)Entwicklung ihrer Kompetenzen in der Dimension des Wissens führen. Die Studien zeigen, dass der Wissenszuwachs signifikant ist (Buzhardt & Heitzman-Powell, 2006, S. 309), auch wenn Kontrollgruppen (Pacifici et al., 2005, S. 246, 248, 2006, S. 1334, 1341) oder Vergleichsgruppen eingesetzt werden. Die Vergleichsgruppen können weniger Wissen erwerben als diejenigen, die am E-Learning (Delaney et al., 2012, S. 512) oder Blended Learning teilnehmen (White et al., 2014, S. 68). Dies wird darauf zurückgeführt, dass die Pflegeeltern in diesem Format eher regulieren können, welches Wissen sie sich wann und wo aneignen, es besser verarbeiten können und durch die interaktiven Übungen mehr einbezogen werden (Delaney et al., 2012, S. 512).

Qualifizierung von Pflegeeltern in Form von E-Learning kann aber auch zu einer (Weiter)Entwicklung ihrer Kompetenzen in den übrigen Dimensionen führen: Zwei Studien zufolge können Pflegeeltern „self-perceptions of confidence, comfort, and objectivity in dealing with the particular behavior problem [...] in their foster children" (Pacifici et al., 2006, S. 1339) erwerben. Das meint u. a., dass sie ein bestimmtes Problemverhalten erkennen, nicht als Bedrohung für das Pflegeverhältnis und gegen sie gerichtet sehen können (Pacifici et al., 2005, S. 246). Signifikant ist dies beim Qualifizierungsangebot zum Thema

„anger problems" (ebd., S. 248) und „lying", zum Thema „sexualized behavior" nicht (Pacifici et al., 2006, S. 1341). Wie eine andere Studie zeigt, können Pflegeeltern auch „self-perceptions of how well they recognize and understand parenting issues" (White et al., 2014, S. 59) erwerben, was bedeutet, dass sie u. a. Entwicklungsauffälligkeiten erkennen können (ebd., S. 60). Dies ist signifikant, die Vergleichsgruppe schneidet hier aber besser ab als die Pflegeeltern, die am Blended Learning teilnehmen (ebd., S. 62 f.). Der Grund hierfür ist nicht das Format, sondern, dass Pflegeeltern, die beim Pre-Test bereits einen hohen Wert haben, beim Post-Test nur noch einen geringen Anstieg zeigen können. Anscheinend nahmen sie vermehrt am Blended Learning teil. Bei Pflegeeltern, die beim Pre-Test einen niedrigen Wert haben, lässt sich beim Post-Test ein größerer Anstieg verzeichnen. Sie fanden sich anscheinend vermehrt in der Vergleichsgruppe (ebd., S. 63 f.). Einer weiteren Studie zufolge kann Qualifizierung von Pflegeeltern in Form von E-Learning auch die Empathie gegenüber den Herkunftseltern steigern. Dies ist allerdings nicht signifikant. Die Vergleichsgruppe schneidet hier schlechter ab. Als Grund hierfür wird genannt, dass die Pflegeeltern beim E-Learning einen leichteren Zugriff auf und eine größere Kontrolle über die Inhalte haben (Delaney et al., 2012, S. 512 f.). Die Empathie wurde mithilfe eines Selbsteinschätzungsfragebogens untersucht, dessen Items auf den Items zweier Subskalen des Interpersonal Reactivity Index (IRI) basieren (ebd., S. 508). Sie fragen danach, inwieweit die Perspektive anderer Personen übernommen und inwieweit sich in andere Personen eingefühlt werden kann (Davis, 1980, S. 11 f.). All diese Kompetenzen lassen sich nicht eindeutig einer Dimension, der des Könnens oder der der Haltungen zuordnen.

Für Fachkräfte bietet Qualifizierung von Pflegeeltern in Form von E-Learning die Chance, dass sie kostengünstiger ist, leichter angeboten (Pacifici et al., 2005, S. 249), reguliert, dokumentiert und nachvollzogen werden kann (Delaney et al., 2012, S. 506). Solche Qualifizierungsangebote lassen sich schneller aktualisieren (ebd.), wenn etwas nicht bedarfsgerecht oder veraltet sein sollte (Pacifici et al., 2006, S. 1331). So wäre es auch leichter, die Qualität der Qualifizierungsangebote zu sichern (Pacifici et al., 2005, S. 249) oder eben deren Wirkung bzw. Nutzen, um sich nicht auf eine Perspektive auf Resultate Sozialer Arbeit festzulegen (Bleck & Liebig, 2015, S. 167) (s. Abschn. 5 in diesem Beitrag).

4.2 Risiken

Es wurde bereits erwähnt, dass Qualifizierung von Pflegeeltern in Form von E-Learning die Chance einer Vereinheitlichung und Standardisierung bieten kann (s. Abschn. 4.1 in diesem Beitrag). Dabei scheint die „Komplexität des Zusammenlebens in Pflegefamilien" (Köhler et al., 2017, S. 63) aber weniger berücksichtigt werden zu können, denn häufig sind die Qualifizierungsangebote nicht an die Bedarfe angepasst (Buzhardt & Heitzman-Powell, 2006, S. 299).

Als weitere Chance wurde die Orts- und Zeitflexibilität genannt (s. Abschn. 4.1 in diesem Beitrag). Sie kann allerdings dazu führen, dass die Qualifizierung von Pflegeeltern fragmentiert wird (Arnold et al., 2018, S. 51). Darüber hinaus könnte sie das Verschwimmen der Grenzen zwischen der beruflich-professionellen und alltäglich-lebensweltlichen Dimension verstärken, denn bei Pflegeeltern zeigt sich: „For foster carers […] their family is their work and their work is their family – so roles are not so clearly separated and boundaries are not so clearly defined" (Schofield et al., 2013, S. 46). Pflegeeltern können sich in ihrer Rolle als „carers" und/oder „parents" verstehen (ebd., S. 50). Ein Rollenverständnis als „carers" könnte dadurch begünstigt werden, dass sie sich orts- und zeitflexibel z. B. am Abend im Wohnzimmer qualifizieren können. Es stellt sich die Frage, inwieweit sich Pflegeeltern noch als „parents" verstehen können. Wie geht es ihnen damit, sich in der potenziellen Nähe ihrer Pflegekinder mit bestimmten Themen zu beschäftigen? Es ist aber auch zu fragen, inwieweit die Pflegekinder ihre Pflegeeltern noch als „parents" wahrnehmen können und wie es ihnen damit geht, wenn sie mitbekommen, womit sich die Pflegeeltern beschäftigen. Hier bedarf es weiterer Forschung.

Qualifizierung von Pflegeeltern in Form von E-Learning birgt das Risiko, dass der Austausch zwischen den Pflegeeltern und Fachkräften nicht oder nur über neue Kommunikations- und Kooperationsmöglichkeiten, wie Online-Meetings erfolgt (Arnold et al., 2018, S. 53 f.). Dies würde die Zeitersparnis in diesen Qualifizierungsangeboten erklären (s. Abschn. 4.1 in diesem Beitrag). Der Austausch ist für manche Pflegeeltern jedoch besonders bedeutsam (Köhler et al., 2017, S. 64, 66 f.). Qualifizierung von Pflegeeltern in Form von E-Learning kann somit dazu führen, dass die Pflegeeltern hiermit allein gelassen werden.

Zudem scheinen diese Qualifizierungsangebote Gefahr zu laufen, dem Instruktionsparadigma zu folgen, das mehr eine Kontrolle von und weniger eine Hilfe für Pflegeeltern bedeutet. Denn die Qualifizierungsangebote sollen mit „assessments" verknüpft werden, um Wissenslücken und -zuwachs festzustellen (Buzhardt & Heitzman-Powell, 2006, S. 299 f.). Neben weiteren Faktoren können diese beim Treffen und Begründen von Entscheidungen, bei welchen Pflegeeltern ein Pflegekind fremduntergebracht werden soll, helfen (ebd., S. 311): „For instance, if Foster Care Agency X needs to place a child with ADHD, the agency could use foster parent's scores on the ADHD training tests as a tool in determining where to place the child" (ebd.). Die Gefahr, dass die Familie als Produktionsstätte, Dienstleister und Organisation betrachtet und behandelt wird (s. Abschn. 3 in diesem Beitrag) besteht somit doppelt: Nicht nur, weil die Pflegeeltern qualifiziert werden, sondern auch weil sie hierfür verantwortlich gemacht werden.

Qualifizierung von Pflegeeltern in Form von E-Learning ist niedrigschwelliger (s. Abschn. 4.1 in diesem Beitrag), aber auch nicht frei von Voraussetzungen. Die Pflegeeltern müssen über digitale Medien, wie Computer, Tablet oder Smartphone, Internet und digitale Kompetenzen verfügen. Verfügen sie über wenige digitale Kompetenzen, benötigen sie Anleitung: „Unfortunately, online training for foster parents often lacks quality instruction" (ebd., S. 299). Zudem werden von ihnen häufig Kostenbeiträge für diese Qualifizierungsangebote erhoben (ebd.).

Wie bereits erwähnt, kann Qualifizierung von Pflegeeltern in Form von E-Learning zu einer (Weiter)Entwicklung ihrer Kompetenzen in der Dimension des Wissens führen. Es können auch Kompetenzen in den übrigen Dimensionen weiterentwickelt werden, sie lassen sich aber nicht eindeutig einer Dimension, der der Haltungen oder der des Könnens, zuordnen. Im Hinblick auf letztere lässt sich fragen, ob sich diese nicht erst im Handeln zeigen. Das Verhalten der Pflegeeltern wurde aber nicht untersucht (Delaney et al., 2012, S. 513).

Zudem untersucht nur eine Studie, ob die (weiter)entwickelten Kompetenzen wieder abnehmen. Zumindest drei Monate nach dem Qualifizierungsangebot ist dies nicht signifikant (White et al., 2014, S. 66 ff.). Wie lange dies der Fall ist, bleibt aber offen (Buzhardt & Heitzman-Powell, 2006, S. 311).

5 Fazit

Bildung kann beschrieben werden als Prozess und Ergebnis der Entwicklung von Persönlichkeit im Sinne einer Selbstentfaltung, Selbstermächtigung, Selbstbestimmung und Selbsterkenntnis, sowie der Entwicklung von Fähigkeiten zur Solidarität, Kritik und Reflexion. Qualifizierung demgegenüber als Prozess der (Weiter)Entwicklung von Qualifikationen, sowie Kompetenzen. Kompetenzen lassen sich einem Systematisierungsversuch zufolge einteilen in die Dimension des Wissens, Könnens und der Haltungen. Sie haben zwar bildendes Potenzial, können darin aber gestärkt oder geschwächt werden. Den Begriffen liegen verschiedene Verständnisse zugrunde, dem Bildungsbegriff ein humanistisch-aufklärerisch-reflexiv-kritisches, dem Qualifizierungsbegriff ein ökonomisch-instrumentell-funktionales Verständnis (s. Abschn. 2 in diesem Beitrag).

Qualifizierung von Pflegeeltern birgt den Implikationen des Qualifizierungsbegriffs entsprechend die Gefahr, dass die Familie als Produktionsstätte, Dienstleister und Organisation betrachtet und behandelt wird. Die Qualifizierungsangebote unterscheiden sich jedoch, was eine Differenzierung nötig macht. Diese kann anhand des zugrunde liegenden Paradigmas erfolgen, wobei sich Instruktions- und Problemlöseparadigma unterscheiden lassen. Ersteres stellt eher eine Kontrolle von und weniger eine Hilfe für Pflegeeltern dar. Dementsprechend sollen sie in den Qualifizierungsangeboten weniger Kompetenzen in der Dimension des Wissens und mehr Kompetenzen in der Dimension des Könnens und der Haltungen erwerben. Im englischsprachigen Raum werden noch weitere Kompetenzen beschrieben. Es ist unklar, inwieweit diese Kompetenzen und Kompetenzdimensionen in Qualifizierungsangeboten erworben werden (s. Abschn. 3 in diesem Beitrag).

Mittlerweile wird Qualifizierung von Pflegeeltern auch in Form von E-Learning angeboten. Diese Qualifizierungsangebote und die in Präsenz stehen nicht mehr nur in einem Dualismus, sondern werden langsam miteinander verwoben. Es scheint, als beginnt die Digitalisierung in der Vollzeitpflege im Bereich der Qualifizierung von Pflegeeltern eine gewisse Tiefe und Breite zu erreichen und eine Kultur der Digitalität zu entstehen. Hiermit ist sich im Sinne der Post-Digitalität, differenziert und kritisch auseinanderzusetzen, auch wenn es bis zum Eintreten dieses Zustands im genannten Bereich noch dauert (s. Abschn. 4 in diesem Beitrag).

Die Evaluationsstudien zeigen, dass Qualifizierung von Pflegeeltern in Form von E-Learning einige Chancen bietet, aber auch Risiken birgt (s. Abschn. 4.1, 4.2 in diesem Beitrag). Diese sollen nun vor dem Hintergrund von Bildung diskutiert werden. Eine Chance ist, dass diese Qualifizierungsangebote zu einer (Weiter)Entwicklung der Kompetenzen in der Dimension des Wissens führen können. Es können auch Kompetenzen in den übrigen Dimensionen (weiter)entwickelt werden, sie lassen sich aber nicht eindeutig einer Dimension, der der Haltungen oder der des Könnens, zuordnen. Um das bildende Potenzial dieser Kompetenzen zu stärken, sollten Pflegeeltern angeregt werden, sie zu reflektieren, in ihrer Bedeutung einzuschätzen und in Sinnzusammenhänge einzufügen. So könnte Qualifizierung von Pflegeeltern in Form von E-Learning einen Bildungsprozess ermöglichen. In diesem Fall würde die Vereinheitlichung und Standardisierung, Orts- und Zeitflexibilität, sowie Niedrigschwelligkeit, die diese Qualifizierungsangebote bieten, dazu führen, dass mehr Pflegeeltern gebildet werden, und zwar in kognitiven, affektiven und verhaltensbezogenen Aspekten. Dies ließe sich als Allgemeinbildung in der ersten Bedeutungsdimension, einer Bildung für alle, und in der zweiten Bedeutungsdimension, einer umfassenden Bildung, verstehen (Lederer, 2014, S. 313). Dieser würden allerdings die genannten Voraussetzungen, wie das Verfügen über digitale Kompetenzen und das Zahlen von Kostenbeiträgen, zuwiderlaufen. Risikoreich sind bei diesen Qualifizierungsangeboten weiterhin die wahrscheinliche Fragmentierung und der reduzierte Austausch, die das bildende Potenzial der Kompetenzen schwächen und einen Bildungsprozess verhindern könnten. Schließlich ist „Bildung nicht nur eine Frage von Inhalten und Kompetenzen, sondern auch eine von Bezügen und Beziehung" (Schmidt, 2020, S. 62). Durch die geringe Anpassung an Bedarfe und die vorgeschlagene Verknüpfung mit „assessments" scheinen die Qualifizierungsangebote Gefahr zu laufen, dem Instruktionsparadigma zu folgen, das eher eine Kontrolle von und weniger eine Hilfe für Pflegeeltern bedeutet. Demnach birgt Qualifizierung von Pflegeeltern in Form von E-Learning die Gefahr, dass die Familie als Produktionsstätte, Dienstleister und Organisation betrachtet und behandelt wird, in doppelter Hinsicht. Dabei ist auch zu bedenken, dass ein Rollenverständnis als „carers" begünstigt werden könnte. So könnten die Kompetenzen in ihrem bildenden Potenzial geschwächt und ein Bildungsprozess verunmöglicht werden. Das bedeutet nicht, dass diese Qualifizierungsangebote hinfällig sein sollten, aber sie sollten wohlüberlegt eingesetzt werden, indem die Risiken reflektiert und minimiert werden. Inhalte sollten mit Pflegeeltern abgestimmt werden, Bezug zu ihrer Alltagspraxis haben und nicht nur auf eine (Weiter)Entwicklung ihrer Kompetenzen in der Dimension des Wissens zielen. Pflegeeltern sollten bei einer Qualifizierung in Form von E-Learning nicht sich selbst überlassen werden und hierfür alleinverantwortlich sein. Sie sollten auch reflektieren, wann und wo sie sich qualifizieren. Daher sollten diese Qualifizierungsangebote auch zukünftig nicht ausschließlich, sondern als Ergänzung und in Verbindung mit Qualifizierungsangeboten in Präsenzform angeboten werden (Buzhardt & Heitzman-Powell,

2006, S. 313 f.). Übernehmen sie die Aufgabe, curriculare Elemente zu vermitteln, könnten die Qualifizierungsangebote in Präsenzform das Problemlöseparadigma stärker betonen und sich auf die Aufgaben konzentrieren, die einen face-to-face-Kontakt erfordern (Delaney et al., 2012, S. 513).

Insofern wird die Frage, zu welchen Resultaten Qualifizierung von Pflegeeltern in Form von E-Learning führen kann bzw. könnte, beantwortet, die Evaluationsstudien nehmen aber eine bestimmte Perspektive ein. Es bedarf weiterer Forschung und der Einnahme zusätzlicher Perspektiven, um genauer zu prüfen, inwieweit Qualifizierung von Pflegeeltern in Form von E-Learning einen Bildungsprozess ermöglichen kann. Denn es lassen sich drei Perspektiven auf Resultate Sozialer Arbeit unterscheiden, die der Qualität, der Wirkung und des Nutzens (Bleck & Liebig, 2015, S. 167).

Qualität stellt ein „vielschichtiges Konstrukt" (Ehlers, 2002, S. 2) dar, das unterschiedlich verstanden, aus verschiedenen Perspektiven betrachtet und auf unterschiedliche Gegenstände bezogen werden kann (ebd., S. 2 ff.). In der Sozialen Arbeit setzt der Qualitätsdiskurs in den 1990er-Jahren ein. Es geht darum, Qualität zu sichern, zu überprüfen und zu entwickeln, ein Qualitätsmanagement aufzubauen (Merchel, 2006, S. 195 ff.). Die Sichtweise der Institution und die Erhebung quantitativer Daten steht im Vordergrund (Bleck & Liebig, 2015, S. 168).

Daran schließt in den 2000er-Jahren der Wirkungsdiskurs an (Albus & Polutta, 2008, S. 260; Flösser & Oechler, 2006, S. 155). Dem Begriff der Wirkung liegt ein „kausales Verständnis" (Ottmann & König, 2019, S. 368) zugrunde. Bspw. kann ein Angebot Sozialer Arbeit etwas auf individueller Ebene (Outcome) und auf gesellschaftlicher Ebene (Impact) bewirken (ebd.). Was ggf. wirkt, wird vorab institutionell definiert und ausgewählt (Bleck & Liebig, 2015, S. 168). Es geht um die Frage: „Was wirkt für wen unter welchen Umständen – und warum?" (Albus & Polutta, 2008, S. 264). Zur Beantwortung der Frage werden differenzierte Forschungsdesigns entworfen, quantitative, zunehmend aber auch qualitative Daten erhoben (Bleck & Liebig, 2015, S. 168). Diese Perspektive nehmen die Evaluationsstudien ein.

Daneben gibt es noch die Perspektive des Nutzens. Die sozialpädagogische Nutzer*innenforschung findet seit Mitte der 2000er-Jahren zunehmend Beachtung (ebd., S. 167). Sie beschäftigt sich damit *den (möglichen) Nutzen sozialpädagogischen Handelns und sozialpädagogischer Angebote aus der Perspektive der Nutzerinnen und Nutzer zu rekonstruieren [...], nutzenfördernde und nutzenlimitierende bzw. nutzenverhindernde und den Nutzern schadende Bedingungen in den Blick zu nehmen und zu analysieren, auf welche Weise Nutzer sich die Angebote im Rahmen konkreter institutioneller Rahmungen aneignen bzw. anzueignen versuchen.* (Oelerich & Schaarschuch, 2013, S. 88 f.). Der Begriff der Nutzer*innen betont „deren aktiv-produktive Aneignung von Welt" (Schaarschuch & Oelerich, 2020, S. 22), worauf sich die neuere Theorie sozialer Dienstleistung stützt. Hiernach nehmen Nutzer*innen personenbezogene soziale Dienstleistungen von Professionellen in Anspruch, konsumieren sie und eignen sie sich an, wenn sie gebrauchswertig sind. Dabei produzieren sie sich und ihr Leben. Denn jeder Konsumtionsprozess ist Produktionsprozess und umgekehrt. Dies steht im Gegensatz zu früheren dienstleistungstheoretischen Ansätzen, in denen Nutzer*innen als passive Objekte und Ko-Produzenten, die Professionellen als aktive Subjekte und Produzenten verstanden werden. Da sie die Konsumtions- und Produktionsprozesse letztlich aber nicht vollziehen, kehrt die neuere Theorie sozialer Dienstleistungen diese Rollen um (ebd., S. 16) (Oelerich & Schaarschuch, 2013, S. 86 f.). In der Perspektive des Nutzens steht also die Sichtweise der Nutzer*innen und die Erhebung qualitativer Daten im Vordergrund (Bleck & Liebig, 2015, S. 168). Sie ist unverzichtbar, denn Bildung geht mit einer hohen Subjektivität (Salman, 2009, S. 147 f.) und E-Learning mit einer hohen Individualität einher (Ehlers, 2002, S. 5 ff.).

Die Wirkungsperspektive steht zwischen der Perspektive der Qualität und des Nutzens, wobei die verschiedenen Perspektiven auch Schnittmengen haben (Bleck & Liebig, 2015, S. 168). So untersucht die subjektive Qualitätsforschung Qualität aus Sicht der Nutzer*innen (Ehlers, 2011, S. 26 f.).

Solche Perspektiverweiterungen sind wichtig, wenn beantwortet werden will, inwieweit Qualifizierung von Pflegeeltern in Form von E-Learning einen Bildungsprozess ermöglichen kann. Denn in der Qualitäts- und Wirkungsperspektive würde die Sichtweise der Nutzer*innen nicht genügend Berücksichtigung finden und in der Perspektive des Nutzens würde die institutionelle Definition und Auswahl, was ggf. wirkt, unberücksichtigt bleiben, sodass intendierte (Weiter)Entwicklungen von Kompetenzen nicht untersucht würden (Bleck & Liebig, 2015, S. 168).

Folglich ist eine Mischperspektive einzunehmen. Es ist nicht nur zu fragen, inwieweit Pflegeeltern welche Kompetenzen (weiter)entwickeln, sondern auch, wie sie und wie ihnen die (weiter)entwickelten Kompetenzen nutzen. Die Evaluation des E-Learning-Programms des St. Elisabeth-Vereins e.V. Marburg (Fachbereich Pflegefamilien) versucht, auch hierauf Antworten zu finden.

Literatur

Albus, S., & Polutta, A. (2008). Ergebnisse und Wirkungen im Feld der Sozialen Arbeit. In Bielefelder Arbeitsgruppe 8 (Hrsg.), *Soziale Arbeit in Gesellschaft* (S. 260–267). Springer VS. https://doi.org/10.1007/978-3-531-90960-8_30

Arnold, P., Kilian, L., Thillosen, A., & Zimmer, G. (2018). *Handbuch E-Learning. Lehren und Lernen mit digitalen Medien* (5. Aufl.). W. Bertelsmann Verlag. https://doi.org/10.36198/9783838549651

Becker, T., Stolte, B., & Wißmach, S. (2023). Entwicklung, Erprobung und Implementierung eines Learning Management Systems im Bereich des Pflegekinderwesens in Hessen. Rückblick und Ausblick. *Evangelische Jugendhilfe, 100*(3), 156–164.

Benesh, A. S., & Cui, M. (2017). Foster parent training programmes for foster youth: A content review. *Child and Family Social Work, 22*(1), 548–559. https://doi.org/10.1111/cfs.12265

Bengler, K., & Schmauder, M. (2016). Digitalisierung. *Zeitschrift für Arbeitswissenschaft, 70*(2), 75–76. https://doi.org/10.1007/s41449-016-0021-z

Bleck, C., & Liebig, R. (2015). Qualität, Wirkung, Nutzen. Diskussionszusammenhänge und Zugänge zu Resultaten Sozialer Arbeit. *Blätter der Wohlfahrtspflege, 162*(5), 163–169. https://doi.org/10.5771/0340-8574-2015-5-163

Bolder, A. (2009). Arbeit, Qualifikation und Kompetenzen. In R. Tippelt & B. Schmidt (Hrsg.), *Handbuch Bildungsforschung* (2. Aufl., S. 813–844). Springer VS. https://doi.org/10.1007/978-3-531-91831-0_43

Bovenschen, I. (2011). Erziehung in Pflegefamilien: Besondere Anforderungen und Unterstützungsmöglichkeiten. *Psychologie in Erziehung und Unterricht, 58*(3), 233–236.

Buehler, C., Rhodes, K. W., Orme, J. G., & Cuddeback, G. (2006). The potential for successful family foster care: Conceptualizing competency domains for foster parents. *Child Welfare, 85*(3), 523–558.

Buzhardt, J., & Heitzman-Powell, L. (2006). Field evaluation of an online foster parent training system. *Journal of Educational Technology Systems, 34*(3), 297–316. https://doi.org/10.2190/2P1F-WHC2-6QQE-EBLC

Davis, M. H. (1980). *A multidimensional approach to individual differences in empathy*. https://www.uv.es/friasnav/Davis_1980.pdf. Zugegriffen am 16.12.2023.

Dehnbostel, P., Hecker, O., & Walter-Lezius, H.-J. (1992). Technologie- und Qualifikationsannahmen im Modellversuchsbereich „Neue Technologien in der beruflichen Bildung". In P. Dehnbostel, O. Hecker, I. Höpke, H.-J. Walter-Lezius, I. Weilnböck-Buck, & B. Wolf (Hrsg.), *Neue Technologien und berufliche Bildung. Modellhafte Entwicklungen und theoretische Erkenntnisse* (S. 11–32). Bundesinstitut für Berufsbildung.

Delaney, R., Nelson, C., Pacifici, C., White, L., & Keefer Smalley, B. (2012). Web-enhanced preservice training for prospective resource parents: A randomized trial of effectiveness and user satisfaction. *Journal of Social Service Research, 38*(4), 503–514. https://doi.org/10.1080/01488837 6.2012.696416

Dorsey, S., Farmer, E. M. Z., Barth, R. P., Greene, K. M., Reid, J., & Landsverk, J. (2008). Current status and evidence base of training for foster and treatment foster parents. *Children and Youth Services Review, 30*(12), 1403–1416. https://doi.org/10.1016/j.childyouth.2008.04.008

Ehlers, U. (2002). Qualität beim E-Learning: Der Lernende als Grundkategorie bei der Qualitätssicherung. *Medienpädagogik. Zeitschrift für Theorie und Praxis der Medienbildung, 5*, 1–20. https://doi.org/10.21240/mpaed/05/2002.03.25.X

Ehlers, U. (2011). *Qualität im E-Learning aus Lernersicht* (2. Aufl.). Springer VS. https://doi.org/10.1007/978-3-531-93070-1

Ehlke, C., & Schröer, W. (2020). Neue Entwicklungen in der Pflegekinderhilfe. Aktuelle Diskurse in Wissenschaft und Fachpraxis der Vollzeitpflege. *Sozial Extra, 44*(3), 148–150. https://doi.org/10.1007/s12054-020-00287-2

Erzberger, C., & Szylowicki, A. (2020). *Qualifizierung in der Pflegekinderhilfe*. https://www.dialogforum-pflegekinderhilfe.de/fileadmin/upLoads/Expertisen/Erzberger_Szylowicki_Qualifizierung_in_der_PKH__2020_.pdf. Zugegriffen am 16.12.2023.

Festinger, T., & Baker, A. (2013). The quality of evaluations of foster parent training: An empirical review. *Children and Youth Services Review, 35*(12), 2147–2153. https://doi.org/10.1016/j.childyouth.2013.10.009

Feyer, J., Kochskämper, D., Müller, T., Rusack, T., Schilling, C., Schröer, W., Tillmann, A., Weßel, A., & Zinsmeister, J. (2020). *Digitalisierung in der stationären Kinder- und Jugendhilfe – nicht nur in Zeiten der COVID-19-Pandemie*. https://hilpub.uni-hildesheim.de/bitstreams/9c59db63-4937-41c3-8a14-cd1f32105a3b/download. Zugegriffen am 16.12.2023.

Flösser, G., & Oechler, M. (2006). Qualität/Qualitätsmanagement. In B. Dollinger & J. Raithel (Hrsg.), *Aktivierende Sozialpädagogik. Ein kritisches Glossar* (S. 155–172). Springer VS. https://doi.org/10.1007/978-3-531-90353-8_11

Helming, E., Bovenschen, I., Spangler, G., Köckeritz, C., & Sandmeir, G. (2011). Begleitung und Beratung von Pflegefamilien. In H. Kindler, E. Helming, T. Meysen, & K. Jurczyk (Hrsg.), *Handbuch Pflegekinderhilfe* (S. 448–479). Deutsches Jugendinstitut e.V.

Hildenbrand, B. (2012). Die Sozialarbeit/Sozialpädagogik als selbstvergessene Profession am Beispiel der Beratung und Unterstützung von Pflegepersonen (§ 37 [2] SGB VIII: Kinder- und Jugendhilfe). *Zeitschrift für Sozialpädagogik, 10*(2), 115–139. https://doi.org/10.3262/ZFSP1202115

Knox, J. (2019). What does the 'Postdigital' mean for education? Three critical perspectives on the digital, with implications for educational research and practice. *Postdigital Science and Education, 1*(2), 357–370. https://doi.org/10.1007/s42438-019-00045-y

Köhler, A., Kröper, E., & Gehres, W. (2017). Die Gestaltung geteilter Elternschaft in Pflegefamilien, deren fachliche Begleitung und die Rückkehr von Pflegekindern. In P. Bergold, A. Buschner, B. Mayer-Lewis, & T. Mühling (Hrsg.), *Familien mit multipler Elternschaft. Entstehungszusammenhänge, Herausforderungen und Potenziale* (S. 57–84). Verlag Barbara Budrich.

Kretschmer, I. (2020). Digitalisierung aller Lebensbereiche. In A. Ternès von Hattburg (Hrsg.), *Digitalisierung als Chancengeber* (S. 7–9). Springer Gabler. https://doi.org/10.1007/978-3-658-26893-0_2

Kröger, M. (2008). *Qualifizierung von Pflegefamilien. Grundlagen und Konzepte von Sozialer Arbeit mit Pflegeeltern/-bewerbern.* VDM Verlag Dr. Müller.

Kutscher, N., & Siller, F. (2020). Digitalisierung in verschiedenen Handlungsfeldern Sozialer Arbeit. In A. Tillmann, I. Zorn, N. Kutscher, T. Ley, U. Seelmeyer, & F. Siller (Hrsg.), *Handbuch Soziale Arbeit und Digitalisierung* (S. 440–441). Beltz Juventa.

Lederer, B. (2013). *Was ist Bildung nicht? Über Ähnliches, aber nicht Gleiches.* http://berndlederer.at/wp-content/uploads/2020/04/Bildung.-Was-sie-war-ist-sein-sollte.-Buch-2.pdf. Zugegriffen am 16.12.2023.

Lederer, B. (2014). *Kompetenz oder Bildung. Eine Analyse jüngerer Konnotationsverschiebungen des Bildungsbegriffs und Plädoyer für eine Rück- und Neubesinnung auf ein transinstrumentelles Bildungsverständnis.* innsbruck university press.

Merchel, J. (2006). Qualitätsmanagement in der Sozialen Arbeit. Erfahrungen zur Verarbeitung und zur Umsetzung des Themas „Qualität". *Der pädagogische Blick, 14*(4), 195–208. https://doi.org/10.25656/01:9549

Mertens, D. (1974). Schlüsselqualifikationen. *Mitteilungen aus der Arbeitsmarkt- und Berufsforschung, 7*(1), 36–43.

Niedersächsisches Ministerium für Soziales, Gesundheit und Gleichstellung. (2016). *Weiterentwicklung der Vollzeitpflege. Anregungen und Empfehlungen für die Niedersächsischen Jugendämter* (3. Aufl.). https://soziales.niedersachsen.de/download/80465/Anregungen_und_Empfehlungen_fuer_Niedersaechsische_Jugendaemter_-_3._ueberarbeitete_Auflage_05_2016.pdf. Zugegriffen am 16.12.2023.

Nieke, W. (2020). Kompetenzen. In P. Bollweg, J. Buchna, T. Coelen, & H.-U. Otto (Hrsg.), *Handbuch Ganztagsbildung* (2. Aufl., S. 355–366). Springer. https://doi.org/10.1007/978-3-658-23230-6_27

Oelerich, G., & Schaarschuch, A. (2013). Sozialpädagogische Nutzerforschung. In G. Graßhoff (Hrsg.), *Adressaten, Nutzer, Agency. Akteursbezogene Forschungsperspektiven in der Sozialen Arbeit* (S. 85–98). Springer VS. https://doi.org/10.1007/978-3-531-19007-5_6

Ottmann, S., & König, J. (2019). Wirkungsanalyse in der Sozialen Arbeit. Differenzierung ist nötig. *Soziale Arbeit, 68*(10), 368–376. https://doi.org/10.5771/0490-1606-2019-10-368

Pacifici, C., Delaney, R., White, L., Cummings, K., & Nelson, C. (2005). Foster parent college: Interactive multimedia training for foster parents. *Social Work Research, 29*(4), 243–251.

Pacifici, C., Delaney, R., White, L., Nelson, C., & Cummings, K. (2006). Web-based training for foster, adoptive, and kinship parents. *Children and Youth Services Review, 28*(11), 1329–1343. https://doi.org/10.1016/j.childyouth.2006.02.003

Raithel, J., Dollinger, B., & Hörmann, G. (2009). *Einführung Pädagogik. Begriffe. Strömungen. Klassiker. Fachrichtungen* (3. Aufl.). Springer VS. https://doi.org/10.1007/978-3-531-91828-0

Reutter, G. (2009). Qualifikationen vermitteln – Schlüsselqualifikationen fördern – Kompetenzen erfassen und messen? Eine Zeitreise. In A. Bolder & R. Dobischat (Hrsg.), *Eigen-Sinn und*

Widerstand. Kritische Beiträge zum Kompetenzentwicklungsdiskurs (S. 36–53). Springer VS. https://doi.org/10.1007/978-3-531-91365-0_3

Richter, M. (2018). Handlungsfeld Hilfen zur Erziehung. In K. Böllert (Hrsg.), *Kompendium Kinder- und Jugendhilfe* (S. 825–840). Springer VS. https://doi.org/10.1007/978-3-531-19096-9_37

Ristau-Grzebelko, B. (2009). Öffentliche Erziehung im privaten Raum – Professionalisierungsprozesse von Pflegeeltern. Dissertation zur Erlangung des akademischen Grades Doctor philosophiae (Dr. phil.) der Philosophischen Fakultät der Universität Rostock. http://rosdok.uni-rostock.de/file/rosdok_derivate_0000003871/Dissertation_Ristau-Grzebelko_2009.pdf. Zugegriffen am 10.06.2024.

Salman, Y. (2009). *Bildungseffekte durch Lernen im Arbeitsprozess. Verzahnung von Lern- und Arbeitsprozessen zwischen ökonomischer Verwertbarkeit und individueller Entfaltung am Beispiel des IT-Weiterbildungssystems.* W. Bertelsmann Verlag.

Schaarschuch, A., & Oelerich, G. (2020). Sozialpädagogische Nutzerforschung: Subjekt, Aneignung, Kritik. In A. van Rießen & K. Jepkens (Hrsg.), *Nutzen, Nicht-Nutzen und Nutzung Sozialer Arbeit. Theoretische Perspektiven und empirische Erkenntnisse subjektorientierter Forschungsperspektiven* (S. 13–26). Springer VS. https://doi.org/10.1007/978-3-658-23250-4_2

Scheitza, A. (2009). Interkulturelle Kompetenz: Forschungsansätze, Trends und Implikationen für interkulturelle Trainings. In M. Otten, A. Scheitza, & A. Cnyrim (Hrsg.), *Interkulturelle Kompetenz im Wandel. Band 1: Grundlegungen, Konzepte und Diskurse* (S. 91–120). LIT.

Schmidt, R. (2020). Post-digitale Bildung. In M. Demantowsky, G. Lauer, R. Schmidt, & B. te Wildt (Hrsg.), *Was macht die Digitalisierung mit den Hochschulen? Einwürfe und Provokationen* (S. 57–68). De Gruyter. https://doi.org/10.1515/9783110673265-005

Schofield, G., Beek, M., Ward, E., & Biggart, L. (2013). Professional foster carer and committed parent: Role conflict and role enrichment at the interface between work and family in longterm foster care. *Child & Family Social Work, 18*(1), 46–56. https://doi.org/10.1111/cfs.12034

Seelmeyer, U., & Kutscher, N. (2021). Zum Digitalisierungsdiskurs in der Sozialen Arbeit. Befunde – Fragen – Perspektiven. In M. Wunder (Hrsg.), *Digitalisierung und Soziale Arbeit. Transformationen und Herausforderungen* (S. 17–30). Verlag Julius Klinkhardt. https://doi.org/10.35468/5909-02

Seithe, M. (2007). Hilfen zur Erziehung. In J. Ecarius (Hrsg.), *Handbuch Familie* (S. 568–592). VS Verlag für Sozialwissenschaften. https://doi.org/10.1007/978-3-531-90675-1_30

von Spiegel, H. (2021). *Methodisches Handeln in der Sozialen Arbeit* (7. Aufl.). Ernst Reinhardt. https://doi.org/10.36198/9783838587981

Stalder, F. (2021). Was ist Digitalität? In U. Hauck-Thum & J. Noller (Hrsg.), *Was ist Digitalität? Philosophische und pädagogische Perspektiven* (S. 3–7). J.B. Metzler. https://doi.org/10.1007/978-3-662-62989-5_1

Statistisches Bundesamt. (2022). *Statistiken der Kinder- und Jugendhilfe Erzieherische Hilfe, Eingliederungshilfe für seelisch behinderte junge Menschen, Hilfe für junge Volljährige.* https://www.destatis.de/DE/Themen/Gesellschaft-Umwelt/Soziales/Jugendarbeit/Publikationen/Downloads-Jugendarbeit/erzieherische-hilfe-5225112217004.pdf?__blob=publicationFile. Zugegriffen am 16.12.2023.

Steinberg, C., & Bonn, B. (2021). Sportwissenschaft zwischen Digitalisierung und (Post-)Digitalität? Zu diesem Band. In C. Steinberg & B. Bonn (Hrsg.), *Digitalisierung und Sportwissenschaft* (S. 7–16). Academia. https://doi.org/10.5771/9783985720033

Van Noort, M., Brühl, A., Emmerich, L., Wagner, B., & Heinrichs, N. (2022). Interventionen für Pflege- und Adoptivfamilien und Jugendliche in Fremdunterbringung. *Psychotherapeutenjournal, 21*(3), 233–240.

Van Santen, E., Pluto, L., & Peucker, C. (2019). *Pflegekinderhilfe – Situation und Perspektiven. Empirische Befunde zu Strukturen, Aufgabenwahrnehmung sowie Inanspruchnahme.* Beltz Juventa.

White, L., Delaney, R., Pacifici, C., Nelson, C., Whitkin, J., Lovejoy, M., & Keefer Smalley, B. (2014). Efficacy of blended preservice training for resource parents. *Child Welfare, 93*(6), 45–72.

Witzel, M. (2020). Digitale Medien in den Hilfen zur Erziehung. In A. Tillmann, I. Zorn, N. Kutscher, T. Ley, U. Seelmeyer, & F. Siller (Hrsg.), *Handbuch Soziale Arbeit und Digitalisierung* (S. 495–506). Beltz Juventa.

Wolf, K. (2012). Professionelles privates Leben? Zur Kolonialisierung des Familienlebens in den Hilfen zur Erziehung. *Zeitschrift für Sozialpädagogik, 10*(4), 395–420. https://doi.org/10.3262/ZFSP1204395

Erratum zu: Bildung und Qualifizierung von Pflegeeltern in Form von E-Learning

Theresa Becker

Erratum zu:
Kapitel 13 in: M. Pieper, T. Neuhaus (Hrsg.), *Bildung und Digitalität,*
ars digitalis,
https://doi.org/10.1007/978-3-658-44228-6_13

Liebe Leserin, lieber Leser,

vielen Dank für Ihr Interesse an diesem Buch. Leider wurde das Kapitel 13 „Bildung und Qualifizierung von Pflegeeltern in Form von E-Learning" von Theresa Becker versehentlich vor Ausführung aller Korrekturen veröffentlicht und nachträglich aktualisiert. Im Abschnitt 3 „Qualifizierung von Pflegeeltern" wurde der Satz „Neben diesen Kompetenzdimensionen lassen sich im deutschsprachigen Raum keine weiteren Kompetenzen finden, anders im englischsprachigen Raum." ersetzt durch „Ristau-Grzebelko (2009, S. 87-90) beschreibt einige Kompetenzen in der Dimension des Wissens und Könnens. Abgesehen davon lassen sich im deutschsprachigen Raum keine weiteren Kompetenzen finden, anders im englischsprachigen Raum." Zudem wurde die darin erwähnte Quelle im Literaturverzeichnis ergänzt:

Ristau-Grzebelko, B. (2009). Öffentliche Erziehung im privaten Raum – Professionalisierungsprozesse von Pflegeeltern. Dissertation zur Erlangung des akademischen Grades Doctor philosophiae (Dr. phil.) der Philosophischen Fakultät der Universität Rostock. http://rosdok.uni-rostock.de/file/rosdok_derivate_0000003871/Dissertation_Ristau-Grzebelko_2009.pdf. Zugegriffen am 10.06.2024.

Die aktualisierte Version dieses Kapitels finden Sie unter
https://doi.org/10.1007/978-3-658-44228-6_13

MIX
Papier aus verantwortungsvollen Quellen
Paper from responsible sources
FSC® C105338

If you have any concerns about our products,
you can contact us on
ProductSafety@springernature.com

In case Publisher is established outside the EU,
the EU authorized representative is:
Springer Nature Customer Service Center GmbH
Europaplatz 3, 69115 Heidelberg, Germany

Printed by Libri Plureos GmbH
in Hamburg, Germany